제국의 인프라

1880년부터 1930년까지 식민문학에 나타난
제국의 인프라와 공간적 저항

KB247735

이 저서는 2025년 대한민국 교육부와 한국연구재단의 지원을 받아 수행된 연구임 (NRF-2025S1A6B5A02003910)

H|29
bility
manities
rconnect

IMPERIAL INFRASTRUCTURE AND SPATIAL RESISTANCE IN
COLONIAL LITERATURE

제국의 인프라

1880년부터 1930년까지 식민문학에 나타난 제국의 인프라와 공간적 저항

도미닉 데이비스 지음
김태한 김태희 옮김

앨피

모빌리티인문학 Mobility Humanities

모빌리티인문학은 기차, 자동차, 비행기, 인터넷, 모바일 기기 등 모빌리티 테크놀로지의 발전에 따른 인간, 사물, 관계의 실재적·가상적 이동을 인간과 테크놀로지의 공-진화co-evolution라는 관점에서 사유하고, 모빌리티가 고도화됨에 따라 발생하는 현재와 미래의 문제들에 대한 해법을 인문학적 관점에서 제안함으로써 생명, 사유, 문화가 생동하는 인문-모빌리티 사회 형성에 기여하는 학문이다.

모빌리티는 기차, 자동차, 비행기, 인터넷, 모바일 기기 같은 모빌리티 테크놀로지에 기초한 사람, 사물, 정보의 이동과 이를 가능하게 하는 테크놀로지를 의미한다. 그리고 이에 수반하는 것으로서 공간(도시) 구성과 인구 배치의 변화, 노동과 자본의 변형, 권력 또는 통치성의 변용 등을 통칭하는 사회적 관계의 이동까지도 포함한다.

오늘날 모빌리티 테크놀로지는 인간, 사물, 관계의 이동에 시간적·공간적 제약을 거의 남겨 두지 않을 정도로 발전해 왔다. 개별 국가와 지역을 연결하는 항공로와 무선통신망의 구축은 사람, 물류, 데이터의 무제약적 이동 가능성을 증명하는 물질적 지표들이다. 특히 전 세계에 무료 인터넷을 보급하겠다는 구글Google의 프로젝트 룬Project Loon이 현실화되고 우주 유영과 화성 식민지 건설이 본격화될 경우 모빌리티는 지구라는 행성의 경계까지도 초월하게 될 것이다. 이 점에서 오늘날은 모빌리티 테크놀로지가 인간의 삶을 위한 단순한 조건이나 수단이 아닌 인간의 또 다른 본성이 된 시대, 즉 고-모빌리티high-mobilities 시대라고 말할 수 있다. 말하자면, 인간과 테크놀로지의 상호보완적·상호구성적 공-진화가 고도화된 시대인 것이다.

고-모빌리티 시대를 사유하기 위해서는 우선 과거 '영토'와 '정주' 중심 사유의 극복이 필요하다. 지난 시기 글로컬화, 탈중심화, 혼종화, 탈영토화, 액체화에 대한 주장은 글로벌과 로컬, 중심과 주변, 동질성과 이질성, 질서와 혼돈 같은 이분법에 기초한 영토주의 또는 정주주의 패러다임을 극복하려는 중요한 시도였다. 하지만 그 역시 모빌리티 테크놀로지의 의의를 적극적으로 사유하지 못했다는 점에서, 그와 동시에 모빌리티 테크놀로지를 단순한 수단으로 간주했다는 점에서 고-모빌리티 시대를 사유하는 데 한계를 지니고 있었다. 말하자면, 글로컬화, 탈중심화, 혼종화, 탈영토화, 액체화를 추동하는 실재적·물질적 행위자agency로서의 모빌리티 테크놀로지를 인문학적 사유의 대상으로서 충분히 고려하지 못했던 것이다. 게다가 첨단 웨어러블 기기에 의한 인간의 능력 향상과 인간과 기계의 경계 소멸을 추구하는 포스트-휴먼 프로젝트, 또한 사물인터넷과 사이버 물리 시스템 같은 첨단 모빌리티 테크놀로지에 기초한 스마트시티 건설은 오늘날 모빌리티 테크놀로지를 인간과 사회, 심지어는 자연의 본질적 요소로 만들고 있다. 이를 사유하기 위해서는 인문학 패러다임의 근본적 전환이 필요하다.

이에 건국대학교 모빌리티인문학 연구원은 '모빌리티' 개념으로 '영토'와 '정주'를 대체하는 동시에, 인간과 모빌리티 테크놀로지의 공-진화라는 관점에서 미래 세계를 설계할 사유 패러다임을 정립하려고 한다.

감사의 글

박사학위논문을 단행본으로 펴낸 이 책은 오랫동안 진행해 온 연구 프로젝트의 결과이다. 수년 동안 다양한 방식으로 도움을 준 친구, 동료, 멘토, 기관에 감사 인사를 전한다. 예술과 인문학 연구위원회는 내 박사학위논문의 상당 부분에, 인도와 남아프리카에서 진행한 연구에 재정지원을 아끼지 않았다. 그러한 지원이 없었다면 이 책은 빛을 볼 수 없었을 것이다. 옥스퍼드대학 세인트앤스 칼리지에서는 프로젝트 초반에 도무스 장학금을 두 차례나 제공해 주었으며, 논문이 마무리되는 중요한 마지막 해에는 옥스퍼드대학의 부총장 기금 덕분에 재정적 부담을 덜 수 있었다. 특히 '계획적 폭력: (포스트)식민 도시인프라와 문학' 네트워크를 금전적으로 지원해 준 레버휼름 재단Leverhulme Trust에 깊은 감사를 표한다. 인도와 남아프리카로 돌아가 자그마치 네 번이나 지적으로 활기찬 국제 워크숍에 참가하여 인프라와 문학의 관계에 대한 지식을 함양한 것도 그 덕분이다. 마지막으로, 영국학술원의 박사후연구원 제도 덕분에 새로운 연구 분야를 탐구할 시간뿐 아니라, 박사 논문을 검토하고 수정하여 비판적인 단행본으로 바꿀 시간을 얻을 수 있었다.

옥스퍼드대학의 지식 공동체와 학술 공동체는 내가 학자로서 성장하는 데 밑거름이 되었다. 그 공동체가 없었더라면 이 책도 존재할 수 없었을 것이다. 특히 아프리카 연구 세미나에 기꺼이 초대해 준 얀 게오르크 도이치Jan-Georg Deutsch는 지도교수이자 친구로 내 기억에 깊이 각인되어 있다. 아울러 포스트식민 글쓰기 및 이론 세미나를 통해 강단에 설 수도 있었는데, 이를 통해 비판적 토론에 적극적으로 참여하는 법을 익히고 학문적으로나 개인적으로 지속적인 관계를 맺을 수 있었다. 세미나 주최자인 엘레케 뵈머Elleke Boehmer와 안키 무커지Ankhi Mukherjee, 특히 세미나실과 술집 사이의 경계를 허물어 준 아샤 로저스Asha Rogers, 에드 도슨Ed Dodson, 루이자 레인Louisa Layne에게 감사의 마음을 전한다.

엘레케는 특별히 언급해야겠다. 성실한 데다 끊임없이 격려해 준 지도교수이자 멘토였다. 그녀는 '계획적 폭력' 네트워크를 같이 운영할 기회를 주었으며, 최근 몇 년 동안은 훌륭한 친구이자 동료인 동시에 공동저자였다. 알렉스 티켈Alex Tickell과 파블로 무커지Pablo Mukherjee도 탁월한 멘토로서 다양한 아이디어와 기회를 공유해 주었고, 내 연구에 관심을 보이며 나를 옥스퍼드대학교 외부의 학술 공동체로 안내해 주었다. 피터랑 출판사 편집자들도 흔쾌히 시간을 내어 도움을 주었다. 덧붙여, 이 원고의 초안을 읽어 주신 외부 검토위원들의 귀중한 식견에도 감사 드린다.

부모님의 변함없는 사랑과 지지는 헤아릴 수 없을 정도다. 어머니는 두서없는 내 이야기를 몇 년 동안이나 들어 오셨음에도, 여전히 이 책의 많은 부분을 교정 볼 의지를 잃지 않으셨다. 아버지는 당신이 어린 시절 잠잘 때 듣던 옛날이야기에 대한 나의 비판적 재평가를 받아들이고, 또 포스트식민주의 입문서를 찾아서 내 기획이 타당한지 확인해 주셨다. 두 분이 진심으로 고맙다. 특히 나를 믿고 기다려 주신 데 감사를 전한다.

마지막으로 언급하지만, 못지않게 중요한 사람들이 있다. 옥스퍼드

근교 선닝웰과 술집에서 유쾌한 저녁 시간을 보낼 수 있었던 것은 모두 마야 잘로즈닉Maja Založnik과 에드워드 스틸Edward Still, 캐롤라인 코르크Caroline Corke 덕분이었다. 나의 멋진 누이이자 친구인 루스 데이비스Ruth Davies에게도, 긴장을 풀어야 할 때 브라이튼에 와 준 데이브 로렌스Dave Lawrence와 크리스 윌리엄스Chris Williams에게도, 그리고 내가 그럴 여유가 없을 때 자료를 정리해 준 조셉 맥밀런Joseph Macmillan에게도 감사 드린다. 마지막으로 비평가이자 멘토이자 친구이며 그 이상의 단짝인 엠마 파커Emma Parker에게 사랑과 감사를 보낸다.

이 간략한 서문을 시작하기에 앞서, 이 책에 관심을 갖고 한국어판 번역을 추진해 주신 이진형 교수님을 비롯해 건국대학교 모빌리티 인문학연구원 구성원 여러분께 감사를 전하고 싶다. 그 과정에서 도움을 준 로럴 플랩Laurel Plapp, 피터랑 출판사 저작권팀, 베스툰코리아 에이전시에도 감사 드린다. 8년간의 연구 끝에 탄생한 이 책은 석사학위논문과 박사학위논문을 거쳐 2017년 말 영문으로 수정 출간되었고, 다시 8년이 흘러 드디어 한국 독자들을 만나게 되었다. 너무나 기쁘다.

10년 전에 썼던 논문을 보고서 만족할 연구자는 없을 것이다. 나도 마찬가지다. 과거의 이론과 논증이 완전하지 않다는 것을 금방 알아차렸다. 하지만 이러한 시간적 거리 덕분에 내 연구가 여러 비판적 이론과 학문적 연구 흐름 안에서 어떤 위치를 차지하고 있는지, 나의 기여가 어떤 점에서 독특했는지 더 명확하게 이해할 수 있었다. 제목이 전달하다시피, 이 책은 인프라 분석과 문학 연구를 결합했다. 이런 경향은 2017년 당시에는 아직 형성되는 단계였으나, 이후 모빌리티 연구와 환경인문학 같은 여러 분야의 교차점에 자리 잡고 그 자체로 관심 대상이 되었다.

그래서 독자의 이해를 돕는 안내자의 입장에서 이 책《제국의 인프라》가 유래한 여러 학문 분야들이 이 책의 가장 중요한 개념적 토대라

할 비판적 실천으로서의 '인프라 읽기' 관념을 어떻게 형성했는지 살펴보고자 한다. 또한, 이후에 등장한 '인프라 인문학'이라는 학문의 맥락에서 간략하게 이 책을 소개하고자 한다.

◆ ◆ ◆

이 책은 전체 제목인 '1880년부터 1930년까지 식민문학에 나타난 제국의 인프라와 공간적 저항Imperial Infrastructure and Spatial Resistance in Colonial Literature, 1880-1930'에서 세 가지 개념, 즉 제국의 인프라/공간적 저항/식민문학으로 포착했다시피, 세 가지 관점에서 제국의 인프라에 학문적으로 개입한다. 우선, 로자 룩셈부르크와 블라디미르 레닌 같은 초기 마르크스주의 제국주의 이론가들의 견해에 기대어 제국의 인프라를 역사적·이론적으로 설명한다. 나는 19세기에서 20세기로의 전환기 유럽의 제국적 패권 시기를 자본주의 세계체제의 불균등 팽창의 한 단계로 이해해야 한다고 주장한다. 도로, 철도, 전신, 해상교통로와 항만, 군 주둔지, 하수도 및 위생시설, 그리고 여타 도시개발과 같은 경성硬性 인프라를 공식적으로 식민화된 영토들의 내부와 그 영토들 사이의 자본주의적 사회관계를 물질화하는 물리적 네트워크로 해석한다.

두 번째, 이 책은 이러한 제국의 인프라에 대한 다양한 저항의 양상을 분석하면서 공공연한 폭력적 형태와 비폭력적 형태로 나타나는 반식민 반란의 공간성을 강조하고, 이러한 규정을 자본주의의 불균등 발전이 유발하는 공간적 모순들까지 포괄하도록 확장한다. 따라서 공간적 저항은 노동이 세계체제의 요충지들에 집중되는 등 물질적 모순뿐만 아니라, 영국과 같은 제국의 식민본국 중심지 내부의 사회적·환경적 긴장을 해소할 구원의 경관으로서 프런티어에 대한 식민적 환상이 상실되는 등의 문화적 모순과도 관련된다.

　마지막으로, 이 책은 제국의 인프라와 공간적 저항 사이의 변증법을 주로 대영제국의 선전가 혹은 옹호자였거나, 적어도 남아시아와 남아프리카에서의 식민화 작업에 어떤 식으로든 관여했던 백인 작가들이 쓴 식민문학을 통해 추적한다. 이 책은 이러한 추적 기법을 '인프라 읽기'라고 서술한다. 이 비평 기법은 문학 텍스트 속의 인프라 묘사, 즉 도로나 철도 등에 대한 묘사를 분석하여 바로 그 텍스트의 인프라가 지니는 약한 지점들, 즉 그것을 생산하는 물질적 조건을 드러낸다. 내가 인프라 읽기를 통해 추구한 목표는, 식민문학을 제국적 권력의 대위적contrapuntal 지도[1]로 바꾸는 것이었다. 이것은 1880년부터 1930년까지 반세기 동안 인프라의 지구적 확장이 대영제국이 점점 불안정해지고 종국에는 해체되는 일과 어떻게 물질적·상상적으로 연관되어 있는지 보여 준다.

　내가 문학 연구, 더 구체적으로는 2000년대까지 탈식민 비평의 핵심을 이루었던 식민 담론 분석 전통이라는 학문적 배경을 가지고 인프라 문제에 접근했음은 밝혀야겠다.《제국의 인프라》는 유물론적 비평의 맥락에서 썼다. 이런 비평은 탈식민 연구의 더 문화주의적이고 정체성주의적인 흐름을 근거지우고자, 뚜렷한 세계체제로서의 자본주의를 추동한 이윤과 착취의 필연성을 전면에 내세웠다. 마찬가지로, '세계문학' 이론의 전개에서 사회학자 이매뉴얼 월러스틴에 의지한 워릭 연구집단(WReC)의《불균등 결합 발전Combined and Uneven Development》이 2015년에 출간된 것은 의미심장하다. 이 해는 내가 논문을 완성한 해이자《제국의

---

[1]　텍스트에서 주변화되거나 부재하는 사람들의 관점을 고려하며 텍스트를 읽는 에드워드 사이드의 '대위적 비평contrapuntal criticism'에서 비롯한 개념으로, 여기서는 시공간적으로 교차하고 관계 맺는 다양한 지리적 서사와 경험을 분석하여 공간과 장소를 이해하는 방식을 뜻한다.

인프라》출간 두 해 전이다. 그러나 나의 책이 이와 같은 세계문학 연구의 물질적 전환과 함께 등장했다고 해서, 곧바로 그러한 전환이 전개된 것은 아니다. 《제국의 인프라》에는 초기 탈식민주의의 전념이 여전히 남아 있는데, 바로 식민지 문서고의 재독해에 전념하고 '저항'과 '대위적 독해' 같은 용어에 부여한 가치에 전념하는 것이다. 이런 개념들은 에드워드 사이드의 저작(특히 1993년의 《문화와 제국주의Culture and Imperialism》)에서 유래했는데, 사이드는 대영제국의 유산이 현재, 특히 팔레스타인 사람들의 곤경에 여전히 생생하게 살아 있다는 것을 보여 주는 데 관심을 기울였다. 그러므로 《제국의 인프라》는 전성기 제국의 역사에 대한 마르크스주의적 접근을 되살리려는 시도이면서, 식민권력이 건설한 인프라가 어떻게 공식적 탈식민화 이후에도 오랫동안 물질적 불평등을 계속 재생산해 왔는지에 관심을 기울인다.

문학 텍스트에 나타나는 인프라를 다룬 논문과 저서들은 2010년대 초부터 등장하기 시작했다(Rubenstein 2010; Beale 2013; Rubenstein et al. 2015). 그중 다수는 특히 인프라가 제국적 권력을 투사하거나 황폐해질 정도로 붕괴함으로써 '가시적'이 되는 식민·탈식민 맥락에 관심을 가졌다. 이러한 문학 연구 이해는 인프라에 대한 도시 연구의 오랜 관심(Simone 2004; Graham 2010)을 통해 여과되었는데, 이것은 다시 2010년대를 가로질러 본격적으로 시작된 인류학 및 민족지학 연구(Harvey & Knox 2015; Anand et al. 2018)로 더욱 증폭되었다. 이러한 인프라 분석 흐름은 인프라의 정동적·경험적 윤곽에 관심을 두는 경향이 있었고, 이는 문학 및 문화 연구자들의 상상력을 사로잡았는데 나도 그런 학자 중 하나이다. 그 결과물이 엘레케 뵈머와 공동 편집한 저서 《계획적 폭력: (포스트)식민 도시인프라, 문학, 문화Planned Violence: Post/Colonial Urban Infrastructure, Literature, and Culture》(2018)와 여러 면에서《제국의 인프라》의 속편인 최근 저서《인프라의 깨진 약속The Broken Promise of Infrastructure》(2023)이다. 인문학자들이 기후 위기를 점점 더 우려하게 되고, 특히 화석연료를 비롯한 에너지 생산 방식에 관심을 갖게 되면서 인프라에 대한 관심도 커졌다(Johnson & Nemser, 2022). 시간이 흐르면서 이 흐름은 일부에서 '인프라 인문학'이라고 부르는 분야로 통합되었다. 다양한 분과학문을 가로지르는 이 분야의 학자들은 물류 네트워크와 디지털플랫폼부터 설치미술 작품과 광고에 이르기까지 모든 것을 인프라 분석이라는 생산적 렌즈로 읽어 낸다(Rich et al. 2022; Pinnix et al. 2023).

인프라를 둘러싼 이 모든 흥미로운 연구들이 자본주의적 저개발의 폭력에 주목해 온 것은 사실이지만, 주로 환경인문학이라는 얼개 안에서 이루어졌기 때문에《제국의 인프라》처럼 뚜렷하게 마르크스주의적이고 반제국적인 용어들로 정리되진 않았다. 바로 이 지점이 내 책의 독특한 기여가 아닐까. '인프라 읽기'라는 개념은 식민적 주변부에서 일어난 구체적인 폭력의 순간들을 포착하고, 그러한 공간적 갈등이 그보다 넓은 세계체계의 한층 큰 격변과 압력을 어떻게 굴절시키는지 보여 준다. 문학은 결코 이러한 구성에 부수적이지 않다.

인프라 읽기는, 일차적으로는 문학을 통해 인프라를 다르게 바라보는 방식으로 의도되었다. 인프라 읽기는 문학을 통해, 제국의 지도와 식민지 문서고에서 말소된 시스템 실패와 정치적 반대의 순간에 접근할 수 있음을 보여 준다. 이 책의 토대가 마르크스주의라는 것은 인프라가 궁극적으로 자본주의적 경제권력의 발현임을 절대 간과하지 않는다는 의미고, 이 책이 탈식민주의에 연루된다는 것은 제국의 건조물 형태(인프라)에 필연적으로 각인된 피식민자들의 적대와 행위성을 재조명한다는 의미다. 이러한 저항이 늘 직접적으로 가시화되는 것은 아니지만, 인프라는 종종 반제국 활동을 진압하고자 건설되며, 반식민 반항으로 그 건설이 저지되거나 방향이 변화되기도 했다. 바로 이러한 의미에서 인프라 읽기는 오늘날 인프라 연구를 지배하는 일차적으로 민족지학적이거나 형식적인 방법론보다는 실천적으로 (흔히 간과되는 면이지만, 반식민주의이면서 동시에 마르크스주의이기도 한) '서발턴 연구 그룹Subaltern Studies Group'[2]의 역사학적 프로젝트에 더 가깝다.

◆ ◆ ◆

이 책의 지리적 범위는 남아프리카와 남아시아에 걸친 대영제국에 국한된다. 이 책은 아시아 다른 지역에서 추진되었던 수많은 프로젝트를 포괄하지 않으며, '제국의 인프라'가 21세기 식민권력의 다양한 표현 아래에서 지속하는 방식에 대해서는 간략하게만 고찰한다. 그럼에도 이 책의 결론에서는 '현재의 인프라 읽기'를 명시적으로 지향하며, 세계체제를 가로지르는 다양한 시간과 공간에 이 방법론을 적용할 방안을 모색해 보자고 촉구한다. 《제국의 인프라》에서 마치지 못한 것도 많고 지금이라면 다르게 쓰고 싶은 것도 많지만, 그래도 한국 독자들이 인프라가 제국의 폭력적인 무기이자 자본주의의 모순이 불현듯 그리고 강력하게 가시화될 수 있는 지점이라는 이 책의 핵심 주장에서 무언가 발견하기를 바란다.

2025년 9월
영국에서 도미닉 데이비스

---

[2] 1980년대에 인도 역사가 라나지트 구하를 중심으로 결성된 남아시아 역사학자 집단으로, 서구 및 엘리트 중심의 역사 서술을 비판하며 역사의 주류에서 배제되었던 서발턴(하위 주체)의 시각에서 역사를 재구성하는 것을 목표로 삼았다.

차례

서론
인프라, 저항, 문학

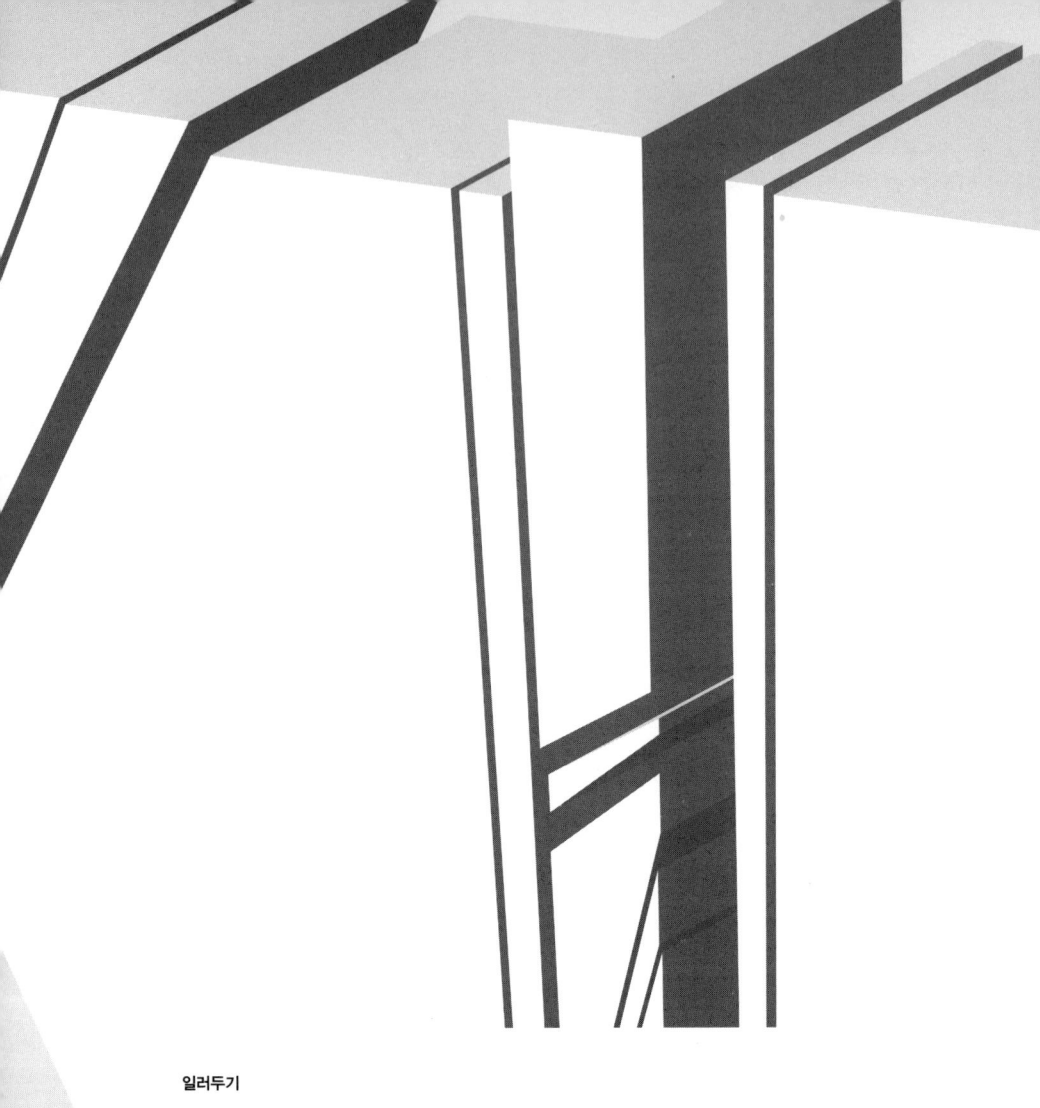

일러두기

원어 표기   본문에서 주요 인물(생몰연대)이나 도서, 영화 등의 원어명은 맨 처음, 주요하게 언급될 때 병기했다. 인명이나 지명은 외래어 표기용례를 따랐다. 단, 널리 알려진 이름이나 표기가 굳어진 명칭은 그대로 사용했다.

원주   본문 속 〔 〕는 원저자의 것이다.

옮긴이 주   본문에서 옮긴이 주는 |고딕체 |로 표시했다.

도서 제목   본문에 나오는 도서 제목은 원저자가 사용한 언어의 원어를 번역 표기하는 것을 원칙으로 하되, 국내에 번역 출간된 도서는 가능한 한 그 제목을 따랐다.

인프라와
네트워크화된 세계체제

　지구는 매달 실제로 줄어들고 있고, 더 중요하게는 상상 속에서 줄어들고 있습니다. 이는 우리를 둘러싼 불안정한 물질이 미끄러지고 충돌하는 데서 알 수 있습니다. 지금은, 다만 지금은, 새로운 기계들이 인류를 능가해 가는 중입니다. 우리는 시간과 공간으로 이루어진 세계 개념을 엄청나게 축소해 왔습니다. 그리고 상상도 할 수 없을 만치 축소할 것입니다. 이는 세계 진보에 거대한 플라이휠｜엔진 회전속도를 조절하려고 보조로 다는 바퀴｜ 역할을 합니다. 우리가 문명이라 일컫는 거대한 세계엔진이 질주하며 다소 가열되는 것은 놀랍지 않습니다. 폭주하는 그 엔진을 바라보는 구경꾼들이 다소 격앙되어 곧잘 비난한다는 것도 놀랍지 않습니다. … 지금은 기계들이 제 임무에 필요한 것보다 더 큰 힘을 키우는 중입니다. 그러나 인류가 숨을 돌리고 나면 기계들은 부하負荷가 커질 테고 그 부하와 지극히 경이로운 출력에 순조롭게 안착할 것입니다. (Kipling, 2010: 241)

　러디어드 키플링Rudyard Kipling은 1914년 왕립지리학회 연설에서 대영제국을 물리적 인프라 기술의 확장에 힘입은 네트워크화된 세계체제로 묘사한다. 여기에서 사용하는 "거대한 세계엔진〔들〕"이라는 표현은 '문명'을 축자적이자 상징적으로 드러낸 말이다. 키플링은 이 '세계엔진', 그리고 본서 전반에 걸쳐 쓰이는 세계체제 분석 용어인 영국 '세계제국' 및 자본주의 '세계체제'를 불균등하고 불안정한 중심부–주변부 관계가 네트워크화된 망으로 본다. 키플링이 이미 통찰한 것처럼, 이매뉴얼 월러스틴Immanuel Wallerstein에게 중요한 것은 "세계체제와 그것의 두 가지 하

위 범주인 세계경제 및 세계제국 사이에 있는 붙임표에 주목"하는 것이다 | 세계체제world-system, 세계경제world-economy, 세계제국world-empire | . 분석 대상은 "사회적 전체"가 아니라 "많은 정치적·문화적 단위를 가로지르는 하나의 공간적/시간적 지대이기 때문이다"(Wallerstein 2004: 16-17). 세계체제를 그리는 월러스틴의 '국가 중심' 지도가 환원적이라면, 닐 브레너Neil Brenner의 조건부 초점은 "시간에 의한 공간의 절멸"을 촉진한 "역사적으로 특정한 사회지리적 인프라"에 맞춰진다. 이렇게 하면 "역사적으로 특정한 불균등 발전 패턴들"의 미묘한 차이들까지 이해할 수 있다(Brenner 2011: 103-106; Harvey, 1995: 205).

중심부-주변부 관계는 그 자체로 동질적인 여러 민족국가 사이뿐 아니라 철도, 해운, 전신선과 같은 인프라 경로들을 따라서, 그리고 이런 인프라 경로들 사이에도 성립한다. 이런 인프라들은 1880년에서 1930년 사이에 불균등하나마 집중적으로 발달했다. 제국의 인프라는 자원 채굴과 교역을 촉진했고, 주변부의 경관과 인구를 착취적인 경제적·문화적 관계로 얽어 넣었으며, 제국의 행정가, 금융 투자자, 식민문학 작가 모두에게 이른바 '문명'과 '근대성'이라는 상징적 기준점을 제시하였다. 이를 통해 제국의 인프라는 본서의 핵심이 되는 저 50년간 | 1880~1930년 | 의 '지구'를 '실제로'나 '상상 속에서'나 줄어들게 하는 데 중추적 역할을 했다.

이 책에서 서술하겠지만, 경제적·사회적·문화적 관계를 그려 내는 키플링의 개념적이고 물리적인 지도는 영국의 제국 기획을 형상화한 것으로서, 그보다 훨씬 포괄적인 이 시기 식민 공간의 문학적 생산에 내재하는 동시에 이를 통해 재생산되었다. 여기에 대해 기록은 잘 남아 있지만, 제국주의의 광활한 "철로 및 해로" 네트워크를 여행한 "제국의 음유시인" | 키플링 | (Bubb, 2013: 391-394)은 그 네트워크에 투입된 경제적·문화적 자

본이 물리적·경제적 현실에서만큼이나 "상상 속에서"도 중요하다고 역설한다. 19세기 후반 인도에서 "철도 5만 마일이 놓이고 1만 마일은 측량 중"이었던 것은 키플링에게 인도아대륙을 영국인 통치자들이 "영구 거주하는 데 적합하게" 만드는 차원 그 이상이었다. 이러한 인프라 회로망은 "자유무역" 원칙에 따라 작동하는 네트워크화된 세계라는 "꿈"을 북돋웠다(Kipling, 1913: 233-235). 그 결과로 키플링이 품게 된 환상, 즉 "지구를 둘러싼 하나의 거대한 쇠띠"(235)는 물리적 인프라를 서술하는 은유적 언어를 통해, 물리적 인프라가 이 세계체제를 어떻게 상상적으로 형상화하는지를 시사한다. 인프라 은유는 영국의 식민지 행정과 관련한 저술들에 공통적으로 나타나지만(Mitchell, 1988: 157-158 참고), 영어로 쓰인 대영제국의 수많은 식민문학에도 스며들어 있다.

내가 '식민문학colonial literature'이라는 말로 느슨하게 묶은 이 글들에서 인프라는 제국의 화신으로 무수히 등장한다. 인프라는 그 배경인 다양한 지리를 이해하는 데 되풀이 활용된다. 철도와 기차, 전신선과 전보, 도로와 다리, 증기선과 항로, 운하 및 기타 관개시설, 병영, 식민지 방갈로, 그리고 기타 식민지 도시 인프라 등의 다양한 물리적 건조물과 경로는 모두 경관을 구획하고 분리한다. 따라서 문학작품에서 식민지 공간을 묘사하고 생산하는 데 유용하다. 예를 들어, 에드워드 톰슨Edward Thompson의 작품에 등장하는 인도는 도시와 시골 지역으로 나뉜 채 오직 "단선 철로"(Thompson, 1931: 17)로만 연결되어 있다. 에드먼드 캔들러Edmund Candler 작품 속 등장인물들은 뉴델리의 분리된 도시환경을 가로질러 배회한다. 존 버컨John Buchan의《프레스터 존Prester John》(1910)에서 주인공 데이비 크로퍼드는 지도에 표시된 '철도'라는 공간적 준거에 의지하여 남부 아프리카[1] 지역에서 자신의 위치를 잡는다(Buchan, 2008: 16-17).

식민성과 외무성의 기록이 입증하고 수많은 비평가도 언급하듯, 지도 제작cartography[2]은 제국 기획의 토대가 되는 관행이었다(Mitchell, 2002: 9; Boehmer, 2005: 15).[3] 이를 통해 정부 관리, 측량사, 공학자, 식민지 정착민, 독립 자본가, 금융 투기꾼, 투자자, 이동하는 노동자 모두가 어떤 "토지의 환상"을 "개념화하고 문서화하고 규제"할 수 있었다(Huggan, 1994: xv). 물론 이러한 경향은 식민문학의 수많은 텍스트에 기록되어 있다. 조지프 콘래드의 말로우Charles Marlow | 콘래드의 여러 작품에 반복적으로 등장하는 가공의 영국 선원 | 는 "지도에 대한 열정"에 휩싸여 "지구상의 허다한 빈 공간"을 주시

---

[1] 이 책은 남아프리카South Africa와 남부 아프리카Southern Africa를 구별한다. 저자가 아래에서 설명하듯이, 남아프리카는 대체로 현재의 남아프리카공화국이 소재한 지역을 가리키고, 남부 아프리카는 남아프리카를 포함하는 더 광범위한 지역을 포괄한다.—옮긴이

[2] 이 책에서 map은 문학적·상징적 지도 그리기와 실제적·물리적 지도 그리기를 포괄하는 반면, cartography는 대개 실제적·물리적 지도 그리기를 뜻하므로, 대체로 map은 '지도화' 혹은 '지도 그리기'로, cartography는 '지도 제작(법)' 혹은 '지도 만들기'로 구별해 옮긴다.—옮긴이

[3] 조지프 콘래드Joseph Conrad는 1924년 3월 《내셔널 지오그래픽National Geographic》에 게재한 에세이 〈지리와 어떤 탐험가들Geography and Some Explorers〉에서 지도 만들기에 대한 이러한 열광을 성찰한 바 있다. 그러나 콘래드가 "19세기의 가장 정직한 지도들"은 "전혀 흠잡을 데 없는 과학"(Conrad, 1926: 10-14)이라고 여긴 것과 달리, 그런 지도들에서 공간의 재현은 실은 분명하리만큼 "공공연하게나 은밀하게나 제국의 권력과 연계"되었다(Butlin, 2009: 277). 제인 커러더스Jane Carruthers는 "지도 제작이 하나의 민족이라는 '상상의 공동체'를 형상화하고 그것을 과학적으로 인정되는 방식으로 전 세계 독자 앞에 선보였지만" 이와 동시에 "일부 집단, 특히 아프리카인 공동체들은 지도에서 지워 버렸다"고 설명한다(Carruters, 2003: 956). 특히 하비Harvey는 "하나의 응집된 지리적 실체로서의 인도는 … 토착적 관념이기보다는 상당 정도로 영국의 제국적 관념이었다"면서 "이런 정의定義의 초석은 영국 측량사들이 인도아대륙을 지도화한 것"(Harvey, 2009: 47-49; Tickell, 2004 참고)이라고 주장했다. 폴 카터Paul Carter는 호주, 남아프리카, 미국, 캐나다의 지도에 내포된 암묵적 이데올로기 체계를 포착하고(Carter, 2002: 150-152), 이런 지도가 여러 다른 식민지 환경을 가로질러 인프라의 발전에 어떠한 영향을 미쳤는지 보여 준다. "우리는 식민지의 측량사들이 물려준 지도에서 살고 있다. 우리는 그들의 토지대장이 그은 울타리 안에 정주했다. 우리가 차를 타고 지나다니는 도로, 그 도로에서 바라보는 조망, 집에 돌아와 그 안에 살고 잠들기로 동의한 벽들의 배열은 모두 저 통치자들에게서 곧바로 내려온 것이다"(Carter, 2009: 17-19).

하던 것으로 유명하다(Conrad, 2006: 7-8). 한편 키플링의 킴Kim | 키플링의 동명 작품의 주인공 | 은 "지도 만들기"(Kipling, 2002: 139)에 "엄청난 소질이 있으며", 이 소설 여기저기에 "지도가 잔뜩 담긴 바구니"(200)가 등장한다. 내가 세계 체제 분석을 문학 분야에 적용하면서 지표로 삼는 프랑코 모레티Franco Moretti(2000: 55-57)는 "문학지리는 … 사뭇 다른 두 가지를 가리킬 수 있다"고 했는데, 그것은 "문학 속 공간 연구이거나, 아니면 공간 속 문학 연구"(Moretti, 1998: 3)이다. 모레티는 이 둘이 "본질적으로 다르지만" "두 공간은 때때로 (그리고 흥미롭게도) 서로 겹치곤 한다"(3)고 말한다.

이 책에서 나는 어떤 비판적 방법론을 계발하고 이를 '인프라 읽기infrastructural reading'라고 명명했는데, 그것은 식민문학 작품 속in 인프라 재현을 그 작품의of 인프라에 연결하는 것이다. 이 방법론을 서론에서 상세히 서술하고 이 책의 네 개 장에서 선별한 식민문학에 적용할 것이다. 이러한 공간적 '겹침'을 강조하는 인프라 읽기의 기본 목표는 주로 친親제국 문학 안에서 어떤 결정적인 공간을 드러내는 것이다. 그렇게 함으로써 이런 식민문학이 전파하는 다양한 차별적 이데올로기에 맞서는 반제국적 저항을 동원할 것이다. 그러나 이것은 단지 이데올로기에 맞서는 저항인 것만은 아니다. 비판적 실천으로서의 인프라 읽기는 프레더릭 쿠퍼Frederick Cooper의 경고에 귀를 기울인다. "문학 연구에서 진부한 일"이 되어 버린 "텍스트적 식민화" 혹은 "은유적 식민화"에 초점을 맞추다 보면, "식민주의를 온갖 곳에서 등장시키면서도 아무 곳에서도 등장시키지 않을 위험"이 있다(Cooper, 2005: 47). 텍스트 속 인프라와 텍스트의 인프라를 연결하는 것은, 이와 달리 특정한 식민 공간을 배경으로 하는 문학작품이 초국가 착취 프로젝트로서의 제국주의와 깊은 공모 관계임을 강조한다. 이러한 프로젝트는 자본주의의 지구적인 불균등 발전으로, 그리고 그로 인한 사회적·정치적·문화적·경제적 불평등으로 뒷받침된다(Lazarus, 2011: 36-38).

오른쪽의 남부 아프리카 민간 제작 지도에서 알 수 있듯이, 식민 공간의 지도는 간선 인프라 경로에 의존해 경관을 이해한다. 정부나 민간에서 돈을 대고 식민지 관료나 민간기업이 측량하고 제작한 남부 아프리카와 인도의 지도들은 정치적 분계선뿐 아니라, 이런 분계선을 넘나드는 철도, 전신, 항로 같은 인프라 선을 중심으로 그려지곤 했다. 이러한 인프라는 물리적 기준점뿐 아니라 이념적·정치적·경제적 기준점 역할을 했으며, 지도에서 인프라를 묘사하는 방식은 그 기저에 깔린 제국주의의 동력들을 누설한다. 철도 네트워크는 (남아프리카의 킴벌리와 비트바테르스란트처럼) 자원이 풍부한 지역이나 (인도의 북서부 변경 지역처럼) 정치적 쟁탈이 일어나는 공간을 중심으로 모이고 뭉친 다음에, 이런 공간을 초국적인 무역 및 통신네트워크에 연결한다. 실제로 왕립지리학회 회원들은 "학회를 위해"(그리고 제국의 거버넌스를 대리해) "지도 제작 정보를 비롯한 지식"을 제공하는 한편, 흔히 개인 자격으로도 "도로, 철도, 전신, 행정 제도"에 "투자함으로써 자금"을 제공했다(Butlin, 2009: 277-278).

따라서 최근 사회과학에서 점점 주목받고 있는 인프라에 초점을 맞추면 제국주의의 기저에 깔린 역학 관계가 드러난다(Larkin, 2013 참고). 브렛 프리쉬먼Brett Frischman이 "인프라의 표준 정의" 몇 가지를 개괄한 바와 같이, "교통 시스템"과 "통신 시스템"에서부터 "기초적인 공공서비스와 거버넌스 시스템"(Frishman, 2012: 3-4)에 이르는 물리적 네트워크는 "어떤 시스템 아래에 놓인 틀"을 이룬다. 이것은 "정의상 보이지 않는" 상태로 남아 있기는 하지만, "다른 유의 작업을 위한 배경의 일부"인 "기체基體들의 시스템"이다(Star, 1999: 380; Easterling, 2014: 11). 앞서 인용한 1914년 연설에서 키플링

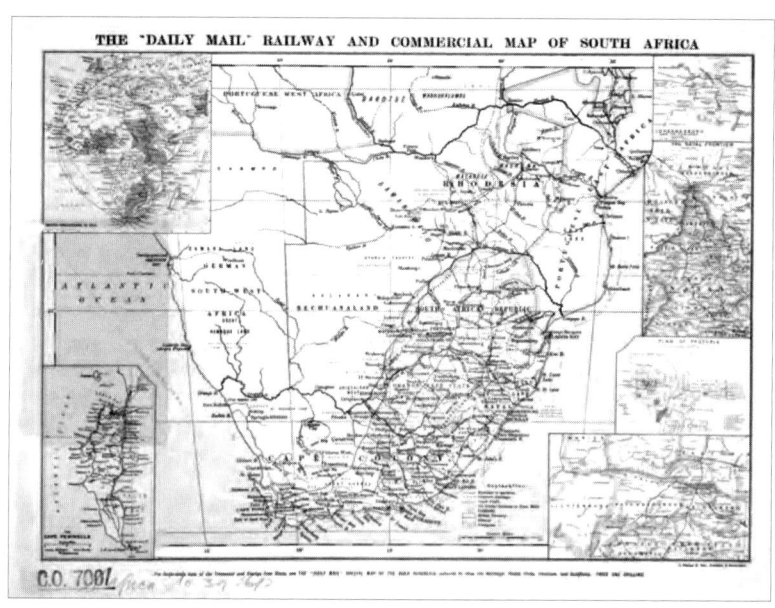

그림 0.1 남부 아프리카의 철도망 약도. 1899년 《데일리메일Daily Mail》, 육군성 주문 제작. 큐Kew 국립문서고의 식민성 문서고, 700/SouthAfrica39 소장.

이 시사한 바와 같이, 대영제국을 팽창주의 이데올로기로 제국 지도에 그려진 분홍색 덩어리ㅣ전통적으로 대영제국은 지도에서 분홍색으로 표시했다ㅣ로 이해하면 안 된다. 오히려 대영제국은 지극히 물리적이지만 가늘고 네트워크화된 인프라들의 세계체제로 이해해야 한다. 대영제국이 건설한 이 인프라들은 대영제국을 하나로 묶으며, 약탈적 무역과 제국의 군대는 이것들을 따라 그리고 이것들 주위에서 순환한다.

　문학적인 인프라 재현을 집중적으로 연구하는 소수 비평가 중 마이클 루벤스타인Michael Rubenstein에 따르면, '인프라infrastructure'라는 단어 자체는 "대공황 시대 루스벨트의 뉴딜정책 이후에야 비로소 영어에 실제로 등장한다"(Rubenstein, 2010: 6). 따라서 내 연구에서나 그의 연구에서나, '인프라'라는 용어를 사용하는 것은 "그 용어를 적용하는 역사적이고 문학적인 맥락에서 보자면 시대착오"이다(6).《옥스퍼드 영어 사전(OED)》에 따르면, 이 용어는 1927년 5월 14일자《챔버스 대중문학 저널Chambers's Journal of Popular Literature》에서 "터널, 교량, 지하 배수로와 '인프라' 공사"(Infrastructure, n. OED, 1989)를 서술하면서 처음 등장했다. 그러나 이로부터 파생한 형용사인 '인프라적'이라는 말이 처음 사용된 것은 1963년 4월 13일자《이코노미스트The Economist》에서 "다양한 유형의 인프라적 **발전**"(Infrastructure, n. OED, 1989; 필자 강조)에 대한 서술에 이르러서다. 마찬가지로, 《환경 및 보존 사전》,《지리학 사전》,《경제학 사전》의 최신판에서는 인프라를 정의하면서 '성장'이나 '발전'이라는 용어를 전면에 내세운다(2007; 2009a; 2009b). 20세기 후반에 들어서면서 인프라는 특히 포스트제국 민족국가에서 발전과 경제성장을 창출하고 촉진할 뿐만 아니라, 그것을 측정하고 추적 관찰하는 간편하고 가시적인(그리고 물리적인) 방법이 되었다. 게다가 인프라 발전의 언어는 국제 비정부기구의 가부장주의적 인도주의(Barnett, 2014: 105-106)부터 "포스트식민 국가를 규율하고 길들여서 세계시장의 요구에 예속시키는 좋은 수단"(Lazarus, 2011: 9)인 구조조정 프로그램 시행에 이르기까지, 흔히 인종주의적이고 명백히 불평등한 제국주의 이데올로기 틀에 뿌리내린 여러 가지 연상들로 오염되었다.

이는 의외의 일이 아니다. 곧 살펴보겠지만, 인프라는 1880~1930년 대영제국 전역에서 식민지 관리, 여행작가, 금융 투기꾼, 자본투자자 모두에게 "유럽의 통치 권리를 나타내는 지표"(Cooper, 2005: 115)인 '근대성'의 척도로 기능했다. 물론 애덤 스미스Adam Smith가《국부론Wealth of Nations》에서 "자본주의를 가능케 하는 가장 기본적인 제도 중 하나"를 서술하기

위해 만들어 낸 신조어인 '공공사업public works'이라는 용어가 당시에는 더 널리 통용되었지만 말이다(Rubenstein, 2010: 4). 나는 '인프라'라는 용어를 |1880~1930년에| 소급 적용함으로써 이런 프로젝트들의 중요성을 정확하게 분별하고 파악할 수 있다고 주장한다. 이 프로젝트들의 불균등 발전은 이 시기, 제국주의 전성기에 세계체제를 뒷받침하는 동시에 뒤흔들기도 했다. 또한, 이러한 소급 적용은 제국의 인프라가 그것의 물리적 배치 및 관련 이데올로기(역시 뒤에서 기술하겠지만, 물리적 배치와 이데올로기는 서로 긴밀하게 연관된다)를 통해 계속해서 21세기 세계를 형성해 가는 방식을 전면으로 드러낸다.

　인프라 시스템은 "부의 창출과 자본축적"의 "핵심"을 이루는데, 그 이유는 "노동력과 온갖 자원에 대한 통제와 전유를 멀리 떨어진 영토, 인간, 생태계에까지" 확장하기 때문이다(Graham, 2010: 4). 제국과 식민지 지도에 등장하는 인프라와 이러한 공간이 나타나는 문학작품에 초점을 맞추면, 허구적 작품이 아무리 친제국 이데올로기들을 전파하여 이러한 역학 관계를 숨기려 해도 제국의 확장을 추동하는 약탈적 경제의 동력이 드러난다. 1972년 월터 로드니Walter Rodney는 "억압받음과 착취당함과 무시당함의 조합"이 "아프리카 식민지들의 경제적 인프라 패턴에서, 그중에서도 현저하게는 도로와 철도에서 가장 완연하게 실증된다"라고 주장했다(Rodney, 2012: 209).

　아르준 아파두라이Arjun Appadurai가 말하듯, "인프라를 탐구한다는 것은 사실 가시적인 것과 비가시적인 것을 분리하는 기술과 기법을 탐구하는 것"(Appadurai, 2015: 13)이라면, 인프라의 문학적 재현을 탐구한다면 제국의 착취에 대한 변호로 기능하던 숨겨진 이데올로기적 기법과 전략을 발굴할 수 있다. 이 시기에 놓인 인프라 회로들이 포스트제국 세계에 끼치는 파괴적 후과에 비견할 만한 것은, 이것들의 발전을 확산시켰을 뿐 아니라 아직도 이것들과 흔히 연관되는, 이것들만큼이나 위험한 이데올로기들뿐이다. 물론 인프라의 불균등 발전과 이에 대한 이데올로기적 정당화는 21세기의 역학이 행성 차원에서 변화함에 따라 새로운 외관을 띠게 되었다. 그러나 폴 길로이Paul Gilroy가 설득력 있게 보여 주듯, "현재의 문제들이 만들어지고 증폭되는 데 제국의 계속되는 영향력이 연루되어 있다"라는 사실을 인식하지 못한다면, 영국 같은 포스트제국 국가들의 "문화적 인프라의 일부가 되어 버린" "불안하고 우울한 분위기"에 일조할 따름이다(Gilroy, 2004a: 2-15).

내가 다루는 식민 공간의 문학적 묘사들은 일종의 허구적 지도로 기능한다. 중요한 것은, 이것들이 |실제| 식민지 지도들과 마찬가지로 거듭 제국의 인프라를 공간적·문화적 기준점으로 삼고 그에 의존한다는 점이다. 인프라는 "문학 속 공간"을 생산하는 기본 좌표이면서, 역사적으로 "공간 속 문학"의 유통을 촉진했다(Moretti, 1998: 3). 이 책에서는 남부 아프리카 일부와 인도아대륙이 배경인 식민소설에 국한하여 분석을 진행하지만, 이 책의 주요 주장들은 인프라 재현이 훨씬 광범위한 식민문학 전반에 걸쳐 되풀이된다는 사실에 근거한다. 프랑코 모레티의 획기적 연구를 다시 참고하자면, 나는 부분적으로는 '멀리 읽기distant reading'라는 그의 개념에 기대고 있다. 이에 따르면 정량적 분석을 통해 "장치, 주제, 비유, 혹은 장르와 시스템처럼, 텍스트보다 훨씬 작거나 훨씬 큰 단위들에 집중"(Moretti, 2000: 57)할 수 있다.

나는 이 연구 프로젝트를 시작하면서, 대영제국과 연관된 작가들이 영어로 쓴 수많은 식민문학에서 다양한 인프라(철도, 전신, 병영 등)와 관련된 단어를 검색했다. 여기에는 당연히 키플링의 방대한 전작全作과 콘래드의 저작이 포함되지만, 그 외에도 다른 많은 작가의 작품이 포함된다. G. A. 헨티George Alfred Henty, 윌리엄 찰스 스컬리William Charles Scully, 제임스 퍼시 피츠제럴드James Percy Fitzgerald, 로버트 루이스 스티븐슨Robert Louis Stevenson, 모드 다이버Maud Diver, 앨리스 페린Alice Perrin, 헨리 로슨Henry Lawson, 휴 클리퍼드Hugh Clifford, 헨리 뉴볼트Henry Newbolt 등이 그들이다. 또한, 나는 이 책의 네 개 장에서 상세히 다루는 작품들을 쓴 여덟 명의 작가, 즉 플로라 애니 스틸Flora Annie Steel, H. 라이더 해거드Henry Rider Haggard, 올리브 슈라이너Olive Schreiner, 윌리엄 플로머William Plomer, 존 버컨, 에드먼드 캔들러, 에드워드 톰슨, E. M. 포스터Edward Morgan Forster의 문학작품 전체에서 해당 단어를 검색하기도 했다. 이러한 방법으로 이 식민적 글쓰기의 문학적 지형도를 불균등하게 가로지르는 인프라 네트워크의 광범위한 그림, 즉 지도를 구축할 수 있었고, 동시에 이런 문학의 공간적 생산에서 되풀이 등장하는 인프라에서 패턴을 추적할 수 있었다.

연구 프로젝트 초기에 수행한 이런 조사는 단순히 인프라가 식민문학의 중요한 장치임을 보여 주기 위함은 아니다. 이것이 책의 역사를 탐구하는 프로젝트가 아니라는 사실, 그리고 이러한 식민적 저술들이 모레티의 방법론적 접근에 영향을 끼친 의제인 '세계문학'의 일종도 아니라는 사실을 분명히 해야겠다. 나는 오히려 인프라에 초점을 맞추면 대부분의 친제국 작품에서 반제국 저항을 발굴할 수 있음을 보여 주려 한다. 이 책의 네 개 장에서 볼 수 있듯, 이는 텍스트에 아주 가까운close 수준에서 수행해야 한다. 이 서론의 마지막 절에서 작품과 저자의 선정 이유를 더 상세히 설명하겠지만, 나는 이 점에서도 모레티를 따랐다. (키플링과 콘래드처럼) 정전正典이 되지 않고 오히려 자신의 "경쟁자들"을 넘겨보는 작가들을 선택한 것이다. 이들은 "정전이 된 작가들과 동시대를 살면서, 어느 정도 이들처럼 글을 쓰지만 … 완전히 그렇게 쓰지는 않는 사람들"이고, 아마도 "'읽히지 않은 위대한 작가'의 대부분을 차지할 것"이다(Moretti, 2008: 66-67). 인프라 읽기는 텍스트에 가까운 분석 수준에서 이루어져야 하는데, 그렇다면 이러한 미시적 분석이 드러내는 일반적 결론은 한결 광범위한 '식민문학'에도 적용될 수 있으리라 확신한다. 따라서 이처럼 훨씬 광범위한 '식민문학'이라는 명칭을 계속해서 사용한다.

이 식민적 글쓰기에서는 인프라에 줄곧 상징적 자본을 투자하는데, 이를 통해 인프라는 경제적 '중심부'의 문화적 등가물이 된다. 이런 경제적 '중심부'는 세계체제 분석에서 인프라가 가로지르는 (준)주변부 지역들에 상대적으로 '중심부'로 이해되는 것이다. 카라 머레이_{Cara}(Cara Murray)가 주장하듯, 제국의 '교통'(경계를 가로지르면서 세계경제의 회로를 구성하는 무수한 무역 흐름과 인프라 경로)은 제국의 기술들로 가능해지는데, "도로, 기차, 전신"뿐 아니라 "소설"까지 아우르는 이 모든 제국의 기술은 "경관에 형태와 형식을 부여"한다(Murray, 2008: 12-13). 모레티는 "문학적 진화의 불균등 리듬"을 인프라의 불균등 발전과 암묵적으로 연결하면서, 유럽 소설은 "한 나라의 전 방역을 아우를 수 있는 그물"을 짜는 "일종의 문학적 철도"라고 서술한다(Moretti, 2008: 21-23).

이러한 현상이 유럽에서는 19세기 말 무렵에 "기본적으로 완성"되었다면(23), 유럽의 식민지 공간에서는 1880년대에 다시 거세게 시작되었다. 식민지 공간에서 이것은 "일종의 문학적 철도"를 서술하는 동시에 그것 자체로 기능하기도 한다. 식민문학은 그 유출과 유입 과정에 개입한다. 다시 말해, 경제자본과 문화자본의 해외투자를 서술하는 동시에 그 자신이 이를 실행하기도 하는 것이다. 앞으로 거듭 주장할 테지만, 이런 현상은 식민문학이 물리적 인프라를 묘사하는 방식에 초점을 맞출 때 더 명료해진다. 이러한 문학작품에서 인프라 경로는 문화적 '중심성'을 획득하며, 역사적으로 그것이 가능하게 한 불균등하게 발전하는 세계체제의 사회경제적 움직임을 통해 일련의 "중심부와 같은 생산과정"에 연계된다(Wallerstein, 2004: 17).

월러스틴도 인정하듯이, "중심부 영역이나 중심부 지역, 주변부 영역이나 주변부 지역이라고 말할 때는" 별 어려움이 없지만, "중심부 국가와 주변부 국가라고 말할 때"는 "중대한 혼란"이 일어난다. "경제 과정과 국가 경계가 완벽히 일치하지 않기 때문"이다(Wallerstein, 1982: 91-92). 세계체제의 "구성단위는 '국가적 사회'가 아니라" 오히려 "시스템의 작동과 발전의 하위 수준인 역사적 장소"이다(87). 식민문학에 대한 나의 독법을 따르면, 세계체제의 중심부, 특히 영국의 세계제국은 "통합된 생산구조들이 복합적 분업과 광범위한 상업적 교환으로 결합한, 거대하고 불균등한 사슬"(Robinson, 2011: 727)로 이해할 수 있다. 중심부 지대들은 국가라는 토막이라기보다 거미줄이나 그물이나 선인데, 기술과 인프라를 다루는 사회역사학자 대니얼 헤드릭Daniel Headrick은 이를 동명의 저서에서 '진보의 촉수'(Headrick, 1988)라고 칭한 바 있다.

따라서 식민문학은 제국의 인프라로 이루어진 네트워크화된 중심부의 개념적(그리고 물리적) 지도를 보여 준다. 그 특징은 불균등하게 발전하는 무리와 군집, 그리고 오래 잔류하는 가닥들이 정치적 경계를 가로질러 돌아다니고 관통하면서 대륙 공간이나 해양 공간을 서로 연결하는 것이다. 이러한 의미에서 인프라는 헤르만 비텐베르크Herman Wittenberg가 "제국의 공간성"이라는 "역설적 개념"으로 밝혀낸 것의 전형이다. 이 공간성은 어느 정도 "단일하고 지구적"이지만, 이와 동시에 "분열되고 파편화되어"(Wittenberg, 1997: 130) 있다. 워릭 연구집단WReC은 최근 프레드릭 제임슨Fredric Jameson의 ('기술'을 언제나 '진보'와 연관시키는) "단일한 근대성"[Jameson, 2012: 7][4] 개념을 토대로 "자본주의의 발전은 불균등성을 반듯하게 펴는 것이 아니라 오히려 체계적이고 당연하게 생산한다"[WReC, 2015: 12]고 주장하고, 이어서 "자본주의의 근대화는 발전을 수반하지만" "이 '발전'은 저발전, 나쁜 발전, 종속적 발전의 형태도 취한다"[13]라고 주장한다.

이처럼 인프라 발전의 불균등성을 강조하면, 식민문학 작가들은 "자신이 아프리카 대륙을 '개방하고' 있다고 주장"했지만, 그 결과로 나타난 "지배와 착취"는 "극도로 울퉁불퉁"[Cooper, 2005: 104-105]했다는 것을 알 수 있다. 실제로 쿠퍼는 극도로 논쟁적이고 심지어 혼란스러운 '근대성' 개념을 비판하고[113-149], 세계체제 분석 결과가 불만족스러울 정도로 "경직되어 있다"[44-45]고 여긴다. 나는 여기서 "네트워크 개념"을 강조한 그의 입장을 견지하고자 한다. 이를 통해 식민문학 작품이 불균등하게 발전하는 세계체제의 물리적 경계 설정자로 인프라를 활용한 방식을 더욱 정교하게 탐구할 수 있기 때문이다. 네트워크를 강조하면, 문학 텍스트 속에서 계획되고 건설되고 지도화되고 재생산되는 제국의 인프라 발전이 한층 더 정확하게 서술된다. 그뿐만 아니라 "공간적 연결의 본질과 한계를 동시에" 강조함으로써 "덜 포괄적이지만 더 엄밀한" 개념적 도구로 기능할 수도 있다[93]. 더 나아가, "친연성 및 동원의 매우 다양한 단위들, 사람들이 형성하는 주관적 애착 유형, 행동할 역량이 있는 집단들"에 주목함으로써, "이동만큼이나 노드node | 교차점, 연결점 | 와 봉쇄도 강

---

[4] 참고문헌 목록에서 빠져 있는 이 저서의 서지 사항은 다음과 같다. Jameson, Fredric. 2012. *A Singular Modernity: Essay on the Ontology of the Present*. Verso. —옮긴이

조"하게 된다[108]. 이는 친제국 문학의 복합적 공간성뿐만 아니라 반제국 저항의 복합적 공간성도 드러낸다.

> 19세기 초부터 20세기 중반까지 지식인, 선교사, 정치적 활동가의 공간적 상상력은 … 지구적이지도 않았고 지역적이지도 않았으며, 특정한 연결선들로부터 구축되었고, 지역적·대륙적·대륙횡단적 친연성을 상정했다. 이러한 공간적 친연성은 좁아질 수 있고 넓어질 수 있으며 다시 좁아질 수 있었다. (Cooper, 2005: 109)

헤르만 비텐베르크가 문화와 경제를 지구적 규모에서 "근본적으로 불평등한 방식"[1997: 130]으로 통합하는 제국의 공간성에 역설이 있음을 관찰한 것은 옳지만, 그의 공간 관념은 여전히 "식민지 주변부와 식민본국[5] 중심부"라는 이중의 지리적 이분법을 중심으로 구조화되어 있다[130]. 이러한 접근 방식으로는 민족국가와 식민지 속령의 단절된 정치적 경계 너머로 나아갈 수 없다. 이에 반해, 나는 중심부 지역과 (준)주변부 지역의 관계가 동맥인 인프라 선과 모세혈관인 인프라 선의 수준에서 발생한다고 본다. 이러한 관점에서 보면, 세계체제의 중심부는 가장자리를 지닌 네트워크들로 이루어지지만, 이것들 사이와 이것들 너머에는 저발전된 거대한 틈새들이 존재한다. (준)주변부 지역은 착취당하는 대륙, 아대륙, 지방, 도시, 나아가 소도시 수준에서 생기는 것이 아니라, 탄전炭田과 다이아몬드 광산, 빈민가와 마을, 발전된 도로와 저발전된 보도의

---

5 metropolis는 식민지와 대비되는 때는 '식민본국'으로, 시골이나 소도시 등과 대비되는 때는 '대도시'로 옮긴다. 맥락상 두 가지 의미를 중의적으로 가질 때는 '식민본국/대도시'로 옮긴다.—옮긴이

수준에서 생기는 것이다. 식민문학에서 되풀이 등장하는 것은 이런 미시지리 규모에서 나타나는 세계체제의 불균등성 현상인데, 중심부 인프라 경로는 이런 규모에서 주변부 공간을 관통한다(그래서 대개 주변부 공간을 더욱 저발전시킨다). 식민지 지도 제작자가 인프라 선이 드러내는 중심부-주변부 역학으로 식민지 공간을 이해하는 것처럼, 식민문학의 작가와 그 허구적 주인공은 제국의 인프라의 물리적 구현에 주목함으로써 그것을 둘러싼 주변부의 저발전된 조건들을 형상화한다.

나는 식민문학이 세계체제의 인프라 중심부에 의지하는 일의 이면에 저항적 측면이 있음을 계속 강조할 것이다. 식민문학은 인프라로 되풀이 회귀하는 가운데, 제국 기획이 생산한 불평등하고 불균등한 발전을 인정할 수밖에 없다. 따라서 애초에 이런 발전을 정당화하기 위해 그토록 자주 의지하던 문명화, 근대화, 인도주의라는 수사의 기초를 침식하는 것이다. 바로 이 지점에서 이 책을 조직하는 두 번째 개념인 '공간적 저항'이 작동하기 시작한다. 이 용어를 쓰는 동기는 내가 비평가로서 '식민문학'이라고 부르는 허구들을 다시 정치화하기 위함이다. 이는 식민문학이 제국의 패권을 무효로 만드는 순간들을 발굴함으로써 이루어진다. 식민문학이 전파하는 제국의 이데올로기들이 (많은 경우 지금까지 계속되는) 물질적 결과를 낳았기 때문에, 나는 방법론으로서 인프라 읽기가 그 고유한 물질적 저항으로 이런 이데올로기에 역습할 수 있기를 희망한다. 인프라 읽기는 식민문학 텍스트의 주름들 속에 숨겨진 이데올로기적 불안, 한계, 침묵을 발굴하기 위해 특별히 고안되었을 뿐 아니라, 식민문학 안에서 때때로 출현하는 제국적 통제와 자본주의적 축적에 대한 노골적 반항과 나아가 이런 반항에 대한 폭력적 반동을 드러내기 위해 특별히 고안된 것이다. 그렇다면 인프라 읽기는 제국의 이데올로기 내부의 이런 온갖 금과 틈을 모아서 '공간적 저항'이라는 폭넓은 범주 아래 결집한다.

'식민적 현재':
저항으로서의 비평

이 책의 주요 목표는 두 가지다. 첫 번째 목표가 출발하는 전제는 (그 토대를 이루는 에드워드 사이드Edward Said의 저술 《오리엔탈리즘Orientalism》(1978)과 《문화와 제국주의》(1993) 이후로 널리 인정받게 된 주장이지만) 식민문학이 명백히 (종종 추악한) 인종적·문화적·정치적 위계로 구조화되어 있다고 해서 이런 텍스트를 회피하는 것은 패배주의라는 것이다. 사실 이런 텍스트를 무시하는 이유는 이런 텍스트를 다루는 비평가가 실제로 불평등, 차별, 억압의 이데올로기적 얼개를 영속시킬 위험이 있다는 경각심 때문이다. 그러나 내가 보기에 이런 허구들을 문서고에 처박아 두어 못 읽게 만드는 것이 더 위험하다. 그러면 이런 문학이 그중 상당수가 동시대까지 반향을 일으키고 있는 바로 저 이데올로기적 얼개들을 풍부하게 통찰하고 때로는 전복하고 있음을 간과하게 된다. 실로 지금 여기에 어떤 긴요한 정치적 과제가 존재한다. 게일 로우Gail Low가 주장하듯이, "이런 글들을 안이하게 부인하면 신화를 만드는 그것들의 힘에 대처할 수 없다". 이런 상상적 허구들이 "틀렸다고 지적만 하는 것"은 "우리가 [줄곧] 살아가고 행동하는 이 세계를 유지하는 허구가 형성되도록 결정했던 심리적 투자를 건드리지 않고"(Low, 1996: 2) 그대로 두는 것이다. 이 책은 충분히 비판적으로 읽지 않은 일련의 문학 텍스트를 복원하여 그것들의 복합적인 이데올로기 역학을 (영속시키기보다) 발굴하려는 것인데, 나는 이것이 때로는 현재진행형인 수많은 식민주의를 탐구하는 데 유용한 연구 프로젝트라고 주장한다.

이 책의 두 번째 주요 목표는, 어떤 자의식적으로 정치적이고 비판적인 읽기 실천을 개발하는 것이다. 이런 실천은 잠정적으로 그 자체가 반제국 저항의 한 형태로 간주될 수 있거나, 아니면 적어도 다른 저항적 실천과 정치적으로 제휴할 수 있다. 월터 로드니와 마이크 데이비스Mike Davis를 비롯한 역사학자들은 "오늘날 우리가 '제3세계'라고 부르는 것"이 "19세기의 마지막 25년 동안 가장 결정적으로" 형성된 불평등의 직접적 "부산물"임을 설득력 있게 보여 주었다(Davis, 2010: 15-16; Rodney, 2012, 27). 내가 자인하듯이, 이 책의 정치적 작업의 동기도 이와 마찬가지로 세계체제의 불균등하고 불평등한 발전이 낳은 (특히 대영제국의 위임하에 형성된) 대부분 폭력적이고 물질적인 영향이다. 따라서 이 책의 방법론에 영향을 준 정치는 "식민주의와 제국주의에 대한 심문을 개시한 해방운동의 저작들"(Parry, 2004: 6)과 연계된다. 이 책은 베니타 패리Benita Parry의 요구에 응답하는데, 그것은 영국 제국주의와 그것에 동반되는 문학을 "자본주의의 지구적 궤적이라는 결정적 심급 내부에서" 역사화하라는 요구이다(Parry, 2004: 9). 내가 앞서 제안한 것처럼, 이런 과제를 가장 훌륭히 성취하는 방법은 제국의 인프라에 대한 식민문학의 재현에 초점을 맞추는 것이다. 이에 따라 H. 라이더 해거드의 "솔로몬 왕의 길"이라는 표현이든, 전신(傳信)에 대한 플로라 애니 스틸의 간헐적 묘사이든, 이런 텍스트는 제국주의가 "자본주의가 되지 않았거나 갓 자본주의가 된 지역을 세계체제에 편입하려는 자본주의의 충동"을 촉진하기 위해 설계된 "최소의 전략적 인프라 구축"에 다름 아님을 실토한다. 비록 친제국 이데올로기를 전파하며 이와 정반대의 사실을 주장하지만 말이다(Parry, 2004: 9). 나는 이 책의 각 장에서 드러나는 "식민 이데올로기의 지도 만들기"를 통해 "문화적 저항 및 문화적 파괴의 과정"을 실천하고자 하는데, 그것은 "식민주의에 반론을 제기할 수 있는 텍스트 쓰기"(27-28)이다.

이 책은 식민문학에 등장하는 제국의 물리적 인프라를 지도화함으로써 식민 이데올로기를 해체한다. 여기서 프란츠 파농Frantz Fanon으로 돌아갈 필요가 있다. 식민지 도시성의 역사를 연구하는 앤서니 킹Anthony King이 말한 것처럼, 파농에게 "분리 도시segregated city"|사회·경제·주거 등에서 도시 내부가 분리된 도시| 의 인프라 배치는 "식민 상황 전체"를 완벽하게 보여 주는 본보기이다(King, 1976: 282-283). 식민 환경의 긴장된 역학 내에서 이루어지는 인프라 정치를 다루는 프로젝트라면 그 시작부터 파농의 말을 상기해야 한다.

식민 세계는 여러 구획으로 나뉜 세계이다. … 이 구획의 체계를 가까이에서 검토해 보면, 적어도 그것이 품은 힘의 선들을 드러낼 수 있다. 식민 세계, 그 세계의 질서와 지리적 배치에 이렇게 접근함으로써, 우리는 탈식민 사회가 어떤 선들을 따라 재조직될지 표시할 수 있을 것이다.
식민 세계는 둘로 나뉜다. 나누는 선, 프런티어는 병영과 경찰서에 의해 드러난다. … 정착민 마을은 온통 돌과 강철로 튼튼하게 지은 곳이다. [그에 반해 피식민자의 마을은] 널찍함이 없는 세계이다. 사람들은 그곳에서 서로 겹쳐 살고, 그들의 오두막은 서로 겹쳐서 지어진다. (Fanon, 2001: 29)

여기서 파농은 세계체제의 중심부 지역들과 주변부 지역들이 민족국가라는 거시적 수준에서 생기는 것이 아니라 특정 인프라의 경로, 경계, 프런티어 사이에서 생긴다고 이해한다. 파농의 사고를 세계체제 분석의 관점에서 설명한다면, 중심부의 경제적·문화적 흐름이 투입되는 철도나 도로 같은 간선 인프라는 다시 이러한 흐름을 촉진한다. 그리고 세계체제는 중심부를 둘러싼 영역을 그 중심부에 상관적인 주변부로 생산한다(Wallerstein, 2004: 17). 그 결과 생기는 "주변부는 상태가 아니라 과정"인데, 이러한 과정을 가리키는 "주변화라는 명사가 있다". 이 용어는 "이전에는 세계경제와 무관하던 어떤 단위나 영역을 세계경제가 기능하는 데 포섭하는 일" 혹은 이런 과정을 "더 불평등한 방향으로" 강화하는 일을 가리킨다(Hopkins and Wallerstein, 1982: 98-99). '저발전 사회'에 대한 식민문학의 문제적 재현을 분석하는 데 또 중요한 것은 '침묵하는 사회'의 존재를 인식하는 것이다. 스스로 세계체제 분석에 '편승'함을 자인한 또 다른 문화 이론가 월터 미뇰로Walter Mignolo가 이렇게 부르는 사회는 "말과 글이 있어도 행성 차원의 지식 생산에는 들리지 않는" 지리역사적 장소이다(Mignolo, 2012: 18, 71).[6] 이를 통해 이 책은 식민문학이 식민 경관과 민족을 온전하게 재현한다는 표면적 주장의 승인을 완강히 거부하면서도, 식민문학이 스스로 자각하는 것보다 더 많은 것에 목소리를 준다고 주장한다. 본서가 복원하는 저항은 식민문학이 세계체제의 저 주변부 공간들을 가리키는 순간을 중심에 두고 벌어진다. 이런 공간들은 세계체제가 의지하는 인프라적 촉수들 너머에, 그 아래에, 그 사이에 존재한다.

베네딕트 앤더슨Benedict Anderson에게 소설은 장르이자 형식이자 제재라는 측면에서 민족과 같은 "상상의 공동체"를 형성하는 핵심이다(Anderson, 2006: 24-26). "경관에 형태 혹은 형식"을 부여하는 소설은 "철도나

---

[6] 원문에는 2002년으로 되어 있으나, 참고문헌에 기재된 책의 원문을 확인하여 2012년으로 수정한다.―옮긴이

운하처럼 기능하는 기술技術"로 작동한다(Murray, 2008: 12-13). 식민권력에게 인프라와 통치의 '회로'는 이를 계승한 포스트식민 사회를 훼손할 수 있는데, 그 이유는 이런 회로로 규정되는 특정 양식의 거버넌스 및 사회적 상호작용이 애초에 식민자의 전체주의적 통치 및 인종적으로 분리된 생활을 촉진하고자 설계되었기 때문이다(Anderson, 2006: 160-161; Soja, 2010: 4). 파농 역시 식민주의가 인프라를 통해 물리적 공간을 조직하는 방식이 "탈식민 사회"가 "재조직되는" 좌표를 제공한다고 여겼으며(Fanon, 2001: 29), 더 나아가 킹은 분리와 불균등 발전의 인프라, 즉 식민도시의 뚜렷한 특징인 분리와 불균등 발전을 뒷받침한 인프라가 포스트식민 국가에서도 공간적·사회적·경제적 불평등을 심화함을 입증하였다(King, 1976: 283-287).

식민문학은 자신이 묘사하는 경관에 형태를 부여하기 위해 인프라에 의존함으로써, 제국의 이데올로기로 굴절된 상상의 지리(위계적 구역화를 중심으로 건설된 도시, 종파의 분열을 따라 구분된 지역)를 생산하는 데 일조한다. 그런데 이런 상상의 지리는 초기 민족주의 저술들에서마저 통용된다(이것은 식민소설에 나타나는 민족주의를 논의하는 4장에서 자세히 탐구할 유산이다). 그래서 이 상상의 지리는 포스트식민 공간에 대한 해로운 문화적 상상을 개시하고 강화하는 데 공모하는데, 종파주의·부족주의·파벌주의의 지리나 불평등, 위계, 부패의 인프라가 그런 것들이다. 이러한 물리적·상상적인 인프라가 전 세계 포스트식민 시민들에게 치명적 결과를 초래한 사례는 무수하다. 비록 포스트제국 시대에 대한 분석은 본서의 범위를 벗어나지만, 이러한 자연적 진전과 지금도 계속되는 후과는 본서의 기획이 정치적으로 긴급하다는 인식을 낳는다. 그것은 데릭 그레고리Derek Gregory가 확인한 "식민적 과거와 식민적 현재의 연속성"(Gregory, 2004: 7)을 계속 인식하는 것이다. 앞에서 인용한 파농의 말은 식민주의의 물리적 공간에 형태를 부여한 인프라들에 불평등·억압·착취가 기입되어 있음을 강조하는 동시에 그에 대한 전투적이고 의식적인 저항의 입장을 견지하며, 따라서 본서의 이어지는 장들을 가로지르며 공명한다.

따라서 역사적 이유뿐만 아니라 방법론적 이유 때문에라도 나는 "문학 텍스트의 정치적 해석"을 "어떤 보충적 방법"이 아니라 "모든 독서와 해석의 절대적 지평으로"(Jameson, 2002: 1) 채택하라는 프레드릭 제임슨의 요구에 응답한다. 토니 베넷Tony Bennett도 "비평이라는 활동은 그 자체가 현저하게 정치적인 활동"(Bennett, 2003: 111)이라고 주장한다. 이 책은 "문학의 정치적 효과는 무엇인가"라는 질문이 아니라 "문학의 정치적 효과는 무엇이 되도록 만들어질 수 있는가"(Bennett, 2003: 111)라는 질문에서 출발한다. 또 다른 유물론적 비평가인 피에르 마슈레Pierre Macherey에 따르면, "비평은 경험주의의 오류에 즉각 이의를 제기"하고, 그 대신 "주어진 것에 대해 가능한 대안을 제시하기"를 열망한다(Macherey, 1986: 15).

본서는 식민문학을 그것이 "실제로 의미하는 것의 배후에 기만적으로 숨어 있는 것"(Macherey, 1986: 22), 즉 제임슨이 "정치적 무의식"(Jameson, 2002)이라고 부르는 것을 추적하면서 읽고, 매우 집중적이고 구체적인 일련의 미시 분석을 통해 식민문학장場의 지도를 대안적이고 폭넓게 그려내려 한다. 실제로 각 장을 이루는 텍스트 독해는 확실히 매우 '가까이' 읽기다. 모레티는 줄곧 '멀리 읽기' 실천을 옹호해 왔지만, 다른 곳에서는 "자질구레한 언어들이 비밀을 폭로하는데, 그것은 거대한 관념들이 종종 ··· 잘못된 시작, 주저함, 타협을 은폐한다는 의미"(Moretti, 2013: 19)라고 강조한다. 이러한 주의 깊은 가까이 읽기가 식민문학의 여러 작가와 텍스트를 거치며 누적될 때, 내가 그리려는 큰 지도가 드러나기를 바란다.

그러나 본서에서 거듭 보여 주겠지만, 그저 "식민 담론이 말하지 않은 진실을 말하기"에 그치지 않고, 즉 미뇰로가 표현하듯이 "거짓 너머로 진실을 말하기"에 그치지 않고, 식민문학에 대해, 그리고 오늘날 식민문학을 읽는 문학비평의 과제에 대해 "다르게 생각"하려 한다. "대화의 내용뿐 아니라 조건을 바꾸는 것"(Mignolo, 2012: 69-70)이다.

본서에서 광범위한 지도를 작성하려는 노력과 지도를 이루는 부분들에 대한 가까운 텍스트 분석 사이에는 긴장이 존재하는데, 본서는 이러한 긴장을 완화하기 위해 어떤 방법론적 전략을 채택한다. 나는 이 책 전체에 걸쳐 서로 다르면서도 관계가 있는 다양한 유물론적 비평가를 다룬다. 특히 마슈레, 테리 이글턴Terry Eagleton, 바버라 할로우Barbara Harlow부터 하비, 패리, 제임스 스콧James C. Scott에 이르는 비평가들이다. 이 비평가들과 이들이 개발한 독해 기법은 이 책의 각 단계에서 전략적으로 채택된다. 그 목적은 분석 대상인 특정 텍스트가 그것이 "'암시'하도록 만들어진 지배적 이데올로기 형식을 '폭로'하거나 그것에 '거리를 두게'" "만드는" 것이고, 이를 통해 "그것들을 정해진 방향으로 정치적으로" 동원하기 위함이다(Bennett, 2003: 114-115).

이어지는 네 개의 장에서 이처럼 전략적으로 활용하는 다른 비평 기법들을 하나로 엮는 것은 네트워크화된 세계체제라는 틀인데, 이 틀은 이 책 전체에서 줄곧 분석의 렌즈로 유지된다. 그 결과 발생하는 (가까이와 멀리라는) 이중적 움직임 덕분에, 인프라 읽기는 텍스트에 가까운 뉘앙스와 폭넓은 일반화를 동시에 고려할 수 있고, 나아가 미래에 적용될 수도 있다. 각 장은 특정 주제를 중심으로 조직되는데, 따라서 이 방법론은 각 시대의 네 가지 지배적 이데올로기 패러다임('인도주의', '분리', '프런티어', '민족주의')을 통해 굴절된다. 각 장에서 대부분 (느슨하게나

마) 연대순으로 배열된 식민문학 텍스트들을 다룸으로써 이 책의 광범위한 방법론적 기여는 역사적 시기를 가로지르고 이 네 가지 주제를 가로질러 누적적으로 구축된다. 1장과 3장은 (각각 플로라 애니 스틸과 존 버컨을 다루는) 저자 중심 연구이다. 반면에 2장과 4장은 여러 저자를 비교하면서 일관성을 지니는 독해를 제공함으로써, 식민문학에서 재발하고 교차하는 경향, 비유, 트라우마를 노정하기 위해 설계되었다. 인프라 읽기는 이 책 전반에 걸쳐 하나의 정합적 방법론으로 누적적으로 구축되지만, 잠시 이에 대해 좀 더 상세히 서술할 필요가 있겠다.

인프라 읽기:
식민문학 속 인프라와 식민문학의 인프라

내가 인프라 읽기라고 부르는 독서 실천 방법론은 '인프라'라는 단어를 비판적 도구로 활용하는 서로 연결된 두 가지 방식에 뿌리내리고 있는데, 이를 통해 서로를 뒷받침하는 이 방식들이 식민문학의 서사에 내재함을 드러내고 이해할 수 있다. 이 단어의 두 가지 활용 방식 중 첫 번째는 텍스트 속 인프라를 활용하는 것인데, 그것도 물리적이고 상징적으로 활용하는 것이다. 사라 너텔Sarah Nuttall이라면 이를 "문학적 인프라" 또는 "허구 속에서 나타나는 상상의 인프라"(Nuttall, 2008: 198-200)라고 부를 텐데, 도로, 철도, 병영, 식민지 방갈로 등이 그것이다. 이는 여러모로 인프라라는 동전의 양면 중에서 더 전통적인 면인데, 이것은 단지 문학 텍스트 속에 어떤 유형의 인프라가 등장한다는 뜻이다. 예컨대 남아프리카에서 올리브 슈라이너가 1870년대에 집필한 소설 《운디네Undine》에서는 킴벌리

의 다이아몬드 산업의 핵심 인프라인 광산의 헤드기어 | 사람, 기계, 광물, 자재 등을 갱도 위아래로 운반하는 케이블이 감긴 바퀴 장치 | 를 묘사하며, 윌리엄 플로머의 단편소설 〈울라 마손도Ula Masondo〉(1927)에서는 20세기 초 요하네스버그에 건설된 벽, 도로, 주택단지 같은 도시 인프라 배치를 재현한다.

두 번째 활용 방식은 '텍스트의 인프라'라는 더 복합적인 관념이다. 나는 이 말로 역사적 원재료를 가리키는데, 이러한 사회적·경제적·지리적 원재료를 조각하여 문화적 패턴과 추세가 결정화結晶化된 문학이 나타난다. 나의 접근 방식이 세계체제 분석에서 영향을 받았기 때문에, 이것을 대개 이 시기에 불균등하게 발전하던 초국적 자본주의경제의 인프라로 읽어 내는 것은 의외가 아닐 것이다. 이 책 전반에 걸쳐서 텍스트를 가까이 읽으면, 텍스트 속 인프라와 텍스트의 인프라가 긴밀함을 알 수 있다. 내가 식민문학에서 제국의 인프라에 대한 서사적 묘사를 지도화하면서 일관되게 발견한 사실은, 제국주의(그리고 자본주의 세계체제)의 경제적·정치적 인프라는 텍스트 속에 나타날 때 드러내 놓고 주목받지는 않더라도 적어도 인지된다는 점이다. 이러한 동시적 의미화

simultaneity of signification | 기호학, 언어학, 철학에서 하나의 기호나 표현 등이 동시에 여러 의미를 지니는 것을 가리키는 개념 | 는 물리적 인프라의 선들이 흔히 뒷받침하는 '문명'과 '근대성'이라는 제국의 수사학이 제국주의의 사회경제적·정치적 현실, 즉 역사적으로 그런 인프라를 가능케 한 경제적 착취, 불균등 발전, 저발전의 과정과 상충함을 뜻한다. 이것은 생산적 충돌 혹은 생성적 마찰을 낳고 이것이 다시 틈새들을 낳는데, 이 틈새들로부터 다양한 형태의 반제국 저항을 발굴하고 (재)동원할 수 있다.

인프라는 식민문학의 식민 공간 재현에 중심적이지만, 식민문학이 식민 공간을 생산하는 방식도 보여 준다. 여기에서 생산이라는 말을 쓰

는 방식은 앙리 르페브르Henri Lefebvre의 기념비적 저작《공간의 생산La Production de L'Espace》(The Production of Space, 1974)에서 차용한 것이다. 월러스틴이 세계체제를 "형태적으로 정적인 영토적 주형鑄型" 안에서 상상했다는 점에서 비판받은 것은 정당하지만, 그의 통찰을 르페브르의 통찰과 결합하면 "사회적 공간의" "역사적이고 역동적인" 개념화가 가능하다(Brenner, 2011: 102). 이러한 틀 안에서 식민문학은 르페브르가 '재현 공간'이라고 부르는 것을 생산한다. '재현 공간'은 "그와 연결된 이미지와 상징을 통해 직접 체험되는 공간, 따라서 '거주자들'과 '사용자들'의 공간이고, 아울러 어떤 예술가들의 공간이자 그것을 서술하고 오로지 서술하고자 열망하는 사람들의 공간"이다. 따라서 이러한 문학작품은 "그 대상들을 상징적으로 활용하여 물리적 공간을 덮는" 지도 생산이라고 볼 수 있다(Lefebvre, 1988: 39).[7] 식민 경관을 문학적으로 묘사하고 조망하기 위해 가장 분명하게 활용될 수 있는 '대상들'은 제국의 이러한 물리적 구현들, 즉 지리적 영역을 분할하는 제국주의의 인프라 경로들이다. 물론 앞으로 살펴보겠지만, 독특한 지형들[8]도 때로는 이와 비슷한 기능을 수행하지만 말이다. 그러므로 이러한 문학작품은 끊임없이 인프라를 공간적 의미 형성의 기술로 이용하여, 식민 기획의 광범위한 인프라 전략 안으로, 그리고 이러한 인프라들의 초국적인 물리적·경제적 회로 안으로 어떤 제국적 기획을 되먹임한다. 식민문학은 "지각되는 것, 상상되는 것, 체험되는 것이라는 세 가지 요소에 존재하는 변증법적 관계"에 개입하는 것으로 볼 수 있으며, 이는 필연적으로 항상 "구체적인 것"을 "포착"하지만 나

---

7 원문은 1998년으로 되어 있지만, 참고문헌 목록과 원문을 확인하여 1988년으로 수정한다.—옮긴이

8 본서에서는 동굴이나 언덕 등의 지형을 언급한다.—옮긴이

아가 생산하기도 한다(Lefebvre, 1988: 39-40). 르페브르는 이런 변증법적 관계를 한낱 "추상적인 '모델'"로 여기는 것은 이런 과정을 "그저 여러 이데올로기 매개 중 하나"로 축소하는 것이라고 주장한다(Lefebvre, 1988: 40).

이러한 렌즈로 보면, 식민문학은 제국주의 인프라 발전에 물질적으로 일조했다고 볼 수 있다. 닐 스미스Neil Smith가 제임슨의 공간적 용어 사용에서 관찰하였듯이, 공간을 그것의 "물질성이 여전히 인식되지 않는" "은유"로 축소하면 안 되며, "물질적 공간과 은유적 공간의 상호성"을 이해해야 한다(Smith, 2008: 223). 인류학자 브라이언 라킨Brian Larkin은 인프라에 대한 최근의 비판적 재평가를 요약하면서, "인프라가 어떤 종류의 기호적 객체인지" 이해하고 "주체에 어떻게 말을 걸고 주체를 어떻게 구성하는지" 분석하려면 "인프라의 형식적 차원들에 주목해야 한다"고 주장한다(Larkin, 2013: 329). 가까운 텍스트 차원에서 식민문학은 "인프라의 형식적 차원들"을 표현하는 결정화된 순간을 보여 준다. 모레티가 적절하게 '역공학reverse-engineering' ㅣ 어떤 완성품의 구조를 분석함으로써 역으로 그 기술적 구성원리를 발견하는 과정 ㅣ 이라고 부른 방법을 활용하면, "그것의 설계를 통해 해결하고자 하는 문제"를 드러낼 수 있다(Moretti, 2013: 14). 문학 속에 나타나는 인프라는 르페브르의 변증법이 순간적으로 정지된 것인데, 이것을 연구하면 너바나 타누키Nirvana Tanoukhi가 말하듯이 "문학의 역사와 공간 생산 역사 간의 다양한 형태의 얽힘"을 "해명"할 수 있다(Tanoukhi, 2011: 94-95).

이런 문학에서 허구적 화자들은 지도가 정확하다고 되풀이 공언하고, 등장인물들은 끊임없이 지도를 비롯하여 (나침반이나 망원경 등의) 공간 활용 기술을 이용한다. 엘레케 뵈머에 따르면, "은유와 지도 제작(그리고 법률) 사업"인 제국주의를 실행하는 "식민자들은 쉽게 손에 잡히는 상투적 묘사와 권위적 상징을 이용하고 유포했다"(Boehmer, 2005: 15-47).

뵈머는 "대영제국 전역에서 독자들의 상상은 평행한 홈들을 따라 이끌어졌다"(Boehmer, 2005: 52)고 말하지만, 나는 이런 "평행한 홈들"이 사실주의 소설의 은유적 선들일 뿐 아니라, 기본적으로 식민지 철로의 실제 철골들보였음을 강조하고 싶다. 이렇게 이해하면, 식민문학이 인프라를 재현함으로써, 르페브르 이후에 에드워드 소자Edward Soja가 "사회-공간 변증법"(Soja, 2010: 4)이라고 부른 것에 어떻게 개입하는지 알 수 있다.

그 자체가 공간적 의미를 형성하는 기술인 식민문학은 자신의 재현을 구체화하기 위해 인프라에 의지하고, 나아가 제국 이데올로기 및 그에 따른 사회관계(예컨대 인종적 위계나 계급적 위계)가 형성한 식민 경관을 (재)생산한다. 그것은 제이슨 무어Jason Moore가 "추상적인 사회적 자연|본성|"이라고 부르는 것을 생산하는 데 공모하는데, "이런 일군의 과정을 통해 국가와 자본가는 인간적·비인간적 자연|본성|을 자본축적에 복무하도록 지도화하고 식별하고 양화하고 측정하고 부호화한다"(Moore, 2015: 194). 식민문학은 이런 의미에서 제국주의의 '생산력' 중 하나인데, 다시 말해 인프라 자체와 마찬가지로 "생명을 생산하고 재생산하는 특정 방식"을 따라 작동하는 "도구이자 기술적 체계"인 것이다(Moore, 2015: 195). 식민문학의 텍스트 표면을 가로지르는 이러한 인프라 네트워크들은 이것에 사회적·경제적 형태를 부여한다. 따라서 중심부-주변부 관계를 규정하는 착취의 역학은 그것의 다양한 서사적 구성들로 얇게 덮인 채 이 인프라 네트워크들 안에 내장되어 있다. 식민문학 텍스트는 때때로 자본주의적 제국주의의 불균등한 축적과 결탁했다는 사실을 고백하기도 한다. 버컨의《프레스터 존》의 주인공 데이비 크로퍼드는 남아프리카 경관에서 돌아다닐 때 철도를 공간적 준거이자 상징적 객체로 사용하지만, 그가 애당초 이 철도로 여행하는 이유는 결국 "토착민들과 새로

운 무역을 개척"하기 위함이다(Buchan, 2008: 15).

이제 명백해졌지만, 나는 인프라 읽기라는 방법론을 개발하여 문학 지형 및 문화 지형이 제국적 확장·착취·통제 방법과 이런 과정에 대한 저항 간의 험난한 영토 다툼과 어떻게 상호작용하는지 고찰하고자 한다. 사이드는 "최종적 분석에서 제국의 본질은 실제로 토지를 지리적으로 소유하는 것"이며, "그것과 연관된 문화는 지리의 우선성과 영토 통제의 이데올로기를 동시에 확증한다"라고 상기시킨다. 그렇다면 그가 보기에 "영토, 토지, 지리적 영역", 제국주의의 "실제적인 지리적 토대"가 "사회적 공간"과 "문화적 쟁투"의 기저에 깔려 있다(Said, 1993: 93). 이 두 영역은 서로 떨어지거나 나뉘어 있는데, 전자가 어떤 식으로든 후자의 '아래' 혹은 '밑에' 있는 것이다. 제국의 물리적·경제적·상징적 비계無 인 인프라는 이러한 여러 부문을 연결하며, 앞으로 논의할 것처럼 이 부문들이 서로 연결되고 충돌하는 모습을 볼 수 있는 가장 유익한 지점이 된다. 미세한 정치적·이데올로기적 차이들은 이러한 인프라 경로를 중심으로 응고되어 텍스트에서의 어떤 국면을 만들어 내는데, 이런 차이들은 이 국면에서 가장 생산적으로 포착·분리·분석될 수 있다.

이 책의 서두에서 언급했듯이, 여기에서는 '지도 그리기'와 '지도 만들기'가 결정적이다. 식민문학은 분명 "지도 그리기 방식으로 기능"하는데, "독자에게 장소를 묘사하고, 그들을 일종의 상상 공간에 위치시키며, 그들이 방향을 잡고 세계를 이해할 수 있도록 기준점을 제공"하는 것이다(Tally, 2013: 2). 하지만 그것은 다른 무언가를 지도화하기도 한다. 문학은 제국 지리의 등고선뿐 아니라 제국 이데올로기의 등고선까지 그려내며, 제임슨의 표현을 빌리자면 "특정한 이데올로기 의식의 한계"를 누설하고 "그 의식이 넘어갈 수 없는 지점"을 검토한다(Jameson, 2002: 32). 문학

의 다양한 장르, 형식, 줄거리 배열은 각각의 경우마다 각기 다른 정도로 이러한 이데올로기와 그 한계를 표시한다. 식민문학은 자신의 지리적인 '지도화' 기획이 '객관적'이라고 자처하지만, 이런 문학에 대한 인프라적 분석은 이를 반박한다. 오히려 이런 텍스트는 정치가 개입된 경관을 생산하는데, 이런 경관은 여러 이데올로기를 식민 경관의 여러 부분에 불균등하게, 그리고 종종 전술적으로 묶는다. 소자가 설명하듯이, 공간은 "대개 사회관계의 지배적 체계를 재생산하는 일과 관련된다"(Soja, 1989: 91). 바로 이러한 까닭에 각 장의 제목에 담긴 네 가지 주제에 '지도 그리기'라는 단어를 붙인다. 각 장은 그 인프라적 배치와 이데올로기적 배치 양쪽을 모두 분석하기 때문이다. 예를 들어, 에드먼드 캔들러에게 민족주의적 저항은 '동굴'이라는 지형에 국한되고 그 안에서 공간적으로 고립되고 봉쇄되므로 더는 영국령 인도Raj | 1858~1947년 존속한 영국령 인도British Raj의 약칭으로, 인도제국Indian Empire으로 불리기도 한다 | 의 패권을 위협하지 못한다. 해거드 역시 남부 아프리카의 흑인 인구를 백인 정착민 사회와 분리된 지리적 구역에 위치시킨다. 이와 대조적으로 윌리엄 플로머는 제국 로맨스imperial romance[9]를 상호텍스트intertext[10]적으로 다시 쓰기를 통해 이러한 분리주의 이데올로기를 전복하며, "공간의 생산, 착취와 지배의 영토적 구조, 그리고 공간적으로 통제되는, 전체 체계의 재생산"을 약화한다(Soja, 1989: 92).

---

[9] '로맨스'라는 용어는 현재는 대체로 낭만적 사랑과 연애를 다루는 소설 등을 가리키지만, 문학비평에서 로맨스 장르는 소설 장르와 구별되는 허구의 서사를 통칭한다. 로맨스는 일상적이고 개연적인 사건보다는 주로 비일상적이고 경이로우며 특이한 사건을 중심으로 하며, 중세의 기사도 로맨스, 모험소설, 고딕소설, 역사 로맨스, 과학 로맨스, 애정 로맨스 등의 하위 장르가 있다.—옮긴이

[10] 텍스트와 텍스트 사이inter의 관계로서, 인용, 암시, 패러디, 모방 등의 방식으로 텍스트가 다른 텍스트를 참고하여 자신의 의미를 구성하는 현상을 뜻한다.—옮긴이

본서는 식민문학이 공간 생산에 참여함을 보여 줌으로써 문화 영역을 지리적·사회경제적 영역 위에 지도화하는데, 이를 통해 존 태그John Tagg가 "환원적이고 경제주의적인 이매뉴얼 월러스틴"를 논하면서 "사회적 전체를 토대와 상부구조 모델로 보는 원시적 건축"(Tagg, 2000: 156)이라고 부르는 것을 경계한다. 이러한 경고에 유념하면서 세계체제 분석을 이 문헌들에 빈번하게 등장하는 긴밀하게 상호연결된 (텍스트 '속'과 텍스트 '의') 이중의 인프라 네트워크 유형에 적용한다면, 제국의 물리적 구현이 그 문화적 귀결에 미치는 영향 및 그 반대 방향의 영향을 평가할 수 있다. 이로써 문화 영역이 제국주의의 물리적 지리와 사회경제에 미치는 영향을 평가할 수 있는데, 나는 이런 문화 영역이 저항을 받아 여기저기 갈라지고 찢기고 부서져 있음을 보여 줄 것이다.

그람시Antonio Gramsci가 주장했듯이, "물질적 힘이 내용이고 이데올로기는 형식"이더라도, 이러한 "구분은 그저 암시적 가치만 있는데, 그 이유는 형식이 없는 물질적 힘을 역사적으로 상상하는 것은 불가능하고 물질적 힘이 없는 이데올로기는 개인적 공상일 것이기 때문이다"(Gramsci, 1988: 200). 여기서 나는 레이먼드 윌리엄스Raymond Williams가 "토대와 상부구조 공식을 불균등하게나마 서로를 결정하는 힘들로 이루어진 하나의 장場이라는 더 능동적인 개념"으로 대체하는 데 주목한다(Williams, 2005: 20). 그러므로 이 연구는 분명히 여러 '포스트식민주의' 비평가들에게 영향을 받았음에도 불구하고, 세계체제의 인프라에 초점을 맞추기 때문에 "'포스트' 이론의 기존 어휘들"과 "전체화할 수 없는 단편"에 대한 집착은 거부한다. 이 연구는 그 대신 워릭 연구집단의 최근 작업을 따르는데, 이 작업은 "결정과 관계성의 특정 '논리들'이 지배하는, 수직적 통합과 수평적 통합, 연결과 상호연결, 구조성과 조직, 내적 차이와 구성 요소들의 위계"를 강조한다(WReC, 2015: 6-8).

　제국 인프라의 불균등한 발전을 강조함으로써, 식민문학의 불균등한 재현 및 생산 관행을 부각할 수 있으며 그 이데올로기적 틀이 재생산되는 일(혹은 그와 마찬가지로 나쁜 일이지만, 반제국 저항이 헤게모니 장치에 동화되는 일)를 피할 수 있다. 제국 이데올로기를 영속화하지 않고 그에 저항하려면, 그것의 이데올로기 및 재현의 등고선 너머에 놓인 개념적 공간과 정치적 공간을 모두 끌어들이는 동시에 그러한 공간들이 그것의 지도 제작 시도에 동화되는 것을 막을 길을 찾아내야 한다. 월러스틴을 비롯한 여러 학자에 따르면, 비록 "잠복해 있을지라도" "억압에 대한 저항은 위계적 사회체제의 존재와 동시적으로 나타나며"(Arrighi et al., 2011: 29), 그렇다면 인프라 네트워크에 대한 문학적 재현은 텍스트 하부나 텍스트 주변의 수준에 있는 지속적 '반체제' 저항의 단서를 포함할 수밖에 없다. "작품이 그것을 구조화하는 다소 간의 복합적 대립에 대해 말하지 못한다"라고 하더라도, 문학 텍스트는 전략적으로 읽으면 "그것이 말하지 못하는 것을 나타내고 드러낸다"(Macherey, 1986: 84). 저항은 완전한 모양으로 또렷하게 표현되지 않더라도 존재하는 것만으로 식민문학의 지도화 프로젝트 내부에서 형상화된다. 《솔로몬 왕의 광산King Solomon's Mines》에 권두 삽화로 실린 지도는 겉보기에는 공고한 인프라 경로를 묘사하고 있지만, 이를 위해서는 그 경로를 둘러싼 주변부의 지도화되지 않은 폭넓은 경관도 포함할 수밖에 없다(Haggard, 2008: 21). 식민주의의 문학적 경관은 물리적 인프라와 그것에 대한 문화적 재현으로 변증법적으로 생산되며, 따라서 저항적 공간(혹은 일종의 공간적 저항)은 이러한 문학적 경관 안에 새겨져 있다.

홉슨, 룩셈부르크, 레닌:
왜 1880년에서 1930년까지인가?

대영제국의 자본주의적 토대, 그리고 내가 보기에 이 시기 대영제국의 불균등한 인프라 발전을 추동한 '축적' 과정은 당대의 여러 반제국주의 및 반자본주의 사상가들이 정교화한 경제적 제국주의 이론에 입각하여 고찰할 수 있다. 세계체제 분석이 인프라 읽기를 위한 전반적 틀을 제공하지만, 그것의 진단 도구를 활용하는 것이 결코 전적으로 소급적(나아가 시대착오적) 행위는 아니다. 이 절에서는 영국의 제국적 패권과 더불어 전개된 반제국적 비판과 나의 식민문학 재평가 사이의 연관성을 부각하고자 한다. 소자에 따르면, 19세기 말 "위기에 처한 자본주의의 긴급한 요구에 부응하기 위해 삶의 모든 차원이 다시 구조화되고 있었고", 그 결과로 새로운 공간성이 등장했는데, 이런 공간성은 "시와 회화, 소설과 문학비평, 건축, 그리고 당대의 도시계획 및 지역계획의 재현"에서 나타났다(Soja, 1989: 34). "사회과학과 과학적 사회주의에서는 어떤 끈질긴 역사주의가 이런 은밀한 공간화를 가려 버리는 경향이 있었으나," 그렇지 않은 예외도 있었다. 그중에서도 "20세기 초 마르크스주의 현대화를 이끈 핵심 인물인 레닌Lenin, 룩셈부르크Luxemburg, 부하린Bukharin, 트로츠키Trotsky, 바우어Bauer"와 같은 예외적 인물들은 "지리적(그리고 역사적) 불균등 발전에 관한 마르크스주의 이론의 풍부한 기초"를 마련했다(Soja, 1989: 34). 이 절에서는 이들 이론가 중 특히 두 명 ǀ 레닌과 룩셈부르크 ǀ 을 다룰 것이다.

그러나 우리는 J.A. 홉슨J.A. Hobson에서 시작해야 한다. 그는 비록 마르크스주의자는 아니었지만, 후대 마르크스주의 저술가들과 여타 반제국

주의 사상가들에게 미친 영향은 "간과할 수 없다"(Brewer, 2001: 73). 홉슨의 제국주의 비판이 남아프리카에서 기자로서 경험한 일에서 비롯했음은 우연이 아니다. 그는 거기에서 1899년 요하네스버그의 급격하지만 불균등한 인프라 발전을 두 눈으로 목격했다. "길거리가 80마일에 이르는, 아프리카의 이 황금 도시"는 "사방으로 촉수를 뻗어" 도시 중심을 "탄광 마을들"과 연결했다(Hobson, 1900: 10). 홉슨은 "영국의 |남아프리카| 북부 침략"과 "킴벌리 다이아몬드 산지의 합병"(130)을 강경하게 비판하면서, 전신과 철도 같은 인프라 네트워크가 북쪽을 향해 아프리카 대륙 안쪽으로 뻗어 나가도록 이끄는 자원 축적 열망을 부각했다. 그는 세실 로즈 Cecil Rhodes를 비롯한 초국적 자본가 카르텔이 1890년대에 "그 자신과 동료 자본가들에게 그의 경제적·정치적 야망에 필수적인 트란스발의 정치적 통제권을 확보해 주기 위해 영국 납세자들의 세금 이용을 어떻게 획책했는지" 조명했다(206-207). 홉슨은 영국-보어전쟁이 "광산에 값싸고 적합한 노동력 공급을 확보하기 위해 벌어졌다"(231)라고 주장했는데, 이것은 나아가 본서의 2장과 3장에서 상세하게 다룰 모순을 유발했다.

자본축적을 촉진하기 위해 제국적 통치를 활용한 일(월러스틴의 표현에 따르면, 영국 "제국"의 "일시적 패권" 아래 세계체제가 발전한 일(Hopkins and Wallerstein, 1982: 52))은 홉슨이 조금 뒤에 내놓은 조금 더 이론적인 저작인《제국주의 연구Imperialism, A Study》(1902)의 토대가 되었다. 이 저작에서 홉슨은 제국주의를 "통치 기구가 사적 이해관계에 의해, 주로 자본가들에 의해, 자국 바깥에서 그들의 경제적 이익 확보에 이용되는 것"으로 정의한다(Hobson, 1988: 94). 수익성 있는 자본주의 산업들의 물질대사가 제국적 팽창을 부추겼는데, 이는 "무역은 깃발을 따른다"라는 당대에 널리 퍼진 정치적 "도그마"를 뒤집은 것이다(33). 홉슨의 주장에 따르면, "선박,

총포, 육군 및 해군의 장비와 물자에 막대한 공적자금이 지출되었는데" 이것은 "공익에 반하여 … 사업과 직업상의 이익만" 부추겼고[48], 식민지뿐 아니라 식민본국인 영국에서도 저발전 지역들과 빈곤층을 양산했다. 더 나아가 홉슨이 보기에, 세계체제의 경제적 '중심부'는 민족국가 수준보다는 인프라 네트워크 발전 수준에서 더욱 효과적으로 구성된다. 홉슨에 따르면, 자본주의는 제국 중심부에서 막대한 "공적 채무"를 만들어 "식민지들"과 "[영국의] 보호령이 된 해외 국가들"에 융자함으로써 살아남았는데, 이는 "철로, 기관차, 총포"에 투자하고 "철도와 운하를 비롯한 공공사업을 육성"하는 것이었다. 이런 것들은 제국주의의 불균등 발전하는 인프라 프로젝트들의 고정자본이다[49].

카를 마르크스는 1867년 《자본론Capital》 1권의 4부[Marx, 1999: 315-362]에서 '자본의 축적'이라는 관념을 최초로 이론화했으며, 5부[363-380]에서는 더 구체적으로 '시초 축적'이라는 발상을 제시했다. 데이비드 맥렐런David McLellan이 |《자본론》의 편집자 서문에서| 지적했듯이, 《자본론》에는 제국주의라는 현상이 거의 등장하지 않는데, 그 이유는 식민지로의 주요한 진출이 이 책 출간 후에야 일어났기 때문이다"[Marx, 1999: xxvi]. 하지만, 마르크스는 1880년대에 이르기까지 제국주의의 인도아대륙 침투를 다루는 많은 논문과 서한을 통해, "자본에 대한 비판"을 "흔히 생각하는 것보다 훨씬 폭넓게" 수행했다[Anderson, 2010: 237]. 인프라 발전은 이러한 자본축적 과정에 대한 마르크스의 분석에 중대한 영향을 미쳤다. 1853년 8월에 발표된 글에서 마르크스는 다음과 같이 예견했다.

공장주들이 지배하는 영국 정계가 인도에 철도를 건설하는 목적은 오로지 그들의 공장에 필요한 면화 등 여러 원자재를 값싼 비용으로 추출하는 것이다. 그러나 철과 석탄을 보유한 어떤 나라의 교통수단에 기계를 한번 도입하면, 이제 그것을 제작하는 일을 철회할 수 없다. 거대한 국토에서 철도망을 유지하려면, 철도교통에 직접적이고 즉각적으로 필요한 저 모든 산업 과정을 도입할 수밖에 없다. 그리고 이로부터 철도와 직결되지 않은 산업 분야에도 기계를 활용할 수밖에 없게 된다. 따라서 인도에서 철도 시스템은 진정으로 현대적 산업의 선발 주자가 될 것이다. (Marx, 2006: 48-49)

마르크스는 몇 년 후 《요강Grundrisse》| 1857~1858년 저술하였으며 《자본론》의 초고에 해당하는, 《정치경제학 비판 요강Grundrisse der Kritik der Politischen Ökonomie》| 에서 이러한 발상을 이론화하면서, "모든 공간적 장벽을 넘어가려는" 자본의 욕구를 만족시키려면 "시간에 의한 공간의 절멸" 과정이 필요하고, 여기에는 "교환의 물리적 조건, 즉 통신수단 및 교통수단"이 중요하다고 역설했다 (Marx, 1993: 524). 그런데 마르크스는 다양한 인프라 기술 및 산업기술의 구축으로 세계체제가 확장할 것이라고 예상했지만, 로자 룩셈부르크는 (이 책에서 분석하는 기간 | 1880~1930년 | 의 대략 중간 시점인 1913년에 발간된) 《자본의 축적Die Akkumulation des Kapitals》에서 이를 특히 제국적 맥락에 적용했다. 이크발 후세인Iqbal Husain 이 |《카를 마르크스의 인도에 관한 저술Karl Marx on India》 편집자 서문에서 | 말한 것처럼, 룩셈부르크는 "자본가들이 자본주의적 생산에서 잉여가치를 '실현'할 수 있었던 것은 오직 전前자본주의(식민지 및 농업) 경제들과의 상품교환 시스템을 강제했기 때문"임을 마르크스가 간과했다고 비판한다(Marx, 2006: xlvi-lvii). 룩셈부르크의 주장에 따르면, 자본의 물질대사에 "영양을 제공"하려면 "축적"의 지리적 확장 과정이 필수적이며, 이러한 관계는 자본주의 체체 내부에서 일어나는 것이 아니라,

자본주의 체제와 그 너머의 전자본주의 혹은 비자본주의 사회들 사이에서 일어난다. 그녀는 자본축적은 "부식시키고 흡수한다"라고 썼는데, 다시 말해 자본축적은 "비자본주의 조직들의 지속적이고 점진적인 해체"에 의존한다(Luxemburg, 2003: 397-398). 물론 앤서니 브루어Anthony Brewer의 지적처럼, 축적의 이러한 이분법적 설정, 즉 축적은 "끊임없이 팽창하는 자본 영역과 이를 둘러싼 정적이고 폐쇄적인 자연적 경제들의 '매질媒質과 토양' 사이에서" 일어난다는 설정은 "분명히 지나치게 단순하다"(Brewer, 2001: 68). 이것을 생산적으로 보완하는 것은 불균등 발전에 대한 최근 비평가들의 강조인데, 이에 대해서는 나중에 살펴볼 것이다. 그렇기는 하지만 룩셈부르크는 이러한 과정이 "자본주의경제체제와 전자본주의경제체제가 만나는 가장자리"에서 일어나며, 이런 가장자리는 "국가들 사이가 아니라 국가 안에 존재한다"(Brewer, 2001: 72)고 보았다. 이것은 세계체제의 중심부-주변부 관계의 네트워크화된 구성을 다시 한 번 강조하는 것이다.

룩셈부르크는 남아프리카와 남아시아의 특수한 역사적 맥락을 바탕으로 비판을 전개했다. 룩셈부르크의 분석이 인도주의 이데올로기(파블로 무커지가 '완화적palliative 제국주의'(Mukherjee, 2013: 18)라고 부른 이 이데올로기에 관해서는 이 책의 1장과 4장에서 상세히 논의할 것이다)를 관통하여 도달한 결론은 다음과 같다. "영국 자본의 목적은 인도 공동체들을 경제적으로 지원하거나 그들의 생존을 돕는 것이 아니었다. 정반대로, 영국 자본의 목표는 이 공동체들을 파괴하고 그들의 생산력을 박탈하는 것이었다"(Luxemburg, 2013: 356). 이와 마찬가지로 룩셈부르크는 1867년 다이아몬드가 발견되고 1876년 금광이 발견된 남아프리카에서 그 지역의 "광산 자본"의 부상을 분석했다. 남아프리카 연방Union of South Africa | 1910년 네 개의 영국 식민지 케이프, 나탈, 트란스발, 오렌지강이 통합되며 성립하여 1961년까지 존속한 대영

제국의 자치령으로, 오늘날 남아프리카공화국의 전신ㅣ 시기는 "세실 로즈의 제국주의 프로그램이 구상한 위대한 근대국가"의 형성과 더불어 "자본이 공식적으로 권력을 장악한" 시기였다(396). 룩셈부르크가 보기에 여기서도 인프라는 핵심이며, "자본의 추진력은 … 대체로 철도망의 발전에 반영되었다"(400). 철도와 같은 인프라를 통해 식민지에서 자원을 수출하고 식민지로 공산품을 수입하였으며, 이러한 인프라가 "토착민을 문명화하고 평정하는 검증된 수단"(395)임을 보여 주었다.

그러나 세계체제에 대한 네트워크화된 그림을 암시하면서도, 룩셈부르크의 공간적 패러다임은 여전히 불균등 발전하는 인프라들보다는 경관의 서로 차단된 부분들로 이루어졌다. 그래서 룩셈부르크는 자본주의는 "외부의" 지리적 공간들이 세계체제에 흡수되고 나면 더 이상 살아남을 수 없다고 결론 내렸다. 그녀는 "지구는 유한하고 새로운 시장의 획득은 언젠가 끝날 수밖에 없으므로, 문제를 그냥 미뤄 두는 일이 더 이상 불가능해지는 때가 올 것"이라고 주장했다(223). 룩셈부르크가 내다보지 못한 점은 자본이 발전 못지않게 저발전도 일으킨다는 것, 즉 자본의 발전이 불균등하다는 것이며, 아울러 자본이 주변부 공간을 적극적으로 만들어 내어 일련의 공간적 팽창과 수축을 통해 그리로 복귀한다는 것이다. 이것은 인프라 발전의 차원에서 흔한 일이다.

룩셈부르크가 보기에, 자본이 그리로 팽창할 수 있는 "절대적" 공간이 고갈된 것은 1880년대였다(Smith, 2008: 134). 닐 스미스에 따르면, 19세기 말엽이 되자 서로 경쟁하는 제국주의 열강들이 그어 놓고 신흥 반식민 민족주의도 종종 받아들인 정치적 경계들이 공고해지면서 자본의 팽창주의적 움직임에 제동이 걸렸다.

민족국가와 그 식민지의 절대적 팽창은 1880년대 아프리카의 최종 분할과 더불어 끝났다. 물론 발전되지 않은 내부의 섬들이 일부 존재했고 실제로 도시 차원에서 이런 과정은 아직 완료되지 않았지만, 이들을 착취하는 것만으로는 자본주의의 필수적인 경제적 팽창을 지탱할 수 없었다. (Smith, 2008: 119-120)

여기서 스미스는 1884년 11월 베를린회의를 언급한다. 서로 경쟁하는 제국주의 열강들은 이 회담에서 아프리카를 나누어 가졌고, 1885년부터 1914년까지 대륙을 가로질러 약 5만 마일에 이르는 식민지 국경을 설정하기로 계획했다(Griffths, 1995: 34; Packenham, 2009). 다른 한편, 이와 거의 동시인 1885년 남아시아에서는 뭄바이에서 인도국민회의Indian National Congress가 결성되었다. 이 조직은 이후 "근대의 식민 세계에서 가장 오래 지속된 민족주의 운동의 중심지"이자 "모든 지역의, 그중에서도 특히 남아프리카의 민족주의 운동의 모델"이 되었다(Metcalf and Metcalf, 2002: 136). 지구적 차원에서는 1884년에 그리니치 자오선을 중심에 두는 시간대 체계로 세계를 구획했다. 이 과정을 통해 영국은 지도학적으로 그 세계제국의 심장부에 놓이게 되었고, 1913년에는 이 체계가 거의 전 지구에 적용되었다(Osterhammel and Petersson, 2003: 82-83). 그러나 이러한 지구적 지각 변동에도 불구하고 헤드릭의 관점이나 본서의 관점에 따르면, "19세기 후반의 가장 두드러진 변화는 그 이전 100년 동안 도입된 기술들의 승리"였고, 그중에서도 "철도와 증기선이 단연 발군"이었다(Headrick, 2009: 111).[11]

이 책에서는 1880년대에 자본에 정말로 '절대적' 공간이 고갈되었는

---

[11] 헤드릭은 다른 저서에서 이 "신제국주의" 시대가 "아시아와 아프리카에서 현대적인 저개발 경

지를 논하려는 것은 아니다. 이런 시간표는 스미스 같은 지리학자들이 명시적으로 주장한 것인데, 스미스는 19세기 말에 "지구적 자본주의의 절대적 팽창으로부터 그것의 내부적 팽창 및 분화로의 지리적 전환, 그리고 고전적 양상의 불균등 발전의 출현"이 일어났다고 주장한다(Smith, 2005: 108-109). 그러나 스미스의 논평은 면밀한 논평이라기보다는 일반적인 논평이다. 내부적 분화는 이 시점 이전에 이미 지구적 팽창과 동시에 일어났으며, 이 팽창 자체가 서로 다른 지역에서 서로 다른 시간과 속도로 불균등하게 발전했다. 최근에는 비판적 연구들이 세계체제의 발생 및 발전의 시간 척도를 재조정해야 한다고 주장하면서, "당대 유럽 제국주의의 관행과 구조"는 덜 강조하는 대신에 "16세기 후반 이베리아 인들이 시작한 "근대 초기의 '새로운' 제국주의"야말로 "현실을 바라보고 질서화하는 새로운 방식"을 창조했다고 역설했다(Moore, 2015: 190). 월러스틴에 따르면, 1880년대에야 비로소 "세계경제의 바깥 경계를 지구의 한계까지 밀어붙이는 데" "근접하기 시작했다"(Wallerstein, 1979: 278). 하지만 이것은 꼭 "비발전"은 아니지만 "저발전"된, 스미스(2008: 120)의 표현을 빌리자면 "내부의 섬들"은 설명하지 못한다. 그리고 분명히 오늘날까지도 "자본주의적 형태와 관계는 '경제적 삶의 낡은 형태' 및 기존의 사회적·계급적 관계와 나란히 존재하며", 이는 워릭 연구집단이 트로츠키 등을 따라서 자본의 "불균등 결합 발전"(WReC, 2015: 11)이라고 부각한 것에서 "결합" 측면을 보여 준다.[12]

제들의 창출과" 동시적이었다고 지적하며, "이 문제를 조명하려면" 주로 제국의 인프라 발전에 나타나는, "이와 관련된 기술들을 고려"해야 한다고 주장한다(Headrick, 1988: 4).

[12] 트로츠키에 따르면, 자본주의는 서로 다른 국가와 지역 간에, 그리고 그 내부에서 '불균등' 발전을 심화시키는 동시에, 모든 국가와 지역을 단일시장과 노동분업으로 끌어들이는 '결합' 발전을

쿠퍼는 "언뜻 보기에, 새로운 제국들은 권력을 행사하고 유지하는 더 효과적인 기술적·조직적 수단을 보유했지만", 그 결과는 "하나의 체계적 변환이 아니라 경제적 착취의 조각보"였다고 주장한다(Cooper, 2005: 157). 그는 계속해서 온갖 종류의 "다양한 네트워크가 자본주의의 본성과 그것의 지극히 불균등한 효과를 형성"했으며, 여기에는 "빠짐없이 연구해야 할" 무수한 "통신 혁명, 자본 이동, 규제 장치"가 있었다고 주장한다(111-112). 이 책에서는 식민문학에 방법론적으로 접근하면서 영국 제국주의의 인프라 네트워크를 중심에 놓으며, 그것의 헤게모니적 총체성보다는 불균등하게 네트워크화된 구성에 방점을 찍음으로써 변동하는 인프라적 활동 및 사회경제적 조직화의 복합성을 고려할 여지를 남겨 둔다.[13]

이러한 관점에서 볼 때, 세계 자본의 움직임은 1880년대 통신 및 교통 기술의 급격한 발전으로 분명히 전면화되었고, 그 결과로 나타난 심각한 불균등은 인프라 발전으로 가장 선명하게 구획되었다. 이는 다시 식민본국 및 식민지 주체들 모두의 지구적 상상의 확장, 무어의 표현을 따르자면 "현실을 바라보고 질서화하는 방식"의 확장을 수반했다(Moore, 2015: 190). 이것이 키플링이 1914년에 |앞서 인용한 연설에서| 그렇게 예리하게 관찰한 것이다. 역사가 존 실리John Seeley는 1883년 "영어식 이름이 전 세계 나라들로 팽창하는 간단하고 명백한 사실"(Seeley, 1914: 9)을 관찰했는

진행한다. 결합 발전의 법칙에 따르면 자본주의의 서로 다른 국면과 분리된 단계가 결합하고 낡은 방식과 현대적 방식이 혼합된다.—옮긴이

[13] 이러한 의미에서 이 책의 방법론은 워릭 연구집단에 속한 샤레 데커드Sharae Deckard가 "세계체제의 홈 파인 중심부와 주변부를 가로지르는 불균등 결합 발전론을 생태적 체제들로 이루어진 세계생태로서의 자본주의라는 개념화와 조합하는 비판적 실천"을 촉구한 바를 따른다(Deckard, 2016: 244). 이러한 생태적 역학은 이 책 전반에 암묵적으로 포함되어 있으며, 특히 후기 식민문학에 내재하는 도시-시골의 긴장을 다루는 4장에서 논의된다.

데, 이것은 약간의 단순화이기는 하지만 국가적 확장 이데올로기가 경제적 영역 위에 지도화되는 것이다(Sassen, 2006: 132 참고). 한나 아렌트Hannah Arendt가 주장한 바와 같이, "제국주의는 식민주의에서 비롯했고 19세기의 마지막 30여 년 동안 민족국가 체제가 경제 및 산업 발전에 부적합해짐에 따라 등장했는데, 1884년경에야 팽창을 위한 팽창의 정치를 개시했다"(Arendt, 2004: 159). 아렌트와 홉슨 모두에게 이러한 "새로운 형태의 정치", 즉 제국주의는 "자본주의적 생산의 지배계급이 그 경제적 팽창의 국가적 한계에 부딪혔을 때" "탄생"했다(Arendt, 2004: 170). 홉슨과 룩셈부르크와 마찬가지로 아렌트에게도, 이러한 생각이 20세기로의 전환기의 남아프리카라는 역사적 사례 분석으로 발전했음은 의미심장한데, 이처럼 "식민적 경계에서 자행된 폭력의 중대성에 대한 감수성"은 "아렌트가 로자 룩셈부르크의 저작에 빚진 것의 일부"이다(Caygill, 2013: 153).

레이먼드 윌리엄스도 "1880년경부터 경관과 사회적 관계가 극적으로 확장되었고, 영국을 '고향'으로 여기는 생각이 뚜렷하게 발전했다"고 주장한다(Williams, 1973: 281). 이러한 상황에서 런던의 발전하고 산업화한 '먹어 치우는 자본'에 대한 상상은 식민 경관의 '시골' 지역과의 직접적 대조 속에서 이루어지기 시작했다. 시골 지역은 "경제적이고 정치적인 힘에 따라 플랜테이션 경제, 광산 지역, 단일 작물 시장으로"(Williams, 1973: 284) 변모했는데, 이런 관계적 역학은 15세기부터 작동해 오기는 했지만 이제 더 깊고도 강력하게 이루어졌다(Rodney, 2012: 95-100). 이어서 윌리엄스는 "도시와 시골이라는 모델"이 처음으로 "민족국가의 경계를 넘어" 움직이고, "세계 모델로 여겨지는 동시에 도전받았다"라고 말한다(Williams, 1973: 279). 아렌트의 분석과 마찬가지로 윌리엄스의 분석은 홉슨의 초기 연구를 바탕으로 '정치적 제국주의'를 뒷받침하는 물질적 토대를 부각하고, 이를 통하여 대영제국을 불균등하게 발전한 중심부-주변부 관계들의 네트워크로 해석한다. 빈곤층, 즉 "도시 빈민가의 실업자, 토지 없는 잉여노동자, 재산을 빼앗긴 농민"은 피식민 국가와 제국적 국가 모두의 내부에서 생산된다(Williams, 1973: 283).[14] 월러스틴이 인정하듯이, 중심부와 주변부는 "부르주아가 잉여를 전유하는 체제의 핵심 부분이 어디에 있는지 지정하는 문구일 뿐이며", "만일 프롤레타리아가 이 부르주아와 서로 다른 나라에 있다면" "'불균등 발전' 양상"이 초래된다(Wallerstein, 1991: 293). 식민문학이 누설하는 것은, 중심부와 주변부가 정치적·국가적 경계를 가리지 않고 지구 표면을 가로질러 불균등하게 분포되어 있으며, 제국의 인프라라는 상징적 객체를 통해 그것을 가장 잘 측정할 수 있다는 사실이다.

바로 이 때문에 스미스는 불균등 발전을 다루는 책에서 룩셈부르크의 중요한 이론적 기여로부터 시선을 돌려서 레닌의 후기 저작, 특히 《제국주의, 자본주의의 최고 단계Imperialism, the Highest Stage of Capitalism》(1916)에 초점을 맞춘다. 레닌은 자본이 축적적 물질대사를 유지하는 데 활용하는 더 복합적인 공간적 방법에 주목했다. 레닌의 가설에 따르면, "자본주의 국가의 식민 정치가 우리 행성의 미점령 영토의 장악을 완료하더라도" "새로운 분할이 불가능한 것은 아니다. 오히려 새로운 분할은 가능하고 불가피하다."

---

[14] 윌리엄스는 또한 이 기간에 "경제적·정치적 인프라"에 대한 "막대한 투자"가 포스트제국 시기에 남기는 후과를 강조한다. 이것은 종종 "원조"로 표현되지만, "시장 및 영향권의 보존"이나 "간접적인 정치적 통제의 유지"를 통하여, 계속해서 주변부의 "경제를 식민본국의 필요에 맞춰" 발전시키는 것이다(Williams, 1973: 284).

이 세계가 처음으로 모조리 분배되었으므로 미래에는 재분할만 가능하다. 소유되지 않은 영토가 '소유자'에게 넘어가는 것이 아니라, 영토는 단지 어느 '소유자'에게서 다른 '소유자'로 넘어갈 수 있을 뿐이다. (Lenin, 1987: 227)

이어서 레닌은 이런 일이 "1860년과 1880년 사이에 … 식민지 정복의 엄청난 확장 기간"에 일어났으며, "19세기의 마지막 20년 동안에도 상당한 정도로 일어났다"(Lenin, 1987: 228)라고 말한다. 따라서 스미스는 레닌을 읽으면서, 자본주의 발전이 "주어진 공간 안에서의 절대적 확장이 아니라, 지구적 공간의 내적 분화, 즉 차별화된 공간들의 생산으로" 유지된다고 말한다(Smith, 2008: 120). 레닌은 불균등 발전이 국가들을 가로지르고 국가들 사이에 일어날 뿐 아니라 네트워크화된 세계체제의 더 낮은 지리적 규모에서도 일어난다는 관념을 이론화하기 시작한다. "개별 기업, 개별 산업부문, 개별 국가의 발전이 불균등하고 불규칙적으로 일어나는 것은 자본주의 체제에서 불가피하다"(Lenin, 1987: 215). 레닌은 그 이전의 마르크스와 룩셈부르크와 마찬가지로, 제국주의의 물리적 인프라가 초국적 자본주의의 경제적 표현이자 상징적 표현이라고 보았다. 그는 《제국주의》 원본 출판 조금 후인 1920년 출간된 프랑스어판과 독일어판 서문에서 다음과 같이 썼다.

철도는 자본주의 산업의 가장 중요한 부문인 석탄과 철의 집약체이며, 세계무역과 부르주아 민주주의 문명의 발전을 보여 주는 집약체이자 가장 두드러진 지표이다. … 철도의 불균등한 분포와 불균등한 발전은 세계적 규모에서 작동하는 현대 독점자본주의의 집약체이다. (Lenin, 1934: 10)

그 이후에 스미스와 하비는 불균등 발전 과정을 가능하게 하고 표현하고 재생산하는 인프라의 중요성을 강조해 왔다. 자본축적의 "광적인 지리적 팽창"은 "생산을 위한 건조建造 환경 조성에 자본을 지속적으로 투자할 것을 요구"하는데, "도로, 철도, 공장, 전답, 작업장, 창고, 부두, 하수도, 운하, 발전소" 등등의 "지리적으로 부동인 형태의 고정자본"으로 기능하는 이러한 인프라는 "축적 과정의 핵심"이다(Smith, 2008: 159-60). 하비의 설명에 따르면, "자본주의는 공간적 장벽을 극복하기 위하여, 공간적으로 부동인 물리적 인프라를 구축하며", 이러한 인프라는 "자본주의의 내부 모순들"을 (일시적으로라도) 해결하는 "공간적 조정spatial fix"[15]으로 기능한다(Harvey, 1999: 379-380, 393). 대도시 지역에 군집하는 "자본과 노동의 집중"은 주변부 지역으로 "널리 퍼지는 광범위한 발전"과 더불어 변동하는데, 그 이유는 이런 인프라들이 노동력과 물적자원의 새로운 저수지를 열어 주고 금융자본가에게는 투기적 투자 기회를 제공하기 때문이다. "도로와 철도는 자본주의의 요구에 따라 지울 수도 없고 돌이킬 수도 없도록 깎인 경관을 뒤덮는다"(Harvey, 1999: 373). "생산을 위한 부동의 환경"(고정된 인프라)이라는 형태로 공간적 조정을 추구하면서, "외부 공간"은 "자본주의의 지구적 지리 내부에서 그리고 그것의 일부로서" 불균등하게 생산되며, "지리적 경관에 새겨진 사회적 불평등"으로 드러난다(Smith, 2008: 187, 198, 206). 현재에 대한 분석가와 과거에 대한 분석가 모두가 여기에서 이해하는 것은, 세계체제 발전에서 이러한 공간적-역사적 위기 지점에서 (물리적이고 경제적이고 이데올로기적인) 공간의 생산

---

[15] 하비에 따르면, 이 개념에서 fix는 '고정'이라는 의미와 '해결'이라는 의미를 중의적으로 내포하며, 따라서 '공간적 조정'은 인프라 투자 등의 건조 환경 재편성을 통해 공간을 '고정'하면서 자본의 문제를 공간적으로 '해결'하는 것을 뜻한다.—옮긴이

은 자본주의의 뿌리 깊은 모순을 해결하는 데 근본적인 요소가 된다는 점이다.

따라서 내가 주장하는 바는, 1880년대부터 식민문학에서 인프라 묘사는 이에 상응하여 스티븐 샤피로Stephen Shapiro가 "문화적 조정"이라고 부르는 것으로 기능한다는 것이다. "공간적 조정이 새로운 지리를 여는 것과 마찬가지로, 문화적 조정은 통제를 위한 새로운 정체성을 확립하려 한다"(Shapiro, 2014: 1262). 문화적 조정은 "인간의 본성이든 비인간의 본성이든, 일반적 본성에 대한, 보통은 수용할 수 없는 전용轉用을 정상적인 것으로 만드는 데 이바지한다"(Moore, 2015: 199). 문화 영역에서 작동하는 식민문학은 제국 이데올로기의 모순을 '조정'하기 위해, 되풀이하여 인프라를 공간적 기준점으로 추구하고 인프라의 불균등한 지리적 발전을 (재)생산한다. 식민문학은 자본주의 세계체제의 축적 욕구를 충분히 만족시키고 그것이 야기하는 이데올로기적 긴장을 해소할 수 있는 공간의 생산에 집착하게 되며, 이를 위하여 불균등한 인프라 발전의 문화적 지도를 만들어 낸다. 인프라 읽기는 식민문학에서 인프라의 등장에 초점을 맞추어, 이러한 '문화적 조정'을 텍스트 형태에서 드러나는 바대로 풀어낸다. 이러한 인프라의 재현에 초점을 맞추면, 이런 재현이 어떻게 제국적 상상 안에서 불균등한 지리적 발전에 영향을 미치는지, 그리고 식민 환경을 형성하는 바로 그 물질적 불평등에 대하여 이런 재현에서의 공간의 (재)생산을 통해 영향을 미치는지 파악할 수 있다. 식민문학은 종종 최선의 노력을 기울임에도 불구하고, 바로 이런 계기들에서 제국주의가 "저발전의 발전"(WReC, 2015: 13)과 공모한다는 것을 자백한다.

레닌은 공간적으로 상상되는 제국주의가 "세계의 분할을 의미한다"는 결론을 내렸는데, 효과적인 혁명적 저항에 대한 그의 논의도 마찬가지로 공간적이고 물질적이며 지리적인 공간에 뿌리를 두고 있다. 레닌의 비판에 따르면, 이것은 "사회적 자유주의자 홉슨은 인지할 수 없는" 어떤 것인데, 왜냐하면 홉슨은 "마르크스주의를 소부르주아적 개량주의로 대체하는" 경향이 있기 때문이다(Lenin, 1987: 249-250, 258). 레닌의 견해에 따르면, 제국주의 세계경제에 대한 저항을 구상하고 이를 효과적으로 시작하려면, 응집력 있는 민족주의 정체성 형성과 계급의식으로 단합한 반제국 연대가 모두 필요하다.[16] 나는 주로 식민문학에서 잘 포착하기 힘든 저항의 순간들을 발굴하고자 하지만, 그 외에도 특히 1880년에서 1930년에 이르는 반세기간의 말미에 쓰인 소설에서 포스트제국 국가의 지리적·영토적 형태가 이러한 문화적 공간 생산에 되풀이 출몰하기 시작한다는 점도 강조하려 한다. 그 결과로 나타나는 근본적 모순은 식민문학의 이데올로기 구조 내부에 깊은 균열을 일으킨다. 홉킨스Hopkins와 월러스틴이 지적하듯, "세계 규모에서 생산의 통합"과 "강력한 민족국가"의 형성은 "깊은 모순 관계이지만" "광범위하게 나타나는 두 가지의", 세계체제를 "조직하는 경향"이다(Hopkins and Wallerstein, 1982: 43).

남아프리카와 인도를 이제 영국 세계제국의 정치 영역에서 벗어난 독립한 민족 단위로 보는 관념은 민족주의를 비롯한 여타 반식민 저술뿐 아니라 식민문학의 공간 생산 내에서도 발견된다. 앤더슨이 보여 주었듯, 민족은 "상상된 정치공동체"로서 정적인 지리적 영토에 묶인 "본질적으로 제한적이고 주권적인" 실체로 생긴다(Anderson, 2006: 5-6). 상상된 포스트제국 민족의 윤곽은 대영제국의 지구적 패권이 지배하던 최후의

---

[16] 레닌은 특히 《국가와 혁명State and Revolution》(1917)에서 "민족적 통일의 조직화"를 "자본주의를 전면 거부할 뿐 아니라, 모든 서구적 정치형태와 제도를 전면 거부하는" 운동의 핵심 요소로 제시한다(Lenin, 1987: 271, 308-310).

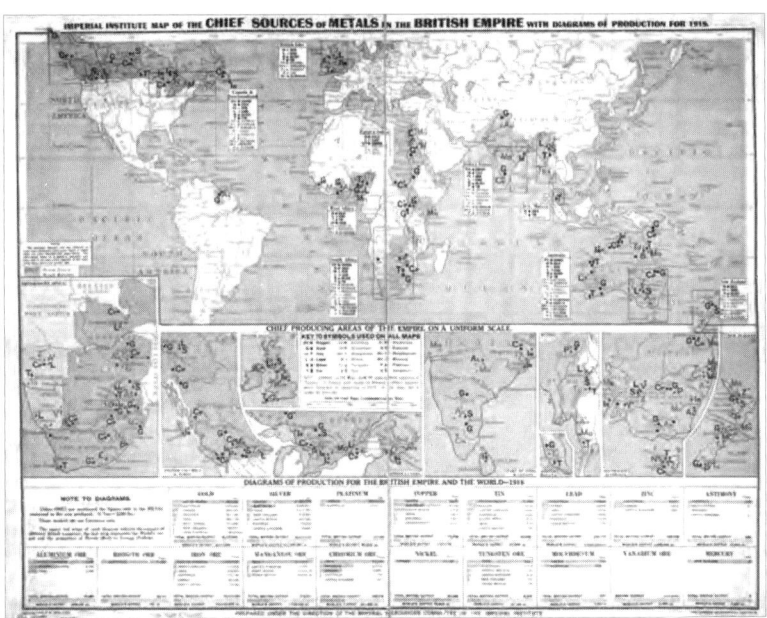

그림 0.2 1918년 제국연구소에서 제작한 지도. "대영제국의 주요한 금속 공급원"을 표시하고 "1918년 생산 도표"가 첨부되어 있다. 큐 국립문서고의 식민성 문서고 1047/1045. 이것은 "자원 생산의 역사적인 공동 생산 특성"을 드러냄으로써, 식민적 지도 제작 관행(문학 및 지도)이 지질학의 "기본적 사실"을 "역사적 사실"로 전환하는 방식을 잘 보여 주는 사례이다(Moore, 2015: 179).

몇 십 년 동안 당대의 반식민 운동 및 민족주의 운동에서 논의되고 형성되었지만, 이러한 쟁투는 이 식민문학 중 많은 저작의 서브텍스트subtext | 텍스트 아래sub 숨겨진 의미와 의도 | 와 인프라 틀에서도 전개된다. 1910년대와 1920년대에 저술되고 출판된 식민지 텍스트들은 이미 공식적 영국 통치의 해체, 신생 독립국의 출현, 그리고 이를 형성할 인프라적 토대와 지리적 경계선을 다루었다. 본서는 이런 이유로 (그리고 물론 범위와 초점의 문제를 이유로) 가령 1947년 인도 독립까지 분석을 확장하지 않고 1930

년에서 끝내는 것이다.

이 책에서 자세히 다루는 소설 중 가장 늦게 발표된 톰슨의《인도여 잘 있거라A Farewell to India》(1931)라는 제목은 당시 널리 퍼져 있던 우려를 시사해 준다. 역사적으로 보면 당연한지도 모른다. 당시 인도 총독이었던 어윈 경Lord Irwin은 1930년 3월 2일 "간디Gandhi로부터 정중한 서한 형식의 최후통첩을 받았다"(Newsinger, 2010: 141). 열흘 후, 간디는 "소금의 판매 및 생산에 대한 영국의 강압적 독점"을 타파하기 위해 저 유명한 바다로의 행진을 시작했는데, 그것은 제국 통치의 착취적인 경제정책을 겨냥한 "정치적 동원의 걸작"이었다(Newsinger, 2010: 141). 1930년에서 1932년 사이의 시민불복종운동으로 이어진 이 사건은 디트마르 로터문트Dietmar Rothermund가 주장하듯이, "그때까지 민족주의 정치에 참여하지 않던 여러 집단의 청년세대를 끌어들였다"(Rothermund, 1970: 23). 한편 인도국민회의는 1930년 1월 "처음으로 '독립기념일'을 축하"했다(Heehs, 2010: 172). 이러한 반제국 활동은 1920년에서 1922년 사이에 일어난 최초의 비협력 운동으로 가속화되었던 것인데, 짐 마셀로스Jim Masselos에 따르면, "영국에 대한 불만으로 이 나라가 한 사람의 지도자 아래 하나의 운동으로 결집한 것"은 이때가 처음이었다(Masselos, 2010: 168-169). 이러한 저항 활동은 1920년대 중반 잦아들었지만 1920년대 말에 가까워지면서 다시 등장했고, 따라서 이 연구를 마무리하기에 1930년은 핵심적인 연도라고 할 수 있다.

1930년은 남아프리카 역사에서는 획기적인 연도라고 할 수 없지만, 그래도 여전히 정치 불안과 반제국 저항의 맥락에 놓여 있다. 물론 버컨 같은 작가들에게는 1910년이 더 중요한 관심사였지만 말이다. "보어인 장군들과 영국 자본가들이 1910년의 연방에서 혈맹임을 서약"했

을 때, 아프리카너Afrikaner | 남아프리카에서 아프리칸스어를 제1언어로 사용하는, 대개 네 덜란드계 사람들. 보어인이 주요 구성원 | 민족주의와 흑인 운동 모두 불이 붙었고, 이는 다시 1912년 남아프리카 원주민 국민회의South African Natives National Congress(이후 아프리카 국민회의African National Congress로 개칭)의 결성으로 이어지고 이 지역에서 영국 제국의 영향력을 점차 약화시켰다(McClintock, 1995: 368-369). 그러나 슐라 마크스Shula Marks와 리처드 래스본Richard Rathbone 은 1870년에서 1930년까지가 "광산 자본의 요구가 지배한" "형성"의 시 기였다고 주장하는데, 그래서 그들에게는 "30년대"가 적절한 "중단 시 점"이다(Marks and Rathbone, 1982: 11-12). 토머스 카리스Thomas Karis와 그웬돌렌 카터Gwendolen Carter는 1920년에서 1935년 사이 "아프리카의 저항"이 심화 했음을 지적하는데, 이때 흑인 아프리카인들은 "체제 내에서 점점 심해 지는 불이익"에 대항하고자 분투한 것이다(Karis and Carter, 1972: 148-149). 이것 은 "1929년부터 매년 소집된" "전국 유럽인-반투인 회의National European-Bantu Conferences"와 1927년에 처음 소집되고 1930년, 1931년, 1934년에 다 시 소집된 비유럽인 회의Non-European Conferences와 같은 사건들로 절정에 달했다. 이런 회의의 목표는 모두 "비백인의 불만"을 제기하고, "정부 정 책에 대한 반대를 드러내는 수많은 결의안"을 통과시키는 것이었다(Karis and Carter, 1972: 151-152).

다양한 지역적 맥락 및 (아)대륙적 맥락에 특수한 이러한 반제국 운동 의 목소리가 높아졌음을 고려할 때, 1930년은 영국의 지구적 패권 약화 에 중요한 해이기도 했다. 1926년 제국회의Imperial Conference는 각 자치령 dominion | 대영제국에서 식민지colony보다 광범위한 자치권이 있었던 인도, 남아프리카 연방, 캐나 다, 호주, 뉴질랜드 등을 일컫는 용어 | 이 "대영제국 내에서 동등한 지위를 가진 자 치 공동체"라고 선포했고, 5년 후인 1931년 "이 보고서는 웨스트민스터

헌장_Statute of Westminster_ [17]에 따라 법적 지위를 부여받았다"(Johnson, 2003: 158). 경제적으로 볼 때, 대공황은 "영국이 1931년 금본위제를 포기하고 1932년에는 수입관세법을 통해 자유무역을 포기하도록 강요했다"(Johnson, 2003: 166-168). 바로 이 때문에 킹은 "세계적 도시체계의 문화적·공간적 토대"를 논하면서, 1931년을 영국 제국의 경제적 패권이 절정에 달한 획기적인 연도라고 지적하고 그 이후로 이러한 우위가 약화하기 시작했다고 지적한다(King, 1991: 5-6).

이런 역사에서 민족주의가 중심을 이룬다는 점을 고려하면, 이제 마지막으로 이것이 인프라 읽기라는 방법론에 어떻게 반영되는지 설명할 필요가 있다. 파르타 차테르지_Partha Chatterjee_에 따르면, "불균등 발전에 대한 인식은 민족주의의 가능성을 창출하며, 민족주의는 발전한 인구집단과 덜 발전된 인구집단을 문화적 측면에서 쉽게 구분할 수 있을 때 탄생한다"(Chatterjee, 2011: 4). 이와 비슷하게 미첼_Mitchell_은 "19세기 후반과 20세기 초반에 국경의 구획 및 치안과 같은 관행"(식민문학에서 되풀이 제기되는 이 관심사에 대해서는 3장에서 자세히 논한다)과 "철도, 도로, 운하, 전신 건설을 통한 거리의 극복"이야말로 "포스트제국 정치 지형"으로서 민족을 형성했다고 주장한다(Mitchell, 2002: 78-83). 실로 월러스틴과 같은 학자들이 지적하듯이, "반체제운동은 점점 더 '민족해방운동'의 외피를 두르게 되었다"(Wallerstein, 2011: 27). 나는 민족주의적 저항은 불균등한 인프라 발전의 산물이나 그에 대한 반응을 넘어서는 것으로 이해해야 함을 강조하고자 한다. 민족주의는 오히려 그러한 불균등성을 형성하는 데

---

[17] 영국 의회가 1931년 제정한 법률로서, 영국 본토와 자치령들이 동등한 자치적 공동체임을 규정했으며, 이로써 대영제국-자치령이라는 체제가 끝나고 현재의 영연방 체제가 성립되었다.—옮긴이

적극적 역할을 한다. 이러한 재배치를 통해 저항의 존재는 어떤 단순화된 의미에서의 수동적인 부산물이나 "파생적 담론"이 아니라 대항하는 세력으로서, 식민문학을 관통하는 인프라 네트워크의 안이나 그 사이나 그 너머에 암묵적으로나마 내재한다(Anderson, 1988: 29).

식민문학은 불균등하고 차별화된 내부 인프라 발전을 형식·주제·상징의 차원에서 기록하는 동시에, 독립 이후의 국가가 분명한 지리적·정치적 실체로 형성되는 과정을 타개해 나간다. 예를 들어, 에드먼드 캔들러는《혁명가 시리 람Siri Ram - Revolutionist》(1912)과《퇴위Abdication》(1922)에서, 새롭게 떠오르는 민족주의 운동에서 내세우는 주장의 정당성을 부정하지만 이와 동시에 애초에 이 운동이 내세우는 주장 대부분을 정당화하는 불균등하고 불평등하게 발전된 경관을 생산하는 것이다. 이러한 것들은 서로 겹치는 이데올로기 프로젝트로서, 식민지 소설의 불균등한 문학지리 안에 불가분하게 엮여 있다. 민족주의를 식민문학을 통해 이러한 방식으로 읽는 것을 "민족국가들로 이루어진 1960년대 이후 세계를 2세기 동안의 저 불가피하던 경로로 역투영逆投影하는 일"로 여기면 안 되는데, 이러한 역투영은 "제국주의에 대한 저항이 지닌 다양성"을 제한하기 때문이다(Cooper, 2005: 24). 수많은 반체제운동이 민족국가의 정치적 경계들을 가로지르고 이러한 경계들 사이에서 활동해 왔음은 말할 나위도 없다. 따라서 식민문학이 초기 민족주의와 맺은 관계를 평가하면, 오히려 스티븐 클링먼Stephen Clingman의 주장처럼, 민족 공동체(나의 주장으로는, 민족 영토)가 "앤더슨 모델이 충분히 파악할 수 없는 방식으로, 틈이 있고 갈라져 있으며 흐트러져 있다"(Clingman, 2009: 4)는 것을 알 수 있다.

식민문학의 인프라 묘사에 초점을 맞추면, 19세기 제국주의가 구축한 지정학적 경계 및 지구적 위계의 전통적 지도를 좀 더 복합적이고 불균등한 지리로 분해할 수 있다. 민족 지형을 이렇게 이해하면 클링먼이 "근본적 물음"이라고 여긴 것의 얼개를 새롭게 짤 수 있다. 우리가 물어야 할 것은 "경계가 존재하는가"가 아니라(왜냐하면 경계는 존재하고 늘 존재하기 때문이다), "그것은 어떤 종류의 경계인가"이다(Clingman, 2009: 4-5). 따라서 식민문학이 분할·분리·구획의 지리학을 어떻게 생산하는지 분석하면, 민족주의의 상상적이고 물리적인 세계질서를 어떻게 넘어서고 뒤얽히게 하고 더러는 무효로 만들 수 있는지에 대한 단서도 얻을 수 있다. 이런 질서가 뿌리내리고 토대를 두는 인프라는 오늘날까지도 여전히 이런 민족적 공간을 상상하고 거기에 거주하는 방식을 형성하는 것이다.

공간적 '저항': 용어의 정치

이 책 전반에 걸쳐 나는 식민문학의 이데올로기 장에 나타나는 금 가고 갈라지고 쪼개진 것들을 어떤 저항의 양식으로 양화量化할 수 있으며, 심지어 **적극적 저항**의 힘으로 **동원**할 수도 있다고 주장한다. 그러나 나는 "반식민 운동을 승리로 낭만화"하지 않을뿐더러, "식민주의"가 반식민 저항의 "위협"과 실제 행동으로 "위태로워지는 **그만큼이나** 식민주의의 행동 및 재현 방식으로도 위태로워진다"(Cooper, 2005: 32; 필자의 강조)는 주장에는 우려를 표한다. 나는 계속하여 '저항'이라는 용어를 사용하지만, 이런 용어가 이 책의 비판적 작업이 지닌 중요성을 과장할 수 있다는 점도 여전히 우려한다. 따라서 이 절에서는 이 책의 제목에 포함된 '공간적 저항'이라는 표현에 덧붙여진 저 한정하는 형용사 l공간적 l 를 어떻게 사용하는지 부연함으로써, 이것이 이런 우려 중 일부에 어떻게 대처하는 지 보여 주고, 나아가 '저항' 개념을 더 광범위하게 성찰하고자 한다. 그러나 시작하기에 앞서, 광범위한 식민문학 분야를 가로질러 유의미한 정도로 자주 등장하는 것으로 밝혀진 네 가지 유형의 저항을 개략적으로 서술할 필요가 있겠다.

① **폭력적 저항** 응집된 반제국 운동(가령 1870년대와 80년대 남아프리카에서 영국에 대한 줄루족의 저항)일 수도 있고, 제국적 행위자나 인프라에 맞선 즉흥적 소요(예를 들어, 농민의 고립된 저항 행위)일 수도 있다.

② **비폭력적 저항** 제국적 움직임과 인프라 발전을 소극적으로 봉쇄하는 일부터, 이러한 순환과 그것이 촉진하는 경제적 역동에 적극적으로 개입하는 일(가령 스와데시 | 20세기 초 인도 독립운동의 일부로서 국산품 장려와 자급자족 운동 |)에 이른다.

③ **신생 민족주의 운동** 제국적 통치에 대항하여 의식적으로 동원되었으며, 이러한 통치로부터 독립을 달성하는 것을 궁극적 목표로 했다(예컨대, 간디의 민족주의 운동).

④ **(준)주변부 지역의 재현** 저발전된 지리적 공간, 변변치 않은 피식민 인구집단, 그리고 제국의 존재와 무관하게 실천되는, 광범위한 대안적 사회·문화·경제활동으로 나타난다(그람시는 "대중 속 인간"의 "실천적 활동"이라고 하고, 르페브르는 "일상생활"이라고 부른다(Harvey, 2009: 238)).

이러한 식민문학 작가 중 다수가 의식적으로 친제국 의제를 내세우고 역사적으로 인종적이고 문화적인 특권, 그리고 종종 경제적인 특권을 누리고 있었음을 고려할 때, 이들에게서 가장 자주 나타나는 저항은 이 목록 중 네 번째 유형에 속한다. 반제국 저항은 종종 이러한 문학 텍스트의 경관, 줄거리, 등장인물 너머에 혹은 그 문턱에 놓여 있다. 다시 말해, 이런 저항은 식민문학이 생산하는 문화적이고 지리적인 지형의 서브텍스트 구성에 잠재적으로 혹은 암묵적으로 자리 잡고 있다. 즉, 식민문학의 인프라에 새겨져 있다. 이런 문학은 세계체제의 불균등 발전된 물리적·상징적 인프라 네트워크에 의존하지만 이와 동시에 이것에 제한되기도 하므로, 식민지 경관의 재현 및 생산의 한계를 인정할 수밖에 없다. 이러한 공간적 한계를 강조하고 그 너머에 존재하는 침묵과 동요를 경청하면, 식민문학 안에 존재하는 무수한 암묵적인 전복의 순간을 지도화할 수 있다. 비록 이러한 순간은 여전히 찌꺼기이고 멈춘 채로, 다시 불붙여지고 다시 동원되기를 기다리고 있더라도 말이다. 서로 다른 지리적-역사적인 현장에서 나온 광범위한 텍스트들을 누적적으로 읽으면, 이러한 순간적 전복들은 식민문학의 지형에 내재하는 저항의 지도로 합쳐진다. 이러한 저항은 항상 공간적이다. (세계체제 발전의 한 단계인) 제국주의에 대한 저항은 그것의 분산되고 네트워크화된 공간성 안에서, 그리고 그 공간성을 통해서 가능하기 때문이다.

저항에 대한 비판적 논의는 이러한 '숨겨짐' 혹은 '파악하기 어려움'을 끊임없이 강조하고, 그다음에는 이 숨겨진 계기들이 '말하게' 하는 구체적 기법을 개발한다. "안토니오 그람시의 대항패권counterhegemony 개념이든, 칼 폴라니Karl Polanyi의 대항운동countermovement 개념이든, 제임스 C. 스콧의 하부정치infrapolitics 개념이든", 늘 필요한 것은 "공공연한 저항에 미치지 못하는, 일상에서의 개인적 활동과 집단적 활동을 발굴하기 위해 깊이 파헤치는 일"(Mittelman, 2000: 166)이다. 스콧이 논평하듯, "권력관계를 해독解讀하려면 예속된 집단의 다소간 은밀한 담론에 온전히 접근할 수 있어야 하므로, (역사적이든 현대적이든) 권력을 연구하는 사람은 막다른 길에 부딪힐 것이다"(Scott, 1990: xii). 분석자는 스콧이 "은닉 대본hidden transcript"이라고 명명한 것을 찾아야 하는데, 그것은 "권력자가 직접 관찰할 수 있는 범위 너머에" 있지만, "위장된 형태로나마" 여전히 존재하는 것이다(Scott, 1990: xiii, 4-5). 그래서 저항 이론가는 지배권력의 문서고에 존재하는 간극과 단절을 그 권력의 시야 너머에 존재하는 훨씬 일관된 저항 체계를 드러내는 징후로 간주하곤 한다. 루이스 아무어Louise Amoore가 주장하듯이, "공공연한 집단시위나 신문 표제를 장식하는 시끄러운 시위를 목격하더라도, 이런 것은 그보다 깊고 분산된 어떤 투쟁 패턴의 수면에 이는 잔물결일 뿐이다"(Amoore, 2005: 8). 이러한 "눈에 잘 띄지 않는 저항 실천"을 "공개적 표명과 분리하는 것은 의미가 없다". 실은 그와 반대인 경우가 많다. 실제로 "거대한 몸짓을 가능하게 하는" 것이 바로 이처럼 일상적이고 비가시적인 전략일 수 있다(Amoore, 2005: 8).

앤 로라 스톨러Ann Laura Stoler는 식민지 문서고에 주목하여, "공인된 상투어들의 틈새에서, 그것이 무엇을 말하려 했는가 서술하면서", "식민지 민족지학의 단층들이 더욱 온전하게 자리 잡은" "이야기의 가장자리"를 살펴본다(Stoler, 2002: 143-144). 그것은 "행정기구"가 작성한 "초안의 너덜너덜해진 가장자리"로서, "그것 너머로 확장되는 공간에 열려 있다"(Stoler, 2009: 1-2). 이와 마찬가지로, 서발턴 연구 집단은 식민주의의 "패권 참칭"을 철저하게 비판하고자, 문서고의 행간을 읽어 내 인도의 맥락에서 "영국령 인도의 기록에는 … 동의에 따른 통치라는 주장을 정당화할 어떤 근거도 없다"(Guha, 1998: xviii)는 것을 보여 준다. 따라서 우리의 과제는 잠복해 있는 저항의 형태를 해독하는 새로운 방식을 끊임없이 개발하는 것인데, 바로 이러한 포부가 인프라 읽기 실천의 동기다.

홉킨스와 월러스틴은 "전체로서의 체계에서 … 공식적 식민화와 비공식적 제국의 형세 변화"를 추적함으로써 "이러한 형세들과 다양한 저항 양상이나 방식(홉스봄Hobsbawm이 말하는 '원초적 반란', '독립전쟁', '해방전쟁', '민족주의 운동' 등)의 존재 혹은 부재 사이의 상호관계를 스케치할 수 있다"라고 주장한다(Hopkins and Wallerstein, 1982: 29). 홉스봄에 따르면, 이러한 저항이 반응하는 조건들은 "그들(피억압 집단)이 이해하지 못하고 통제하지도 못하는 경제적 힘의 작용을 통해 외부로부터 교활하게 도래하거나, 정복을 통해 뻔뻔스럽게 도래한다"(Hobsbawm, 1959: 30). 하지만 이것이 암시하는 바는, 저항은 제국의 통치가 도래할 때 비로소 시작한다는 것이다. 저항의 얼개는 제국의 인프라가 강요되는 데 대한 반발로서 짜일 뿐이며, 이런 일은 시간적으로 인프라의 도래 이후에 혹은 그에 대한 반응으로 일어난다. 이런 식으로 생각하면, 저항은 수세적 위치에 놓이고 저항의 능동적 행위성은 축소되고 제한된다. 그러나 스티브 파일Steve Pile과 마이클 키스Michael Keith가 말하듯이, 오히려 "저항은 한낱 지배의 이면으로서가 아니라, 그것 자체의 관점에서 고찰해야 한다"(Pile and Keith, 1997: xi). 물론 반식민 투쟁은 그것의 고향이던 여러 영토가 식민화되어야 비로소 일어나지만, 다양한 제국의 인프라 건설과 강요는 역사적으로 보아 반식민 투쟁에 대한 반응으로 이루어졌다.

미셸 푸코Michel Foucault는 언뜻 보기에 비판적 행위성을 무력화했다는 비판을 받았다. 하워드 케이길Howard Caygill은 이에 대해 논하면서 이 프랑스 역사가의 어느 인터뷰를 인용하는데, 이것은 정부의 통치가 구사하는 생명정치 전술이 실상 그것이 직면한 저항에 대한 반응으로 개발되었음을 드러낸다.

저항이 없다면 권력관계도 없을 것입니다. 그러면 모든 것이 순전히 복종의 문제가 될 것이기 때문입니다. 어느 개인은 자신이 원하는 것을 못 하게 되는 상황이 되는 그 순간부터, 권력관계를 이용해야 합니다. 따라서 저항이 먼저 일어나는 것이며, 그것은 계속하여 모든 과정의 힘 위에 존재하고, 권력은 그것의 효과 아래에서 어쩔 수 없이 변화해야 합니다. 따라서 저는 '저항'이라는 용어가 이런 역동을 나타내는 가장 중요한 단어이자 핵심 단어라고 생각합니다. (Foucault, 2001a: 1559-1560; 영문 번역은 Caygill, 2013: 8)

저항의 얼개를 이렇게 새로 짠다면, 반제국적 반항의 흔적이 실로 이 책에서 분석하는 인프라 네트워크에 대한 문학적 묘사에 새겨져 있고, 또 이러한 문학적 묘사를 능동적으로 형성한다는 것을 알 수 있다. 제국의 인프라에 대한 묘사를 중심으로 결집한 식민소설의 이데올로기적 전략('문화적 조정')은 시간적으로 반제국적 저항보다 먼저 생기지 않는다. 그것은 오히려 이미 일어났고 많은 경우 현재 진행 중인 저항에 대한 반응이다. 이 책의 개별 장에 실린 연구에서 보여 주듯이, 실로 저항이야말로 이러한 텍스트들이 전파하는 식민서사를 형성하는 것이다. 이 문학적 허구들을 통해 읽을 수 있듯이, 저항은 불균등 발전하는 자본주의 세계체제의 인프라 형성을 좌우하며, 따라서 저항은 그것의 공간적 구현에서 가장 생산적으로 구성된다.

"저항에 대한 공간적 이해는 그 개념에 대한 급진적 재해석과 재평가를 요구한다"(Pile and Keith, 1997: xi). 저항을 공간적으로 파악한다면, 인프라 읽기는 저항이 어떻게 세계체제의 인프라를 굴절시키고 여기에 형태를 부여하는지 보여 주고, 다른 한편 저항의 잠재력을 흡수하고 따라서 무력화하기를 거부한다. 이것은 케이길이 "저항이 분석에 저항한다"(Caygill, 2013: 7)고 말하는 것을 부각한다. 케이길이 보기에, 저항은 "실천에 뿌리를 두고 있으며, 구체적인 역사적 맥락에 대처하는 전술적 서술 및 정당화를 통해 명확하게 표현"되므로, "저항 개념을 정의하는 일"은 불가능하지는 않더라도 까다로워진다(6). 그러나 이것이 "꼭 단점은 아니다". 저항을 정의하는 것은 사실 "저항을 예측할 수 있게 만들고 통제에 노출시켜 약화할 위험이 있다"(6). 저항의 윤곽을 추적하기 위해서는 계속해서 저항을 "복합적이고 역동적인 시공간 영역 내에 위치"시켜야 한다(2). 이를 통해 (응집적인 사회정치적 힘으로서 저항의 효력을 드러내고 강조함으로써) 저항의 여러 사례를 가로지르는 "일관성"을 파악하면서도, 이런 사례들에 "통일성을 억지로 부과하는 일"(따라서 그 동일한 사회정치적 영향을 정의하고 양화하고 제한하는 일)을 피할 수 있다(7).

조피 나이만Jopi Nyman과 존 스토티드버리John Stotedbury가 주장하듯이, "저항은 맥락에 얽매인 현상으로 등장하며, 서로 다른 공간에서는 서로 다르게 해결된다. 저항해야 할 중심은 하나가 아니라 여럿이다"(Nyman and Stotedbury, 1999: 1). 마찬가지로 조앤 샤프Joanne Sharp와 공저자들은 "지배/저항이라는 대구對句가 항상 세계의 여러 공간을 가로질러, 그리고 여러 공간을 통하여 작동함을 가리키기 위해 '얽힘'이라는 표현을 쓴다"(Sharp et al., 2005: 1). 불균등 발전하는 세계체제를 네트워크로 보는 관념에 따라, 인프라 읽기는 식민문학을 형성하는 저항의 다중적 현장 및 형식을 추적하고 또 분석할 수 있다. 이것은 저항의 다양한 지리적-역사적 사례를 가로지르는 일정 수준의 누적적 '일관성'을 인식하지만, 이 사례들에 제한적이거나 억압적인 통일성을 억지로 부과하는 일은 삼간다.

저항의 공간성은 저항이 식민문학의 문서고 안에서도 계속 활발하고 생동감을 유지하게 한다. 레닌과 룩셈부르크는 제국의 착취를 탐구한 중요한 이론가이지만, 그들의 저작은 저항 방식에도 주목한다. 레닌의 모든 비판적 저술은 급진적이고 반체제적인 정치를 지향한다. 알렉스 캘리니코스Alex Callinicos가 주장하듯이, "레닌이 다른 어떤 마르크스주의자보다 효과적으로 보여 준 것은 정치적 행위자를 전략적으로 배치할 때 자본주의에 대한 이론적 분석이 중요하다는 점이었다"(Callinicos, 2007: 36). 그러나 레닌은 공식적으로는 주로 정치에 몰두했기에 그에게 저항은 항상 "고체들의 충돌이라는 관점"에서 나타나는데, 케이길의 설명에 따르면 이러한 "고체들"은 "통합되고 의식적인 계급적 주체들"의 공동체 안에서 구성될 수밖에 없다(Caygill, 2013: 46-47). 레닌은 "노동운동의 자생적 발전"에 대해 경고하는데, 노동운동의 "의식 부재"는 종국적으로 "부르주아 이데올로기에" 복속될 위험을 안고 있다(Lenin, 1987: 82-84).

이와 대조적으로, 룩셈부르크에게 저항은 꼭 "레닌이 꾸며 낸 일종의 연속적인 논리적·시간적 서사에 끼워 맞출" 필요가 없으며, 오히려 "서로 다른 속도로 움직이는 다채로운 흐름으로 이루어진 유동하는 힘들의 운동"으로 작동한다(Caygill, 2013: 47). 이는 사회불안이 러시아 제국 전역으로 확산하던 1905년 혁명에 대한 룩셈부르크의 설명에서 드러난다. 그녀는 "자본주의의 사슬"을 "흔들어 당기는" "자발적" 혁명가들을 강조한다(Luxemburg, 1970: 171). 룩셈부르크는 이렇게 쓴다.

| 이러한 운동들은 | 온 왕국을 뒤덮는 드넓은 파도처럼 흐르고, 이제 좁은 개울들로 이루어진 하나의 장대한 네트워크로 나뉘고, 이제는 땅속에서

솟아나는 신선한 샘물처럼 졸졸 흐르다가 다시 땅속에서 완전히 사라진다. … 이 모든 것은 서로를 꿰뚫으며 흐르고, 서로 나란히 흐르고, 서로 가로질러 흐르고, 서로의 안으로 그리고 서로의 위로 흘러 들어간다. 이것은 끊임없이 움직이고 변화하는, 현상들의 바다이다. (Luxemburg, 1970: 182)

룩셈부르크에게 저항은 선형적이고 연대기적이기보다는 분산되고 공간적이다. 이런 관념은 이 책에서 식민문학의 장 전반에 걸쳐 그 궤적, 표현, 전술이 여전히 불균등한 저항의 순간들을 지도화하는 데 더 유용하다. 이는 그람시의 '기동전' 개념을 연상시키는데, 거기서는 서로 다른 맥락에서 효과를 증대시키기 위해 "서로 다른 전략적 선택지"를 동원한다(Gramsci, 1988: 230; Caygill, 2013: 141). 데이비드 로이드David Lloyd가 그람시를 해석하면서 주장하듯이, 서발턴을 "저항하는 것, 혹은 재현될 수 없는 것"으로 정의한다면 "그것의 '일화적이고 단편적인' 역사를 불완전한 서사가 아니라 서사의 다른 양상의 징표로 읽을 수 있다"(Lloyd, 1993: 127). 불균등 발전이라는 패러다임이 이 시기 식민문학의 인프라에 영향을 끼쳤지만, 불균등하지만 늘 존재하는 저항 양상도 이와 마찬가지로 그리고 그에 못지않게 중요하게, 세계체제에, 나아가 문학장의 세계체제 지도화에 형태를 부여했다.

물론, 이런 프로젝트의 한계를 강조하는 것이 중요하다. 나는 흔히 친제국적인 이러한 작품들을 바버라 할로우가 '저항문학'이라고 부르는 것의 틀로 재규정하지는 않는다. 이 작품들에 저항적 실천이 잠복하고 있기는 하지만, 이 책에서 연구하는 텍스트들은 대개 "지배의 단일한 역사기술 관행에 도전하고 그런 관행에 대한 단일 차원의 반응에 도전"(Harlow, 1987: 30)하는 데 실패하기 때문이다. 식민소설은 흔히, 특히 등장인물과 줄거리 측면에서, 제국의 지배와 자본의 축적을 뒷받침하는 인종적·사회적·경제적 위계의 폭력적 조합을 유지하고 영속화하는 데 진력한다. 반면에 인프라 읽기라는 비판적 방법론으로 읽으면 식민문학을 저항적으로 읽고, 이 문학의 문서고가 제공하는 것을 보여 줄 수 있다. 할로우를 다시 인용하자면, 식민문학 문서고가 제공하는 것은 다음과 같다.

> 경제적·정치적·문화적 지배와 억압 상황에 대한 역사적 분석을 전개하고, 그 분석을 통해 그 줄거리 내에 미리 결정된 결말을 담고 있는 이데올로기 패러다임, 즉 프레드릭 제임슨이 "주인 서사master narratives"라고 부르는 것이 강제하는 연대기에 체계적이고 조직적으로 도전한다. (Harlow, 1987: 78; Jameson, 1991: xi도 참고)

따라서 이 책은 "최근 몇 년 동안 확산하는, 제국적이고 식민적인 삶에 대한 수정주의적 해석"을 바로잡으려는 여타 노력에 합류한다. 21세기 초반에 폴 길로이가 지적했듯이, 이러한 해석은 "제국주의적 향수를 조장하기 위해" 그 폭력적 현실을 화이트워싱[18]함으로써, "식민 역사의 주변성을 악화시키고" "제국이 형성한 경험을 덜 심각하게 만든다"(Gilroy, 2004a: 2-3). 불행하게도 길로이의 논평은 10년이 지나 내가 글을 쓰고 있는 지금은 더욱 적절하게 들린다. 예전에 레나토 로살도Renato Rosaldo가 "제국의 향수"라고 부른 것, 즉 "책임져야 할 식민 행위자를 무고한 방관자로" 둔갑시키는 정서적 환상(Rosaldo, 1989: 108)이 최근 몇 해 동안 다시 공세

---

[18] 원작에서 비백인 등장인물을 백인 배우가 맡는 것. 여기에서는 백인의 시각에서 현실을 오도한다는 의미로 쓰였다.—옮긴이

적으로 돌아온 것으로 보인다. 2014년 여론조사에 따르면 응답자의 59퍼센트가 대영제국을 "자랑스럽게" 여겼다(Andrews, 2016). 이러한 최근의 제국 및 식민주의 반향에 대한 비판은 이 책의 범위를 벗어나지만, 나는 이 책의 네 개 장에서 다루는 네 가지 주요 이데올로기가 포스트제국 시대의 폭력이 현재 나타나는 양상, 즉 최근 급증하는 인종적 동기의 증오범죄부터 더 광범위한 제도적·구조적 형태의 차별에 이르는 양상과 직결되어 있음을 강조하고 싶다(Hall, 2016 참고).

바로 이러한 의미에서 나는 이 책을 동시대 '탈식민 저항'의 실천 및 관행과 나란히 두지만, 그렇다고 꼭 이 책이 노골적으로 그런 행동이라고 여기지는 않는다. 미뇰로가 보기에, 탈식민화는 이제 지나가 버린 일회성의 역사적 사건이 아니라, 끊임없이 (재)동원해야 하는 현재진행형의 과정이다. "'제3세계'의 피억압민 투쟁과 근대 식민 역사의 틀을 짠 것은 '해방'이지만, 탈식민성은 훨씬 큰 프로젝트이다"(Mignolo, 2012: 457). 최근 여러 해 동안 제국의 향수가 심화하였듯이, 이러한 탈식민 노력도 심화했다. 특히 제국의 과거로 인해 지울 수 없는 흔적, 그리고 인프라적 흔적이 남은 대학 캠퍼스에서 그랬는데, 가장 두드러진 사례가 케이프타운대학과 옥스퍼드대학이다. 케이프타운대학 캠퍼스에서 골수 제국주의자 세실 로즈의 동상 철거를 둘러싸고 효과적으로 결집한 '로즈는 넘어져야 한다Rhodes Must Fall(RMF)' 캠페인은 "식민주의의 폭력, 채굴 위주 정착민 경제의 착취, 아프리카 공동체와 문화의 훼손을 사려 깊게 기억하는 탈식민 시선"을 주장한다. "발전과 근대화라는 거대서사가 이들을 은폐해 온 것이다"(Luckett, 2015: 416). 본서에서 줄곧 논의하겠지만, 로즈와 같은 제국주의자는 인프라 발전을 강조함으로써 식민적 착취를 "영국 제국주의의 한 특징이던" 선의善意의 "(겉으로는 권위주의적이지 않은) '사목권력pastoral power'"(Kros, 2015:

156) 아래 은폐하는 서사를 퍼뜨릴 수 있었다. 그리고 오늘날에도 RMF를 비판하는 자들은 이것을 되풀이하고 있다(Lowry, 2016: 329-330 참고).

그럼에도 인프라는 제국적 자본주의와 그에 상응하는 이데올로기들의 어떤 핵심적 모순을 공간적이고 문화적으로 조정했으며, 따라서 여기에 비판적으로 초점을 맞추면 그것이 덮어 버린 것을 (다시) 교란하고, 나아가 그것에 저항할 공간을 창출할 수 있다. 인프라 읽기가 창출하는 틈새와 균열은 이전에 식민 문서고에 의해 침묵을 강요당한 대안적 역사와 저항적 관행의 여지를 만들어 낸다. 이를 통해 우리는 이러한 문서고를 "'결을 거슬러' 읽고 도전하고 확장"할 수 있다(Luckett, 2016: 425).

RMF와 같은 탈식민 운동은 "단순히 식민 시대와 아파르트헤이트 시대의 상징을 제거하고, 흑인 학자를 늘리고, 아프리카 텍스트를 교육과정에 포함하는 것 이상"을 의미한다. 이런 운동이 "폭력적 현상"을 다루는 것은 "새로운 인간성의 창조"를 내다보기 때문이다(Prinsloo, 2016: 165). 이 책의 방법론적 노력은 RMF가 "목소리, 재현, 크게 말하기와 말대꾸하기 같은 관념이 지닌 민주적 잠재력을 강력하게 강조하는 것"(Bosch, 2016: 9)을 받아들이므로, 식민문학 안에서의 침묵을, 그리고 그 침묵에 대해 듣기를 의식적으로 강조한다. 이런 침묵을 무시하는 것은 "탈식민지화에 가해지는 폭력 형태가 될 수 있는 것이다"(Pillay, 2016: 157). 타냐 보쉬Tanja Bosch 는 "말하는 일뿐 아니라, 들리는 일도 중요하다"(Bosch, 2016: 9-10)라고 지적한다. 교육학적 측면에서는, 이 책은 "전승되는 정전正典들에 대해 논쟁하고 이의를 제기하고 해체하기 위한 분석적이고 방법론적인 도구"(Luckett, 2016: 425)를 개발하려는 시도이며, 이러한 과정은 나아가 "현실적 행동"(Prinsloo, 2015: 166)으로 이어질 수 있다. 스튜어트 홀Stuart Hall의 말을 빌리자면, 내가 인프라 읽기를 전개하는 데는 "지적 겸손"이 따르는데, 이것

그림 0.3 2015년 4월 9일 케이프타운대학 캠퍼스에서 크레인으로 세실 로즈 동상을 철거하는 모습. '로즈는 넘어져야 한다' 캠페인으로 진행된 탈식민 시위의 상징적 장면이다.

은 "자신의 개입을 언제나 어떤 차이를 만들고 어떤 영향을 미칠 수 있는 하나의 세계 안에서 사유하는 실천"이다(Hall, 1992: 286). 이러한 이유로 인프라 읽기는 그 자체가 저항으로 셈해질 것이 아니라, 저항을 위한 공간을 창출하려는 노력, 즉 공간적 저항을 개시하려는 노력으로 보아야 한다.

식민문학:
왜 이 텍스트들인가?

여기서 '식민문학'이라고 칭한 문서고에 대해 미리 언급한 데 이어서, 이 서론을 마무리하며 이 문화적 장의 범위를 더 정확하게 해명하고자 한다. 물론, 식민문학의 가장 대표적인 예는 틀림없이 키플링의 작품이며, 이 작품들은 기술적 발전, 제국적 인프라 형태, 이에 대한 문학적 묘사에 직설적으로 집착했다. 그러나 에드워드 사이드가 《문화와 제국주의》(Said, 1993: 159-196)에서 《킴Kim》(1901)을 해석한 이래로 키플링 소설에 대한 '포스트식민' 비평은 상당한 지지를 얻었다. 비평가들은 키플링의 애국주의적 시가 전파한 친제국 이데올로기를 철저히 해체하고, 그의 산문에서 좀 더 "모더니즘적"이고 전복적인 내용을 재평가했다(Low, 1996; Randall, 2000; Nagai and Rooney, eds, 2010). 실제로 사이드는 〈모더니즘에 대한 노트 Note on Modernism〉에서 해거드의 《그녀She》(1887)와 같은 텍스트의 "서사적 전진과 승리주의"를 콘래드, 포스터, 말로Malraux, T. E. 로렌스T.E. Lawrence, T. S. 엘리엇T.S. Eliot, 프루스트Proust, 만Mann, 예이츠Yeats 등 광범위한 작가의 작품에 나타나는 "극도의 동요하는 불안"과 구분한다. 의심의 여지없이, 이들 저자의 글은 수많은 유물론적 비평가와 포스트식민 비평가가 설득력 있게 보여 주듯이, 인프라 읽기가 발굴하는 일종의 저항적 전략을 드러낸다. 이러한 연구 중 일부는 특히 이 텍스트들의 '공간성'에 관심을 두면서, 이 장르가 "시설망과 지도의 부재와 간극"에 집착하고, "허다한 추상적 수사修辭와 지형학적 고정관념"을 가지고 있음을 강조하는데, 본서는 이 중 상당수가 더 폭넓게 보아 식민문학의 특징임을 보여 줄 것이다(Childs, 2007: 84). 어느 논문집에서는 심지어 '모더니즘'과 '식민주의'라는 두 영역을 당대의 제국 인프라 발전을 매개로 연결했다(Begam and Moses, 2007: 2).[19]

그러나 가장 유명한 것은 프레드릭 제임슨이 〈모더니즘과 제국주의

---

[19] 참고문헌에 빠져 있는 이 저서의 서지 사항은 다음과 같다. Begam, Richard, and Michael Moses, eds. *Modernism and Colonialism: British and Irish Literature, 1899-1939*. Duke University Press, 2007.—옮긴이

Modernism and Imperialism〉(1990)라는 글에서 모더니즘 형식의 공간성과 이와 맞물린 영국의 가속화된 팽창주의의 연관성을 강조한 일일 것이다. 이 글에서 제임슨은 "경제체제의 중요한 구조적 부문"이 "미지의 상상할 수 없는" "물 건너" 공간으로 수출될 때 "모더니즘 양식"이라는 "새로운 공간적 언어"가 생산된다고 주장한다(Jameson, 1990: 51-58). 여기에 대해 "인과관계의 단일한 선형적 서사"를 매개로 모더니즘을 제국주의와 연결한다는 비판이 제기된 것은 놀랍지 않다(Booth and Rigby, 2000: 6). 그러나 페트릭 윌리엄스Patrick Williams는 제임슨 연구의 정치적 의미에 공감한다. 그는 제임슨의 "공간화 효과"가 "제국적 세계체제의 재구조화를 위한, 미수에 그친 지도화"의 산물임을 인정하고, 사이드의 더 저항적인 저작으로 눈을 돌린다(Williams, 2000: 21-23). 사이드의 이 저작은 모더니즘의 공간성이 "제국의 이데올로기"에 미칠 수 있는 "방해효과"를 강조한다(Said, 1993: 226). 모더니즘 문학에서 일종의 '공간적 저항'으로 해석할 수 있을 이런 순간들이 제국 이데올로기에 끼친 역사적 영향을 평가하려는 이런 노력은 분명히 본서의 비판적 과제와 일맥상통한다. 실제로 윌리엄스가 내리는 결론은 "불균등 결합 발전" 관점을 "모더니즘과 제국주의"에 적용함으로써 제임슨의 패러다임을 더 복합적으로 만드는 것인데, 이것은 이 책의 프로젝트와 마찬가지로 "세계 규모의 제국주의"에 대한 더 섬세한 분석을 가능하게 하는 이론적 전환이다(Williams, 2000: 32).

물론 나는 이와는 다른 방법론적 경로를 통해서 불균등 발전을 문학과 문화의 장에 비판적으로 적용하는 데 이르렀지만, 유익한 중첩이 많이 존재한다. 그래서 이 중첩은 서로에게 건설적이고, 또 내가 강조하고 싶듯이, 정치적인 프로젝트로 보아야 한다. 다만, 본서는 중요한 지점에서 이 연구에서 이탈한다. 나의 주장은, 대영제국을 역사적으로 지탱한 세계체제가 형식적이고 장르적으로 보아 모더니즘 문학에서만 기록되는 것이 아니라는 것이다. 오히려 나는《1870~1918년 식민문학 선집Anthology of Colonial Literature, 1870~1918》서문을 쓴 엘레케 뵈머를 따른다. 이에 따르면, 이 변동하는 문학 서고의 몇 가지 핵심 특징은 다음과 같다.

작업, '개선', '진보'의 이미지로 포착된 우월과 위계라는 가정. '불가해하고' 겉보기에 특색 없는 이질적 경관에 대한 시각적 당혹감. 조우, 갈등, 연결의 소설과 시. 문화적 차이, 혼란, '오염'에 대한 집착. (Boehmer, 1998b: xix)

나의 주장은, '모더니즘'의 형식적·장르적 관습을 분명하게 전형적으로 드러내지 않는 이런 식민문학도 인프라로 읽으면 이데올로기 차원에서 갈등, 긴장, 균열을 드러내도록 만들 수 있다는 것이다. 뵈머는 다른 곳에서, 이런 문학이 "적어도" 어떤 "제국적 상상에 대한 통찰"을 제공하고, 더 중요하게는 "식민적 재현에 작동하던 인간적 손실의 은폐에 관한 약간의 단서"를 제공한다고 썼다(Boehmer, 2005: 21).[20] 식민문학은 여러 문제에 반응하는데, 자비로운 제국주의라는 위선적 논리, 불균등한 자본 축적 및 인프라 발전의 폭력적인 파급효과, 반제국적이고 민족주의적인 저항운동의 존재 등이 그것이다. 바로 이 때문에, 그리고 그런 작품도 인

---

[20] 나아가 뵈머는 '식민'문학과 '식민주의' 문학을 구분하는데, 전자는 "식민 시대에 영국 내에서 나 제국의 다른 지역에서 쓰인 문학"을 포함하고, 후자는 "특히 식민적 팽창과 관련된" 것이다 (Boehmer, 2005: 3). 본고에서 분석하는 모든 문학은 이러한 의미에서 식민주의적이지만, 때로는 식민지에서 돌아와 영국에서 글을 쓴 인물들의 저작이기도 하다. 바로 이러한 이유로 나는 더 포괄적인 용어인 '식민문학'을 사용한다.

프라의 재현을 중심으로 구성되었다는 사실에도 불구하고, 나는《킴》이나《어둠의 심장Heart of Darkness》(1899)처럼 널리 연구되는 '식민'소설은 다루지 않는다. 하지만 키플링의 중요성은 부인할 수 없기에, 그의 글은 내 논의에 상당히 그림자를 드리우며 때때로 드러내놓고 나타나기도 한다.

일차적으로 나의 비판적 시선은 대부분 덜 분석된 채 남아 있는 식민문학의 훨씬 광범위한 횡단면으로 향한다. 이 책에서 상세히 연구한 플로라 애니 스틸, 윌리엄 플로머, 존 버컨, 에드워드 톰슨, 에드먼드 캔들러 같은 작가들의 작품에는 아직 탈식민 비평가 및 유물론 비평가들이 한결같이 비판적으로 개입하지 않았다. 앞서 논의했듯이, 이러한 특정 작가를 읽는 일이 훨씬 광범위한 '멀리 읽은' 식민문학 작품들의 서고를 배경으로 이루어졌음을 강조하는 것이 중요한데, 이 중 많은 저작은 대개 잊혔으나 여전히 비판적으로 탐구되어야 한다. 예외도 있다. 예를 들어, 나는 라이더 해거드가 쓴, 이미 자주 논의되었으며 제국 로맨스 장르의 전형인《솔로몬 왕의 광산》에 인프라 읽기를 적용한다. 제국 로맨스의 형식적 특징은 훨씬 덜 읽힌 식민문학 전반에 걸쳐 반복적으로 나타나므로, 해거드의 텍스트를 기준점으로 삼으면 나의 주장을 다양한 단계에서 뒷받침할 수 있다. 더욱이, 나는 전통적인 모더니즘 작가들은 다루지 않는다고 천명했지만, 올리브 슈라이너와 E.M. 포스터라는 두 사람의 (최초의) 모더니즘적 식민 작가를 2장과 4장에 각각 포함했다. 나는 해거드와 마찬가지로 이 작가들도 당대의 상호텍스트로 활용하는데, 이런 상호텍스트를 이보다 명시적으로 친제국적인 작가들과 병치해 보면 내가 시도하는 인프라 읽기를 더욱 강화하고 식민문학 안에 계속 잠복한 저항을 조명하는 데 유용하다.

이 책 전체에서 분석하는 식민문학은 거의 항상 식민지 환경의 사회

경제적·문화적 맥락을 배경으로 하거나 그 맥락에서 쓰였다는 점(혹은 둘 다라는 점)을 언급해 두어야겠다.[21] 이런 문학은 ('보드빌 | 19세기 후반에서 20세기 초 사이에 유행한, 노래와 춤이 섞인 대중적 희가극 | 이나 '멜로드라마 연극' 같은 다른 형식들과 나란히) '대중문화'의 한 형식이라고 광범위하게 서술할 수 있으며(Bennett, 1982: 18), 당대 영국에서 의심할 여지 없이 폭넓은 독자층을 확보했다. 그러나 이런 문학은 또한 자신이 묘사하는 ("회사의 사무실, 정부 회관의 객실, 고원 피서지의 도서관" 등의) 식민지 공간을 가로질러 유통되면서(Boehmer, 2005: 52) 식민지 공간에 대한 제국적 상상에 반영되고 그 상상을 형성하고 재생산했다.

아울러 이런 문학은 이보다 학제적인 식민지 지도 제작에 엮여 들어갔는데, 이런 문학 텍스트의 "신빙성은 (책, 보고서, 측량도, 군 장교, 선교사, 언론인, 탐험가, 여행자 등의) 다른 이야기들과 대조하여 확인"된 것이다(Parry, 2004: 18). 뵈머가 고찰하듯이, "식민 행정 아래에서는 수많은 문서, 민족지학 연구 및 과학 연구, 저널, 장부, 인구조사, 긴급 공문, 법률 등이 과잉생산되었다. 무언가를 식민화함은 그것 위에 글, 문법, 구조를 쌓는 것이었다"(Boehmer, 2005: 92). 이러한 다수의 문학은 패리가 "제국의 문학 혹은 식민소설The Literature of Empire or The Colonial Fiction"(Parry, 2004: 17)로 판별하는 학문적 "영토"를 이룬다. 이 문구에서 형용사 및 명사의 대문자로 표기된 첫 철자들을 본서에서는 다소 불손하게도 소문자로 표기하지

---

[21] 여기에는 주목할 만한 예외가 있다. 3장에서 존 버컨에 대한 논의가 보여 주듯이, 영국을 배경으로 하는 소설 《39계단The Thirty-Nine Steps》(1915)의 정치적 무의식에도 남아프리카 프런티어라는 은유는 여전히 깊이 스며들어 있다. 이런 지리적 융합은 "영국의 자신에 대한 상상, 혹은 영국의 '세계 만들기worlding'"에서 남아프리카가 수행해 온, "제대로 인식되지 못했지만 현저한 역할"을 부각한다(Chrisman, 2003: 10).

만, 패리가 이것을 정의하는 기준("헤게모니적 설명의 질서에" 귀속되고 "식민주의 담론 같은 이데올로기 코드 내에서 쓰였다"(17))은 본서에서 분석하는 텍스트들을 분류하는 데 유용하다.

이미 언급했듯이, 이 책의 네 개 장은 여기에서 분석하는 텍스트들에서 특히 강하게 나타나는 네 가지 이데올로기 패러다임을 중심으로 구성되어 있으며, 각각의 인프라 읽기에 초점을 맞추는 범주화를 제시한다. 1장 〈인도주의의 지도 그리기〉는 플로라 애니 스틸의 작품에 초점을 맞춘다. 이 장은 그녀의 가장 널리 읽힌 '폭동'소설 《수면 위에서On the Face of the Waters》(1896)로 시작하는데, 이 소설의 소재는 인도에서 일어난 결연한 반제국 저항 사건, 즉 1857년 대항쟁Great Rebellion이다. 역사적으로 이 사건은 인도아대륙 전역의 급격한 인프라 발전을 촉발했으며, 스틸의 소설이 보여 주듯이 이 폭력적인 반제국 저항 행위는 본서가 다루는 반세기 내내 제국적 의식을 지배하게 되었다. 이어서 스틸이 1880년대와 1890년대에 집필한 단편소설 몇 편을 다루면서, 인프라 발전을 정당화하는 이데올로기로서 인도주의적 발전과 기아 구호라는 관념이 사실은 이 인프라들이 실제로 촉진한 사회경제적 조건에 대한 스틸의 불안 때문에 어떻게 전복되는지 탐구한다. 이 장은 마슈레 등의 저서를 참고하여, 식민문학에서의 '침묵'에 초점을 맞추어 스틸 텍스트들의 이데올로기적 한계를 보여 주고, 이로써 생기는 공간이 다양한 종류의 반식민 저항을 예고하고 있음을 시사한다.

2장 〈분리의 지도 그리기〉에서는 남아프리카로 눈을 돌려 다양한 서사적 형식과 장르에서 지도화되는 경관을 탐구하는데, 이 경관은 중심부와 주변부의 양극화를 특히 극명한 인프라적 발현과 인종적 분리에서 두드러지게 한다. 본서에서는 이러한 서사 형식들의 상호텍스트 관계를

부각함으로써, 이런 서사 형식들이 저항적이 되는 방식을 추적한다. 이 장은 H. 라이더 해거드의 《솔로몬 왕의 광산》(1885) 독서를 통해 제국 로맨스 장르를 연구하는 것으로 시작하는데, 먼저 이 텍스트를 지형학적으로 읽음으로써 해체한다. 이와 함께 제임스 C. 스콧이 "은닉 대본"이라고 부르는 것을 발굴하고, 이 텍스트가 출판 당시 남아프리카에서 진행되던 대규모 인프라 프로젝트에 깊이 개입하고 있다고 주장한다. 이어서 올리브 슈라이너의 작품을 다루면서, 이 작품들이 당대에 부상하던 광산업이라는 특수한 맥락에서 생겨난 분리 이데올로기를 어떻게 심문하는지 보여 줄 것이다. 이 장에서는 비평가들이 누락한 그녀의 다른 작품들과 나란히 《아프리카 농장 이야기The Story of an African Farm》(1883)를 읽으면서, 슈라이너가 주변부 경관을 지도화함으로써 생산하는 메타서사meta-narrative | 서사에 관한 서사 | 가 해거드 작품과 같은 제국 로맨스의 선형적 신념과 세실 로즈의 "케이프-카이로" 철도 노선과 같은 골수 제국적 인프라 프로젝트를 어떻게 해체하는지 보여 준다. 그다음에는 슈라이너의 저항 전략을 보충하고 강조하기 위해, 윌리엄 플로머가 〈울라 마손도〉(1927)에서 특히 남아프리카의 도시 공간을 어떻게 묘사하는지 살펴본다. 이 단편소설은 로맨스 장르의 명백한 다시 쓰기를 통하여 남아프리카의 문학지리에 대한 제국적 상상에 정면으로 저항하는 동시에, 이런 저항적 글쓰기를 통해 하비가 "혁명적 궤적"(Harvey, 2012: xvii)이라고 부르는 다양한 시도를 시작한다.

3장 〈프런티어의 지도 그리기〉에서는 남아프리카와 제국 로맨스에 초점을 맞춰 존 버컨의 초기 소설 연구에 착수함으로써, 제국 이데올로기의 지극히 특수한 하나의 줄기를 분리해 내고 분석한다. 이 장은 이것을 '프런티어 의식'이라고 명명하고, 버컨의 첫 번째 소설 《프레스터 존》

(1910)을 읽음으로써 이런 의식의 핵심적 특징들을 판별하고 그 몇몇 핵심 모순을 발굴한다. 소설의 사건이 그 안에서, 그리고 그것을 가로지르며 전개되는 지리적·지형적 공간을 검토하면, 이 공간이 다차원의 인프라로 굴절된다(실은, 그것에 새겨져 있다)는 것이 드러나는데, 이는 정착민 식민 이데올로기의 전형적 특질이다. 19세기 후반에는《솔로몬 왕의 광산》으로 대표되는 제국 로맨스가 대유행했는데, 그보다 다소 늦게 쓰인 버컨의 작품에서 프런티어 서사를 생산하려는 노력은 제국주의의 불균등 발전에서 나타나는 어떤 모순적인 위기를 얼버무리려고 시도하는(하지만 실패하는) '문화적 조정'으로 해석할 수 있다. 이 장은 '해니Hannay'를 주인공으로 하는 버컨의 첫 번째 소설《39계단》(1915)을 연구하기 위해 남아프리카에서 벗어나서,《프레스터 존》에서 전형적으로 드러난 프런티어 의식이 그와 마찬가지로 자본주의 축적의 모순이 느껴지던 영국에서도 나타남을 주장한다. 이 장은《프레스터 존》의 남아프리카 공간과 어떤 식으로든 (대개 그것의 지형 및 프런티어와 비슷한 속성을 통하여) 항상 연결된 식민본국 내부에서의 주변부 생산을 지도화하고, 이를 통해 런던과 같은 도시에서 불균등한 인프라 발전이 버컨의 문학적 형식을 어떻게 뒤틀리게 하는지 누설한다.

이 책의 네 번째이자 마지막 장인 〈민족주의의 지도 그리기〉는 인도 아대륙으로 돌아온다. 이 장은 앞의 세 장의 통찰을 종합하여 E.M. 포스터, 에드먼드 캔들러, 에드워드 톰슨의 작품을 통해 식민문학이 신흥 민족주의 운동과 어떻게 상호작용하는지 탐구한다. 이 장은 포스터의 소설《인도로 가는 길A Passage to India》(1924)을 전복적인 상호텍스트로 활용함으로써, 버컨에 대한 연구의 연장선상에서 캔들러와 톰슨이 생산한 중심부와 주변부의 지리적 공간이 식민 이데올로기의 위계질서에 어떻게 굴절되는지 조명한다. 앞의 세 개 장에서 연구한 식민문학은 아직 대영제국의 붕괴를 받아들이기 어려웠지만, 캔들러와 톰슨은 인도 독립이 임박했음을 명시적으로 인정한다. 이러한 정치적 불안이 서브텍스트에서 표면으로 전환하는 모습은 이 후반기의 저작들이 어떻게 민족주의 운동의 정당성을 부정하는 동시에, 영국 통치의 공식적 해체 후에도 오래 남을 세계체제의 (주로 시골과 도시 지역의 지리적 분열로 형성되는) 인프라 좌표들을 상상했는지 보여 준다. 이 장은 이러한 이데올로기적 노력에도 불구하고, 후기 식민지 시대 저술에 출현하는 모순과 문학적 모티프에서 반제국 저항의 표현을 여전히 발견할 수 있다고 주장한다.

이러한 다양한 연구를 통해, 인프라 읽기 방법론 아래에 함께 등장하는 인프라와 저항이라는 축들은 식민문학에 대한 유물론적 비판을 활성화하는 데 활용된다. 문학이 세계체제, 그리고 그 축적 과정을 촉진하는 물리적 인프라와 공모함을 부각하면, 누적적으로 구축되는 각 장의 다양한 연구 전반에 걸쳐 저항의 패턴이 등장하여 이 문학장의 대안적 지도를 그리게 된다. 본서는 식민문학이 당대 세계체제의 인프라를 키플링의 말처럼 "실제로, 더 중요하게는 상상 속에서"(Kipling, 2010: 241) 구축하는 데 어떻게 이바지하는가에 초점을 맞추지만, 이 체제에는 항상 반제국 저항의 현장, 행위, 표현이 가득했음을 보여 주기도 한다. 그리하여 이를 통해 도출되는 연구는 "큼직하게 쓰인 역사의 고화질 광택 인쇄"보다는 "그 역사를 생산하는 공간의 암실 음화陰畫"를 기록한다. 이런 연구는 스톨러의 말처럼 "잠재적 이견과 현재적 곤경을 자신의 그림자로 그려 내는 사물들의 식민적 질서에 어떤 교란이 일어나는지 역광으로 추적하는 역사적 음화"를 지도화한다(Stoler, 2009: 108-109).

결론에서는 대영제국의 공식적 패권이 해체되었지만 21세기 세계체제는 점점 더 불균등하고 불평등하게 단단히 자리 잡고 있으며, 따라서 인프라 읽기가 여전히 해야 할 일이 많다고 주장하려 한다.

1장

인도주의의 지도 그리기
: 플로라 애니 스틸과
식민지 자본주의의 모순

서론
: 모순에서 저항으로

나보다 자연현상에 무지한 아이도 없었을 테지만, 나는 만사를 인류
와 세계라는 거대한 미스터리 중의 어느 기이한 부분으로 받아들였다.
… 현실에 대한 나의 혐오를 압도한 것은 이해하려는 욕망이었다. 내가
생각하기에, 이미 어린 시절부터 내 마음은 확고한 선들을 따라 움직였
는데, 이런 선들은 나중에는 강한 신념으로 결정화되었다. (Steel, 1930: 29)

플로라 애니 스틸 Flora Annie Steel이 1868년 처음 인도에 도착한 이후 60
여 년이 지난 뒤에 쓴 자서전에서 발췌한 내용이다. 이 구절은 그녀가 인
도아대륙의 영국 제국주의에 대한 투철한 이데올로기적 헌신에 기반하
면서도 새로운 환경의 현실에 예민하게 반응했음을 암시한다. 몇몇 비
평가는 인도아대륙과 그곳 사람들에 대한 스틸의 정치적 의식이 분명히
이중적이었다고 논평했다. 스틸은 자신이 피식민 인도인들과 그들의 문
제를 "이해하려는 욕망"을 품었음을 평생 자랑스러워했다. 하지만 그녀
는 재인도在印度 영국인들의 인종적 위계와 거들먹거리는 가부장주의라
는 "확고한 선들"은 결코 완전하게 포기할 수 없었다.

스틸은 이러한 절충적인 인도주의humanism 이데올로기를 인도 행정부
Government of India, GOI | 영국의 인도 지배를 시행한 현지 정부 | 에서 배웠는데, 인도
행정부는 이런 이데올로기를 활용하여 19세기 후반의 인프라 개발과
공공사업 정책을 정당화했다.[1] 스틸은 많은 인도인을 만나 친구가 되려

---

[1] 데이비드 아처드David Archard는 가부장주의 개념을 "타인의 선을 증진하기 위해 그의 자유에 간

97

고 애썼지만, "그들과 가부장주의적 관계 외에는 맺지 못했다"(Parry, 1972: 128). 그렇지만 아울러 패리가 인정하듯이, "그녀의 상상에 족쇄를 채운" "편견과 사회적 순응"에도 불구하고, 스틸의 사고에 내장된 이런 긴장은 적어도 그녀의 문학작품에서는 당대의 재인도 영국인들로부터 "그녀를 구별하는 도발적 모순들"을 낳는다(129). 제니 샤프Jenny Sharpe에 따르면, "스틸은 스스로 온갖 모순을 품고 있으면서도 그 누구보다도 멤사히브memsahib | 인도에서 신분이 높은 기혼 여성, 흔히 유럽 여성을 가리키던 말 | 를 구현했다"(Sharpe, 1989: 93). 이와 비슷하게 낸시 팩스턴Nancy Paxton은 스틸의 글에서 '공모'와 '저항'의 차원을 관찰하면서, 이러한 긴장을 스틸의 허구와 비허구 글쓰기에 지도화한다. 여기서 허구적 글쓰기는 "인도인 등장인물들의 삶에 대한 보통 이상의 통찰력과 이런 삶에 대한 공감"을 보여 주지만, 비허구적 글쓰기는 "멤사히브를 자처하는 권위로 뽐내는 거만함"을 보여 준다(Paxton, 1992: 163).

이 장은 스틸이 패리의 용어를 빌리자면 이데올로기적으로 "뒤죽박죽"(Parry, 1972: 129)이었으며, 따라서 앨런 존슨Alan Johnson이 재인도 영국인 문학에 대한 논의에서 "'모호한' 담론 공간"(Johnson, 2011: 70)이라고 부른 것이 생긴다는 것을 보여 준다.

나는 존슨의 공간적 개념화를 받아들이면서도, 스틸의 이데올로기적

섭하는 것인데, 이러한 간섭은 때로는 강압적일 수밖에 없다"고 규정한다(Archard, 1990: 36). 마이클 바넷Michael Barnett이 지적하듯이, "인도주의와 가부장주의는 여러 면에서 겹치는데" "19세기 선교사와 자유주의적 인도주의자들은 가부장주의적이었고 종종 거리낌 없이 그런 태도를 드러냈으며, 이는 어린아이 같은 인구집단에는 그들을 문명화할 어른이 필요하다는 전제에 서다"(Barnett, 2013: 33, 41). 이와 마찬가지로 대니얼 비보나Daniel Bivona도 "빅토리아 시대 중기의 '인도주의'"가 "암묵적으로 (그리고 때로는 명시적으로) 팽창주의적"이었으며, 이런 "제국주의는 1850년 이후 한결 분명해졌다"고 밝힌다(Bivona, 1998: 14-15).

양가성을 텍스트에서 더욱 분명히 그려지는 균열과 단편화를 따라 추적하고, 이런 것들을 19세기의 마지막 몇 십 년 동안 인도 내 식민지 자본주의에 존재한 모순의 발현으로 읽는다. 스틸의 여러 문학작품을 면밀하게 역사화하면, 영국령 인도의 제국적 프로젝트를 뒷받침한 인도주의 이데올로기와 그런 이데올로기가 형태를 부여한 물질적 지리 사이의 불화가 드러난다. 스틸의 글에서 이러한 불일치로 인한 마찰이 두드러지는 것은 제국의 인프라를 공들여 묘사할 때이다. 스틸의 소설에서 인프라가 상징적으로나 은유적으로나 축자적으로 출현하는 것을 추적하면, 텍스트의 틈새에 도사리고 있고 그 틈새로 드러나는 저항의 순간들을 지도화할 수 있다. 내가 선택한 스틸의 텍스트들에서 이러한 순간을 발굴하기 위하여, 그녀의 서사 안에서 서브텍스트로 쓰여 있는 이데올로기적 한계 및 경계를 읽어 내고, 이를 이윤 지향적인 제국의 사업에 대한 그녀의 좀 더 노골적인 비판과 결합할 것이다.

　스틸의 초기 전기작가인 다야 파트와르단Daya Patwardhan은 키플링 같은 작가들이 "재인도 영국인 사회를 후려치기 위해 … 풍자와 심지어 냉소"라는 '무기'를 사용했다면, 스틸의 제국 비판은 더 노골적이며, "특히 시골 생활에 관한 이야기에서 단도직입적인 논평"으로 나타난다고 지적한다(Patwardhan, 1963: 70). 파트와르단은 이것이 "그 작품들의 예술성을 망친다"라고 생각하지만, "그저 독자의 오락을 위해 쓴 이야기는 없다"는 사실은 스틸 소설이 지닌 논쟁적 면모를 부각한다(71). 이 장은 이런 좀 더 '단도직입적인' 비판에 대해 논의하면서 마무리할 텐데, 이런 비판은 파트와르단의 적절한 주장처럼 스틸의 장편소설보다는 단편소설에서 나타난다. 스틸의 서사는 파블로 무커지가 "완화적 제국주의"라고 부르는 "이데올로기소素ideolegeme | 어떤 이데올로기에서 가장 기본적인 최소 단위 | 를 낳

는데, 이처럼 "돌보는 행위로서의 제국주의라는 관념"은 "애초에 재앙적 사건들을 초래한 저 구조적 불평등"을 은폐하고 정당화한다(Mukherjee, 2013: 18). 샴파 로이Shampa Roy가 주장하듯이, 스틸은 "제국적 개혁 프로젝트의 모순과 무능, 그리고 이런 프로젝트를 승인한 선의의 영향이라는 전제"에 초점을 맞췄다(Roy, 2010: 72). 스틸이 글을 쓰던 시기는 인도주의 관념이 점차 "국경을 가로지르는 연민과 결합하던" 때였다. 스틸이 인도에 도착하기 직전인 1863년에 "세계 최초의 공식적 국제 인도주의 기구"인 국제적십자위원회International Committee of the Red Cross가 창설된 것은 이 이데올로기의 힘이 강력해지는 "급변점"이었다(Barnett, 2013: 19).

스틸의 인도주의에 내내 뒤따라 붙은 것은 그녀의 문제적인 가부장주의이다. 마이클 바넷은 이러한 "19세기의 불미스러운 유산"은 "돌봄 윤리에 들어 있는 권력의 본성을 가장 잘 포착한다"라고 주장한다(Barnett, 2013: 12, 223). 이 장에서는 인도주의가 "자본주의의 채워지지 않는 팽창 욕구"와 결탁한다고 이해하는데, 인도주의는 세계체제의 "변경"에 있는 저 주변부 사회들을 "통치하고 통합할 필요성"을 정당화한다(Barnett, 2013: 24; Dufeld, 2001: 309 참고). 그러나 스틸의 소설에 펼쳐지는 이데올로기의 미묘한 차이들은 그것의 모순과 위선을 누설하는데, 특히 제국의 인프라 개발을 중심으로 펼쳐지기 때문에 그리고 그렇게 펼쳐질 때 그렇다. 여기에서 인용하는 비평가들은 이런 '모순'을 강조하였는데, 이 장은 몇몇 선택된 텍스트의 순간들을 가로지르는 실을 끌어냄으로써, 일관되지는 않더라도 견실한, 반제국 저항이라는 대항서사를 복구할 것이다. 이런 대항서사는 서발턴 연구 집단이 기록하던 당시 진행 중이던 농민 봉기 등을 등록하는 동시에, 때로는 더 응집력 있는 인도 민족주의의 초기 형성을 예고하기도 한다. 스틸의 저작들을 인프라로 읽으면, "경험적 근거만 따져 보면, 영국령 인도의 기록에는 … 동의에 따른 통치라는 주장을 정당화할 어떤 근거도 없다"(Guha, 1998: xvii)는 사실이 드러난다.

이 장은 먼저 스틸의 가장 널리 알려진 소설인 《수면 위에서》(1896) 분석으로 시작하는데, 이 소설은 "대중적이면서도 비평가들의 찬사를 받는 작가로서의 명성을 공고하게 했다"(Goodwin, 2013: 441). 인도 대항쟁 | 1857~1858년의 '세포이 항쟁' | 을 묘사한 이 소설은 역사가 리처드 고트Richard Gott가 "제국의 첫 세기의 절정의 순간이자, 전체 기획을 뒤흔든 반영反英 폭발"(Gott, 2012: 448)이라고 기술한 사건을 허구화했다. 대항쟁이 영국 세계제국의 네트워크에, 그리고 그 네트워크를 가로질러 미친 어마어마한 사회경제적·인프라적·정치적·문화적 영향, 특히 이 책이 초점을 맞추는 반세기 동안의 영향 때문에, 이 항쟁은 텍스트를 가까이 연구하기에 적합한 사건이 된다. 스틸이 노골적인 반제국 저항의 이 획기적 순간을 문학적으로 서술하고 그것의 "사회적·역사적 원자료"에 의식적으로 개입한 것은 그녀의 서사가 지닌 이데올로기 정치를 직접 보여 준다(Jameson, 2002: 135). 그러나 데이비드 토머스David Thomas는 스틸의 소설을 읽으면서, 본서의 서론에서 이미 언급한 경고를 반복한다. 비평가로서 "우리는 제국이라는 문제가 빅토리아 시대 사람들이나 그 계승자들에게 도덕이나 정의의 문제로 보이게 된 그 심리적이고 사회적인 역학 관계를 전혀 설명할 수 없다"(Thomas, 1995: 157)는 것이다.

이미 강조했듯이, 나는 저자로서 스틸을 상찬할 수 없는 데서 상찬하거나 스틸의 텍스트에 내장된 문화적·정치적 위계를 재생산할 의도가 전혀 없다. 그러나 이러한 주의사항에만 전적으로 매달리다 보면, 다수의 식민문학을 아무도 읽지 않는 서고에 처박아 두고 제국 이데올로기에 대한 통찰이나 그것의 세심한 차이를 간과할 위험이 있다고 생각한다. 실제로 '인도주의' 관념은 21세기에도 여전히 여러 유형의 외부 개입주의를 정당화하며 형성되고 있을 뿐만 아니라, 지구적 차원에서 "폭력의 경제를 계산하고 관리하는 결정적 수단"이 되어 버린 복합적인 "공간적 조직과 물리적 도구들"의 집합을 동원하고 있다(Weizman, 2011: 4).

그러므로 나는 신중하게 나아가면서, 스틸의 '폭동 소설'과 단편소설 몇 편을 일관성 있게 읽음으로써 그녀가 인도주의를 통해 제국을 정당화하는 일의 '사회적 역학' 혹은 인프라를 드러내고자 한다. 토머스는 "예를 들어 조지 오웰George Orwell의《버마 시절Burmese Days》(1934)에서처럼 영국의 주류 작가들이 인도에서 일어나는 현상聯狀을 불법이라고 단도직입적으로 재현하기도 전에 이미 인도에서의 제국은 실제로 종말에 가까워졌을 것"이라면서, "빅토리아 시대 후기의 공적 담론이 이미 그런 견해로 나아가는 길을 마련했다"고 인정한다(Thomas, 1995: 168). 이후 영국 제국주의에 대한 더 지속적이고 직접적인 비판에 대한 이러한 예비는 소급해서 보면, 스틸의 문학적 서사의 주요 관심사였다고 해석할 수 있다. 실제로, 정부 보고서나 제국 담화 같은 "식민 행정"의 "무수한 기록"(Boehmer, 2005: 92)이 아니라 식민문학에 초점을 맞추면, 토머스가 윤곽을 그린 역사적 시간 틀을 그보다 이른 순간으로 전환할 수 있다.

앞으로 살펴보겠지만, 이 장이나 다음 장들에서 많은 공간적 저항의 사례를 발굴하는 것은 텍스트 형식을 가까이 분석하는 데 의지하는데, 여기에서 텍스트 형식은 그것이 묘사하는, 불균등하게 발전한 식민 경관에 의해 뒤틀리거나 부서지고 깨어지고 조각난다. 이러한 문학적 특질에 주의하면, 반제국 저항의 섬광과 제국 이데올로기의 모순된 위기가 토머스의 주장처럼 영국 세계제국의 최후 시기에 출현했을 뿐 아니라, 그것의 지구적 패권의 절정기에도, 그리고 그것의 가장 노골적인(그리고 지금까지 남아 있는) 이데올로기들이 버려졌던 역사적 순간에도 출현했음을 알 수 있다. 이 장에서는 스틸이 "진보적 태도와 전통적 가치" 사이의 갈등을 완화하려 노력했음에도(Goodwin, 2011: 519), 1900년 이후 급증한, 홉슨, 룩셈부르크, 레닌과 같은 논평가들의 제국주의에 대한 비허구적 비판을 자신의 문학적 허구에서 부지불식간에 선취했다고 주장한다. 더 나아가, 나는 이런 일이 가장 뚜렷하게 일어난 것은, 제국의 인프라를 자본주의 세계체제의 빈번한 폭력적 운동을 상징적이고 물질적으로 나타내는 지표로서 재현하고 재생산함으로써 가능했음을 보여 줄 것이다.

《수면 위에서》(1896)에서, 식민 자본주의의 '틈'

스틸은《수면 위에서》서두의 '작가의 말'에서 "인도 폭동에 대한" 자신의 허구적 서술이 "날짜, 시간, 현장, 그야말로 날씨까지 꼼꼼하게 정확하다"라고 주장하면서, "허구가 사실에 조금이라도 개입하는 것은 허용하지 않았다"라고 말한다(Steel, 2005: 9). 1930년 사후 출간된 자서전《성실의 정원The Garden of Fidelity》에서는 역사적 '사실'에 기초하여 '폭동 소설'을 쓰기 위해 제국 문서고를 활용한 노력을 다음과 같이 회고한다.

폭동에 관해 쓰고 있던 책 때문에, 펀자브 정부에 델리의 청사들에 있는 기밀 문서함들을 조사하도록 허락해 달라고 요청했다. 답신은 한참 후에야 왔는데, 모든 것을 볼 수 있다는 완전한 허가가 담겨 있었으나 그것이 도착했을 때 나는 웃고 말았다. 답신이 지나치게 영악했기 때문이다. 답신은 나의 신중함, 판단력, 충성심, 요컨대 나의 모든 것을 전적으로 신임한다는 말로 시작했다. 그러니까 내 손을 그렇게 묶어 놓고 그다음에 내게 모든 것을 허락한 것이다! (Steel, 1930: 213)

스틸은 제국 체제와 거리를 두면서도 동시에 제국에 대한 '충성심'을 재확인한다. 인도 행정부의 '영악한' 검열이 우스꽝스럽다고 생각하면서도, 그 요구에 굴복하고 순응한다. 이런 사후의 설명에서 드러나는 점은, 사실을 기록했다는 소설 서두의 주장이 그 자체로 선택적이고 편파적인 제국 문서고에 의존할 뿐 아니라, 그녀가 문서고에 접근하는 데 필요한 조건인 친제국 이데올로기로 왜곡되어 있다는 것이다. 팩스턴이 주장하듯이, "영국령 인도에서 영국 공무원의 아내라는 역할로 제약받던" 스틸은 여기에 "공모하는 입장"일 수밖에 없었고, 정부는 그녀더러 "영국 문명에 충성하는지 불충하는지" "분명히 밝히라"고 요구한 것이다(Paxton, 1992: 161).[2] 하지만 스틸의 의식적인 자기검열은 이후 1890년대까지 인도, 영국, 그리고 제국 전역에서 기억할 만한 사건으로 널리 회자되던 '1857년 인도 폭동'이라는 지배적 서사 안에 뿌리내리고 있었다. 그녀는 자신이 참고한 역사적 문서들이 모조리 영국의 군인, 정부 사무원, 공무원이 작성한 것이고, 따라서 저항에 관한 서술들이 애초부터 은폐되었음은 간과했다. 더 나아가, 그녀는 "기밀 문서함들"에서 "나의 허구

---

[2] 스틸이 제국 정부와 이념적으로 보조를 맞춘 것은 그레인 굿윈Gráinne Goodwin의 주장처럼 "그다지 의외가 아니다." 스틸은 "남편이 제국에서 경력을 쌓는 것을 내조하는 위치를 통해 제국의 아내이자 능동적 협력자로 편입된 여성들의 범주에 속했기" 때문이다(Goodwin, 2011: 511). 스틸이 공저한 비소설 저서 《인도의 완벽한 주부와 요리사The Complete Indian Housekeeper and Cook》는 그녀가 "아내로서 가정을 관리하는 일을 식민 통치라는 넓은 프로젝트"와 조화시켰음을 입증한다(Goodwin, 2011: 511; Steel, 2010). 그녀는 사실상 스스로 식민지의 총독이자 행정가였던 것이다.

가 사실에 의해 확증됨을 발견했으며", 따라서 "내가 기획한 폭동에 관한 이야기에서 단 한 가지도 수정할 필요가 없었다"고 주장한다(Steel, 1930: 214). 스틸의 서사적 틀은 '폭동'에 관한 헤게모니적 기억에서 영향을 받아 이미 굳게 자리 잡고 있다. 그다음에 역사적 문서들은 이러한 틀 안으로 흡수되어, 제국 이데올로기가 수용하고 전파하는, 사건에 대한 해석을 의심하기보다 오히려 강화한다.

이 책의 4장에서 논의할 문학작품을 쓴 에드워드 톰슨은 '훈장의 뒷면'이라는 제목으로 소설 아닌 논쟁적인 글을 썼다. 그는 "폭동이 끝난 후 우리에게 강요된 그것에 대한 해석"을 널리 받아들이는 "(영국) 국민의 무비판적이고 무심한 성격"(Thompson, 1930a: 48)을 지적하고 규탄한 최초의 영국인 중 한 명이었다. 이어서 그는 이렇게 쓴다. "인도인들이 저지른 잔학 행위의 진상을 밝히는 일은 전혀 중단되지 않았으나, 우리 국민은 인도인들이 당한 사례에 대해서는 알지 못한다"라고 썼다(84). 패트릭 브랜틀링거Patrick Brantlinger는 1857년 이후에 반제국 저항의 지속하는 의의를 인도인의 야만성의 증거로 재구성하고 영국이 피해자라는 담론을 전파하는 일에 관하여, "인종주의에 따라 오히려 피해자를 비난하는 방식"이 당대에 "선과 악, 무죄와 유죄, 정의와 불의라는 절대적 양극화의 관점으로" 표현되었다고 평가한다(Brantlinger, 1988: 199-200; Sharpe, 1989: 61-80도 참고). 브랜틀링거는 조지 오토 트리벨리안George Otto Trevelyan이 쓴《칸푸르 Cawnpore》| 칸푸르는 1857년 세포이 항쟁 시기에 영국인들이 학살된 것으로 유명한 인도 북부 도시 | 를 이런 '폭동' 문학의 전형으로 들면서, '칸푸르 학살'에 대한 이 소설의 생생한 묘사가 "모든 대중적 해석이 주로 집중하는 면모"였다고 밝힌다(Brantlinger, 1988: 202; Tickell, 2012: 95-134도 참고). 1920년대 중반에 글을 쓴 톰슨은 칸푸르에서 인도의 세포이 | 영국 동인도회사의 인도인 용병 | 들이 영국

인들에게 저지른 폭력에 초점을 맞추는 것이 "평소에는 비판적이고 충분히 깨어 있는 독자들이 여러 빈틈을 얼버무리고 불편한 질문을 회피하거나 묵살하는 방식을 보지 못하게 만든다"고 보고 "우리의 역사책에서 이 폭동의 해석만큼 절실히 수정이 필요한 일은 없다"고 결론 내린다(Thompson, 1930a: 97).

브랜틀링거는 스틸의 저서 《수면 위에서》를 예로 들면서, "19세기 말이 되면 좀 더 깊은 비판적 관점이 거의 등장하고 있었다"고 인정한다. 스틸의 시선이 칸푸르 학살로부터 인도아대륙 전역, 특히 델리에서 벌어지던 투쟁으로 옮겨 간 일은 인도의 저항에 대한 영국의 억압을 역사적으로 이전의 작가들보다 정확하게 해석하려고 노력했음을 시사한다. 그러나 브랜틀링거는 스틸의 "겉보기에 균형 잡힌 관점이 야만적이고 잔혹하며 비이성적인 폭도라는 만연한 이미지를 그대로 담고 있다"고 지적한다(Brantlinger, 1988: 220-221). 실제로 스틸은 "역사적으로 사실적인" 해석을 제시하고자 노력했다고 공언하지만, 이런 노력은 실은 목격자의 증언에 담긴 역사를 간과하거나 선택적으로 받아들이는 일을 더욱 은밀하게 감추는 데 이바지했을 따름이다.

'인도 폭동'이라는 강렬한 이데올로기적 용어는 그 사건이 불의하다고 암시하고 반제국 저항을 군인 폭도들의 소행으로 축소하며 농민의 참여를 부인하고 인도의 일관성 있는 민족의식 혹은 정치의식을 부정하는데, 우트팔 두트Utpal Dutt의 희곡 《마하비드로Mahavidroh》, 즉 《대항쟁The Great Rebellion》(1989)에서 이 사건을 새롭게 무대화할 때까지는 완전하게 교정되지 않았다. 난디 바티아Nandi Bhatia가 말하듯, 문학에서 이 사건을 이처럼 ㅣ'폭동'에서 '항쟁'으로ㅣ 다시 명명하는 일은 "인도 역사에서 반식민 저항의 강렬한 순간"인 이 사건에 "참여한 사람들의 의식적인 정치적 노력과 저항을 환기한다"(Bhatia, 1999: 171-172). 따라서 나는 《수면 위에서》를 분석하면서 이 역사적인 실제 사건을 지칭하는 데 '항쟁rebellion'이라는 말을 쓰고, '폭동mutiny'이라는 말은 이 사건에 대한 식민적 해석을 형성한 이데올로기적 틀을 가리킬 때에만 쓸 것이다. 두트는 《마하비드로》에서 "항쟁의 원인을 제공한 착취의 맥락"(Bhatia, 1999: 171-172)을 부각하는데, 이 문제들은 톰슨이 묘사하는 것처럼 폭동에 대한 초기의 재현들 내에 '틈'을 만든다(Thompson, 1930: 97). 이러한 틈은 피에르 마슈레가 말하는 텍스트의 '침묵'으로 작동한다. 그러한 부재 안에서는 "이데올로기의 존재가 가장 분명하게 느껴진다"(Macherey, 1986: 155; Eagleton, 2002: 32도 참고). 그것은 패트릭 윌리엄스가 상기시키듯이, "그 텍스트와 관련된" "물질적 과정과 사회적·역사적 상황 안에 박혀 있다"(Williams, 2016: 87).

　스틸의 소설을 이렇게 읽는 것은 이 틈을 '메우기' 위함이 아니다. 이런 작업은 특히 두트와 같은 작가나 서발턴 연구 집단의 역사가들이 이미 효과적으로 수행했다. 그래서 이 장에서는 오히려 테리 이글턴이 마슈레를 독해하는 방식을 따라 텍스트에서 '의미들의 충돌'을 그려 내고자 하며, 이를 통해 "작품이 이데올로기와 관계함으로써 이러한 충돌을 생산"하는 모습을 살펴보고자 한다(Eagleton, 2002: 33). 이러한 독해는 스틸의 텍스트에 저항을 다시 기입하기 위하여, 그 텍스트의 시계視界 안에 있으나 그것의 직접적인 서사화 과정은 넘어서 있는 주변부 지역들을 드러낸다. 이러한 주변부 공간은 텍스트 속 인프라와 텍스트의 인프라 모두와 나란히 있으면서 이들에 대한 반응으로 출현한다. 소설이 서술하는 폭력적 과정으로 19세기 내내 인도아대륙이 영국 세계제국의 인프라에 얽혀 들어갔기 때문이다.

　스틸의 소설에는 인도에서의 영국 제국주의 정책에 대한 약간의 비판

이 담겨 있는데, 이런 비판은 이데올로기적인 한계가 있으나 그 항쟁을 하나의 역사적 사건으로 정당화한다.《수면 위에서》의 앞부분에서 표현된 이런 비판은 이 소설의 결말이 보이는 폭력적 응징 및 이데올로기적 결연함과 극명한 대조를 이룬다. 이 소설은 자신도 모르게 제기한 이런 문제들을 은폐하고자 하는 것이다. 여기에서 스틸은 재인도 영국인 등장인물인 경매인의 말을 통하여, 식민자가 피식민자를 착취하는 일에 목소리를 부여한다 | 인도 어느 지방의 왕이 소유하던 야생동물들을 경매에 부치는 장면이다 | . "이런 동물들 값을 이렇게 후려치다니, 마치 종 부리듯이 하는군. 불쌍한 빈털터리 놈들에게서 먹을 것을 뭉텅이로 뺏는 짓이지. 장사는 장사라는 거지"(Steel, 2005: 13). 이런 표현은 곧이어 전지적인 작가의 목소리로 맥락화되는데, 이처럼 작가의 목소리가 독자에게 곧장 말을 거는 것은 스틸 소설에서 자주 나타나는 특징이다(Patwardhan, 1963: 70). 스틸은 이 경매인의 말에 대해 이렇게 쓴다.

> | 이 말은 | 〔19세기의〕 50년대 초에 상당히 일반적이던 감정을 표현한 것인데, 이때 처음으로 서양의 상업적 본능이 공개된 시장에서 동양의 비상업적 본능과 만나서 〔인도〕 종족의 극심한 적대감을 불러일으킨 것이다. (Steel, 2005: 13-14)

스틸은 영국 세계제국 보호하 착취적 자본주의 관계의 심화가 본인이 되풀이하여 묘사하고 생산하는 전前자본주의 사회경제 공간을 도발함을 또렷하게 인정한다. 작가의 이러한 개입은 인도아대륙에서 인도주의적인 영국의 존재에 대한 이데올로기적 정당화를 정면으로 흔들어 놓는다. 이 소설이 출판되는 1896년 당시 영국은 광범위한 교통·통신·법률·

행정 인프라 투자를 통해 자신의 경제적·정치적 안전을 확대하고 공고히 했고, 이로써 인도아대륙의 많은 지역이 점점 불균등해지는 세계체제 안으로 얽혀 들어갔다. 이런 사실을 염두에 두면, 소설에서 제기되는 갈등은 더욱 심각하게 나타난다.

인도에서 영국의 철도망 건설로 군대가 더 빠르게 이동하게 되었고, 아대륙의 광활한 땅을 가로지르는 길고 힘든 행군이 필요 없어졌으며, 이로써 정치의 통합과 통치의 안전이 강화되었다. 스틸이 인도에 살았던 1867년부터 1889년까지 22년 동안 인도 전국에 거대한 인프라가 개발되어, 1890년에 "인도 철도망은 세계 최고 수준이 되었다"(Headrick, 1988: 56). 1850년에는 인도에 철도가 운행하지 않았지만, 1875년에는 "광범위한 간선망"이 구축되었고, 1900년에는 "간선과 지선이 2만 5천 마일에 걸쳐 확대되었다"(Kerr, 1995: 1). 전신도 제국의 안보를 공고히 하는 데 중요했다. 1851년에는 전신선이 몇 마일밖에 없었지만, 1856년에는 4,250마일을 넘어서고, 1865년에는 17,500마일이었으며, 19세기가 저물 무렵에는 52,900마일에 이르렀다(Arnold, 2000: 113). 그러나 이러한 인프라 개발을 촉진한 것은 세계체제의 불평등한 무역 관계였다. 인도는 "영국 철강 제품의 최고의 고객"이 되었는데, 이것은 "인도의 잠재적 산업 수요를 다른 곳으로 돌림으로써 인도의 희생을 감수하는 영국의 결정"이었다(Headrick, 1988: 84, 282). 헤드릭에 따르면, 그 결과로 인도는 "철도 '발전'과 경제 '저발전'을 통한 식민 통치 중에 출현한 것이다"(Headrick, 1988: 50).

또한, 영국 정부가 영국과 인도 사이에 전신선을 부설함으로써 영국령 인도와의 즉각적 통신이 가능해졌다. 투기꾼들이 이 프로젝트 투자를 독려하려고 수익률 4.5퍼센트를 보장했는데, 이는 1850년대 초반에 인도 철도 투자에 대해 보장한 수익률 5퍼센트에 버금가는 것이었다.

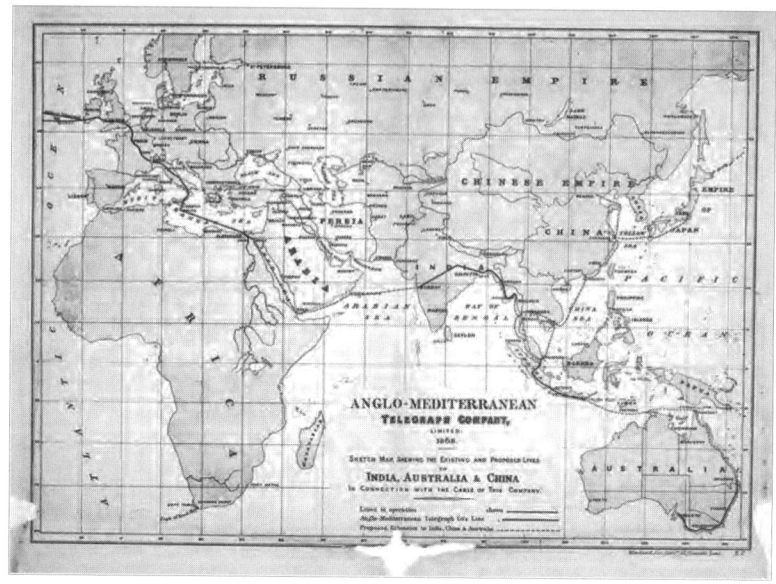

그림 1.1 영국-지중해 전신회사Anglo-Mediterranean Telegraph Company를 위해 제작된 지도. 영국과 인도, 호주, 중국을 연결하는 기존 전신선 및 계획된 전신선이 그려져 있다. 1868년 클레멘트 레인 32번지 메침앤선Metchim and Son에서 석판인쇄. 큐 국립문서고 MPD 1/207.

이런 일은 하비가 "경제성장을 다시 점화하고" "공간적·시간적 조정"으로 자본을 제공하기 위해 설계한, 일부는 "정부가 자금을 대는 인프라 프로젝트"라고 말한 것의 전형적인 사례이다(Harvey 2014: 151). 1866년 대륙간 전신을 성공적으로 완공할 당시, 공학자 이점바드 킹덤 브루넬Isambard Kingdom Brunel의 증기선 그레이트 이스턴호를 활용하여 케이블을 부설했는데, 이로써 "철도와 기선 양쪽에서의 선구자는 통신 혁신의 이 새로운 요소와 상징적으로 연결된 것"이다(Latham, 1978: 32). 이 초국적 전신망은 "가격, 품질, 납기 정보"를 전달하고 "런던에 미리 재고를 비축해 둘 필요 없이 … 상품이 유럽이나 미국에 도착하기 훨씬 전부터 그것을 사고팔 수 있도록" 함으로써 지구적 무역을 가속했다(Latham, 1978: 37). 이런 인프라는 통치의 안전을 강화함으로써 향후 인도의 정세 불안 전망에 대한 영국의 걱정을 가라앉히기도 했지만, 그보다 일차적이지는 않더라도 그에 못지 않게 세계체제의 축적 과정을 촉진하고 강화하는 데 일조했다.

스틸의 소설은 이러한 인프라의 역동성을 촉진하는 식민지 법률 체계 도입에 관심을 보인다. 소설은 인도 행정부가 착취적 자본주의와 야합하는 것을 은연중에 비판하면서도, 문제적인 이데올로기적 위계를 반복한다. 스틸은 "영국의 펜을 한번 휘갈기자" "인도에서 가장 방탕한 도시"인 러크나우 | 인도 북부 우타르프라데시의 주도州都. 세포이 항쟁의 중심지로 영국군에게 포위되었다 | 에서 "그 방탕함은 존재 이유"가 없어졌다고 말한다. 이 펜은 이 도시에 "가능한 한 깨끗하고 궁궐 없이 가난하게 살아가도록 지시"한 것이다(Steel, 2005: 15). '깨끗하게'와 '방탕'이라는 단어를 반복하는 것은 스틸이 품은 '퇴폐적인' 인도 사회라는 인종주의적 관념을 암시한다. 이러한 일련의 "도덕적·생물학적·성적 지시 대상"은 스톨러에 따르면 '우생학' 담론의 '식민적 분파'에서 전형적으로 나타난다(Stoler, 2002: 62-63). 스톨러는 "유럽 여성들은 식민 사업과 인종적 경계 확립에 핵심이었다"(62)라고 말하는데, 존슨(Johnson, 1998: 507-513)과 무커지(Mukherjee, 2013: 193-195)는 스틸의 소설에서 이런 주제를 발견한다. 그러나 "모스크의 돔이나 영묘靈廟의 첨탑은 러크라우라는 소도시가 숲들 사이에 드문드문하지만 정연하게 있음을 말해 준다"(Steel, 2005: 15)는 묘사에서처럼, 제국이 주변부 지대 러크라우에 침투하는 것은 성기거나 저발전된 이 도시의 물리적 인프라로 나타나며, 이는 세계체제의 초국적 경제의 결과라는 관점으로 해석되기도 한다.

그러니까 벌써 거기에는 예전에 아무 생각 없이 번지르르한 악습에 빠져 있던 노동자들이 수천 명이나 있었는데, 이들은 일자리가 부족하여 극심하게 굶주림의 고통을 느끼고 있었다. 그리고 예전에 고용주였던 사람들도 있었는데, 이제는 먹고살 것도 없고 일자리도 없어서 앞날에는 파산만 기다리고 있었다. (Steel, 2005: 15)

스틸은 이 문단을 "그러니까 벌써"로 시작하여 지구적 자본주의가 이 주변부 공간에 미친 영향을 강조한다. 스틸의 이 글은 월러스틴이 지적한 핵심적인 '자본주의 경향' 두 가지를 서술하고 있다. 그것은 "세계경제의 외곽 경계"가 러크나우로 침투하여 이 도시를 저발전 지역으로 생산하는 일과 "'준봉건적'³ 반半프롤레타리아" 인구집단을 완벽한 "프롤레타리아 임금노동자"로 변모시키는 일이다(Wallerstein, 1991: 278-279). 이로써 "일자리가 부족"해진다는 것은 그들의 잉여노동력이 초국적 체제에 흡수되고, 법적 구조가 식민자의 경제적 이익에 복무한다는 사실을 부각한다. 이것은 사회·문화적 관계의 차원뿐 아니라 물리적 인프라 발전과 그것이 촉진하는 산업화 및 도시화의 차원에서도 '불균등 발전'의 패턴으로 나타난다.

텍스트에서 착취 체제에 대한 이러한 암시는 약 40쪽 후에 다시 잠깐 등장하고, 그 이후에는 소설이 주로 다루게 되는 폭동 상황 때문에 침묵하게 된다. 스틸의 전지적 화자는 "정부 공무원이 아니라" 식민지 자본가인 기싱Gissing 씨를 "천박한 존재이지만, 뛰어난 사업가"로 그리는데,

---

³ 원문은 quasi-federal(준연방적)으로 되어 있으나, 월러스틴 원문의 quasi-feudal을 따라 옮긴다.—옮긴이

그는 "돈을 쌓아 올리는 재주가 있어서 토착민 하청업자들의 사업을 차차 잠식하며 그들이 극도의 시기심에 이를 갈도록 만들었다"(Steel, 2005: 53). 기싱은 "모든 것을 걸고 모든 것을 얻는 서양 방식은 아무것도 걸지 않고 조금 얻는 동양 방식과 워낙 달라서, 대를 이은 장사치가 단박에 받아들일 수는 없다"라고 주장한다.[4] 그의 착취적인 사업 방식에 대한 토착민 업자들의 불만은 "오찬 모임"에서 들려줄 이야기에 불과해진다(53). 스틸은 식민 자본주의의 착취적 경향을 인정하고 직접 비판하면서도, 기싱의 성격 묘사를 통해 이러한 세력을 제국주의를 자비롭고 인도주의적인 세력으로 보는 자신의 관점에서 분리해 낸다. 파트와르단의 관찰처럼, 이것은 제국주의에 대한 스틸의 생각을 드러내는 징후이다. 스틸은 대체로 "가난한 사람들을 착취하는 정책을 펼침으로써 농민의 빈곤에 실질적 책임이 있는 영국 정부보다는 대금업자를 비난한다"(Patwardhan, 1963: 143-144). 제국 정부의 가부장주의적 체계에서 떨어져 나온 기싱 같은 장사치는 편리한 '허구적 해결책' 혹은 '문화적 조정'을 가능하게 하는데, 이로써 스틸은 인도주의적 또는 '완화적' 제국주의에 대한 믿음을 유지하면서도 국제경제가 피식민 인민에게 미치는 착취적 영향을 비판할 수 있게 된다.

그러나 파트와르단이 이어서 말하듯이, 인도의 "적敵은 대금업자라기보다 외세 통치자"(Patwardhan, 1963: 144)였는데, 스틸의 작품에서는 제국 정부의 인프라 투자와 관련하여 이런 비판이 등장한다. 기싱은 자신이 식민지에 있는 것을 인도 행정부가 건설한 "도로로 인한 교통의 편리함"

---

4 본문에는 "the Eastern one of risking all to gain little"로 되어 있으나, 스틸의 소설 원문 "the Eastern one of risking nothing to gain little"을 따라 옮긴다.—옮긴이

으로 정당화한다. 기싱이 보기에 이런 인프라 투자는 "정부가 이런 지출로, 에, 약간 이익을 볼 권리"를 정당화한다.

대령님, 하늘에 맹세컨대, 상업은 이기적인 것이 아니지요! 대령님이 판로에 조금도 신경 쓰지 않는다면 하나도 찾을 수 없을 겁니다. 저는 거기 들어가서 판로를 수천 개나 만들어 냈지요. 병참 부서는 여기서 비용이 절감되는 것을 보고는 당연히 제게 다른 곳들에서도 계약하자고 요청했지요. 얼간이에게 별로 도움이 되지 않겠지만 결국에는 그들에게 혜택이 돌아갈 겁니다. [인도인들이] 서구 국가들과 맞서려면, 에, 그, 그 투기의 도덕을 배워야 합니다. (Steel, 2005: 54)[5]

무커지가 주장하듯이, 이 소설은 "제국이 부를 착취하는 것"이 "범죄(영국인은 토착민을 강탈하게 되어 있다)"임을 인정하면서도, "역사적으로 불가피한 일(인도인들은 실은 세계경제 체제의 최신 경향을 강도질로 오인했다)"로 해석한다(Mukherjee, 2013: 197). 그럼에도 기싱의 불편한 망설임은 눈에 띄는 '침묵들'로 나타나는데 | 위의 대사에서 "에"나 "그"와 같이 망설이는 휴지부 | , 이것은 제국의 인프라 발전을 일차적으로 주도한 것은 인도주의 정신이라는 이데올로기적 신념을 흔들어 놓는다. 이러한 침묵은 인프라 발전이 실제로 촉진하였고, 기싱이 그로부터 "판로를 수천 개나 만들어 낸" 경제적 착취를 텍스트의 이데올로기적 구조 안에 불균등하게 적어 넣는다. 그는 "다른 곳들"을 위한 현재진행형의 자본축적, 즉 영국령 인도가 다시 한 번 "계약"한 초국적 상업을 암시한다.

---

5   소설에서 '대령'과의 대화이므로 sir를 '대령님'으로 옮긴다.—옮긴이

이 텍스트는 제국주의를 인도주의로 보는 관념이 착취적 식민 자본주의와 공모 관계임을 드러낸다. 스틸은 둘을 분리하려고 애썼지만 말이다. 19세기 말에 쓰인 이 소설의 서브텍스트의 움직임은 이후에 마이크 데이비스가 지적한 이데올로기적 위선을 자백한다. 데이비스에 따르면 "기근에 대한 제도적 안전장치라고 칭송받던 신설 철도는 상인들이 가뭄에 시달리는 외곽 지역에서 중앙의 창고들로 곡물 재고를 운송하는데 이용되었다"(Davis, 2010: 26). 그러나 소설은 이데올로기적 구조의 두드러진 균열을 복구하기 위해, 이 지점에서 "투기나 도박의 도덕"에서 재빨리 눈을 돌려 "인도 폭동" 서술로 시선을 돌린다.

이데올로기의 공고화: 깃발, 전신, 정부 보고서

스틸의 소설 전반에 걸쳐 산발적으로 반복되는 상징은 '잉글랜드 깃발'이다. 식민지의 군인들이 델리를 탈환하여 승리를 거둔 소설의 마지막 장면처럼, 스틸에게 가장 이데올로기적으로 굳건해진 서사적 순간들이 이 상징을 둘러싸고 결집한다(Steel, 2005: 367).[6] 제국주의 권력의 이 상징은 폭동에서 싸운 영국군에게 바치는 앨프리드 테니슨Alfred Tennyson의 애국

---

6 스코틀랜드 출신이었던 스틸이 이것이 영국British 깃발이 아니라 잉글랜드English 깃발임을 강조하는 것은, 언뜻 보기에는 친제국 도그마에 대한 양가적 태도나 초연한 태도를 암시하는 것처럼 보일 수 있다. 그러나 여기에서 언급하는 테니슨과 키플링의 상징적 작품에서 알 수 있듯이, '잉글랜드' 깃발과 '영국' 제국을 혼용하는 것은 사실 그 시대에 흔했던 의미론적 불일치이며, 이러한 의미에서 스틸은 실은 친제국 정서를 결집하는 데 분명히 중요한 애국적 상징이던 그것에 결부된 이데올로기를 의심하기보다 오히려 재생산하고 있다.

적 헌시〈러크나우 포위전The Siege of Lucknow〉(1880)을 떠올리게 한다. G.B. 멀레슨G.B. Malleson 대령의 책《1857년 인도 폭동The Indian Mutiny of 1857》(1857년 처음 출간되어 이후 1901년까지 여덟 차례 개정되었다)에서 강박적으로 인프라와 공간의 세부 사항을 기록하듯이, 서사 텍스트에는 아래의 이미지그림 1.2 같은 시각적 지도가 수반되는데, 이는 영국령 인도가 식민 공간을 규제하고 생산하는 데 지도가 중요했음을 드러낸다. 이처럼 과거를 회고하며 제작한 지도와 같이, 테니슨의 제국적인 시의 서두는 영국 제국의 존재가 본질적으로 지속함을 강조한다. "잉글랜드의 기旗여, 한 계절이 아니니, 오, 영국의 기여, 너는 / 정복의 전투에서 허공에 걸

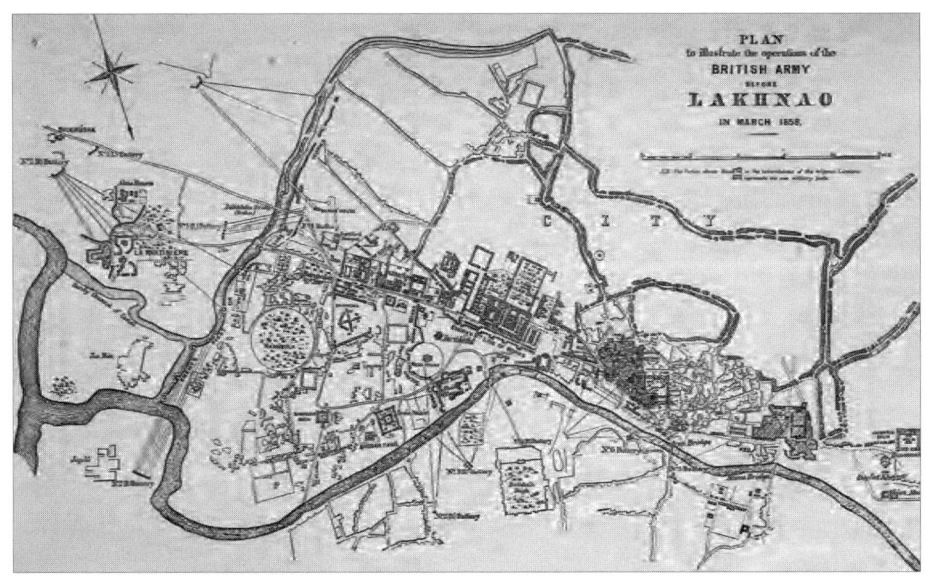

그림 1.2 G.B. 멀레슨 대령의《1857년 인도 폭동, 초상과 지도 첨부The Indian Mutiny of 1857, with Portraits and Plans》1901년 판에 실린 지도. 1858년 3월 러크나우 포위 당시 영국군의 공간적 이동을 보여 준다.

리고 전투의 함성에 펄럭였도다!" 이 반복구는 이 시의 일곱 개 연의 절정에서마다 "가장 높은 지붕 위에는 항상 우리 잉글랜드의 기가 휘날렸다"라는 말로 메아리친다(Tennyson, 1998: 59-63). 깃발은 키플링에게도 중요한 상징이었다. 그는 1891년의 시 〈잉글랜드 깃발The English Flag〉에서 "잉글랜드만 아는 자가 대체 잉글랜드에 대해 무엇을 안단 말인가?"라는 악명 높은 물음을 던진다(Kipling, 2006: 178-179). 깃발은 특히 영국령 인도에서는 여러 차례의 제국 즉위식Imperial Assemblage, 즉 두르바르durbar | 영국 국왕이 인도의 황제 혹은 여제로 즉위하는 공식 행사. 1877년, 1903년, 1911년 열렸는데, 각각 빅토리아 여왕, 에드워드 7세, 조지 5세가 즉위했다 | 에서 중심이 되었는데, 이런 권력의 과시는 목재 게양대와 막사 같은 가설假設 인프라를 통하여 다양한 사회적·정치적 위계를 공간적으로 표시했다(Cohn, 2009: 636-679 참고).

스틸은 문화적으로 중요한 이 상징을 소설 전반에 걸쳐 전략적으로 활용함으로써, 이 소설이 기록하는 거듭된 저항의 순간을 진압하는 제국 이데올로기를 체계적으로 규정하고 재확인할 수 있었다. 처음에 "잉글랜드 깃발은 노란빛이 **고요하게** 쏟아지는 가운데 **나른하게** 늘어져 있었다"(Steel, 2005: 15). 그리고 러크나우에서 폭력 사태가 발발한 지 5개월 후, "잉글랜드 깃발은 … 이제 거기에서, 그 주름들에 종말의 분위기를 담은 채 **평온하고 안전하게** 떠 있다"(79). "커다란 식당 천막 앞의 잉글랜드 깃발은 **적적한** 밤공기에서 깃대에 늘어져 있었다"(119). "잉글랜드 깃발이 도시 위에 **확고하게** 날리고 있을 때는 어떤 위험도 있을 수 없었다"(255; 모두 필자의 강조). 이처럼 이 상징에 의도적으로 기대는 것은 마슈레의 용어를 빌리자면, "무질서 위에 투사되는 어떤 상상의 질서, 이데올로기 갈등의 허구적 해결"을 구현한다. 그러나 이 '해결'이 "여전히 너무 위태롭다는 것은 모순과 결함이 분출하는 텍스트의 문자 자체에 명백하다"(Macherey, 1986: 155). 스틸이 깃발로 수행하는 '허구적 해결' 혹은 문화적 조정을 이 소설의 좀 더 주변적인 순간들과 나란히 살펴며 풀어 보면, 텍스트가 은폐하려는 이데올로기적 갈등을 발굴할 수 있다. 이것이 가장 뚜렷하게 나타나는 것은 깃발이 마지막으로 언급되며 이데올로기가 가장 진하게 드러나는 순간, 즉 영국군이 델리 탈환에 성공하고 항쟁이 진압되는 순간이다.

> 잉글랜드 깃발이었다. 그들은 모든 것을 잊고 목이 쉬도록 환호했고, 말을 탄 연락병이 장군에게 보내는 종이 한 장을 흔들며 지나갈 때 다시 환호했다. 그 종이에 적힌 간결한 보고는 "성문 격파! 궁궐 점령!"이었다. (Steel, 2005: 367)

애국적 흥분을 자극하는 스틸의 서사는 독자더러 '모든 것'을 잊으라고 요구하는데, 이 모든 것에는 이 텍스트 스스로 서두에서 주목한 식민 지배의 불의까지 포함된다. 그러나 식민 자본주의의 경제적 착취의 세부 내용은 그것을 지우려는 "텍스트의 문자 자체에" 여전히 자리 잡고 있다. 오히려 소설의 '해결'의 '허구적' 성격은 앞서 드러냈던 관심이 이 절정 장면에 '부재'한다는 것으로 더 강화되는데, 마슈레는 이를 통해 "갈등의 적극적 존재를 그 경계들에서 식별할 수 있다"고 말할 것이다 (Macherey, 1986: 155).

이 절정 장면은 인도 반군에 대한 영국의 승리만 보여 주는 것이 아니라, 《수면 위에서》 전반에 흐르는 또 다른 핵심적 주제 및 인프라의 맥락을 가리킨다. 바로 이 승리에 관한 통신이다. 토머스의 지적처럼, "스틸 소설의 서두는 세포이 항쟁이라는 위기를 통신 중단이라고 부를 만한 틀 안에 넣는다"(Thomas, 2009: 177). 토머스는 이처럼 "제국의 통신과 그 장애라는 주제"가 소설 전반에 걸쳐 "단어 선택, 줄거리 및 구조의 형식적 패턴, 서사적 사건 등 텍스트의 여러 차원에서" 전개된다고 주장한다(177). 이미 언급했듯이, 전신의 발전은 1850년대 초부터 인도아대륙 전역에 거미줄처럼 폭발적으로 확산했다(Arnold, 2000: 113). 사울 데이비드Saul David는 이 '폭동'에 관한 획기적인 역사서의 머리말 부제로 "우리는 전신 덕에 살았다"라는 펀자브 재무관의 말을 달았다(David, 2002: xix- xxiii). 스틸의 소설 텍스트에서 전신에 관한 언급들이 이루는 공간적 네트워크를 추적하면, 줄거리의 이데올로기적 움직임이 이 인프라가 나타나는 맥락으로 더욱 광범위해진다는 것이 분명해진다.

소설 초반 전신에 대한 언급은 전신이 드넓은 '제국'에 '뉴스'를 통신하는 데 중요하다고 강조한다. 인도 내부에서의 통신보다, 그보다 넓은 제국 세계와 런던의 제국 중심지에 항쟁 발발을 알리기 위함이다. 돈 랜달Don Randall에 따르면, 이 역사적 전환점에서 전신을 전달하는 "전기의 속도"조차 "대륙 간 계전繼傳으로 지연"되어 영국에 도달하는 데 "최소 6주"나 걸렸다(Randall, 2003: 4). 통신 시간의 이런 '지연'이야말로 "담론과 사건의 불일치"를 "'폭동'으로 일컫는 그 사건"으로 격화시켰다(Randall, 2003: 6, 15). 자본주의의 "시공간 압축"은 "우리가 세계를 재현하는 방식"을 변화시키는데(Harvey, 1995: 240), 흥미롭게도 스틸의 서사는 전신을 처음 언급하는 부분에서 이러한 '이야기'의 생산을 지적한다.

요즘에는 이야기가 워낙 많았다. 어떤 신들이 전할 수 있는 것보다도 더 빠르게 전달되는 뉴스들의 이야기. 세상 어디에서든 세상의 어떤 곡물이든 실어 오는, 불을 먹인 마차에 관한 이야기. 그런 걸 먹은 몸은 오염되지 않을까? 교과서를 읽는 아이들은 배교하지 않을까? 이런 절박한 문제들은 쉽게 답해지지 않는다. (Steel, 2005: 21)

여기에서는 하나의 인프라가 또 다른 인프라를 가리킨다. 전신에서 증기기관차로 옮겨 가면서, 이것들이 촉진하는 '신과 같은' 속도를 강조한다. 그러나 스틸의 이 서사는 비꼬는 듯한 낌새도 풍기는데, 재인도 영국인 사회에 대한 미묘한 비판에서 이런 새로운 통신 기술의 오용이나 남용을 암시하는 것이다. 또한, 이 서사가 암묵적으로 드러내는 사실은, 이러한 교통통신 신기술의 역사적 기능이 다다바이 나오로지Dadabhai Naoroji가 1876년 '배수排水 이론'에서 지적한 것을 조장하는 데 있었다는 점이다. 나오로지는 인도 경제가 "수출로 인해 꾸준히 배수되고 있으며", 이러한 빈곤화 과정은 "영국의 존재가 사라져야만" 해결될 수 있다고 주장했다(Masselos, 2010: 72-73; Naoroji, 1901). 이러한 분석은 로메쉬 춘데르 두트Romesh Chunder Dutt가 스틸의 소설이 출간되고 몇 해 후인 1900년에 집필한《인도의 기근과 토지 평가에 관하여 커즌 경에게 보내는 공개 서한Open Letters to Lord Curzon on Famines and Land Assessment in India》과 그보다 약간 뒤인 1904년 집필한《빅토리아 시대의 인도 경제사Economic History of India in the Victorian Age》에서 다시 확인된다. 여기에서 두트는 다음과 같이 주장했다.

제조업자는 산업을 잃었다. 경작자는 과중하고 오락가락하는 세금에 짓눌려 저축을 전혀 할 수 없다. 나라의 수입은 대부분 영국으로 유출되었다. 그리고 황폐화하는 기근이 계속 재발하여 수백만 명의 인구가 스러졌다. (Dutt, 1950: xviii-xix)

스틸의 이 서사에서는 이런 '곡물'이 주변부 지역에서("세상 어디에서
든") 온다는 것을 인정하고, 따라서 철도와 같은 인프라가 세계체제의 불
균등한 발전에 어떻게 기여하는지 보여 준다. M.L. 단트왈라M.L. Dantwala
가 설명하듯이, "철도, 심지어 관개시설" 같은 인프라의 "발전은 배수가
쉬워지도록 만들어지는 데", 다시 말해 "영국 제조업에 필요한 원자재"
를 수출하고 "영국 제품"을 수입하는 데 일조한다(Dantwala, 1973: 14). 물론 이
런 과정이 낳는 파괴적인 결과를 더 완전하게 그려 내려면 나오로지와
두트의 더 직접적인 논쟁 작업이 필요하겠지만, 스틸 텍스트 속 인프라
의 등장은 이러한 텍스트의 인프라를 가리킨다. 그녀의 친제국 이데올로
기가 균열을 일으키면서 소설의 서사 형식이 뒤틀리기 때문이다.

그러나 이 소설에서 식민주의의 착취적 관행에 대한 또 다른 비판에
도 폭동에서 일어난 사건의 그림자가 드리우는데, 이는 텍스트에서 전
신을 언급하는 구절이다. "이제까지 들어온 전보 중에 가장 이상한 그
전보는 제국의 토대가 공격당했음을 알리는 단 하나의 경고였다"(Steel,
2005: 160). 불과 몇 쪽 뒤에는 폭동이 격화되면서 "전신선이 절단되었
고"(172), 그 결과로 "우편이나 전신이 없고 법이나 질서도 없는 새로운
세상이 되었고, 시간 자체도 수백 년 전으로 거슬러 올라가 진보의 모
든 힘은 … 거대한 무굴에 절대적으로 귀속되었다!"(243). "새로운" 세상
이 이와 동시에 "수백 년" 전에 있다는 이러한 시간적 괴리는 서구식 발
전의 진전을 저해하고, 디페쉬 차크라바르티Dipesh Chakrabarty가 "중세에
서 근대로의 전환이라는, 동질화하는 서사"로 규정한 이데올로기를 강
화하며, 인도인을 끊임없이 "결핍된 인물"로 묘사한다(Chakrabarty, 2008: 32).
이 책의 서론에서 논의한 바와 같이, 워릭 연구집단은 제임슨이 지적하
는 단일한 근대성을 부각함으로써 이러한 선형적 발전 개념을 바로잡고

자 한다(WReC, 2015: 12-13). 그러나 앤서니 킹이 입증하듯이, '근대화'를 '서
구화'라고 설정하는 이러한 이데올로기적 공식의 동의어 관계는 불평등
을 극심하게 만들고 포스트식민 시대에도 계속되는 문제적 균열을 유발
했다(King, 1976: 34-40). 최근에는 '발전도상' 세계 | 개발도상국 | 와 '발전한' 세
계 | 선진국 | 라는 인도주의적 관념이 여전히 지구를 깔끔한 지리적 범주
로 분할하고 있는데, 이 범주들이 줄지어 위치한 단일한 진보의 선 위에
서 '근대적' 서구는 '문명'의 최전선이다(McEwan, 2009: 120-121).

  소설 초반에는 전신 인프라에 이데올로기를 투여하지만, 중반부에서
이러한 통신 기술이 장애를 겪으면서 어떤 결정적인 사실을 인정하게
된다.

> 그들의 의도와 목적에도 불구하고, 영국인들은 1857년 5월 11일부터
> 6월 8일까지 짧은 한 달간의 평화 기간에 사라졌다. 델리에서는 주인의
> 노력을 전혀 몰랐던 것이다. 주인은 오로지 텐트, 마차, 말, 탄약, 의약품
> 같은 것을 모두 다시 얻고자 끊임없이 애썼지만, 헛된 일이었다. 그러나
> 다행히도! 여전히 주인이고자 하는 용기와 결의만은 잃지 않았다. (Steel,
> 2005: 244).[7]

  이 구절에서 스틸의 서사는 제국 기획의 취약성을 일단 인정하지만,
그다음에는 여기에서 묘사하는 군대 재편성처럼, 다시 한 번 영국이라
는 '주인'의 우월함에 대한 믿음을 회복하기 시작한다. 소설 텍스트의
세부 내용에 담긴 이러한 의식적인 질서 회복은 정부 권위 회복을 은유

---

[7] 소설 원문과 차이가 있는 부분은 원문에 따라 옮긴다.—옮긴이

하는데, 영국령 인도는 그사이 ㅣ 대항쟁이 일어난 1857년과 이 소설이 발간된 1896년 사이 ㅣ 수십 년 동안 인도아대륙에 종횡무진으로 구축한 인프라망을 통해 1896년경에는 다시 정부의 권위를 확립한 것이다. 하지만 소설의 이런 해결은 '허구적' 해결에 불과함이 드러난다. 실제로, 영국인들이 사라진 후 제국 지배를 다시 확립하려는 분투는 구문론적으로는 문장이 끝나기도 전에 일찌감치 느낌표를 넣은 것으로 나타난다 ㅣ 위의 인용문에서 문장 중간에 나타나는 "다행히도!" ㅣ. 이는 순간적 불안을 암시하는 기이한 표현이다. 제임슨에 따르면, 이러한 구두점의 "비틀린 사용"은 텍스트의 인프라에 "묻혀 있는" 불안을 암시한다(Roberts, 2000: 81). 항쟁 이후 인도의 변화하는 사회경제적 현실과 정치적 긴장은 이처럼 가까운 텍스트 차원의 서사를 비틀며, 이러한 이데올로기적 단층선은 다시 영국령 인도의 정치적·사회경제적 토대에 되먹임되어 지장을 초래한다. 존슨이 개략적으로 지적하듯,《수면 위에서》는 "폭동의 기억이 양날의 검임을 보이는데, 이런 기억은 제국 권력의 강화가 비롯된 트라우마적 기원을 제공하는 동시에, 그 권력을 전복할 민족 정체성의 기원도 제공한다"(Johnson, 1998: 512).

스틸의 텍스트에서 전신에 대한 언급을 따라가다 보면, 통신망의 사소한 오용에서 시작하여 그것의 파괴와 이로 인한 작동 불능으로 넘어가지만, 이제 이 결정적 순간부터는 점점 더 영국 패권의 복구와 공고화를 뒷받침하기 시작한다. 이것은 항쟁 이후 인도에서 인도 행정부에 의한 전신의 발전을 압축적 서사와 역사적 시간 안에서 반영한다. 1865년까지 약 17,500마일, 19세기 말까지 무려 52,900마일이 설치되었고, 1866년에는 인도와 영국을 직접 연결하는 대륙 간 전신이 완공되었다(Arnold, 2000: 113; Latham, 1978: 32). 스틸의 소설 전반에 걸쳐 "손쓸 수 없이 번져 나가는 폭동의 불길"은 "급속도로" 확산하면서 "서로 다른 곳의 사람들이 똑

같은 문제를 전보로 보냈다." 그것은 델리 포위 작전을 촉구하는 것인데, 이제 소설의 서사는 그리로 나아간다(Steel, 2005: 263). 이러한 요구가 다양하고 빠르게 전달되었기 때문에 "마침내 장군은" "마지못해 동의했다." 이 최후의 대대적인 군사작전 직전에 마지막으로 전신으로 들어오는 "전보, 편지, … 명령"은 "델리를 점령하라! 델리를 당장 점령하라!며 물밀듯이 쏟아졌다"(276). 그리하여 소설의 절정 장면으로 돌아가면, 장군에게 보내는 "간결한 보고"(367)는 전보는 아니지만 앞으로 전보로 보내질 법한 (충분히 짧은) 문구로서, 제국의 승리를 따로 떼어 내어 농축하는 기능을 한다. 이로써 나타나는 '허구적 해결'은 '잉글랜드 깃발'의 간명한 상징적·이데올로기적 힘을 반영하면서, 소설이 기록하는 무질서한 반란 행위를 가로지르는 '상상의 질서'를 씀으로써 영국의 권위와 제국적 지배를 분명하게 공고히 한다. 스틸의 서사를 관통하는 전신망은 저항이 번지는 현장들을 약화하고 통제했을 뿐 아니라 소설 자체의 생산도 가능하게 했는데, 이 소설이 출간된 1896년 당시 소설에 포함된 '간극들'과 '침묵들'에도 불구하고 인도 행정부에서는 추가 검열이 불필요하다고 판단했다.

스틸 소설 말미의 부록은 폭동에 대한 정부 보고서 사본들이다. 줄거리 앞부분에 잠깐 허구의 인물로 등장하는 "징세관 겸 치안판사 A. 다셰 A. Dashe"가 쓴 이 부록의 보고서는 소설의 마지막 장면에 대한 메타픽션 metafiction | 허구와 현실의 경계를 허무는 장치 | 으로 기능한다. 이 보고서는 날짜, 수신인, 서명에서 다셰가 고위 공무원임을 내비치는데, 이는 이것 자체가 그 앞의 소설이 허구임을 일깨우는 공식 문서임을 암시한다. 이것은 '역사적 사실'에 바탕을 둔 소설을 쓰겠다는 스틸의 공언과 일맥상통하지만, 이 부록을 넣은 것은 소설 서두에서 "허구가 사실에 조금이라도

개입하는 것을 허용하지 않았다"(Steel, 2005: 9)라고 말한 것과 배치된다. 이 말미의 문서는 소설의 주요 서사가 구성된 것임을 강조하고, 그 서사의 순차적인 (그리고 선택적인) 배치가 '상상된 것'이라는 데 주목하게 한다. 그러나 '폭동'에 대한 자신의 서술을 '공식적' 결말에 수렴시키기 위해 '원본' 문서를 활용하는 일은 이 텍스트의 포괄적인 이데올로기적 목표를 결정적으로 공고하게 한다. 그 목표는 프랜시스 허친스Francis Hutchins가 "영원성의 환상"이라고 부르는 것을 확립하는 것인데, 이것은 "(20세기로의) 세기전환기에 … 제국 자체가 더 이상 존립하기 어렵게 된" 당시에는 꼭 필요했다(Hutchins, 1967: 196). 다셰의 서사는 스틸의 서사에 바로 이어지면서 그 서사를 최종적으로 마무리한다. 다셰는 "델리 함락" 이후에 "달아나는 폭도들은 … 문자 그대로 자취를 감춰 버렸고, 대중의 마음은 이 싸움이 끝났고 영국 통치를 전복하려는 투쟁이 치욕스럽게 실패했음을 깨달은 듯했다"고 주장한다(Steel, 2005: 385-386).

　정부 보고서를 직접 인용하는 이런 방식은 스틸이 항쟁 이후 인도에서 영국의 통치를 몸소 경험한 데서 비롯되었다. 그녀는 공무원인 헨리 윌리엄 스틸Henry William Steel의 아내로서 1867년부터 1889년까지 인도에 거주하면서 본인이 직접 많은 정부 보고서를 썼다. 레베카 서트클리프Rebecca Sutcliffe에 따르면, "스틸의 명성은 주로 그녀 자신이 인도에서 영국 정부 최초의 여성 관리 중 한 사람으로 겪은 경험에 기인하는데," 스틸은 외무성이나 식민성의 청서靑書 | 영국 의회나 추밀원 등의 보고서로, 표지가 청색이었다 | 로 취합되고 다시 인쇄되던 기록 문서들이 엄청나게 늘어나는 데 이바지한 것이다. 이 문서들은 "체계적이고 규칙적인 소통 방식을 구축함으로써 주변부에서 일어나는 일에 대한 중앙의 통제를 강화"하는 데 일조했다(Sutcliffe, 1998: 157-159). 관료적인 기록 생산이 이처럼 급증한 데 더해

서, 1857년 이후에 대대적인 인프라 발전이 이루어졌다. 이미 앞에서 언급한 전신이 그러하고, 스틸의 단편소설을 논의할 때 분명해지겠지만 중대한 상징적·물리적 구조인 철도가 그러하며, 법률·행정·경제 체계의 광범위한 망이 그러하다. 이것들 간의 모순은《수면 위에서》에서 잠깐 다뤄지지만 스틸의 단편소설에서 더 상세하게 다뤄진다.

제국의 역사가 앨프리드 라이얼Alfred Lyall은《인도에서 영국 자치령의 부상과 확장The Rise and Expansion of the British Dominion in India》(1907)에서 "1857년 인도 폭동"이 어떻게 영국의 인도 지배의 지속과 공식화를 정당화하고 이를 뒷받침하는 인프라 발전을 정당화했는지 다음과 같이 압축적으로 서술했다. "1857년의 야만적이고 광신적인 소요를 진압함으로써" 영국령 인도의 "패권"은 "이제 논란의 여지 없이 굳어졌다"(Lyall, 1907: 323-324).

> 1857년 세포이 폭동은 원인은 반동적이었지만 결과는 혁명적이었다. 그것은 제국의 기반을 잠시 흔들었지만, 재건하고 개선할 지역을 깨끗하게 치운 것이다. … 이 나라가 완전하게 평정되자, 조직을 정비하고, 여러 지방정부의 행정권한을 확고한 발판 위에 올려놓고, 산만한 절차와 재량에 따른 조례를 적절하게 제정된 법률로 대체할 여유가 생겼다.
> (Lyall, 1907: 368-369)

아이라 클라인Ira Klein이 입증하듯, 이러한 이데올로기적 확신을 동력으로 삼은 "19세기 후반 서구의 인도 지배가 인도를 발전시키기 위해 가장 활발하고 낙관적으로 개입한 것은 바로 폭동 이후 10년 동안이었다"(Klein, 2000: 566). 정부는 철도, 도로, 운하를 "건설하고 위탁했으며," "농민에게 소액 대출"과 "관개시설 유지 자금"을 지원했는데(Klein, 2000: 566)

이것은 "농업생산 증대 및 국제무역 확대를 통한 발전이라는 자유무역 이념을 실현하려는" 의식적 노력의 일환이었다(Klein, 2000: 566; Davis, 2010: 31; Singh, 1996: 22-23 참고). 카를 마르크스도 1850년대 후반의 저술에서, 특히 인프라 개발을 통해 제국의 권력을 공고히 하고 경제적 착취를 강화하기 위해 '폭동' 서사를 어떻게 동원했는지 언급했다. 마르크스는 "영국의 칼이 강요한 정치적 '통합'"은 "이제 전신으로 강화되고 영속될 것"이라고 썼다. "철도와 증기선이 결합하여 영국과 인도 간의 이동 및 통신에 걸리는 시간이 대폭 단축되고 한때 동화의 나라이던 그 나라가 서구 세계에 합병될 날도 멀지 않았다"(Marx, 2006: 47). 브랜틀링거가 쓴 것처럼, 마르크스는 "경제적 착취를 강조하고, 폭동이 본격적인 민족주의 혁명을 적어도 예고한다고 해석"했을 뿐 아니라, "영국이 항쟁을 진압하고 그 다음에는 더욱 억압적으로 지배할 것"이라고 예측했다(Brantlinger, 1988: 202). 프라나브 자니Pranav Jani에 따르면, 마르크스는 "자본주의를 아시아에 이식하는 데 식민주의가 핵심적이라는 생각을 전혀 거부하지 않았지만", 1857년 이후에는 "피식민 인도인들이 그들에게 고유한 역사의 행위자로서, 부르주아-프롤레타리아 관계라는 고전적 모델에서처럼 해방을 쟁취하기 위해 식민자들에 맞서 투쟁해야 한다"고 보았다(Jani, 2004: 83). 마르크스가 "식민주의의 진보적 역할"이라는 라이얼의 견해에 동의한 것은 다만 자본주의 자체가 필연적이면서 진보적인 악이라고 여겼기 때문이다. "마르크스를 식민주의에 열광하는 자로 묘사하면, 논리적으로 보아 자본주의를 찬양하는 자로도 묘사해야 한다"(Ahmad, 2008: 225-226).

　마르크스는 틀리지 않았다. 라이얼의 "재건과 개선"이라는 수사에도 불구하고, 항쟁 이후 수십 년 동안 인프라 건설이 급증한 배경은 다름 아닌 수익성 있는 국제경제에 대한 전망이었다. 페닌슐라&오리엔탈 네비

게이션 컴퍼니Peninsular & Oriental Steam Navigation Company, P&O는 "연료탄을 영국 탄전에서 채굴하는" 대신에 "인도 탄전으로 진출할" 인프라를 개발한다 면 "막대한 비용 절감"을 이룰 것이라고 전망했다(West, 2009: 2). 인도에 건 설된 최초의 철도 노선은 이러한 과정을 촉진했는데, 여기에는 영국령 인도가 "수출을 위한 운송수단을 제공할 필요성"이 반영되었다. 1853년 인도에서 개통한 최초의 철도 노선 21마일은 데칸 지역의 면화 밭과 뭄 바이의 항구를 연결했고, 두 번째 노선은 콜카타와 북서부 탄전을 연결 했다(Latham, 1978: 17). 인도 지질조사국이 편찬한 지도그림 1.3에서 알 수 있듯 이, 자원 매장지와 해안 항구를 연결하는 인프라 노선이 계속 건설되었 는데, 이 개발은 자본의 논리를 따랐다. 이와 마찬가지로 앞서 언급한 바 와 같이, 전신 역시 가격, 주문, 시장 정보의 원활한 전달을 가능케 하여 지구적인 경제 교역 발전에 기여했다. 이러한 과정은 역사적 상황들 때 문에 더욱 강화되었다.

1846년 미국의 면화 작황 부진으로 영국 면직 공장주들은 "원자재의 새로운 공급원"을 찾아 다른 곳으로 눈을 돌려야 했고, 미국 남북전쟁으 로 인해 1860년대 내내 로비 활동이 강화되었다(Harnetty, 1972: 46-47). 맨체스 터 상공회의소가 1862년 작성한 제안서는 인도 내 도로, 운하, 철도 등 교 통망에 대한 정부 보조금이 "인도로부터의 새로운 공급을 보장"할 뿐만 아니라, "개별 기업에 대해 수익을 안겨 주든 그렇지 않든 간에" 유익한 공공사업 체계로서 인도아대륙에 이로울 것이라고 주장했다(Harnetty, 1972: 49). 스틸의 등장인물인 기성이 주장한 이 논리는, 스틸의 문학작품에서 심 도 있게 비판한 논리를 놀라울 만치 연상시킨다. 서론에서 언급한 홉슨의 주장에 따르면, 19세기 후반 제국 이데올로기의 근간에는 "무역은 깃발을 따른다"라는 믿음(스틸이 '잉글랜드 깃발'을 상징적으로 활용하는 것과 일

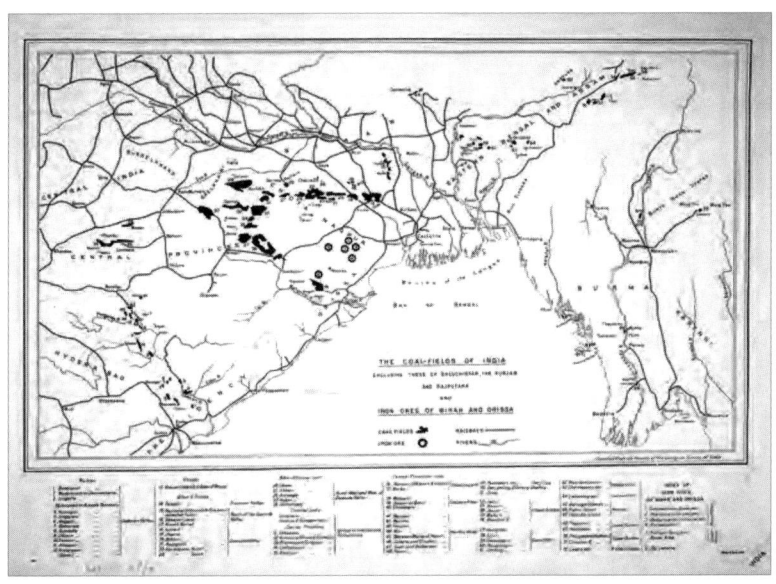

그림 1.3 19세기 후반 인도 북동부 지도. 탄전과 철광석 매장지를 항구도시 콜카타 및 대영제국의 다른 지역들과 연결하는 철도의 전략적 개발을 보여 준다. 큐 국립문서고의 식민성 문서고 1047/1054.

맥상통하는 관찰)이 있었지만, 실제로는 "교역의 중요성 확대"를 따라 식민지 영토 점령이 일어나는 경우가 더 잦았다(Hobson, 1988: 47-48).

물론, 제국의 인프라를 비롯하여 여타 인프라의 공간적 배치를 단순히 '축적의 요구'나 '자본의 수요'로만 축소해서는 안 된다. 도린 매시 Doreen Massey가 주장하듯이, "공간적 구조들은 노동력의 '완강한 저항'까지 포함하여 다양한 사회적·정치적·경제적 전략으로 확립되고 강화되고 저항을 받고 변화한다"(Massey, 1995: 82, 87). 실제로, 서트클리프는 19세기 후반 인도의 인프라 개발에서 제기된 다양한 의제가 이와 관련된 보고서들에 상세히 기록되어 있음을 지적하면서, "적의 영토를 통과하는 운

129

하 건설에 관한 보고서를 쓰는 사람은 군사적·기술적·외교적·사업적 글쓰기를 수행하는 것"이라고 말한다(Sutcliffe, 1998: 158). 그러나 정작,《편자브 정부 회의록Proceedings of the Government of the Punjab》1884년 6월호에 포함된 공교육국장 보고서 부록으로 처음 발간된 스틸의 보고서는 "엄격한 기록 관리 체계화"와 서트클리프가 "분노라는 감정적 어조를 띤, 비유적이고 선동적인 언어"라고 말하는 것 사이를 오간다(Sutcliffe, 1998: 163, 167). 분노의 "언어는 스틸이 요구하는 정확성과 객관성의 유효성을 떨어뜨리지만"(Sutcliffe, 1998: 167), 자신의 지식과 경험을 단편소설들(그중 첫 작품은 1884년 출간)에 녹여냄으로써 착취적 국제경제와 폭력적 제국주의에 대한, 일시적이거나 때로는 지속적인 문학적 비판을 구성할 수 있었다. 이처럼 더 논쟁적이고 "직접적인 논평"을 산문 형식에 결합함으로써, 그녀의 서사는 반제국주의 저항을 암묵적으로 기록하고 때로는 그보다 응집적인 민족운동을 예고한다.

이제부터는 스틸의 소설들을 독해하면서, 제국주의의 불균등한 인프라 발전에 대한 반응으로 나타나는 이런 저항의 계기들을 인식하고 다시 강조하고자 한다. 그렇지만 스틸은 제국 통치 패권과의 이데올로기적 제휴를 완강하게 포기하지 않으려 하기 때문에, 이런 계기들은 복잡해진다. 그 결과, 스틸의 문학작품에서는 인도주의적 인프라 작업이라는 관념과 불균등 발전하는 세계체제의 사회경제적 현실이 길항하는데, 이를 파헤친다면 텍스트 형식 차원에서 현출하는 이런 이데올로기적 균열을 열어젖혀서 공간적 저항의 계기를 드러낼 수 있다.

스틸 단편소설의
침묵들

스틸의 소설 〈영원한 길에서In the Permanent Way〉(1897)는 제목에 이중의 의미를 담고 있다. 인프라의 안전 혹은 '영원함'을 강조하는 동시에, 제국주의에 대한 인도의 저항이 '영원함'을 환기한다. 소설에서 철도 부설대 '감독관'인 "장신의 노랑머리 색슨인 크래독Craddock"이 되뇌는 이 문구는 점점 심각한 결과를 낳는다(Steel, 1971: 146). 이언 커Ian Kerr는 "(철도) 노선 형성"에 결부되는 과정을 상세히 기록하면서, 경로의 지도화와 계획, "영원한 길에 자갈 쌓기와 길 놓기", 그 후속 작업인 간선노선 주변의 신호장치, 전신, 급수탑, 도로 개발에서 시작한다(Kerr, 1995: 130). 이러한 네트워크에는 "자본주의적 관계들로 이루어진 새로운 망"이 따라오는데, 왜냐하면 이런 건설 과정은 "엄밀한 계약, 명세서, 성과 예측, 법적 집행력 있는 책임 관념 등 자본주의 관행의 좀 더 집약적인 침투"와 얽혀 있기 때문이다(Kerr, 1995: 67-68). 경제적 '중심성'과 상징적 '중심성' 양쪽이 모두 투여된 인프라 경로의 물리적 구획을 통해, 이러한 공간들은 점점 더 불균등해지는 세계체제에 봉합된다. 친제국 논자들이 '근대성'과 '문명'의 상징으로 찬미하는 인프라 발전은 그와 동시에 "저발전의 발전"을 통해 주변화 과정을 심화했다(그리고 심화하고 있다)(WReC, 2015: 13). 윌러스틴이 상기시키듯, '중심성-주변성'이라는 용어는 근본적으로 관계적이며, "경제적 흐름의 지리적 구조"를 반영한다(Wallerstain, 2011: 31-32). 역사적으로 이러한 물리적 인프라의 경로들에서 드러나는 네트워크화된 세계체제를 꿰는 실들 때문에, 스틸의 단편소설들은 이와 유사한 중심부-주변부 관계들의 지리를 문화적 영역 위에 그려 내게 된다.

커는 1850년과 1900년 사이에 "1마일을 건설하는 데 126명에서 155명 사이의 [인도인] 노동자"를 고용했다고 추정하는데, 피식민자들은 값싼 비숙련노동력을 보충하는 저수지 역할을 하고 숙련노동력의 압도적 다수는 영국인 관리자와 엔지니어가 차지했다(Kerr, 1995: 42). 커가 다른 곳에서 지적하듯, "철도 고용의 인도화"는 실제로 1920년대 "인도 민족주의자들이 겨냥하는 주요 표적"이 될 것이었다(Kerr, 2003: 308). 커는 서발턴 연구 집단의 연구를 인정하면서도, "19세기 건설노동자들은 늘 침묵할 테고, | 말하기보다 | 말해지는 이 사람들은 몸소 체험한 것에 대해 서술을 남기지 않았다"라고 인정하기는 주저한다(Kerr, 1995: 14). 이러한 노동자들의 침묵이 스틸의 단편소설에서 재생산되는 것은 어쩌면 의외가 아니다. 철도 건설에 저항하는 순간들에 대한 기록들을 보면, "임금 관계의 특징"이던 "교묘하고 만연한" 착취, 무책임한 고용주, 단기계약과 일회용 노동력에 기반한 불안정 고용은 종종 파업과 폭력을 촉발하곤 했다(Kerr, 1995: 168). 예를 들어, 1856년 산탈 봉기는 어느 정도는 "라지마할힐즈 언덕의 유럽인 철도 건설자들"이 산탈의 노동자들을 "못살게 굴고" 산탈의 여성들을 "욕보인" 데 대한 앙갚음이었다. "약 2만 명의 산탈인 사망자 수가 증명하듯이" 이 봉기는 영국군에게 "잔혹하게 진압되었다"(Kerr, 1995: 35). 그러나 스틸의 〈영원한 길에서〉에 등장하는 인도인은 철도가 침투하는 주변부 공간에 거주하면서도 자본주의경제의 최하층으로 흡수되는 노동계급의 난폭한 소요와는 뚜렷하게 다른 방식으로 저항한다. 오히려 그는 인프라 네트워크 및 사회경제적 네트워크에 흡수되기를 완강하면서도 수동적으로 거부하는데, 이런 네트워크는 세계체제의 지구적 관계들을 상징하는 초국적 프로젝트로 뚜렷하게 묘사된다.

스틸의 허구적 화자는 "이 이야기를 핀드-다두르 노선의 철도 객차에

서 들었기 때문에, 이 이야기를 떠올릴 때마다 리듬 있는 바퀴 소리가 반주처럼 들려온다"고 말한다(Steel, 1971: 142). "영원한 길"을 따라 여행하면 "여러분은 정치定置 기관 위에 앉은 채 끝없는 띠 | 철로 | 를 감아들인다고 공상할 지경이다"(142). 인프라 경로의 구축은 룩셈부르크가 자본주의의 "물질대사"라고 부르는, "부식시키고 흡수하는" 축적 과정(Luxemburg, 2003: 397)에 말 그대로 먹이를 주는 듯하다. 이 서사는 자본축적의 리듬을 "실패처럼 도는 바퀴"로 표시하는데, 이런 확장 은유extended metaphor | 문장, 단락, 전체 작품 등에 걸쳐 길게 확장되는 은유 | 는 키플링도 〈망명의 길The Exile's Line〉(1890)과 〈영국인의 노래The Song of the English〉(1893)라는 시에서 활용한 바 있다. 키플링은 이 시들에서 영국 제국의 해운 노선망을 지구 표면을 덮는 드넓은 "거미줄"로 개념화하는데, 식민지와 본국을 오가며 상품을 운송하는 배는 "베틀"의 "북"처럼 오락가락 움직인다(Kipling, 2006: 129-131).

키플링의 두 번째 시 | 〈영국인의 노래〉 | 에 대한 뵈머의 해석에 따르면, "영국은 지구를 덮는 어떤 공업용 직기를 만든 것이고, 그 안에서 앞뒤로 움직이는 북들은 영국 상선대 배들이다"(Boehmer, 2005: 36). 이 은유는 영국과 인도 간의 면화 무역을 암시하는데, 그것은 인도에서 원자재를 추출해 맨체스터와 랭커셔의 면직 공장으로 보내면 그곳에서 제품을 만들어 다시 인도아대륙에 팔아 이윤을 남기는 과정이었다(Harnetty, 1972: 58, 124; Latham, 1978: 77). 데이비스가 짐짓 던지는 물음처럼, "키플링의 시대인 1872년부터 1921년까지의 저 '영광스러운 제국의 반세기' 동안 평범한 인도인의 평균수명이 무려 20퍼센트나 줄었다"고 한다면, "근대화의 과실, 수천 마일에 달하는 철도와 운하의 과실은 대체 어디 있었던가?"(Davis, 2010: 312).

스틸의 〈영원한 길에서〉에 나타난 인도의 핵심적 특성은 비폭력 저항, 즉 사티아그라하satyagraha를 예고하는데, 이것은 간디가 철도 건설을 직접적으로 방해하면서 주창하고 실행한 것이다(Gandhi, 2007: 291-292 참고).[8] 간디는 이러한 사티아그라하 방식을 또 다른 비폭력 저항 방식, 특히 '카디Khadi'와 결합했는데, 이것은 인도 스스로 면화 제품을 생산하여 영국 제국 정책의 경제적 수익성을 약화시키려는 것이었다(Gandhi, 2008: 168). 스틸의 인도인 등장인물이 내비치는 종교적 단순성은 간디가 구축한 민족주의 정체성을 미리 보여 준다.

남자였다. 더 자세히 말하자면 마른 남자라고 해야겠다. 그 외에는 할 말이 없다. ⋯ 내가 확실히 아는 것은 그가 말랐다는 것뿐이다. 칼라시스khalassies ㅣ 작가의 소설 원문 주석에 따르면 '토지측량 노동자' ㅣ는 그 사람이 일종의 힌두교 성자라고 말했는데, 사람들은 즉시 그의 발 앞에 엎드렸다. (Steel, 1971: 144)

이 "동상 같은 인물"은 이야기 내내 의미심장한 익명성을 유지하면서, 영원한 길 바로 옆의 작은 땅뙈기에서 평화롭게 명상에 잠긴다. 그는 "자신이 계속 매달려 있는 유일한 한 조각의 땅을 병합하려는" 제국의 시도에도 반응하지 않으며, 크래독이 "당장 그를 어린아이인 양 부드럽게 일으켜 세워 왼쪽으로 4피트 정도 떨어진 곳에 내려놓았을" 때에도 응수하지 않는다(Steel, 1971: 146-147). 하지만 크래독은 수동적인 '어린아

---

8 나는 스틸의 등장인물이 "수동적으로" 저항한다고 말했지만, 이러한 수동성이 일종의 허약함이라거나 평화주의와 비슷하다고 주장하는 것은 아니다. 특히 스틸의 등장인물과 이후 간디의 운동 사이의 유사성을 지적할 때 더욱 그렇다. 간디 스스로 남아프리카에서 "수동적 저항"이라는 용어를 썼으나 곧 "이 용어를 떨쳐 버리고 자신이 고안한 새로운 용어인 '사티아그라하'를 썼는데", 이 말이 가리키는 것은 적극적이지만 비폭력적인 저항 방식이며, 분명 "모든 상황에서 다른 쪽 뺨 내밀기"를 옹호하지는 않는다(Fox, 1997: 70).

이'로 여긴 그 사람이 "다음 날 원래 자리로 돌아왔음"을 알게 된다. 절대 난폭하게 응수하지 않는 이 인도인은 그 성가신 자리로 계속 돌아간다. "이 사람과 논쟁해 봤자 소용이 없었기에" 철도 부설대는 "우리가 원할 때 그를 치우는" 방법밖에 없었다(147).

이러한 서사적 맥락에서 스틸 작품의 제목인 '영원한 길에서'에는 인프라 개발과 그것의 방해라는 이중적 의미가 투여된다. 액면 그대로 받아들이면, 이는 식민지 경관에 "영원히" 자국을 내는 구조적 선을 재연하며, 바로 이 부사।"영원히"।를 통해 영국령 인도의 "영원성의 환상"(Hutchins, 1967)에 일조한다. 그러나 이 "힌두교 성자" 자신도 "영원히" 이 건설 과정의 "길" 위에 있다. 인프라 경로의 "।멀어질수록। 좁아지는 불그스레한 띠।철도।"는 "이 동상 같은 인물"에게 가로막힌다(Steel, 1971: 149). 텍스트 전체에서 크래독은 소설 제목을 반복하면서 말장난한다. "이봐, 여기 봐, … 너는 길에 있다고।방해가 된다고।. 영원한 길에 말이야"(147). 이처럼 텍스트에 드러나는 갈등과 그와 연결되는 이미지가 간디의 사티아그라하를 선취한다고 읽더라도 쿠퍼의 경고처럼 "역사를 소급하여 연구하는" 위험에 빠지는 것은 아니다(Cooper, 2005: 18). 1857년 이후 인도에서 비폭력 저항 방법은 이미 흔했다. 예컨대, 벵골에서 농민들은 1859~1860년의 인디고 재배 농민 투쟁과 1873년 파브나 지대地代 파업 중에 이런 방법을 활용했고, 볼란타 찬드라Bholantha Chandra가 "외제품 '쓰지 않기'"를 촉구한 데 따라 "1876년 다카의 일부 청년들은 불매 서약을 했다"(Sarkar, 1985: 50). 반제국 저항의 이러한 역사적 사례들이 부추긴 "묻혀 있는" "무의식적 불안"은 스틸의 줄거리 구조의 윤곽들에서 "작품의 문자 자체"(Macherey, 1986: 155)로부터 발굴될 수 있다. 스틸의 이야기가 기록한 철도 건설이 그런 것처럼, 서사를 통한 제국 이데올로기 전파는 "구성 중에 해체된다"(155).

그렇지만 스틸의 이야기는 절정에 이르러 암울한 물리적 현실에 주목하는데, 이런 폭력은 서사가 진행됨에 따라 축적되는 여러 겹의 이미지로 형성된다.

> 모래사막 위로 호각 소리가 날카롭게 울려 퍼졌다. 사막에는 그 위에 짙은 얼룩 | '힌두교 성자' | 이 묻은 불그스레한 줄 | 철로 | 외에는 아무것도 없었다. 하지만 서쪽에서부터 코를 쿵쿵대는 악마 | 기차 | 가 전속력으로 달려오는데도 그 얼룩은 조금도 움직이지 않고 조금도 동요하지 않았다. (Steel, 1971: 151)

"불그스레한 줄"과 "짙은 얼룩"은 피의 이미지를 떠올리게 한다. 이는 그전의 "강철 철로"의 깨끗하고 "반짝이는 테두리"와 극명한 대조를 이룸으로써 아누파마 라오Anupama Rao와 스티븐 피어스Steven Pierce가 피식민 주체의 "신체성"이라고 부르는 것에 주목하게 한다. 그들이 주장하듯이, 이런 "신체 양식과 규율 양상이 시간적으로 공존"함에 따라, "식민적 신체 기술에 대한 인도주의적 비판을 촉발"했다(Pierce and Rao, 2006: 17). 앞에서 인용한 구절에서 "서쪽 | 서구 | "은, 그리고 그것이 인프라를 통해 인도 경관을 침탈하는 일은 문자 그대로 악마화되었다. 영원한 길의 위험은 이야기의 마지막 순간에 더욱 가중된다. 이 순간에 크래독은 스틸의 작품에서 영원히 저항하는 저 인도인 등장인물의 생명을 구하려 시도하며, 그래서 기차는 "동상 같은 인물"뿐 아니라 이 건설노동자까지 살해한다. 스틸의 단편소설들을 더 포괄적으로 분석하는 로이에 따르면, 여기에서는 "제국의 개혁 프로젝트가 지닌 모순과 무능, 그리고 이 프로젝

트를 뒷받침하는, 자비로운 영향이라는 전제"에 또렷하게 "초점을 맞춘다"(Roy, 2010: 55).

그러나 〈영원한 길에서〉는 제국 이데올로기의 미묘한 차이들과 인프라 개발에 대한 이 이데올로기 반응과 관련하여 또 다른 통찰을 보여 준다. 스틸의 허구적 화자는 이렇게 결론을 내린다.

> 서로 팔을 끼고 있는 두 남자를 기차 전체가 치고 지나갈 때, 누가 쉬버스 마사 데이비Shivers-Martha Davy이고 누가 위시뉴 럭스미Wishnyou Lucksmi[9]인지 구분하기 어렵다. 뜨거운 날씨에 사막 한가운데서 일어난 일이라, 목사나 다른 사람들도 반대하지 않았다. 그래서 나는 그들을 영원한 길, 거기에 매장했다. (Steel, 1971: 158)

이 이야기는 소위 '완화적' 제국주의의 '인도주의적' 정신으로 정당화되는 인프라 개발이 실은 생생하고 신체적인 폭력을 초래한다는 사실에 문자 그대로 형태를 부여하며, 식민자의 "침탈과 보호, 통치와 잔혹 행위 간의 혼란스러운 변증법"을 그려 낸다(Pierce and Rao, 2006: 3). 이러한 갈등에 대한 '허구적 해결'을 모색하는 노력의 일환으로, 식민자와 피식민자는 함께 |팔을| '끼고' 파괴되며, 텍스트 안에서, 그리고 텍스트에 의해 문자 그대로 '매장'된다. 그러나 그들을 기리는 이야기와 더불어, 그들이 죽은 장소를 표시하기 위해 세운 기념비가 계속 남아서 가리키는 '부재'야말로 '이데올로기'의 불일치를 "가장 뚜렷하게 느끼게 한다"(Eagleton, 2002:

---

[9] 작가의 소설 원문 주석에 따르면, '쉬버스'는 파괴의 신 시바 신, '마사 데이비'는 마타데비 여신, '위시뉴 럭스미'는 보존의 신 비슈누 신과 럭스미 여신을 가리킨다. 소설에서 크래독은 화자와의 대화에서 힌두교 성자와 자신을 각각 이 신들에 비유한다.—옮긴이

32). 이야기 마지막 단락에서 화자의 동반자는 기념비에 손짓하며 "보다시피, 둘 다를 위한 거지요"라고 말한다(Steel, 1971: 159).[10] 이 이야기는 이런 갈등을 문화적으로 조정하려는 노력을 메타텍스트로 기록하면서도 여전히 이런 노력의 실패를 암시한다. 화자는 스틸의 서사를 갑자기 끝내는 소설의 마지막 문장에서 "나는 이런 의견 | 기념비가 두 신 모두를 위한 것이라는 의견 | 에 충격을 받아 대답할 수 없었다"라고 마무리한다(159).

〈영원한 길에서〉에서 수동적으로 저항하는 인물은 텍스트 안에 여전히 '매장'되어 있지만, 식민적 주인공 크래독은 되살아나서 철도를 둘러싼 또 다른 이야기에 등장한다. 그러나 〈위험신호A Danger Signal〉(1897)는 | 서양인 크래독이 아니라 | 곧바로 두 인도인의 관점에서 이야기를 풀어 간다(Steel, 1971: 160). 이러한 관점 전환은 "우스꽝스러운 백인들", 즉 재인도 영국인들을 '봉제 인형'으로 전락시킨다. 그리고 스틸의 인도인 등장인물인 "늙은 두누Dhunnu와 손녀" 두니Dhunni는 제국 정부로부터 권한을 부여받는데, 이런 일은 스틸의 글에서 이미 중요한 상징으로 확인된 '깃발'을 통해 이루어진다. '녹색' 깃발은 "선로 이상무"를 가리키고, '빨간' 깃발은 소설 제목인 "위험신호"이다(Steel, 1971: 164). "철도 건널목 57번"이라는 인프라들 | 철도와 도로 | 의 교차 지점에서는 도로가 "통과하는 사람 | 기관사 | 의 눈에 보이지 않는데"(160), 여기에서 두누와 두니는 "빨간 눈과 녹색 눈을 가진 거대한 애벌레 | 기차 | "(162)를 멈출 권한이 있다. 기관차는 "문명의 통행"(165)에 대한 환유가 되는데, 이 이야기는 스틸의 다른 작품들에서 통용되는 상징을 가져와서 인프라 노선을 '근대성'과 '문명'의

---

[10] 소설 원문에서 이 기념비가 파괴의 신 시바와 보존의 신 비슈누 둘 다를 위한 것이라고 말한다.—옮긴이

현출로 보는 것이다. 두 사람을 빠르게 지나쳐 달리는 기차와 대조적으로, 두니와 두누는 "움직이지 않는 두 인물"[160]로 묘사되는데, 이것은 지구적 자본주의의 역동과 비교하여 현저하게 정적인 주변부 지역이 자본주의의 축적 과정을 방해할 능력이 있음을 뜻한다.

그러나 두누는 손녀가 이 암묵적으로 정치적인 권력에 영향을 주는 것을 금하는데, 이때 더 나아가 이 서사의 알레고리 작업을 암시하는 은유를 활용한다. 그는 손녀에게 이렇게 말한다. "그런 일은 절대 있어서는 안 돼. 동쪽으로나 서쪽으로나 |기차가| 앞으로 나아가는 것을 막아도 좋을 명분이 없으니까. 그리고 규정에 따르면 그건 녹색 깃발이야. 그러니까 녹색 깃발이어야 하는 거지"[162]. 기차가 서구적 인프라와 경제발전을 상징하는 환유로서 점점 중요해지면서, 여기에 끼어드는 것에 대한 두누의 거부와 두니의 욕망("아이가 전혀 모르는 온 세상에 그것이 있는 그대로 '선로 이상무'"라고 하는 데 저항하고픈 욕망)[164] 간의 갈등은 이들의 세대 차이와 관련된다. 스틸의 서사는 이 이야기의 시간적 틀(대략 1860년부터 1890년까지)을 포괄하는 세 세대를 가로질러, 반제국 행위성의 진화를 암묵적으로나마 가리킨다. 이 책의 4장에서 상세히 다루겠지만, 이런 행위성은 역사적으로 민족주의 운동의 출현에서 결정화될 것이다. 두누가 자리를 비우자 두니는 인프라의 선線에 의문을 품기 시작했고, 마침내 증기기관차가 그 철로 위에서 앞으로 나아가는 것을 문자 그대로 멈추기로 결심했다.

그녀는 당장 일어나 귀를 기울이고 기다렸다. 아! 이건 분명히 새로운 광경이었다. 한 번도 본 적이 없는 광경이었다. 객차 한 대가 달린 기관차가 |석양이 지는| 황금빛 서쪽에서 전속력으로 달려오고 있었다. 그녀

는 여기에 '선로 이상무' 신호를 주어야 할까? 아니면 — (Steel, 1971: 168-169)

두니가 "귀를 기울이고 기다리는" 일은 이야기 자체가 전면에 내세우는 환유적 차원에서 작동하면서, 서사의 인프라 내부에서 침묵하면서도 현존하는 반제국 행위성에 형태를 부여한다. 다시 "황금빛 서쪽 |서구|"과 동의어로 해석되는 기차가 앞으로 나아가는 데 두니가 정말로 끼어드는 텍스트의 순간에, 스틸의 서사는 붙임표로 처리된 침묵|앞의 인용문에서 "아니면 –" 부분| 으로 해체된다. 텍스트가 "웅변적 침묵에 의지하는"(Macherey, 1986: 79) 이러한 가까이 읽은 형식 차원에서, 스틸이 서사를 조각해 내는 이데올로기적 재료에 어떤 경계들이 있는지 지도화할 수 있다. 인프라 읽기라는 비판적 실천으로 스틸의 이야기에 개입한다면, 서론에서 대략 서술한 바와 같이 "잠복해 있거나 숨겨진 진정한 의미를 드러내도록 텍스트를 구슬려서, 텍스트를 그 침묵으로부터 끌어낼" 수 있다(Bennett, 2003: 86). 다시 말해, 텍스트의 이런 침묵을 반제국 저항에 대한 인정으로 해석할 수 있는데, 영국령 인도의 착취적인 경제적 기획에 대한 이러한 저항은 역사적으로 계속 진행 중이었다.

그러나 스틸의 이야기에는 그 줄거리 구조에서 드러나는 또 다른 차원이 있다. 이 차원은 식민자와 피식민자라는 단순한 이원론적 대립, 혹은 중심부와 주변부라는 사회경제적 분리를 복잡하게 만들면서 이것들이 서로 얼마나 밀접하게 연관되어 있는지 부각한다. 두니가 "진홍색 천"을 들기로 한 즉흥적 결정은 실제로는 아이러니하게도 기차가 파괴되는 것을 "가까스로 모면"하게 한다(Steel, 1971: 173).

아무도 그렇게 할 수 있다고, 경고가 제때 전달될 수 있다고 생각하지 못했다. 순전히 행운이었다. 거기에서 2마일도 떨어지지 않은 선로에 우편열차가 지나간 바로 직후에 큰 도랑이 생겼다. 몇 시간 동안 기차가 지나가지 않을 예정이었으므로 수리할 시간은 충분했지만, 사람들은 이를 알리기 위해 양방향으로 전보를 쳤다. 그런데 청년이 급한 용무로 우편열차를 따라잡기 위해 출발했다고 알리는 답전이 도착했다. 모두가 너무 늦었다고 말했는데, 5분 안팎에 달린 문제였던 것이다. 순전한 행운이었다! 그들이 5분만 더 일찍 왔다면…! (Steel, 1971: 174)

철도와 전신이라는 두 가지 형태의 인프라에 장애가 생긴 후, 두니의 행동은 이런 인프라망들의 차단으로 인한 열차 사고를 실제로 막아 낸다. 인프라망들이 통제하지 않은 채 남겨 둔 시간적이고 물리적인 공간에 그녀가 개입한 것이다. 그러나 그녀의 개입은 대체로 인정받지 못하고, 재앙이 비껴 간 것은 "순전한 행운"으로 치부된다. 이 문단은 이번에는 붙임표가 아니라 줄임표로 끝남으로써 | "그들이 5분만 더 일찍 왔다면…!" | 더욱 주저하면서 해체된다. 이것은 다시 한 번 이데올로기적인 파편화 혹은 단층선을 암시하며, 그 너머에서는 인도인의 행위성이 행사된다. 이야기의 마지막 문장에서 서사는 또다시 구문론적 수준에서 비틀거리는데, 그 이유는 인프라의 장애와 임박한 반제국 저항에 대한 불안을 해소하지 못하기 때문이다. 이 마지막 문장에서 두니는 "멍한 표정으로 빨간 불빛과 녹색 불빛을 응시하고 있다. 그녀의 삶에 위험신호가 들어왔다. 기차가 멈췄고, 그다음에는 – 그러면 –?"(Steel, 1971: 176)이라고 말한다. 제국의 통치에 대한 대안을 숙고할 수 없고, 기차라는 알레고리로 표현되는 협소한 '근대성' 관념(텍스트 속 인프라로 현출하는 텍스트의 인프라)도 숙고할 수 없는 이 서사는 흔들리고 말을 더듬고 다시 한 번 침묵에 빠진다.

데이비스는 자유방임주의라는 "신성한" "스미스, 벤담, 밀의 원칙" 이 영국령 인도에서 인도인 수백만 명을 간접적으로 "살해"한 일을 분석하는 책에서, 이처럼 배경을 이루는 불일치, 불안, 위선을 풍부한 역사적 질감으로 서술한다(Davis, 2010: 9). 이를 통해 그는 "완화적 제국주의"(Mukherjee, 2013: 18)의 해로운 영향과 폭력적 결과를 조명한다. 그는 자신이 이런 정책과 그 결과를 소급적으로 규탄하는 것을 돌아보며 이런 물음을 던진다. "증기기관을 통한 운송과 현대적인 곡물 시장의 혜택으로 생명을 구한다는 기고만장한 주장을 대체 어떻게 평가할 것인가? 무엇보다 영국령 인도에서 수백만 명이 철로 옆이나 곡물창고 계단에서 목숨을 잃었는데 말이다"(Davis, 2010: 9). 데이비스의 절절한 언어는 서론에서 설명한 바와 같이, 제국의 비평가이자 역사가로서 자신의 정치적 책임을 분명하게 자인하는 것을 뜻하며, 본서 역시 여기에 동의한다. 스틸의 단편소설에 대한 인프라 읽기를 통해 복합적 이데올로기들을 더 선명하게 구획할 수 있는데, 이런 이데올로기들은 데이비스가 묘사하고 정당하게도 강경히 규탄하는 고난의 역사적 상황에서 탄생한 것이다. 스틸의 파편적 서사 형식과 그 줄거리에 표현되는 더 직접적인 비판은 서로 결합하여 폭력적 식민 체제의 사회경제적 현실을 드러낸다. 나는 이것이 제국 정부가 자본주의 세계체제의 불균등하고 불평등한 발전과 결탁하는 데 대한 정치적 비판으로 기능한다고 주장한다.

스틸의 다른 단편소설 〈수라비: 기근 이야기Surâbhi, A Famine Tale〉(1903) I 수라비는 이 이야기에 나오는 암소 이름이다 l 는 인도에 이미 존재하던 문화 및 경제체제가 거기에 강요되는 제국적 체제와 양립하지 못함을 확인하는 동시에, "공식적 방치"로 인하여 "영국의 철도와 운하 건설", "지역 관개", 기근 구호와 같은 인프라의 잠재적인 유익한 효과도 제한된다고 비난한다

(Davis, 2010: 290). 피지배 인민을 '보호'한다고 자랑스러워하는 정부의 '잔혹행위'를 이렇게 인정하는 일은 또다시 문화적 조정을 필요로 하는데, 그것은 서사 안에서 최종적이고 현저한 '침묵'으로만 나타날 수 있다. 〈수라비〉의 핵심 딜레마는 인도 행정부가 "소가 굶주리는 것은 기근이 아니"(Steel, 1971: 27)라고 전제하는 데 있다. 이것은 이 이야기 속 인도인 주인공 고팔 다스Gopāl Das가 제국주의의 인도주의적 구호 네트워크 바깥에 있다는 의미일 뿐 아니라, 이런 구호 네트워크가 오히려 그의 고통을 가중한다는 의미다. 다스가 가진 유일한 '암소'는 그에게 "모든 것이고 아내이자 자식이고 땅이자 하늘"이었기에[23], 그는 배급받은 '기근 구호식량'을 자기가 먹지 않고 그 동물에게 먹인다. 당시의 현지 시스템에 따라 그는 암소의 우유를 자기가 마시면 안 되고 영국령 인도의 중앙집중식 구호 기관에 내놓아야 한다. 그래서 그는 "확연하게 마르다가 뼈만 앙상해져서"[28] "마치 어린아이처럼" "간청하듯 손을 뻗은 채 의식을 잃고 앞으로" 쓰러진다[35].

마지막 남은 송아지는 오래전에 황소가 되어, 쟁기질하다가 죽어 간 무수한 사람들의 빈자리를 메우기 위해 마을에서 끌려 나갔다. 이 사람들은 (기근이 사람들에게 찾아오기 오래전에) 재산을 제국Empire의 금고에다 바쳤지만, 제국의 금고는 이들이 굶어 죽는 것을 막는 데 단 한 푼도 쓰지 않았다. (Steel, 1971: 26)

이 구절에서 대문자로 시작하는capitalised "제국Empire"은[11] 《수면 위에서》의

---

11   저자는 여기에서 capitalised를 '대문자로 시작하다'라는 의미와 '자본이 되다'라는 중의적 의미

등장인물인ㅣ 기싱과 같은 고리대금업자뿐 아니라 영국의 초국적인 문화적·경제적 세계제국 전체를 가리킨다. 이에 대한 놀라울 정도로 가혹한 비판은 이 이야기가 놓인 맥락이 반제국적이지는 않더라도 노골적으로 정치적임을 잘 보여 준다. 로이가 주장하듯이, 스틸이 여기서 "주목하는 것은 거의 구체화하지 않고 비효율적으로 운영되는 개혁 프로젝트들이 혼란스러운 열망, 좌절된 욕망, 절망, 심지어 죽음을 초래한다"라는 사실이다(Roy, 2010: 40-41). 그러나 이 소설에서 고팔에 대해 "그 사람도 그저 아기"라고 묘사하는 것은 이야기의 이데올로기적 비계機構를 완전하게 전복하기보다 이에 대한 비판까지 담아내기 위해 확장함을 시사한다. 무커지가 지적하듯이, 이 이야기는 "제국의 자비로움이 그 본성상 억압적이라는 … 불안을 일깨우지만"(Mukherjee, 2013: 193), 스틸은 농민의 "적"은 결국 "외세 통치자"의 존재임을 인정하지 못한다(Patwardhan, 1963: 144). 제국의 광범위하고 구조적인 폭력을 보지 못하는 것은 일반적으로 보면 자전적 경험에 기초한 그녀의 사고방식을 잘 보여 준다. (4장에서 다시 살펴보겠지만) 인도 민족주의와 독립이라는 사상이 널리 유포되던 1929년까지도 스틸은 여전히 다음과 같이 믿었다.

동양에는 '민족적'에 상응하는 단어를 가진 언어가 없다. 오늘날 우리가 자주 듣는 스와라지Swaraj는 단순히 '자치'를 뜻하며, 카스트나 인종에는 똑같이 순조롭게 적용되지만, 민족에는 적용되지 않는다. 사실, 민족이라는 사상은 인도인에게는 생소하다. 인도인은 그런 사상을 배웠을지라도 여전히 낯설어한다. (Steel, 1930: 190)

로 사용하고 있다.—옮긴이

인용한 두 개의 긴 인용문 중에서 첫 번째는 단편소설에서, 두 번째는 자서전에서 발췌한 것인데, 둘을 대조해 보면 스틸의 이데올로기적 틀이 지닌 모순이 뚜렷해진다. 그녀는 종종 제국의 기획을 날카롭게 비판하지만, 포스트제국 독립 인도라는 개념은 여전히 이해하지 못한다. 그럼에도 텍스트 차원에서 이 이야기는 이와 같은 역사적 활동의 존재를 드러내는데, 이야기의 마지막 문장에서 이러한 불안을 해소하려 하지만 그럴 능력이 없음을 고백한다. "그리고 침묵이 있었다"(Steel, 1971: 36). 이 텍스트는 그것 자체의 "웅변적 침묵"(Macherey, 1986: 79)을 가리키면서, 제국 이데올로기 안에서 이런 위기를 문화적으로 조정하려는 시도의 실패를 드러낸다.

관점 전환: 하부-구조 폭력에 대한 저항

스틸의 단편소설이 지닌 비판적 가치의 핵심은 서사적 관점을 식민자에서 피식민자로 전환하는 경향이다. 이런 이야기들은 암묵적일지언정 위계적 가부장주의를 고수하지만, 그래도 관점 전환을 통하여 제국주의의 중심부 네트워크 너머에 있는 주변부 지역으로부터 영국령 인도의 물리적·상징적 인프라 기계를 분석할 수 있게 한다. 이런 서사는 르페브르가 "공백 혹은 여백"이라고 부르는 것, 즉 구조화된 경관의 "경로들"과 "네트워크들" 너머에, 그리고 그것들 사이에 있는 "그물의 '구멍들'"로 시작하고 흔히 그것들에서 출현하곤 한다(Lefebvre, 1998: 132). 이러한 지리적·사회경제적 공간으로부터 글을 쓰기 때문에 스틸의 이야기는 인프라 개발이 인도주의적 진보의 상징이라는 제국주의의 수사와 이런 인프라가 흔히 촉진하는 저개발의 발전 사이의 모순을 부각한다. 대규모 인프라 개발은 "인도의 거의 전역"을 철도라는 "강철 거미줄" 안에 끌어들임으로써 영국의 "물질적 우월함을 입증"했지만(Arnold, 2000: 109-110), 비판 찬드라Bipan Chandra에 따르면 이러한 인프라 노선은 경관과 그곳의 인민을 "성장하는 세계시장"에 연결하고, 그들을 "자본주의적 발전의 길"에 내어 놓으며, 인도아대륙의 "비유럽계 소농들"을 "세계경제"에 통합함으로써 자본주의의 축적적 물질대사를 촉진했다(Chandra, 2006: 77). 스틸이 생산하는 문학지리는 이러한 인프라를 거듭 피식민자의 관점에서 수용하고 접근함으로써, 인도 행정부의 실패에 직접적 비판과 서브텍스트적 비판을 가한다. 따라서 그 산물인 이데올로기적 균열들에서 저항이 출현하며, 이 저항은 텍스트 형식으로 기록되어 가장 효과적으로 공간적으로 배치된다. 이런 공간이 암묵적으로 인지하는 것은 끊임없이 이어지면서 점점 더 장애를 안겨 주는 인도인의 저항이다. 이번 장은 마지막으로 스틸의 단편소설 두 편을 읽고 비교하면서, 그녀의 작품에 담긴 '침묵'과 '부재'가 때때로 노골적이고 심지어 폭력적인 반제국적 침투를 담고 있음을 보이려 한다.

스틸의 〈대大두르바르The Great Durbar〉(1897)와 〈수확Harvest〉(1894)의 주인공은 각각 나누크Nânuk와 자이물Jaimul이라는 인도 농민인데, 각 이야기의 서두에서 두 사람은 지리적으로 제국의 인프라 네트워크와 세계체제의 초국적 회로 '너머에' 혹은 '바깥에' 놓인다. 그럼에도 두 주인공은 바로 그 제국의 인프라가 창출하는 빈곤한 사회경제적 조건(저발전의 발전 혹은 주변화 과정)에 종속되어 있다. '숙명'이 나누크에게 "명하기를, 늙은 농부는 경작지도, 물레방아도 없어야 한다. 어떻게 이런 일이 생겼는지 알려면 서구의 법률이 담긴 법령집을 속속들이 읽어야 한다"(Steel, 1971: 352). 스틸이 여기서 풍자적으로 언급하는 '숙명'은 무능한 기근 구호와 그릇된 개혁에 대한 암묵적 은유로서, 그 탓에 나누크는 자신과 가족의 생계를 위해 식량을 생산할 연장들을 빼앗긴다.

한편, 자이물에게 '제국'은 "그의 단순한 상상에서 멀리 떨어져 있다. 그렇지만 든든한 손으로 끈기 있게 관리하는 이 늙은 농부는 손에 쥔 고삐로 얼마나 넓은 땅을 다스리는가? 이것은 청서靑書의 영역일 텐데, 자이물의 청서는 하늘이었다"(Steel, 1971: 374-375). 이런 문장의 풍자적 어조가 암시하듯, 스틸의 단편소설은 제국의 개혁 프로젝트를 '승인'하는 '자비로운 영향력'이라는 '전제'를 교란하려 한다(Roy, 2010: 55). 그러나 이 이야기들이 앞서 논의한 단편소설과 다른 점은 나누크와 자이물의 능동적 의도 혹은 행위성인데, 두 사람은 제국적 통치를 위한 인프라 및 관료주의의 그물망에 직접 저항하지는 않더라도, 거기에서 '정의'를 찾아내려는 것이다. 이 이야기들은 인도주의 이데올로기의 위선적 윤곽을 드러낼뿐더러, 자본주의 세계체제의 착취적 역학에 대한 적극적 개입을 서술한다.

데이비드 하디먼David Hardiman은 농민 저항에 관한 광범위한 역사적 기록에서, "1858년에서 1914년 사이에" 빈발한 소요는 "영국의 통치에 직접적 위협"은 아니었지만, "영국 통치하에 인도가 더 번영하고 안정적인 사회가 되었다는 식민 관리들의 주장에 대한 지속적 반박"으로 작용했다고 주장한다(Hardiman, 1992: 1-2). 그러나 이런 운동들이 지속적으로 일어났음에도 불구하고 "농민들의 동기에 대한 '이해나 공감'은 거의 보이지 않았고, 이에 대한 분석도 이루어지지 않았다"(Hardiman, 1992: 2). 이러한 이야기들의 배경을 이루는 역사적·경제적 맥락과 관련해 하디먼이 입증하는 바에 따르면, 1870년대 이후부터 호주와 캐나다의 대영제국, 그리고 그 너머의 북미, 남미, 러시아에 걸쳐 "광활한 미개간 농지가 개방되면서 농산물 가격이 폭락"했다(Hardiman, 1992: 5). 영국이 '관세 부과'로 "저렴한 곡물 유입을 막아서 소농을 보호"하기를 거부했기 때문에, (철도와 전신과 같은 인프라 개발로 촉진된) "통신망과 시장망" 확대는 기실 "기업형 농업의 혜택을 볼 수 있는 농민 계급의 출현을 촉진하기는커녕 오히려 저해했다"(Hardiman, 1992: 5).

이러한 지구적 힘들이 인도 농민의 일상생활에 미치는 작용이야말로 스틸 이야기들의 비판적 취지에 영향을 주었다. 이런 이야기들은 세계체제의 광범위한 구조적 조건과 그 불균등 발전을 탐구하되, 이런 것들이 세계체제 주변부 빈곤층의 경험을 통해 굴절되어 나타나는 모습을 다룬다. 이러한 이야기 속 인프라의 등장에 초점을 맞추면, 스틸이 이런 문학작품에서 착수하는 구조적 비판이 두드러진다. 그녀는 인도 행정부가 인도주의적 자비를 주장하는 일과 그와 동시에 착취적 자유무역 정책을 강경하게 고수하는 일이 서로 충돌함을 드러내는 것이다. 그뿐 아니라, 스틸은 나누크와 자이물의 행동을 이런 광범위한 구조적 조건 안에 맥락화함으로써 영국령 인도의 통치에 대한 끊임없는 저항을 (정당화하는 데까지 나가지는 않지만) 설명하는데, 여기에서 이것은 어떤 폭력적이고 반제국적인 행동을 설명하는 데서 극에 달한다.

나누크와 자이물은 둘 다 "공소시효나 대법원 판결에 대해서는 아무것도 모르지만"(Steel, 1971: 378) 영국 제국주의의 상징적 현시를 향해 자신의 행위성을 주장한다. 나누크는 인도 제국의 물질적이고 상징적인 심장이자 건축과 인프라의 웅대한 위업인 "대두르바르"(352-353)까지 걸어간다. 스틸은 여기서 리튼 경Lord Lytton이 주재한 제국 즉위식을 허구적으

그림 1.4 1911년 국왕 조지 5세의 델리 두르바르 당시 건축 배치를 보여 주는 사진.

로 재연한다. 1876년 12월부터 1877년 1월까지 델리에서 열린 이 행사는 "영국의 권위를 공표하고 강화하고 찬양하기 위해" 기획되었고(Cohn, 2009: 662), 여기에 실은 사진그림1.4에서 보이듯 1911년에도 이와 비슷하게 웅장한 건축과 공간적으로 구획된 위계질서를 유지하며 되풀이되었다. 앤서니 킹에 따르면, 1876년 제국 즉위식을 위해 소개된 지리적 구역들은 "주둔지의 도로체계와 도로망"의 대대적인 인프라 개발을 통하여 "시빌라인스"|영국 식민지 시대 인도 델리에 건설된, 영국의 식민 관리와 고위 행정관 주거지역 | 및 도심과 연결되었다. "25제곱마일 지역 안에 신작로 40마일을 건설"했고, "광궤 철도 26.5마일 및 협궤 철도 9마일"도 건설했다(King, 1976: 224-228). 이 거대한 인프라 프로젝트를 따라 더듬더듬 나아가던 나누크는 "온 철도 노선의 플랫폼마다 산더미같이 쌓인 밀"을 지나친다.

| 이 광경을 보니 | 그의 둔한 두뇌는 밀의 수요가 늘고 가격이 오르는데

149

왜 그것을 재배하는 사람들은 재정적으로 파탄하는지 궁금해졌다. 그러나 사실인즉, 이런 문제는 노인의 생각을 그저 휙 지나갔을 뿐이다. [Steel, 1971: 361]

이 서사는 초국적 인프라 발전이 낳은 경제적 불평등에 대한 통찰을 언뜻 보일 뿐이지만, 그래도 이러한 인프라가 세계체제의 중심부와 주변부 간의 불평등한 격차를 심화한다는 것을 은연중에 드러낸다. 나누크의 두뇌가 둔하다거나 위 인용문의 몇 문장 뒤에 그의 관찰이 "반쯤 잊혔다"라는 데 초점을 맞추는 것은, 인도인의 일관된 정치의식에 대한 이데올로기적 폄하를 내비치는 것일 수도 있다. 하지만 여기에서는 영국령 인도의 착취적 경제정책을 여전히 정확하게 인지하고 있으며, 나누크의 "둔한 두뇌"는 탈정치화된 정신 때문이기도 하지만 그만큼이나 기아 상태 때문이기도 하다. 역사적으로 보아 제국 즉위식이 열린 1876년은 마드라스 기근이 일어난 첫 번째 해이기도 했다. 데이비스는 수많은 당대의 자료와 회고적 자료를 활용하여 "1876년에서 1879년 사이의 대가뭄"으로 최소 610만 명에서 최대 1,030만 명이 사망했다고 추산했다(Davis, 2010: 6-7). 아울러 어느 영국 기자를 인용하는데, 이 기자는 "나중에 리튼이 주재한 호화로운 두르바르 기간에만 마드라스와 마이소르에서 |빅토리아| 여제의 신민 10만 명이 아사했다고 추산했다"(28). 콘 역시 두르바르가 "기근 시기에 |즉위식에| 막대한 공적자금을 쏟아부은 제국 통치자들의 무정함을 예시한다"라고 보았다(Cohn, 2009: 676). 그리고 스틸의 이야기는 내용과 형식 모두에서 제국 통치의 폭력적인 여파로 빚어진 것이다.

나누크는 총독의 연단을 향해 겨우겨우 나아간다. 이 연단이라는 상징적 현시는 "영국이 인도를 다스리는 권위의 확립을 표현하고 명백하고 설득력 있게 만들기 위해" 기획된 이 행사에서도 중심이었다(Cohn, 2009: 677).

> ┃나누크는┃ 그의 모든 희망이 겨냥한 목표이던 것 아래에 있었다. … 깃대에는 잉글랜드 기가 우중충하고 무겁게 걸려 있었다. … 여기까지는 괜찮다. 그것은 틀림없이 "주권의 기"였다. … 정의를 갈구하는 충실한 신민들을 밤낮으로 인도하는 안내자였다. (Steel, 1971: 367)

《수면 위에서》를 가로지르는 이데올로기적 상징┃깃발┃을 다시 묘사하며, 스틸의 화자의 목소리에서 풍기는 풍자적인 건조함은 이제 ┃《수면 위에서》처럼┃ "평온하고 안전하게" 휘날리는 것이 아니라 "우중충하고 무겁게" 되어 버린 "잉글랜드 기"에서 문학적으로 구현된다. 텍스트에서 불협화음을 일으키는 깃발의 패러디는 나누크가 만난 병사에서 강화된다. "꽤 취해서 대단한 애국자가 된" 스미스 이병은 "끔찍하게 틀린 음으로 '하느님, 저희의 자비로우신 여왕 폐하를 지켜 주소서'┃영국 국가 〈하느님, 여왕을 지켜 주소서God Save the Queen〉의 첫 대목┃ 구절을 휘파람으로 불면서" "형편없는 리듬"으로 박자를 맞췄다(368). 나누크에 대한 이병의 도발("한 잔 안 마신다고? 검둥이 폭도 같으니라고.")은 스틸의 폭동 소설에 만연한 요지부동의 애국심을 뒤틀어서 이 서사가 규탄하려는 노골적 인종차별이 되게 한다(370). 이 장면은 "가장 자애로우신 폐하께서〔인도의 여제〕칭호를 수락하신 기념일 새벽의 예포 백한 발 중 첫 발이 안개 속으로 울려 퍼지는"것으로 끝난다(371). "가장 자애로우신 폐하Most Gracious Majesty"라는 표현의 대문자와 '수락'이라는 말은 스틸의 산문에 담긴 날카롭고 풍자적인 저의를 재차 강조한다. 그러나 중요한 것은 나누크가 제국의

지배에 대한 이러한 상징적 표현을 "듣지 못했다"라는 것이다. 피로와 허기로 기진맥진한 그는 "다리가 후들거려 비스듬히 쓰러졌다." 이것은 인도의 시골이라는, 기근에 시달리는 주변부를 제국 즉위식의 정중앙에 알레고리로 써넣는 텍스트적 병치로서, 제국이 자비롭고 보호하고 권위 있다는 주장을 그 경제정책의 폭력적 현실을 통해 도발적이며 공간적으로 흔드는 것이다(371). 바넷이 지적했듯이, "새로운 인도주의라는 이데올로기"가 "영국의 식민 국가가 부분적으로는 인도인의 유골들 위에 세워졌다"라는 의미라면(Barnett, 2013: 64), 스틸의 이야기는 이러한 가부장주의적 인도주의의 폭력적 위선을 그것 | '유골' 이미지 | 에 버금가는 본능적이고 정치화된 이미지를 통해 규탄한다.

〈수확〉에 등장하는 또 다른 가난한 농부 자이물은 자신의 문제를 '지방법원'으로 가져가는데, 거기에서는 "기만 및 간계로 조심스레 엮인 긴 천이 그의 편을 드는 재판관의 눈조차 가려 버렸다"(Steel, 1971: 385). 이처럼 텍스트로 이루어진 직물, 즉 "이런 사례들이 가득한" "인도 법원의 기록들", "잇달아 찍힌 직인들", "그물이 되는 가닥들"(386)에 대한 묘사는 촘촘한 관료 기구와 정부 보고서들을 비판하는 것이다. 스틸은 나중에 자서전에서 이런 것을 "그것이 상대해야 하는 무식한 사람들에게는 너무 법률적이고 너무 체계적"이라고 규탄하게 된다(Steel, 1930: 249). 이런 자서전에서의 논평은 또다시 스틸의 인종화된 가부장주의의 증상이지만, 영국령 인도의 관료 체제에 인도인이 대처하는 과정을 재현하는 문학에서는 제국주의의 구조적 폭력의 광범위한 윤곽이 명징하게 두드러진다. 이런 재현은 슬라보예 지젝Slavoj Žižek이 폭력의 노골적 신호로 규정한 것, 즉 "범죄와 테러, 시민의 소요"를 "그러한 격발을 일으키는 배경의 윤곽"을 세세히 서술함으로써 맥락화한다(Žižek, 2008: 1). 이 텍스트는 자이물의 관점을 채택함으로써 한 걸음 뒤로 물러나는데, 이로써 독자는 "명확하게 식별되는 행위자가 가하는" "이런 목전에 보이는" 폭력 같은 "유혹적 미끼에서" "풀려나서", 제국주의의 "'체계적' 폭력"을 전경화할 수 있다. 이런 폭력은 정치적·사회경제적 체제로서의 제국주의의 "매끄러운 작동이 초래하는 종종 파국적인 결과"이다(Žižek, 2008: 1-4). 이를 통해 스틸의 이야기는 반제국 저항을 인지하는 데 그치는 것이 아니라, 이런 저항이 정치적으로, 그리고 심지어 폭력적으로 개입할 권리를 정당화하고 적법화하기 시작한다.

　이 이야기의 마지막 부분에서 자이물은 정의를 구하기 위해 폭력으로 나아간다. 그러나 스틸이 비판하는 대상은 영국령 인도의 경제정책으로 인해 지속하는 체계적 불평등이기 때문에, 서사는 농민의 난폭한 소요를 전혀 규탄하지 않는다. 오히려 자이물의 "행동의 난폭함"이 실은 그러한 구조적 불평등의 산물임을 내보인다.[12] 이런 장면에는 "여러 해의 건조한 기근으로 굳어진 … 땅!"과 "좋은 터", "좋은 흙"에 대한 언급이 산재해 있다(Steel, 1971: 388-389). 자이물의 폭력적 저항 행위, 즉 상징적으로 "백마를 탄 백인"인 우두머리를 살해하는 행위(388)가 일어난 물리적 지형을 강조함으로써, 서사는 식민 지배의 정치를 중심 무대에 놓는다. 이때 이 정치는 "물질적 세계 안에서, 그리고 그 위에서 작동하는" 일단의 "지배와 착취 활동들"로 이해되는 것이다(Young, 2008: 408). "맞아서 곤죽이

12　이 이야기의 줄거리는 레너드 울프Leonard Woolf의 후기 소설 《정글 속 마을The Village in the Jungle》(1913)과 놀라울 정도로 유사하다. 거기에서는 제국 정부의 촘촘하면서도 불균등하게 발전된 법률 체계가 일으키는 구조적 폭력이 스리랑카 농민 실린두Silindu가 자이물처럼 우두머리〔촌장〕에게 폭력을 행사하게 만든다. 그뿐 아니라, 내가 다른 곳에서 쓴 것처럼, 울프의 소설도 스틸의 단편소설처럼 피식민자 관점에서 서사를 전개하면서 제국주의의 구조적 폭력의 윤곽을 뚜렷하게 부각한다(Woolf, 2008; Davies, 2015 참고).

된" 영국인 우두머리의 "얼굴"은 몇 문장 뒤에서는 "형태가 없어지고" "공포"라고 묘사되지만(Steel, 1971: 389), 스틸이 농민의 관점으로 전환하는 것은 자이물의 폭력 행위를 유발한 구조적 조건을 드러낸다.

> 그는 미안해하거나 부끄러워하거나 두려워하지 않았다. 단지 자기 행동이 너무 성급했다는 데 어리둥절했을 뿐이다. 사람들은 부당하면 때로는 이런 일을 해야만 한다. 물론 그는 교수형을 당할 테지만, 적어도 항의했고, 선량하고 진실한 사람이라면 때가 되면 마땅히 해야 할 일을 한 것이다. (Steel, 1971: 389-390)

스틸의 이야기는 조지프 콘래드의 '공포'를 상호텍스트적으로 예고하는데, 일부 비평적 해석에 따르면 후자는 적어도 부분적으로는 중앙 아프리카에서 벨기에가 자행한 폭력적인 제국주의적 착취에 대한 반응이다(Conrad, 2006: 70; Hawkins, 1982; Brantlinger, 1988). 스틸의 이야기는 또한 미얀마에서 식민지 죄수의 교수형을 다룬 조지 오웰의 비허구 서술을 예고하는데, 오웰의 이 에세이도 제국의 위선과 폭력을 비판한다(Orwell, 2000: 14-18). 그러니까 토머스의 주장처럼 "예를 들어 조지 오웰의《버마 시절》(1934)에서처럼 영국의 주류 작가들이 인도에서 일어나는 현상을 불법이라고 단도직입적으로 재현하기도 전에 인도에서의 제국은 실제로 종말에 가까워졌지만"(Thomas, 1995: 168), 스틸의 이야기는 이보다 이른 역사적 시점의 제국 이데올로기에 내장된 근본 모순을 드러낸다. 그뿐 아니라, '인도 폭동' 동안 영국인에게 자행된 폭력을 끊임없이 이데올로기적으로 끌어와서 정부의 폭력적 보복을 정당화하는 경향(스틸 자신도《수면 위에서》에서 이 방향으로 나아간다)에도 불구하고, 〈수확〉의 마지막 문단에서는 인도에서 영국 제국주의의 착취적 본성에 대한 비판을 무효로 만들기는커녕 오히려 강화하는 이 이데올로기를 끌어온다.

> 고리대금업자의 부하들이 그 땅에서 최대한 뽑아내서 간신히 먹고 살 것만 남기고 몽땅 바다 건너로 보냈다는 것은 사실이다. … 어쩌면 인도의 붉은 밀의 대가로 이 나라에 들어온 영국의 노란 금이 이런 사소한 손실을 충분히 보상해 주었을 것이다. 어쩌면 그렇지 않았을 것이다. 이것은 다음 폭동에서 해결할 문제이다. (Steel, 1971: 392)

이 마지막 문장에서 마침내 스틸은 이번 장에서 다루어 온 '의미심장한 침묵'에서 벗어나, 반제국 저항이 불가피함을 공공연하게 인정한다. 텍스트의 마지막 문장에서도 여전히 '폭동'이라는 표현을 사용한다는 것은 스틸이 영국인, 특히 재인도 영국인의 상상에서 "놀랍도록 오랫동안 지속한" "야만적 공포담"을 환기하여(Randall, 2003: 5) 독자에게 미래의 반제국 폭력을 경고하고 있음을 시사한다. 이 서사에서 〈대두르바르〉처럼 도발적인 텍스트적 병치로 끝맺음으로써 폭동의 폭력을 영국령 인도의 착취적인 경제정책 및 인프라 정책의 폭력과 비교하는 것은 당대로서는 급진적이다. 스틸의 결말 부분에서 이러한 정책들의 지구적 역학을 부각하는 것은 제국주의가 자본주의 세계체제의 역학에 종속되고 인도아대륙에서 저발전의 발전과 결탁하고 있음을 반영한다. 앞서 살펴보았듯이, 이러한 사회경제적 폭력이 가능한 것은 인도주의 이데올로기로 정당화된 인프라 발전과 기술 발전 때문이다. 스틸의 소설은 이런 근본적 모순에 대한 예리한 의식을 보여 주는데, 이런 이데올로기적 부정합성은 이처럼 가까이 읽는 구문론 차원과 인프라 차원에서 반제국 저항을 위한 공간을 열고 때로는 이런 저항을 정당화하기까지 한다.

　이 첫 번째 장에서 예비적으로 드러내고자 했지만, 식민문학에 대한 인프라적 접근으로 우리는 식민문학에서 반제국 저항의 서사적 구성이 한낱 반식민적이거나 반정부적인 것이 아니라 실은 아리기, 홉킨스, 월러스틴이 "반체제운동"(Arrighi et al., 2011: 1)이라고 부르는 것임을 알 수 있다. 스틸은 그 생애나 이데올로기에서 영국령 인도의 제국적 통치와 제휴하고 있기에, 세계체제의 "주변화 과정"(자원 추출, 국제 노동분업)(Hopkins and Wallerstein, 1982: 98-99)은 그녀의 인도주의 이데올로기 틀 안에 감춰진 채 잠재적으로 남아 있다.

　한편, 남아프리카의 경우에는 영국 정부는 역사적으로 보아 인도주의적 개입에 그다지 관심을 두지 않았다. 다음 장에서 살펴보겠지만, 남아프리카에서 인프라는 완화 이데올로기로 정당화된 것이 아니라, 더 노골적으로 체제를 지탱하는 역할을 했다. 이를 통해 인프라는 이 지역의 광물자원에 접근할 수 있게 했고, 순응적이고 안정적인 노동력 유지를 위한 복잡한 분리 시스템을 구축했다. 스틸의 소설에서는 반제국 저항이 인도 행정부의 식민 자본주의 경향에 대한 그녀의 비판에 뿌리내리고 있지만, 남아프리카의 산업화를 배경으로 하는 해거드, 슈라이너, 플로머의 소설은 인프라가 자본주의 관계들의 심화를 상징적으로 구획함을 더 분명하게 드러낸다. 그럼에도 나는 스틸의 문학이 반응하는 역사적·정치적 맥락 때문에, 그리고 인도 식민 공간의 생산을 통해 추적할 수 있는 초국적인 중심부-주변부 네트워크 때문에, 그녀의 소설에 나타나는 모순은 여전히 자본주의 세계체제 전체의 역학에 대한 개입이자 장애로 보아야 한다고 주장한다.

2장

분리의 지도 그리기
: 남아프리카의 문학지리

서론:
산업화, 도시화, 분리

산업혁명은 내부 세력의 자연스러운 운동일 수도 있는데, 이런 세력은 민족 자신의 이익을 추구하는 노선을 따르며 인민의 자치 발전과 나란히 나아간다. 다른 한편, 산업혁명은 외국 정복자가 강요할 수도 있는데, 이런 정복자는 주로 자기 이익을 얻으려 하고 그 나라 인민의 더 깊은 이익에는 무관심하다. (Hobson, 1988: 292)

다음에 실린 남아프리카 철도 지도 <u>그림 2.1</u>를 보면, 1921년 무렵 대부분 제국의 인프라가 홉슨의 지적처럼 외국 자본의 이익을 위해 건설되었음이 놀라울 정도로 극명하게 드러난다. 1867년 킴벌리의 다이아몬드 발견과 1886년 위트워터스란트의 금 발견이 촉발한 이 지역의 산업혁명은 맹렬한 속도로 진행되어 "아프리카인의 삶의 구조"를 파괴했다. 1870년 이전 "남아프리카에서는 대다수 아프리카인이 독립 군장국가君長國家에 살았지만", 1920년대 남아프리카에는 흑인 인구가 가득한 거대 거점도시들이 있었다(Marks and Rathbone, 1982: 1; Karis and Carter, 1972: 4). 1장에서 논의한 것처럼 인도의 인프라 발전도 분명히 (주로 인도아대륙의 탄전에서) 자원을 추출할 전망에 기대었지만, 남아프리카의 철도, 도로, 전신 건설과 그에 따른 산업화 및 도시화 과정은 더 명백하게 "광산자본의 필요"(Marks and Rathbone, 1982: 12)에 좌우되었다. 인프라 개발이 인도주의적 개입이라는 주장으로 정당화되는 일은 드물었다. 오히려 인프라는 명시적으로 자원을 수출하고, 제조품을 수입하며, 노동력을 새로운 산업 중심지로 이동시키도록 설계되었다. 여기 실린 지도를 다시 한 번 살펴보면, 불균등하

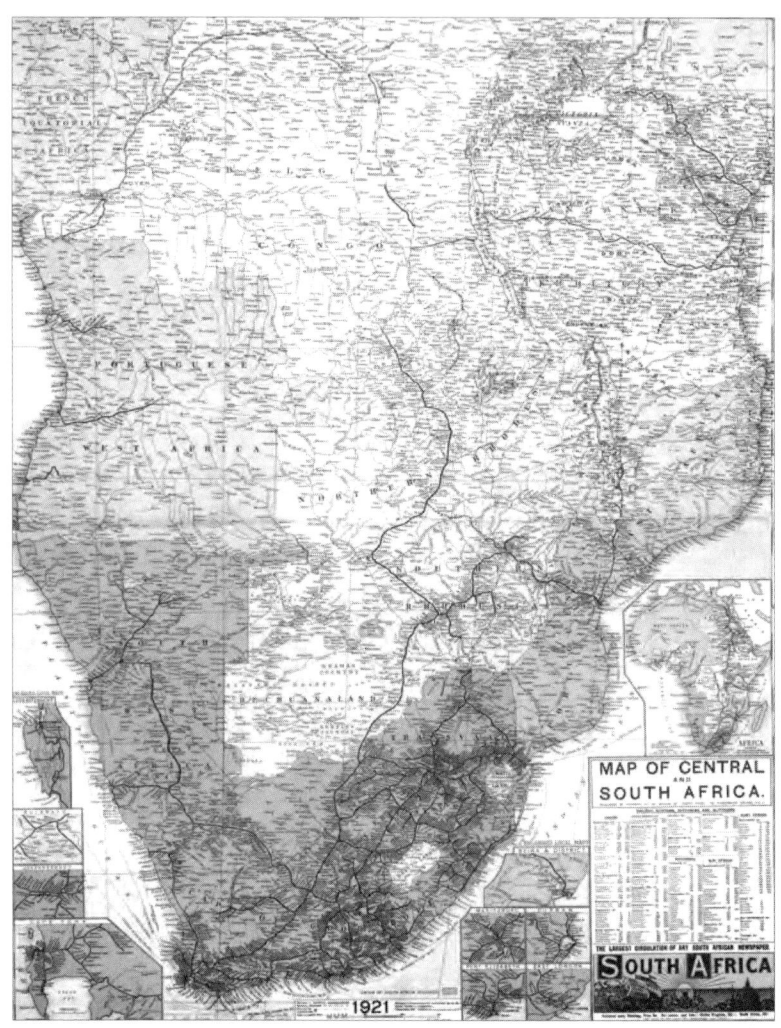

그림 2.1 중앙아프리카 및 남아프리카 지도. 아프리카 대륙 전체와 주요 식민지 항구도시 및 그 주변 지역의 삽도插圖들을 포함한다. 1921년 《사우스아프리카South Afica》 신문에 125마일당 1인치 축척으로 인쇄. 큐 국립문서고의 식민성 문서고 1047/203.

게 발전한 간선도로들은 풍부한 광물 매장이 확인된 지역들 주변에 뭉쳐서 이들 지역을 해안 항구와 연결하며, 때로는 대륙 내부 공간으로 흩어져 탐색의 실을 던지기도 한다.

남아프리카의 산업혁명은 홉슨이 지적한 것처럼 그저 "그 나라 인민의 더 깊은 이익에는 무관심"(Hobson, 1988: 292)하기만 한 것이 아니었다. 더 나아가, 흑인 아프리카인이야말로 산업혁명의 땔감이었다. 아킬레 음벰베Achille Mbembe가 지적했듯이, 바로 이 때문에 "남아프리카에서는 애초부터 이주와 근대성이 서로 겹치고 뒤얽힌 조밀한 실타래로 연결되었다"(Mbembe, 2008: 42). "피식민 인민을 주로 도시 노동자계급으로" 흡수한 결과, 신흥 산업 중심지에서는 "노동자들을 저렴하고 고분고분하게" 만들기 위해 특별히 고안된 "차별적 법률과 관행이 어리둥절할 만큼 많이" 생겨났다(Clark and Worger, 2011: 8, 14-15).

이번 장에서 살펴보겠지만, 이러한 불균등한 지리와 인종화된 인구는 식민문학에서는 주로 분리를 위한 인프라 체계 및 이데올로기적 체계가 점점 더 복잡해지는 데서 드러난다. 월러스틴이 보기에, "인종주의"는 "역사적 자본주의를 떠받치는 문화적 기둥"이다(Wallerstein, 2011: 80). 이것은 "피억압 집단"을 "추방"하기보다는 "역사적 체계 내부에서 노동력을 계층화"하여 "그 체계 내부에 가두어 두는 것"을 가능하게 한다(Wallerstein, 2011: 103). 자본주의적 관계가 남아프리카에 점점 더 침투하면서, "노동력의 위계화와 극히 불평등한 보상 분배"를 촉진하는 인종적 "경계들"을 고정하기 위해서는 복합적인 지리적 분리가 필요했다(Wallerstein, 2011: 78). 물리적 인프라는 지역을 드나드는 자본 흐름을 촉진했을 뿐 아니라, 현실의 공간과 상상의 공간 모두에서 이러한 경계들을 유지하는 데 핵심 역할을 했고, 따라서 20세기의 남은 긴 기간 동안 남아프리카에 그림자를 길게 드리운 현상, 즉 아파르트헤이트의 토대를 놓았다(Ferro, 1997: 144-145). 원래 위트워터스란트의 금광 주변에 몰린 정착지들에서 생겨난 도시인 요하네스버그는 이러한 역사적 과정의 중심지다. 4장에서 살펴보겠지만, 인도의 뉴델리와 마찬가지로 요하네스버그의 물리적 배치와 인프라 배치의 역사적 퇴적은 "분리된 도시의 부상, 퇴락, 그리고 재건설"의 이야기를 들려준다(Nuttall and Mbembe, 2008: 10). 인도에서와 마찬가지로, 남아프리카 지리에 대한 문학적 재현은 이처럼 깊이 인종화되고 분리된 공간의 생산에 공모하면서도 저항해 왔다.

1880년대 아프리카 문제를 다루는 베를린회의와 '아프리카 분할'의 시기에 남아프리카는 "인도로 향하는 길의 휴게소에서 산업 생산의 지구적 중심지로 변모"했다(Chrisman, 2000: 23-24). H. 라이더 해거드의《솔로몬왕의 광산》(1885)과 같은 문학작품은 "'검은 대륙'을 제국적 상상을 위해 생생한 색채로 그려 냈다"(Pocock, 1993: 62-63). 그러나 룩셈부르크가 썼듯이, 1910년이 되어야 "두 나라ㅣ영국과 네덜란드ㅣ의 백인 착취자 1백만 명은ㅣ남아프리카ㅣ연방 내에서 감동적인 형제적 동맹을 맺고 유색인 노동자 5백만 명의 시민적·정치적 권리를 박탈하게 되었다"(Luxemburg, 2003: 396). 룩셈부르크는 천연자원이 풍부하고 "경제발전의 잠재력이 막대하던" 네 개의 과거 영국 식민지가 통합된 것이 남아프리카에서 백인 권력의 공고화와 흑인의 권리 박탈에 중요한 순간이었다고 주장했다(Grifths, 1995: 71). 올리브 슈라이너와 남편 사무엘 크론라이트 슈라이너Samuel Cronwright-Schreiner는 1896년 정치 상황을 고찰하며, "원주민 문제"는 사실 "노동 문제가 인종과 피부색 차이로 복잡해진 것일 뿐"이라고 주장했다(Schreiner and Cronwright-Schreiner, 1896: 109). 슈라이너가 보기에, "남아프리카 문제의 중심 중의 중심, 핵심 중의 핵심"은 "외국의 투기자, 자본가, 주주 계급"이 남아프리카의 새로운 도시환경에서 빈곤한 흑인 프롤레타리아를 만들어 낸 것이었다(Schreiner, 1923: 315-316). 이번 장에서 보여 주겠지만, 이것이야말로 슈라이너의 문학작품의 인프라뿐 아니라 그 문학작품 속 인프라를 통해 선명히 드러나는 문제이다.

인프라를 통하여 체계적으로 흑인 노동력의 지속적 공급을 규율하는 일은 플로머의 첫 단편집《아프리카를 말한다I Speak of Africa》에 수록된 〈울라 마손도〉가 출간된 1927년까지 여러 해 동안, 수많은 법률적 조치로 강화되었다. 이 단편소설에 대해서는 이번 장을 마무리하는 부분에서 다룰 것이다. 1913년에 통과된 원주민 토지법은 '영토 분리 원칙'을 합법화하고 아프리카인의 '원주민 보호구역' 밖 토지 취득을 법적으로 금지했다(Meredith, 2008: 522-523). 솔 플라체Sol Plaatje가 이 법을 논쟁적으로 비판하듯이, "남아프리카인은 자신이 태어난 땅에서 사실 노예도 아니고 불가촉천민으로 전락"했는데, "이 지역 I 보호구역 I 들은 연방 전체 면적의 18분의 1에 불과하므로 이론적으로 보면 원주민 450만 명은 연방의 18분의 1만 '구입'할 수 있고 나머지 18분의 17은 백인 1백만 명에게 넘어간다"(Plaatje, 2011: 186-188). 따라서 이 법은 자신에게 주어진 비좁은 땅에서 (신정부가 부과하는 세금을 내는 것은 고사하고) 먹고살 수도 없게 된 흑인 인구가 도시로 이주하여 광산에서 단기계약으로 일하도록 강제한 것이다. 플로머의 단편소설이 출판되기 직전 몇 해 동안에는 흑인 인구의 공간적 이동을 점점 더 제한하는 일련의 법률이 추가로 통과되었는데, 이번에는 특히 그토록 많은 흑인이 들어갈 수밖에 없었던 도시환경 내 이동을 제한했다. 원주민 도시지역법(1923), 산업조정법(1924), 임금법(1925), 광산및사업개정법(1926)이 그것이다. 결국 1927년에는 원주민행정법이 통과되었는데, 이 법은 "원주민 사무부가 아프리카인과 관련된 모든 사안을 통제하도록 위임하고" 아프리카인을 대규모 보호구역에만 머물게 하여 도시 광산지구에 필요한 노동력 공급원으로 유지했다(Clark and Worger, 2011: 23).

에얄 바이츠만Eyal Weizman은 이스라엘/팔레스타인의 점령과 분리 구조에 대한 연구서에서, 법률적 장치를 구현하고 제도화하는 인프라의 역할을 강조한다. 그는 "법/벽law/wall"이라는 거의 회문回文palindrome | madam처럼 앞에서부터 읽으나 뒤에서부터 읽으나 같은 단어나 구를 가리키는데, 여기에서는 law를 거꾸로 읽으면 wall과 거의 같다는 의미다. 여기서 '벽'은 이스라엘이 팔레스타인인 거주지역 둘레에 건설한 장벽을 뜻한다 | 에 가까운 언어적 구조"가 "건조建造 구조와 법률 구조가 동등하며 상호의존적임"을 시사한다고 지적했다(Weizman, 2012: 210). 이 점은 영국령 인도의 철도 인프라와 법률 인프라에 대한 스틸의 문학적 심문에서 잘 나타난 바 있다. 여기에서 다루는 세 명의 저자도 스틸과 마찬가지로, 복합적인 인프라 배치 및 법률 배치가 반제국 저항을 억제하기 위한 것일 뿐만 아니라, 인구를 산업화 중심지로 흡수해 경제의 핵심 동력으로 삼기 위한 것이라는 데 천착한다. 아렌트는 룩셈부르크를 독해하고 자본의 남아프리카 침투의 장기적 영향을 고찰하면서, "남아프리카의 영구적 매력, 즉 영구 정착을 유혹하는 영구적 자원은 금이 아니라 이런 인간 자원이었다"라고 주장한다(Arendt, 2005, 258). 주변부 지대, 그리고 권리를 박탈당한 인구집단은 인프라에 의해 남아프리카의 중심적 산업 공간 안으로 통합되어야 했다. 그러나 이처럼 점점 더 복합적이 되는 분리의 지리가 점점 더 문학의 중심적 관심사가 되는 것과 더불어 이러한 '법/벽'에 저항하는 역량도 커지는데, 이런 역량은 그 텍스트적 형식과 주제 안에서 공간적으로 작동한다. 바이츠만이 쓰듯이, "벽을 허물면 반드시 법도 무너진다"(Weizman, 2012: 210).

이 지역의 풍부한 광물자원을 지도화하는 일은 특히 어느 문학 장르, 즉 제국 로맨스의 핵심 관심사가 되었다. 제국 로맨스의 서사구조의 윤곽에는 이데올로기적 의제가 새겨져 있으며, 킴벌리와 요하네스버그 같은 정착지와 도시의 산업화 경관은 | 서사 안에 | 부재하더라도 눈에 띈다. 많은 비평가가 지적하듯이, "로맨스의 옹호자들"은 "제국적 모험을 고도 자본주의라는 불모의 세계에 대한 해독제"로 제시하면서(Reid, 2011: 152-178), "정복의 전리품 탈취를 정당화하는" 서사(Macdonald, 1994: 213), 그리고 "제국주의 정치"에 부응하는 서사(Katz, 1987: 50)를 생산했다. 더 나아가 빌 슈워츠Bill Schwarz가 지적하듯이, 제국 로맨스는 제국주의 영국 국민에게 "제국의 이야기"를 전달하는 데 핵심적 역할을 했고, 그것이 생산하는 "지식과 무지의 기묘한 혼합물" 때문에 피식민 경관(특히 남아프리카 경관)은 "영국 국내의 부패, 퇴락, 추문과 대척점에 있는 순수함"으로 기능했다(Schwarz, 2011: 22, 79). 이러한 관찰을 이어받아 '프런티어 의식'을 탐구하는 3장에서는 존 버컨의 소설들에 대한 논의를 통해 이러한 과정을 다시 불균등한 자본축적 운동 위에 지도화할 수 있음을 보여 줄 것이다. 본서에서 | 작품이 출판된 | 연대순으로 '분리' | 2장 | 를 '프런티어' | 3장 | 보다 먼저 지도화하는 것이 직관에 어긋나 보일 수도 있는데, 프런티어 문학이 유행한 것은 실제로 남아프리카의 산업화 초기 수십 년이다. 자본주의적 관계들의 심화는 물리적으로는 불균등한 인프라 발전에서 드러나며, 그로 인해 서로 근접해진 인구 분포 | 자본주의 생산 및 인프라로 말미암아 흑인과 백인이 서로 가깝게 위치하게 되었다는 의미 | 는 제국적·인종적 이데올로기를 동요시킨다. 버컨에 대한 나의 해석이 보여 주듯이, 바로 그로 인하여 식민문학에서 프런티어의 생산이 점점 더 시급하고 복잡한 과제가 된다.《솔로몬 왕의 광산》이 적어도 표면적으로는 프런티어 소설이지만, 나는 이것

을 아파르트헤이트를 뒷받침하게 될 이데올로기적인 공간성과 분리주의적인 인프라 상상을 펼친 것으로 해석할 수 있고 그렇게 해석해야 하며, 그 여파는 중요한 변화를 겪기는 했으나 아파르트헤이트 이후 시대까지 지속된다고 주장한다(Bremner, 2010: 97-100 참고).

바로 이러한 이유로 나는 이번 장을 해거드의 제국 로맨스에 대한 인프라 읽기로 시작한다. 로라 크리스먼Laura Chrisman이 주장하듯이, 이 텍스트는 엄청난 인기를 누렸던 이 장르의 "원형을 확립했다"(Chrisman, 2012: 226). 노먼 에더링턴Norman Etherington 역시 해거드의 텍스트가 이 장르를 정의했고 《솔로몬 왕의 광산》은 최초이자 여전히 널리 읽히는 로맨스"(Etherington, 1978: 74)라고 역설하며, 웬디 카츠Wendy Katz는 해거드가 남아프리카에서 지낸 시간이 낳은 "가장 특출한 부산물"은 "로맨스 문학의 발전"(Katz, 1987: 4)이라고 주장한다. 이 인기 소설에 대한 나의 분석은 로맨스가 분리 공간을 단순화하여 생산하는 것을 추적하면서, 이것이 당대의 케이프-카이로 철도 관념에서 유통되던, 인프라를 선line으로 환원하는 상상의 광범위한 흐름을 반영하고 재생산한다고 주장한다. 이와 마찬가지로 아프리카의 초기 식민 지도와 제국 로맨스를 나란히 눈앞에 두고 글을 쓴 모레티도 주장하듯이, "단일하고 일차원적인 선은 … 모든 지도에서 아프리카 탐험의 표준적 기호였으며", 이처럼 "그로부터 아무 것도 벗어나지 않고 아무것도 옆으로 뻗어 나지 않는 하나의 고립된 선"은 "선형적 줄거리"로 모사된다(Moretti, 1998: 59-60). 모레티가 보기에, "여기에서 이데올로기와 서사망網은 진정 하나의 동일한 것"인데, 《솔로몬 왕의 광산》의 줄거리는 의심할 여지 없이 모레티가 "식민주의의 공간 논리"라고 부르는 것, 즉 "침투하여 장악하고 떠난다"(60-62)를 따른다. 나는 텍스트 속 인프라를 더 가까이 살펴봄으로써 이러한 선형성이 실은 심각한 곤란을 겪는다는 것을 보여 줄 것인데, 이러한 곤란은 남아프리카의 산업화 과정과 그에 따른 도시화 과정에 대한 반응으로 생기는 제국 이데올로기의 핵심 '모순', 즉 텍스트의 인프라 탓이다. 이런 모순은 "분리주의 정치에 고유한 역설적 본성"에 뿌리를 두고 있다.

> 도시 분리라는 개념 자체가 결국 자기모순이다. 도시는 수많은 서로 다른 사람들이 다 들어오고 모여서 거대한 덩어리를 이루는 장소이다. 사람들 간의 지리적 거리는 늘어나는 것이 아니라 줄어든다. 다인종 도시를 지배하는 백인들에게 이러한 모순은 종종 현실적인 정치적 딜레마로 이어진다. (Nightingale, 2012: 10)

앨런 레스터Alan Lester가 지적하듯이, "대규모 아프리카인 노동력의 필요로 인종 통합으로 기우는 사회구조와 공간 분리의 이데올로기 및 행정체계 사이"의 긴장에 기인하는 이런 '모순'은 "이후 남아프리카의 사회적·경제적·정치적 전개에 핵심적"이었다(Lester, 1998: 55). 이런 모순이 생산한 더욱 복잡한 일련의 지리적 전략은 차별, 구분, 분리의 인프라 건설과 공모하는데, 이러한 "공간적 형식"의 "실질적 적용"은 "아파르트헤이트 이론가들이 굳히려 한 구조"를 제공할 것이다(Lester, 1998: 83).

《솔로몬 왕의 광산》에서 이미 작동하는 이런 모순은 슈라이너의 소설 및 비소설 작품 중에서 비평가들이 남아프리카의 산업화 및 도시화 중심지를 다룰 때 여간해선 읽지 않는 일부 작품에도 나타난다. 그래서 이번 장에서는 슈라이너가 생전에 출간한 유일한 소설《아프리카 농장 이야기》(1883)가 어떻게 제국 로맨스의 관점적·지리적 초점을 전환함으로써 자본주의 세계체제 내부의 주변부에서 생기고 나타났는지 탐구한다.

슈라이너 소설은 이러한 공간적 재정향再定向 덕분에 제국 로맨스의 선형적 서사를 (실제로 저항하지는 않더라도) 해체하는 전복적 메타서사를 생산한다. 이번 장을 마무리하는 윌리엄 플로머의 단편소설 〈울라 마손도〉는 슈라이너의 이데올로기 작업을 계승하는데, 남아프리카 도시 공간 생산으로의 급진적 전환을 위한 주제적·형식적 토대를 마련할 뿐 아니라 로맨스 장르의 암묵적 정치에 개입하고 조명하는 것이다. 바로 이러한 이유로 나는 이 단계에서 제임스 C. 스콧의 '은닉 대본'과 '공개 대본'이라는 용어를 활용한다. 전자는 "권력자가 직접 관찰할 수 없는 '무대 밖에서' 행해지는 담론을 가리키고", 후자는 "예속된 자와 지배하는 자 간의 공공연한 상호작용을 서술하는 약칭"이다[Scott, 1990: 2-5]. 광물자원을 축적하고 피식민 인구를 초국적 노동력으로 흡수하는 일은 스콧이 제국 로맨스의 "하부정치"라고 부르는 것, 즉 "눈에 띄지 않는 정치투쟁 영역"에 등록된다. 이것은 "ㅣ빛의ㅣ 스펙트럼에서 가시적 부분 너머의" 영역이지만 이런 텍스트에 대한 인프라 읽기로 감지할 수 있다[Scott, 1990: 183]. 물론 슈라이너와 플로머의 글에 내장된 저항은 결코 직접적이거나 완전하거나 문제가 전혀 없지는 않지만, 이들과 로맨스의 (상호지리적이고 상호인프라적이지는 않더라도) 상호텍스트 관계에 주목하면 그 상당한 정치적 중요성을 확인할 수 있다. 이 텍스트들은 "은닉 대본과 공개 대본 간의 불일치"를 선명하게 부각하는데, 이런 공간적 어긋남은 로맨스의 이데올로기적 한계를 가시화한다[Scott, 1990: 5]. 실제로 플로머의 급진적인 로맨스 다시 쓰기는 "은닉 대본의 공개 선언"으로 간주할 수 있으며, 스콧에 따르면 "상징적 행위"로서 그것의 "동원 능력"은 "잠재적으로 어마어마하다"[Scott, 1990: 227].

제국 로맨스의 인프라:
《솔로몬 왕의 광산》

1877년 4월 12일 영국은 처음으로 트란스발 합병을 시도하는데, 이것은 프리토리아의 텅 빈 시장 광장에서 벌어진 평화롭고도 지리멸렬한 사건이었다. **헨리 라이더 해거드**Henry Rider Haggard는 이날 자신의 역할을 회고하며 "그 순간은 내가 영국을 대표했다"고 느낀다(Haggard, 1926: 105; Packenham, 2009: 40-41). 해거드는 방대한 기사와 소설을 통해 "쉽게 알아볼 수 있는" 제국주의 이데올로기를 체계적으로 형성하는 데 일조하게 된다(Katz, 1987: 29). 해거드의 로맨스 작품은 식민본국의 상상을 위해 남아프리카 지리를 생산하는 데 매우 중요했다. 이런 사실은 《솔로몬 왕의 광산》에 대한 당대의 서평들에서 분명해지는데, 대부분의 서평은 이 작품 서술의 이른바 핍진성을 상찬했다. 어느 서평은 "아프리카의 삶에 대한 해거드의 서술이 주는 느낌과 그림은 아주 올바르다"라고 썼고, 다른 서평은 "작가가 아프리카 풍경과 풍습에 정통"하여 "글이 현실감과 활력을 얻는다"라고 썼다(Haggard, 2002: 246, 251).

해거드 창작의 "사회적이고 역사적인 원재료"인 남아프리카는 그가 개척한 '장르 모델'과 불가분의 관계에 있었다. 다른 서평자가 평하듯이, 해거드는 "소설과 로맨스 사이의 유서 깊은 구분을 잘 보여 주었다"(Haggard, 2002: 249). 텍스트의 인프라와 그 서사의 형식적·장르적 구조 사이의 이러한 상호관계는 제임슨의 장르 개념에 들어맞는데, 이에 따르면 이러한 상호관계는 직접적으로 '인과적인' 관계가 아니라 오히려 '제한하는 상황'이다. 즉, "여기에서 역사적 계기는 일정한 수의 형식적 가능성은 이용하지 못하도록 막거나 멈추는 것으로 간주된다"(Jameson,

2002: 134-135). 나의 목적은 주어진 텍스트나 형식의 '원인'(이 경우에는《솔로몬 왕의 광산》이 왜 제국 로맨스인가에 관한 역사적 이유)을 밝히는 것이 아니라, 그것의 '선험적 가능 조건' | 경험보다 앞서 있으면서(선험적이면서) 경험을 가능하게 하는 조건 | 을 지도화하는 것이다(Jameson, 2002: 134-135). 이러한 방식으로 읽으면 문화적 조정으로서 로맨스의 이데올로기적 역할에 더 가까이 다가갈 수 있다. 다시, 나는 그의 작품에서 가장 효과적으로 이런 일을 달성하려면 텍스트 속 인프라의 등장에 초점을 맞추어야 한다고 주장한다. 해거드는 이를 통해 제국의 이데올로기가 그 등고선에 각인된 남아프리카 지리를 생산할 수 있었기 때문이다.

해거드는 식민지에서 몇 해를 보내고 1881년 9월 1일 영국으로 돌아온 후 다시는 돌아가지 않았다. 해거드가《솔로몬 왕의 광산》을 쓸 때 그 책에서 묘사하는 경관에서 지리적으로 멀찌감치 떨어져 있었다는 사실은 분명 의미심장하다. 토머스 포콕Thomas Pocock이 지적하듯이, " | 영국 | 노퍽의 시골에서 자라는 떡갈나무와 느릅나무"를 바라보는 "그의 상상에는" 남아프리카가 계속 살아 있었다(Pocock, 1993: 53). 영국으로 돌아온 해거드는 남아프리카 문제의 권위자로 여겨졌고 자신도 그렇게 자처했다.《더사우스아프리칸The South Afican》 잡지에 기사를 기고하고,《더스탠다드The Standard》와《세인트제임스가제트St James Gazette》 신문에 편지를 보냈으며, 그 지역에 대한 지식을 보충하고자 정부의 '청서' 보고서를 정기적으로 구매했다(Pocock, 1993: 56-57). 메리 루이스 프랫Mary Louise Pratt이 "접촉지대contact zone"(Pratt, 2003: 8)라고 부를 법한 그곳 | 남아프리카 | 에서 떨어져 있었기 때문에, 해거드는 식민본국의 남아프리카 상상에 부합하지 않는 물리적 현실 및 토착민을 문학작품을 통해 차단할 수 있었다. 그러나 이러한 차단을 지도화하면 제국 이데올로기의 가장 깊은 모순들이 드러나는

데, 이런 작업을 가장 수월하게 하려면 텍스트 속 인프라의 흔적을 텍스트의 인프라에 대한 단서로 읽어 내야 한다.

《솔로몬 왕의 광산》의 앞부분에 실린 지도그림 2.2는 이 소설의 서사가 그리는 원호圓弧 전체를 조직하는 줄거리 궤적을 상세히 보여 준다(Haggard, 2008: 21). 이 지도는 많은 주목을 받았는데, 주로 남아프리카 경관을 "노골적으로 성적으로" 재현한다는 비판이었다(Stott, 1989: 77-79; McClintock, 1995: 1-4). "단일하고 일차원적인 선은 모든 지도에서 아프리카 탐험의 표준적 기호였다"(Moretti, 1998: 58)라는 지적처럼, 이 지도는 겉보기에 단순해 보이지만 실상 상당히 다층적인 문서이다. 역사적 맥락을 배경으로 하여 살펴보면, 이 지도는 분명 "땅을 훑어보는 유럽인의 눈"에 경관을 "개방"(Pratt, 2003: 60)하지만 그 이상의 일도 한다. 《솔로몬 왕의 광산》의 "선형적 줄거리"는 다른 제국 로맨스와 마찬가지로 "보물 동굴"에 있는 자원(이 경우는 '다이아몬드')을 추출하여 "세계시장"에 출시하는 과정에 대한 서사이다(Moretti, 1998: 61-62).

아울러 이 지도에는 소설 속의 백인 인구와 흑인 인구를 나누는 분리주의적 지리도 기입되어 있는데, 이 줄거리를 끝맺는 이 지리는 지도를 수평으로 양분하는 산맥 | 지도에서 '시바의 가슴Sheba's Breasts'이라고 표시된 산맥 | 에서 나타난다. 소설의 이데올로기적 술어述語들은 지도의 등고선에 문자 그대로 글로 쓰여 있고 그 등고선에서 읽어 낼 수 있다. 그러나 여기서 남아프리카 경관이 중심부와 주변부로 나뉜다고 해서, '시바의 가슴' 위쪽과 아래쪽의 경관 부분들로 나뉜다는 것은 아니다. 세계체계에 관한 네트워크화된 개념이 뜻하는 바는 오히려 플로라 애니 스틸의 '영원한 길'처럼 '솔로몬의 길Solomon's Road' 자체가 '중심부'로 기능하고, 이와 관계적으로 그 동쪽과 서쪽의 드넓은 비어 있는 공간이 주변부로 기능한다는 것이

"Well, gentlemen, if you like I will tell you. I have never showed it to anybody yet except to a drunken old Portuguese trader who translated it for me, and had forgotten all about it by the next morning. The original rag is at my home in Durban, together with poor Dom José's translation, but I have the English rendering in my pocket-book, and a facsimile of the map, if it can be called a map. Here it is."

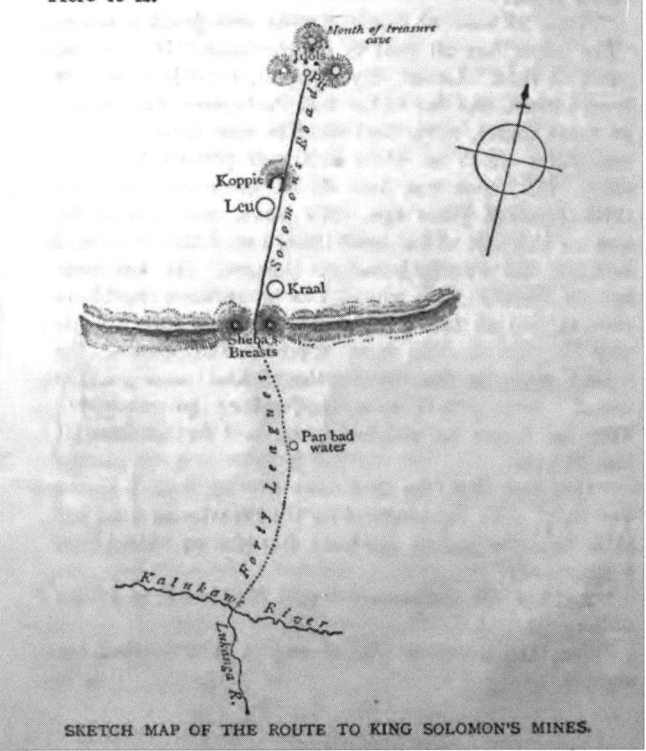

SKETCH MAP OF THE ROUTE TO KING SOLOMON'S MINES.

그림 2.2 H. 라이더 해거드의《솔로몬 왕의 광산》앞부분에 실린 지도.

다. 해거드의 주인공들이 따라서 이동하는 이 인프라 경로ㅣ'솔로몬의 길'ㅣ
덕분에 소설 말미에는 이 경관의 광물자원, 즉 그 '보물'을 세계체제로
흡수할 수 있게 된다. 해거드의 등장인물들은 자신들이 가져온 너무 많
은 부가 "시장에 범람할까 두려워 조금씩 팔아야" 한다(Haggard, 2008: 198).

'솔로몬의 길'은 르페브르가 "상징적 객체"(Lefebvre, 1998: 39)라고 명명하
는 것으로 작용한다. 소설의 주인공들은 이것을 통하여 아프리카 경관
을 이해할 수 있고 아울러 그것의 물질적 보상을 얻어 낼 수 있다. 지도
는 이런 "뼈대 경관"을 불러옴으로써 소설이 "제 궤도로" 나아가는 어떤
틀을 제공하는데, 그다음에야 서사는 이 문학적 인프라에 살을 붙여 나
갈 수 있다(Chang, 1998: 43-44). 로버트 탤리Robert Tally가 서사의 "줄거리"는 곧
"계획/도면plan, 다시 말해 지도map이기도 하다"라고 지적하듯이, 이 지
도는 줄거리인 동시에 "〔그것의〕 배경을 설정하고 〔그것의〕 방향을 수립
한다"(Tally, 2013: 49). 이와 비슷한 미첼의 주장에 따르면, '식민화'를 위해서
는 "'계획/도면을 결정'해야 하는데", 이것은 경관을 "마치 책처럼 읽을
수 있게" 만드는 일이다(Mitchell, 1988: 33). 해거드 소설의 화자이자 주인공인
쿼터메인Quartermain은 "최선의 계획은 수수하게 직진하며 이야기를 풀어
내고, 〔다른〕 문제들은 그냥 남겨 두어 최종적으로 바람직해 보이게 될
어떤 방식으로든 나중에 다루게 하는 것"이라고 결론짓는다(Haggard, 2008:
7-8). 이 '계획/도면'은 실로 '직진straightforward'한다. 그것은 지도에 명확
하게 표시된 선을 따라 곧게straight 앞으로forward 나아가면서, 앞으로 묘사
될 경관을 가로지른다. 쿼터메인이 "줄루 방언과 쿠쿠아나 방언"의 차이
점이나 "그 나라에서 시행 중인 탁월한 군대 편성 체계"[7] 같은 다른 문
제들은 나중에 다루겠다고 말하는 것은 이 텍스트 자체가 이후에 남아
프리카 경관을 재현할 지도가 될 잠재력을 암시한다. 이 텍스트는 피식

민 경관을 "보는 방식"을 만드는 "텍스트 장르 영역"의 창출을 예고한다 (Chang, 1998: 57).

그러나 그것의 선형성, 혹은 쿼터메인의 표현을 따르면 그 자신의 "직설적 글쓰기 방식"(Haggard, 2008: 47)을 과도하게 확신하는 데는 서사의 지리적 범위의 한계를 인정하는 것이 암묵적으로 내포되는데, 이를 통해 그것의 "지도화 기획"이 "불완전하고 잠정적이고 시험적임"이 드러난다 (Tally, 2013: 53). 다시 마슈레에 따르면, 제국 로맨스의 "선형적 단순성"은 실은 텍스트의 "가장 표피적인 측면"으로 이해해야 한다(Macherey, 1986: 39). 그의 소설에 대한 '대답'이 서사 초반에 워낙 이르게 주어지기 때문에, 즉 줄거리가 불가피하게 도달하는 절정(자원 추출, 인종분리)이 지도에 이미 기입되었기 때문에, 이런 목표를 '낳은 물음'은 "무시된다". 마슈레가 이어서 말하듯이, "대답 아래 숨겨진 물음은 금세 잊힌다"(Macherey, 1986: 8-9). 사실, 헨리 경Sir Henry의 동생을 찾으려는 탐험은 금세 잊히는데, 그것은 당연히 지도에는 부재하는 줄거리 장치이다. 그뿐 아니라, 해거드의 남아프리카 경험을 빚어낸 역사적 긴장들도 이 소설이 생산하는 지리적 공간에서는 대부분 누락된다. 이처럼 부재하는 것은 대체로, 첫째는 광물자원 추출 및 새로운 광업 중심지 산업화를 뒷받침하는 인프라 개발이고, 둘째는 해거드가 남아프리카에 머무는 동안 영국의 통치에 위협적인 조짐이던 아프리카 부족들의 격렬한 저항의 확산이다.

해거드의 지도 한가운데를 가로지르는 선, 즉 '솔로몬의 길'이 경관에 내장된 물리적 인프라로서 다이아몬드와 황금이 묻힌 광산으로 곧바로 이어진다는 것은 우연이 아니다. 솔로몬의 "커다란 하얀 길"은 지도에서 처음 등장한 후에, 해거드의 주인공들이 그 길을 따라 나아가는 텍스트 전반에 걸쳐 체계적이고 규칙적으로 다시 등장한다(Haggard, 2008: 47). 이 길은 침입자인 등장인물들에게 일련의 물질적 좌표를 제공함으로써, 다시 제국주의의 경제적 초점을 맞추고 드러낸다. 폴 카터가 지적했듯이, "직선"은 "목표"의 소유를 전제한다(Carter, 2002: 39). 해거드의 제국주의자들은 이 목표 덕분에 항상 자신들이 '도착'해야 할 '어딘가'(이 경우에는 솔로몬의 광산)와의 관계에서 자기 위치를 설정하거나 재설정할 수 있다. 소설의 줄거리와 마찬가지로, "흰 띠와 같은 커다란 솔로몬의 길"도 결국 '죽음의 장소'라는 제목이 붙은 장章에서 '목적지'에 이른다. 죽음은 서사가 나아가는 최후의 절정이며, 서사가 바로 그 시작 지점에서 지도를 들여올 때부터 끊임없이 그리로 나아가는 '목표'이다(Haggard, 2008: 158).

이 신화적인 길은 영국 제국주의자들이 실제로 건설한 것은 아니지만, 쿼터메인은 이 길을 제국의 인프라 개발에 기초하여 서술한다. 그는 "도로 자체에 대해 말하자면, 일찍이 이런 토목공사는 본 적이 없다"면서 "그것을 설계한 구세계 공학자가 헤쳐 나갈 수 없는 난관은 없었다"라는 결론을 내린다(Haggard, 2008: 69). 이 인프라 경로가 뚫고 지나갈 수 없는 지형은 없다. 이 길은 어떤 곳에서는 "깊이가 5백 피트인 절벽의 측면을 지그재그로 자르고", 또 어느 곳에서는 "가로막은 능선의 기슭을 관통하여 너비가 30야드 이상인 공간에 터널을 뚫었다"(69). 헨리 경은 이를 "스위스의 생고타르산맥을 넘는 커다란 길"과 비교하는데, 이 토목공사는 1820년대에 스위스와 이탈리아 사이에 '마차 도로'를 건설하고 1870년대에는 산맥을 관통하는 터널을 뚫었다(69, 207). 당시 유럽에서 가장 인상적인 인프라의 개가 중 하나와의 이러한 비교, 그것 ㅣ '솔로몬의 길' ㅣ 이 결국 고대 백인 문명의 산물이라는 사실, 그리고 심지어 길의 색깔 자체("하얀")(47, 161)가 당대의 제국 인프라 개발을 암시하는 동시에, 에더링턴이 지적하듯이 "아프리카의 역량"을 평가절하한다(Etherington, 1978: 75).

그러나 크리스먼의 지적처럼, 이 텍스트가 "아프리카인의 저항에 대한 두려움의 배출구 역할"을 한다면, 이제는 버려진, 솔로몬 왕이 다스리던 백인 제국의 이 인프라에는 "제국적 실천의 전도轉倒"도 기입되어 있다(Chrisman, 2000: 38). 이 길을 만든 공로가 돌아가는 페니키아 문명은 그 유산인 인프라만 남기고 사라져 버렸고 흑인 아프리카인만 남았다. 여기서 인프라에 초점을 맞추면 "아프리카인들이 제국주의 역사를 지웠다"(Chrisman, 2000: 38)라는 소설 서브텍스트의 가정이 드러난다. 텍스트가 고대의 인프라와 조우하여 재발견하는 반제국 저항은 특히 1860년대와 1870년대 광산 산업이 도입한 노동관계를 통해 굴절된다. 크리스먼이 이어서 말하듯이, "예전의 짐바브웨 광산에 위협을 가한 것은 아프리카 노예노동 그리고/또는 '반투' 종족의 약탈"(Chrisman, 2000: 46)이었는데, 소설은 고대의 "채굴 관행과 현재 남아프리카의 채굴 관행" 사이의 "이데올로기적 연결"을 거북하게 확인한다(Chrisman, 2000: 34).

이러한 '이데올로기적 연결'은 역사적으로 보아 의외가 아니다. 1881년 해거드가 이 지역에서 보낸 마지막 몇 개월 동안, 다수의 합자회사가 설립되면서 독립 채굴자의 시대는 막을 내렸다. 마틴 메러디스Martin Meredith가 지적하듯이, "합자회사 투자 열풍은 1870년대의 원래의 다이아몬드 열풍만큼이나 격렬했다"(Meredith, 2008: 107). 1885년《솔로몬 왕의 광산》이 출판된 해에 최초의 철도가 케이프에서 킴벌리까지 내륙으로 약 1천 킬로미터 뻗어서, 남아프리카의 내륙을 처음으로 개방하고 "제국의 팽창주의의 수단"으로 기능했다(Grifths, 1995: 35). 킴벌리 광산의 다이아몬드 채굴에 대한 관심이 되살아난 것과 결합한 이러한 새로운 인프라는 해거드의 텍스트에 스며들어 있다. 이 텍스트가 산업화라는 역사적 현실이 배제된 남아프리카 지리를 생산하고자 했음에도 말이다. 이 소설의 3인조 탐험가는 결국은 어떠한 정부 조직이나 초국적기업 조직과도 결합하지 않은 '독립' 채굴자이던 것이다. 해거드는 "무역 활동", "도시성과의 연관", 그리고 "폭리"와 그것의 "산업자본주의 및 금융자본주의"에 대한 함의를 뺀 채로 소설의 문학지리를 쓰고자 눈에 띄게 진력했다(Chrisman, 2000: 49). 더욱이 킴벌리에서, 그리고 나중에는 요하네스버그에서, 광산 안과 광산 주변의 인프라 건설은 "투기 순환"의 "성장과 침체"에 달려 있었으며, 그 결과 생겨난 "불균등하게 발전한 지역들"과 "불균등하게 연결된 부동산 필지들"은 다른 식민도시들의 합리적 질서에서 "빠져나갔다". 그래서 "질서 있는 계획보다는 투기가 만연했다"(Kruger, 2013: 3-4; Turrell, 1982: 57-58). 투자자들의 투기가 수익성이 더 높은 토지와 지역으로 몰리면 인프라는 버려져 퇴락하고, "교통 수요의 시급성과 철도의 난감한 경제성"(Headrick, 1981: 193) 간의 긴장이 아슬아슬하게 유지되었다. 이러한 의미에서 《솔로몬 왕의 광산》의 문학적 경관을 관통하는 저 버려진 인프라의 맥脈은 역사적 맥락에서 보면 세계체제의 불균등한 인프라 발전을 암시한다. 이 텍스트는 세계체제의 근본적인 경제적 모순 중 하나에 대한 문화적 조정을 시도하는 것이다.

따라서 해거드의 인프라 노선은 이 장르의 지리적 낭만화romanticisation[1] 프로젝트가 의지하는 이데올로기적 경계가 되고, 이 텍스트의 '정치적 무의식'을 가리킨다(Jameson, 2002: 32). 당대의 지도들이 보여 주는 것은 인프라 노선, 특히 철도가 남아프리카와 인도 양쪽의 공간 구성의 중핵이었으며 《솔로몬 왕의 광산》이 의지하는 동시에 영속시키는 수익성 있는

---

[1] 여기에서 '낭만화'로 옮기지만, 저자가 이 용어를 '낭만화'와 '로맨스화'의 중의적 의미로 사용한다는 데 유념할 필요가 있다.—옮긴이

자원 채굴 문화를 촉진했다는 사실이다. 이러한 교통 및 통신 노선은 식민지 항구와 킴벌리 및 위트워터스랜드의 광업 중심지 사이, 즉 그 밖에는 텅 비어 있는 경관으로 묘사되는 곳을 가로지르면서 "지역 경제의 방향을 바깥으로, 즉 바다로, 식민본국으로, 세계시장으로 돌린다"(Moretti, 1998: 61). 그러나 이로 인한 킴벌리 같은 지역의 산업화(최초의 생산 순환은 1877년에서 1885년 사이에 일어났다) 때문에, "증기 기계장치 형태의 고정자본을 대대적으로 확보"했고 그 지역의 "노동착취는 강화"되었다(Turrell, 1982: 57). 이전에는 지도에서 '텅 빈' 공간이던 곳이 점점 더 복잡한 인프라 그물 안으로 얽히게 되었고, 이러한 과정은 세계체제의 불균등한 모순과 위기를 여실히 드러냈다.

이에 대응하여, 해거드의 로맨스는 이러한 산업화 중심지들을 빼고 문학지리를 서술하는데, 이는 남아프리카를 어떤 낭만화된 구원救援의 지리로 인식하는 식민본국의 관념에 대한 인프라 발전의 도전을 완화하기 위한 것만은 아니다. 이런 식의 서술은 자본투자의 순환 과정을 등록하기도 하는데, "1882년 말 킴벌리에서는 유럽 다이아몬드 시장 붕괴와 경제공황의 여파가 심각하게 느껴지기 시작했고", 이 시기는 바로《솔로몬 왕의 광산》출간을 몇 년 앞둔 때이다(Turrell, 1982: 58). 소설은 제국의 버려진 광산 인프라를 묘사하여 지구적 자본의 불균등한 투자 순환이 지역에 미치는 영향을 고대의 역사로 외삽한다. 게다가 "1881년에서 1884년 사이"에 (유럽인이나 여타 유색인종이 아닌) 아프리카인의 값싼 노동력 급증으로 인한 |인종 간의| 공간적 근접은 인종분리 이데올로기를 위협했으며(Turrell, 1982: 58), 이러한 불안은 해거드의 문학지리에 반영된다. 소설의 제국적 주인공들은 킴벌리와 케이프 식민지에서 분리된 흑인 쿠쿠아날란드를 뒤로하고 떠난다. 쿼터메인은 "솔로몬의 보물 창고에 다시

는 들어가지 않았음은 굳이 말할 필요도 없다"(Haggard, 2008: 187)라고 쓴다. 그러나 텍스트의 결말에 나타나는 이데올로기적 해결 혹은 문화적 조정에도 불구하고, 인프라 발전의 역사적 현실과 그 파급효과는 소설의 저변에 깔린 지도 제작 프로젝트에 신화적일지라도 여전히 내장되어 있다.

따라서 텍스트 속 고대의 제국 인프라에 초점을 맞추면 텍스트의 인프라가 전경에 드러난다. 길이 향하는 광산은 킴벌리에서 발견된 광산들과 거듭 비교된다. 쿼터메인은 킴벌리의 "다이아몬드 광산"에서 무역업자로 겪은 경험을 "솔로몬의 다이아몬드 광산"에 겹쳐 놓으면서 "그 구조는 같다"라고 말한다(Haggard, 2008: 11, 156, 160). 그러나 솔로몬의 광산에서 산출된 것은 적어도 처음에는 '다이아몬드'만이 아니다.

> 방의 반대편에는 나무 상자가 스무 개 정도 있었는데, 마티니 헨리 소총의 탄약 상자와 비슷했지만 다만 더 크고 빨간색으로 칠해져 있었다. … 뚜껑의 구멍에 손을 넣어 한 움큼 꺼내 보니 다이아몬드가 아니라 금 조각이었다. (Haggard, 2008: 171-172)

위트워터스란트에서 초기의 금 발견은 1850년대로 거슬러 올라가지만, "형성된 광맥에서 최초의 의미 있는 금광"은 "1884년 바버튼 지역에서 발견되었다"(Beavon, 2004: 20). 이러한 발견에 대한 소문은 "더 풍부한 금광 발견 가능성에 대한 추측"을 불러일으켰다(Meredith, 2008: 207). 이러한 사실들은 1870년대 내내 식민지 언론과 '청서들'에서 폭넓게 다루었기 때문에, 해거드가 트란스발에서 벌어지던 이런 일들을 알고 있었으리라는 데는 의심의 여지가 없다. 실제로, 쿼터메인 자신도 "이제는 트란스발의 리덴버그 지역인 곳에서" 정착민들이 "근래에 금을 다시 탐광하고 있다"고 말한다(Haggard, 2008: 17). 그 후에 이 소설이 출판되고 불과 1년 후인 1886년에 공식적 발견들이 이루어지면서 투기 문화가 번져 나갔는데, 《솔로몬 왕의 광산》은 이런 문화를 대중화하는 동시에 이 소설 자체가 이런 문화로 더 대중적이 되었다. 이런 사실은 이 소설 출판의 풍성한 역사에서 입증된다. 1885년에서 1926년 사이에 거의 매년 적어도 한 차례, 어떤 경우에는 여러 차례 신판이 출간되었다. 실제로 해거드는 1905년에 처음 출판된 '개정 신新도해판'에서 몇 가지 의미심장한 개작을 했다. 쿼터메인은 1885년 판에서는 다이아몬드를 "두 줌" 정도만 움켜쥐었지만 (Haggard, 2008: 181), 1905년 재발간된 판본에서는 목숨이 위태로워질 수 있음에도 빈 바구니를 집어 들고 "많은 보석"을 가득 채웠다(212). 그는 "무게를 줄이고 싶어 바구니를 내려놓았다가 다시 생각해 보곤 도로 집어 들었다. 가난하게 사느니 부자로 죽겠다고 생각했다"(212). 해거드가 남아프리카의 물질적 부를 향한 주인공의 제국적 욕망을 이처럼 증폭시키는 것은 역사적으로 이 지역에 대한 투기적 관심과 일치한다. ㅣ1905년 판본에서ㅣ 자본주의적 관계는 해거드의 허구적 텍스트에 더욱 강하게 침투하는데, 이것은 바로 초판과 개정판 출판 사이의 20년 동안 금융자본주의와 투기 문화가 위트워터스란트 금광 주변의 인프라 발전에서 물질적으로 현현한 사실을 반영한다.

인종분리와
케이프-카이로 철도

《솔로몬 왕의 광산》에는 남아프리카의 물리적·사회적 지리를 그렇게 폭

발적이고 난폭하게 변형시킨 광물자원의 흔적이 새겨져 있다. 솔로몬 왕의 광산에 매장된 금을 텍스트의 순전한 지질학에서 뽑아내어 그보다 풍부한 역사적 지형학에 놓아 보면, 그 중요성이 전면에 드러난다. 금은 20세기 남아프리카에서 공간적으로 가장 조밀하고 정치적으로 가장 경쟁적이던 도시 공간, 즉 "첨예한 도시edgy city" | 첨단을 달리는 코스모폴리탄적인 다양성과 날카로운 빈부격차가 공존하는 도시 | 요하네스버그의 경제적 토대가 되었다(Kruger, 2013). 그렇지만 《솔로몬 왕의 광산》 속 인프라와 도시의 인프라에는 분리의 지도가 도사리고 있는데, 이것은 특히 제국주의에 대한 아프리카의 저항이라는 관점에서 이 소설을 분석할 때 더욱 두드러진다. 데니스 버츠Dennis Butts[2]는 등장인물 쿼터메인의 실제 모델로 추정되는 영국 탐험가 프레드 셀루스Fred Selous의 《남아프리카에서 사냥꾼의 방랑A Hunter's Wanderings in South Africa》(1881) 초판본에 실린 지도를 바탕으로 《솔로몬 왕의 광산》의 지리를 설명한다(Haggard, 2008: 200-202). 이 책의 서론에서 논의했듯이, 1850년대부터 '급증'한 영국의 지도 보급은 해거드의 허구적 지도처럼 "유럽의 아프리카 침투"를 정당화하고 아프리카의 물질적 부를 접근 가능하고 회수 가능한 것으로 만들었다(Carruthers, 2003: 990). 그러나 1870년대에 이르러 트란스발 정부는 "귀중한 광물과 광산 임대권"을 확보하기 위해 "자체적 지도 제작을 위한 답사"를 장려하기 시작했다(Carruthers, 2003: 968). 정치적 충성심은 모호했으나 영국의 트란스발 합병에 반대하지 않은 것은 분명한 젊은 독일인 지도 제작자 프리드리히 예페 Friedrich Jeppe가 이 지도 제작 사업을 이끌었다. 다음에 실린 그의 트란스발

---

[2] 2008년 옥스퍼드출판사에서 출간된 《솔로몬 왕의 광산》의 편집자로, 부록에 실린 편집자 해설에서 이 책의 지리를 설명한다.―옮긴이

그림 2.3 프리드리히 예페가 1877년 왕립지리학회를 위해 제작한 남아프리카공화국, 특히 프리토리아와 트란스발 및 주변 지역의 지도. 큐 국립문서고 MPG 1/1119/3.

지도 <u>그림 2.3</u>는 1877년《왕립지리학회지 Journal of the Royal Geographical Society》에 처음 게재되었다. 이 지역을 포괄적으로 묘사하는 지도에는 프리토리아와 델라고아베이의 거리 지도가 삽도로 들어 있고, 그레이트 짐바브웨 | 짐바브웨 왕국의 수도이던 고대도시 유적 | 의 삽화도 들어 있는데, 이것이 해거드가 고대 인프라를 허구화하는 데 영감을 주었다는 주장이 있다(Etherington, 1978: 74). 이 지도는 대성공이었는데, 이후 1877년 '트란스발 공화국과 이

웃 토착 부족의 전쟁에 관한 통신Correspondence Respecting the War between the Transvaal Republic and Neighbouring Native Tribe'이라는 제목의 청서에 이용될 정도 였다(Carruthers, 2003: 970-971).

해거드가 청서를 열렬하게 탐독한 것을 감안하면, 계속되는 반제국 저항을 제목에 담고 있는 이 문서를 알고 있었을 공산이 크다. 해거드는 1926년의 자서전에서 "트란스발 영토의 평원, 산맥, 광활하게 둘러싼 높은 펠트veld | 남아프리카 초원 | 를 느긋하게 여행한 일"을 돌이켜 보며, "1877년 트란스발을 위협한 커다란 위험", 즉 "줄루족의 공격"을 언급하기도 한다(Haggard, 1926: 76, 80).《내 인생의 나날들The Days of My Life》에 실린, 아프리카에서 보낸 시간에 대한 기억에는 줄루족의 치명적 저항 행위가 여기 저기 나타난다. 그 절정은 "이산들와나 참사"(Haggard, 1926: 145), 즉 영국군이 줄루랜드로 진군하자 줄루족이 첼름스퍼드 경Lord Chelmsford이 이끄는 부대를 습격하여 백인 858명과 흑인 471명을 살해한 사건이다(Afgbo et al., 1986a: 278-279; Packenham, 2009: 70 참고). 이러한 반제국적 폭력 행위는 해거드에게 깊은 인상을 남겼다.

내가 남아프리카를 떠나기 전 마지막으로 일어난 일 중 하나는 줄루족 전초부대가 황태자를 살해한 사건이었다.[3] 이 소식이 온 나라에 퍼졌을 때 느껴진 공포, 덧붙이자면 수치스러운 전율이 생생히 기억난다. … 야만인들이 그 존재를 전혀 눈치채지 못하는 소부대에 갑자기 몰려드는 것보다 끔찍한 일은 없다. 그렇게 공격하는 병력이 수백 명에 달할지도

---

[3] 나폴레옹 3세의 외아들이자 황태자이던 나폴레옹 외젠 루이 장 조제프 보나파르트는 당시 영국에 망명해 있다가 영국군에 자원입대하여, 줄루 전쟁에서 정찰 작전을 수행 중 기습을 받아 전사했다.—옮긴이

모른다면 더욱 그렇다. (Haggard, 1926: 145)

　이러한 역사적 배경에서,《솔로몬 왕의 광산》에 흑인 아프리카인들이 어떻게 나타나는지는 중요한 의미가 있다. 해거드의 지도에는 "표시되고 기록되고 명명된" 공간들의 사이에 존재하는 "그물 안의 구멍들"로서의 공백(Lefebvre, 1998: 118), 혹은 "공간과 장소의 생산을 관통하는""가늠하기 힘든 사회적 투쟁"(Harvey, 2009: 194), 즉 공간적 저항을 암시하는 '여백'이 가득하다. 해거드의 텍스트는 트란스발의 경관에서 아프리카인의 토착적 존재를 모두 없애며, 그곳에 머물던 당시 그토록 만연하던 폭력적 봉기들을 분명하게 무시한다. 쿼터메인은 자신이 "불행한 줄루 전쟁에서 첼름스퍼드 경의 정찰대 소속이었지만, 다행히도 전투 전날 마차 몇 대를 맡아서 진영을 떠날 수 있었다"(Haggard, 2008: 33)라고 회상하지만, 막상 소설에서 탐험이 진행될 때는 그 경관이 텅 비어 있다. 소설 앞쪽의 '우리의 사막 행군'이라는 제목이 달린 장의 두 번째 단락에서 쿼터메인은 이렇게 말한다.

　흩어져 있는 토착민 정착지에는 돌 몇 개로 만든 외양간이 있었고 아래쪽 물가에 경작지가 조금 있었다. 그곳에서 이 야만인들은 빈약하나마 곡물을 재배했다. 그 너머로는 키 큰 풀로 뒤덮인 드넓은 '펠트'가 물결치고 그 위에서 작은 사냥감이 무리 지어 돌아다녔다. 왼쪽으로는 광활한 사막이 펼쳐졌다. 이곳은 그 비옥한 나라의 벽지僻地처럼 보였다. (Haggard, 2008: 44)

　이 "비옥한 나라의 벽지"인 트란스발 변경에서는 이 경관에서 평화롭게 살아가는 흑인 아프리카인이 있다는 것과 그들이 작물과 가축을 키우는 것을 길게 서술한다. 그러나 "검둥이 마을은 아름다운 야생의 부분일 뿐"(Low, 1996: 76)이며, 아프리카 인구집단이라는 물리적 존재는 경관의 서술에서 세심하게 지워진다. 해거드의 소설은 "목가적인 전원에서 흑인의 장소에 대해" 분명하게 침묵한다. J. M. 쿳시J.M. Coetzee가 더 일반적으로 남아프리카 백인의 글쓰기에 지적했듯이, "그 진실은 자신의 안전 때문에 감히 말하지 못하는 바로 거기에 있다"(Coetzee, 1980: 81).

일행이 끝내 흑인들과 마주친 것은 통행할 수 없다시피 한 지리적 경계를 건너는 데 성공한 후였다. 크리스먼은 줄루족과 해거드가 꾸며 낸 쿠쿠아나족을 비교하면서(쿼터메인 스스로 이런 비교를 유도한다(Haggard, 2008: 7)), "그 차이의 핵심은 지리이다. … 줄루족은 백인들의 남아프리카와 연결되어 있지만, 쿠쿠아나족은 그로부터 분리되어 있다"라고 밝힌다(Chrisman, 2000: 68-69). 크리스먼은 소설의 공간 생산에 "분리주의 이데올로기, 즉 아프리카인 사회와 백인 사회의 분리"가 새겨져 있다고 주장한다(70).[4] 그러나 이러한 사실에도 불구하고,《솔로몬 왕의 광산》을 가까이 살펴보면 텍스트 자체가 분리주의 이데올로기의 한계를 고백하고 있음을 알 수 있는데, 이런 한계는 이 이데올로기의 지리적 지식이 부분적이라는 데서 생긴다. 쿼터메인은 5장에서 벌써 그 일행의 '미래'를 "전혀 알 수 없다"라 인정한다(Haggard, 2008: 50). 한 페이지 뒤에서 굿 대위 Captian Good는 인기 있는 영국 행진곡을 휘파람으로 부는데, 나폴레옹전

---

4   게일 로우도 이 텍스트의 결말에서 쿠쿠아날란드의 아프리카 통치자가 되는 이그노시Ignosi에 대한 요청, 즉 "공정하게 통치하고 법률을 존중하며 이유 없이 사형에 처하지 말라"는 것(Haggard, 2008: 189)을 "당대의 남부 아프리카에서 〔원주민〕 지정구역Location들의 형성이 가져온 변화와 비교할 만하다"(Low, 1996: 83)라고 해석한다.

쟁 당시 생겨난 (제국을 상징적으로 함축하는) 곡인데도 이 경관에서는 그의 제국적 열정에 불을 지피지 못한다. 그의 애국적인 "음조"가 "저 광활한 장소에서 애처롭게" 들리기 시작하기에 "그는 휘파람 불기를 포기했다"(51). "지도를 그다지 믿을 수 없다는 것이 분명해"졌고, 쿼터메인은 경관을 둘러보며 "말을 할 수 없을 것 같다. 이것은 기억에 간직할 수도 없다"(56-57)라고 인정한다. 쿼터메인은 의미심장하게 공간적 용어를 이용하여, 이 지리적 공간은 점점 더 그의 "설명 능력" "너머에beyond" 있다고 말한다(61).

이데올로기적으로 굳어진 해거드의 지도는 사실 "이데올로기적 갈등의 허구적 해결"인데, 이 해결이 "너무 위태롭다는 것은 텍스트의 문자 자체에 명백하다"(Macherey, 1986: 155). 그레이엄 허건Graham Huggan이 보여 주는 바에 따르면, 종종 '권두 삽화'로 실리는 지도는 "독자의 주의를 그다음 이어질 텍스트에서 지리적 위치가 중요하다는 데로 이끌 뿐 아니라, 독자에게 텍스트를 안내하는 기준을 제공한다"(Huggan, 1994: 21). 그러나 허건이 이어서 말하듯이, 이처럼 시각적 매체와 언어적 매체라는 두 매체를 병치하는 것은 실제로는 "모사하는 재현의 복제 방식"(21-22)을 독자가 (심문하지는 않더라도) 생각하게 만들고, 각 매체에 내장된 이데올로기를 선명하게 부각한다. 지도와 서사의 불일치(하나는 명료한 시각을 표방하지만 다른 하나는 그 한계를 고백한다)를 통해 해거드의 문학지리의 "하부정치"를 도출할 수 있다(Scott, 1990: 183). 선형적 인프라의 제약을 받는 서사가 지도 제작 관행, 혹은 사이드가 "통합된 시각"(Said, 1993: 204)이라고 부르는 것의 공간적 한계를 인정할 때, 해거드의 암묵적인 이데올로기 전략이 결정화된다. 실제로 줄루족의 위협이 가장 노골적으로 드러나는 것은 1885년 캐셸앤컴퍼니에서 출판된 이 소설의 초판에서, 혹은 그 ┃표지 I 위에서이다. 이 초판 표지에는 제목과 저자 이름뿐 아니라 줄루족의 방패, 무기, 코끼리 상아 문양이 그려져 있다(Monsman, 2002: 11-12). 남부 아프리카의 경관에서 줄루족의 폭력적 저항의 위협을 지우려는 텍스트 자체가 그 국가 I 줄루 왕국 I 의 상징적 존재에 가려져 있다.

소설의 결말에 등장하는 인종적 지리에 "분리주의 이데올로기"가 담겼다는 크리스먼의 주장은 옳다(Chrisman, 2000: 70). 그러나 이처럼 단순화된 지리적 분리는 불균등하게 발전하는 세계체제의 현실에 제대로 대처하지 못한다. 월러스틴이 주장하듯이, 세계체제는 "피억압 집단"을 "추방하기보다" 계층화된 노동력으로 "그 체제 내부에 가두어 두는 것"이 필요했다(Wallerstein, 2011: 103). 프리드리히 예페의 지도 제작 이력은 1870년대 후반과 1880년대 초반 해거드의 우려를 반영하며, 당시 남아프리카에서 점점 더 복잡해지던 분리의 공간 정치를 잘 보여 준다. 이미 1871년에서 1875년 사이에 해마다 약 5만 명의 "토착민이 내륙에서" 킴벌리로 왔다. 위트워터스랜드 금광에 고용된 아프리카인은 1890년에는 1만 5천 명에 불과했지만, 1907년에는 10만 5,027명, 1912년에는 18만 9,253명으로 증가할 것이었다(Turrell, 1982: 47, 83). 예페도 해거드처럼 남아프리카의 초기 지도에서 아프리카인의 존재를 지워 버렸지만, 1899년에 제작된 이 지역의 마지막 지도에서는 아프리카인 보호구역을 뚜렷하게 구획했다. 앞서 언급했듯이 20세기 초 여러 차례의 법률 제정으로 흑인 인구는 이 보호구역에만 살 수 있게 되었다(Carruthers, 2003: 974). 《솔로몬 왕의 광산》에서 지도화한 분리의 지리(남부의 반도 및 해안선을 식민지로 삼은 백인 정착민과 북부 내륙으로 추방되어 고립된 흑인 아프리카인) 대신에, 서로 다투는 정치적 경계들과 불균등하게 발전하는 경제구역들로 짜인 한층 복잡한 조각보가 생겼다. 산업 중심지인 킴벌리와 위트워터스랜드

에는 이제 북부에서 온 흑인 이주노동자 수천 명이 살게 되었다. 그뿐 아니라, 1890년대에는 세실 로즈와 그의 칙허 회사_{Charter Company | 세실 로즈가 1889년 10월 왕실 칙허장에 따라 설립한 영국 남아프리카 회사 |} 가 지도하는 가운데 백인 정착민들이 남부에서 내륙으로 이동했다. 해거드 소설에 등장하는 "북서 방향으로 꾸준히 이어지는 도로"(Haggard, 2008: 78)를 따라간 이 정착민들은 1893년 피비린내 나는 전쟁에서 맥심 기관총으로 승리를 거둔 후 (Packenham, 2009: 384) 남로디지아를 건설했다.[5] 쿼터메인이 과장되게 "아주 몹쓸 놈"이라고 일축하는(Haggard, 2008: 36) 로벤굴라Lobengula[6]는 "망명 중에 죽었고" "남부 아프리카의 백인 지배 체제가 북쪽으로 확장한" 새로운 나라는 공고해졌다(Afigbo et al., 1986b: 233-234).

바로 이 역사적 순간에 로즈는 아마도 그 시대의 가장 강력하고 상징적인 인프라 노선이었을 것을 구상했다. 그것은 아프리카 대륙 전체를 관통하여 그 남단의 케이프타운과 이집트 카이로를 연결하는 철도였다. 로즈에게 철도는 "제국의 대들보이자 제국 패권을 되살리는 무기"였다 (Wilburn, 1991: 28). 이 인프라 노선은 약 9,600킬로미터에 걸쳐 "지도에 붉게 표시된 모든 영토"를 가로지르고 서로 연결하면서 영국의 제국적 상상에서 결정적인 지도학적 좌표가 될 것이었다(Grifths, 1995: 38). 로즈는 "이집트로 가는 나의 철도, 이집트로 가는 나의 전보"(Rhodes, 2000: 143-144)에 투기할 투자자를 구하려, 아프리카 북부와 남부에서 벌어지는 인프라 개발

---

[5] 1898년 영국 남아프리카 회사가 은데벨레 왕국에 승리한 후 병합한 지역을 세실 로즈의 이름을 따서 '로디지아'라고 명명했는데, 북로디지아는 지금의 잠비아, 남로디지아는 지금의 짐바브웨가 되었다.—옮긴이

[6] 지금의 짐바브웨에 있던 은데벨레 왕국의 2대이자 마지막 국왕. 1893년 영국 남아프리카 회사의 군대에 패한 다음 해 사망했다.—옮긴이

을 비교하는 연설을 했다.

> 저는 이 베추아날란드 | 영국 식민지 시대 보츠와나 | 영토를 이 나라 무역을
> 위한 수에즈 운하이자 내륙으로 가는 길의 열쇠로 여깁니다. … 우리 앞
> 에 놓인 진정한 질문은 바로 이것입니다. 이 식민지는 현재의 국경에 머
> 물 것인가, 아니면 남아프리카를 지배하는 국가가 될 것인가, 다시 말해
> 그 문명은 내륙으로 확장될 것인가. … 우리가 철도를 건설한 것은 무엇
> 을 위해서였습니까? 내륙 무역을 확보하기 위해서였습니다. 만약 우리
> 가 현재의 곤경에 짓눌려 "이제 철도를 확장하지 않겠다. 부담이 너무
> 크기 때문에 더는 할 수 없다"라고 말한다면 어떨까요? … 저는 내륙 개
> 발이 이 식민지의 천부 권리라고 주장합니다. (Rhodes, 1900: 62-67)

여기에서 로즈는 남쪽에서 북쪽으로 제국의 인프라를 발전시키는 일
을 경제적으로 정당화하기 위하여, 케이프-카이로 프로젝트의 최북단
에 소재한 또 다른 무역로인 수에즈 운하를 들먹인다. "엄밀한 직선 노
선과 높은 둑"을 갖춘 이 운하는 "그보다 유동적으로 표현되는 사막"에
서 뚝 잘라 낸 것으로 묘사되었고, 이를 통해 "기술이라는 개념이 오롯
이 자리 잡기 전에 이미 기술 자체가 서구적이라는 관념"을 퍼뜨렸다
(Murray, 2008: 1). 이러한 인프라 우월주의 이데올로기와 '문명'의 수사를 바
탕으로 로즈는 이 연설에서 그가 지닌 제국적 야망의 물질적 인프라를
암시한다. "우리는 이 나라에 온갖 '땔감'이 있으며, 베추아날란드에 대
한 제국의 개입이 그런 땔감의 원천이 될 것을 알고 있다"(Rhodes, 1900: 66).
의미심장한 따옴표가 쳐진 이 땔감은 흑인 노동력을 뜻한다. 로즈는 번
성하는 광산업을 위해 이를 확보하고자 했는데, 이들의 노동력은 새로

운 남아프리카 국가 건설을 위한 경제적 동력을 제공할 것이었다. 로즈가 보기에 광산 자본은 국가의 번영과 지리적 팽창을 주도할 것이다. 그 자본은 (케이프-카이로 철도와 여기에 수반되는 전신 같은 인프라 경로 및 통신 경로를 통하여) 이 대륙을 세계체제에 불균등하게 (다시) 얽어 넣을 것이기 때문이다.[7]

당대에 널리 보급된 이 지역 지도들에는 영국 남아프리카 회사가 케이프타운에서 '내륙'으로 확장한 철도 시스템이 묘사되어 있는데, 철도는 그 당시 네덜란드인들이 지배하던 오렌지 자유국 및 트란스발의 정치적 경계를 전략적으로 우회했다. 바이츠만의 표현을 빌리자면, 이 인프라는 "단순히 한 정치적 비전의 반영"이 아니었고, 오히려 이 "노선의 굴곡, 변형, 연장, 주름, 굴곡"은 서로 다른 정치적·경제적 이해관계의 "영향"을 드러냈다(Weizman, 2012: 162). 간선노선은 계획 중인 철도와 전신선을 포함해 그 외의 수많은 분계선과 이어지고, 나아가 서로 다른 주권이 통치하는 정치적 국경들의 조각보와 이어져, 이 모두가 경관을 분할하고 형성했다. "회사는 광산, 철도, 토지개발이 복잡하게 얽힌 거미줄을 통해, 북로디지아와 남로디지아 양쪽에서 경제적 패권을 유지했다"(Hanes, 1991: 52).

이러한 과정이 끼친 상징적 영향을 보여 주는 사례는 1922년 (당시 《더아프리칸월드The Afican World》 잡지 주간도 맡고 있던) 레오 와인탈Leo Weinthal이 편집하고 편찬하여 로즈에게 헌정한 5권짜리 대작《1886~1922

---

[7] 물론 새로이 "얽어 넣은 것"은 아니었다. 아프리카는 "노예제 이후로" 계속 세계체제의 주변부에서 저개발의 발전에 영향을 받아 왔는데, 이를 위해서 "장기적으로 더 효율적인 착취를 위한 … 개발 자금"이 필요했다. 그러나 이러한 투자는 대부분 대륙의 해안선에 국한되어 있었다(Rodney, 2012: 212-214).

년 케이프-카이로 철도와 하천 노선 이야기The Story of the Cape to Cairo Railway and River Route, 1886-1922》이다. 제1권만 해도 마흔다섯 명이 넘는 작가와 언론인이 기고하여 지도, 시, 산문 문학 발췌문, 신문, 잡지 기사, 사진을 모은 거대한 기록물이 탄생했다. 피터 메링턴Peter Merrington이 지적하듯이, 정작 1920년대 초에는 이미 남아프리카에서 영국의 제국적·정치적 기반이 약해지기 시작했는데도(Merrington, 2001: 353), 이 책은 케이프-카이로 철도의 선형적인 서사적·지리적 전진을 기록했다. 이 책은 아프리카 경관을 가로질러 북쪽으로 나아가면서, 주요 인프라가 건설되는 시기와 장소를 따라가며 거기에 대한 사진과 문학적 찬사를 바쳤다. 이를 통해 잠베지강의 거대 교량인 '아이언 링크' 같은 랜드마크 인프라 프로젝트를 중심으로 역사적이고 지리적으로 연속적인 서사를 구축한다. 그런데 인프라의 위업을 중심으로 구축된 서사는 해당 텍스트들을 명백히 '정복된' 지형에 물리적으로 뿌리내리게 하지만, 여기에 응당 있어야 할 기존 아프리카 영토의 현실은 빠져 있다.

메링턴이 주장하듯이, "전후의 향수 어린 환상"인 와인탈의 기획은 케이프-카이로 구상의 "부자연스러움"을 "의도치 않았으나 끊임없이" 누설하고 있다(Merrington, 2001: 353). 그렇지만 제국의 인프라에 대한 로즈의 야망은 최근까지도 케이프타운대학 캠퍼스 중앙의 기념상이 되어 화석처럼 남아 있었다. 1934년부터 2015년까지, 생각에 잠긴 세실 로즈의 청동상은 |북동쪽을 향해| 케이프 플랫츠|남아프리카 케이프 반도와 본토를 연결하는 저지대|를 바라보고 있었다. 키플링이 자신의 "북쪽으로 향하는 제국"을 둘러보고 있다고 표현한 1880~90년대의 그 식민적 시선은 말 그대로 이 대학의 주춧돌에 새겨졌다 |키플링의 시구는 로즈 동상 아랫부분과 케이프타운대학 주춧

> 만세! 손에서 손으로 자주 빼앗고 바꾸었다.
>
> 나는 바위와 황야와 소나무 곁에서 나의 꿈을 꾼다.
>
> 북쪽으로 향하는 제국의 꿈. 아, 하나의 나라
>
> 라이언스헤드 봉우리에서 | 적도의 | 선線에 이르는! (Kipling, 2006: 139-140)

이 구절이 원래 들어 있는 키플링의 시 〈도시들의 노래The Song of the Cities〉는 제국의 중추 도시들로 이루어진 국제 네트워크의 부상을 찬미한다. 각 도시의 인상을 각각 네 행으로 표현하면서, 인프라로 상호연결된 신흥 세계제국을 운율을 맞춘 간결한 몇 줄의 시구로 압축한다. 인용한 키플링의 시구는 테이블마운틴산 옆에 우뚝 솟은 독특한 원뿔 모양의 '라이언스헤드' 봉우리에서부터 아프리카 대륙 안쪽을 향해 적도의 '선'까지 북쪽을 바라보면서, 그 사이에 펼쳐진 "하나의 나라"라는 로즈의 꿈을 그려 낸다. 동상과 시구의 건축적 배치는 '나'가 실은 로즈 자신임을 암시한다. 당대의 남아프리카 신문들이 보여 주듯이, 19세기 말 식민적인 지리적 상상은 머리글자를 맞춘 | 케이프Cape와 카이로Cairo의 'C' | 저 상징적인 인프라 노선을 중심으로 짜였다. 이번 장의 후반부에서 다시 언급할 플로머는 로즈에 대한 풍자적 전기에서 철도의 상상적 매력에 대해 논평한다. 그는 1933년 기자 W.T. 스테드W.T. Stead를 인용하여 이렇게 썼다.

---

8   이 책의 서론에서 상세히 논의했듯이, 이 동상의 "가장 뚜렷한 특징"은 분명 "역사적 서사의 날조"이다. 이에 대해서는 최근 들어 확실히 인식하게 되었을 뿐만 아니라, '로즈는 넘어져야 한다' 운동과 같은 탈식민 운동에서 적극적으로 이의를 제기했음을 기억해야 한다(Kros, 2015: 152).

그림 2.4 케이프타운 대학 캠퍼스 중앙에 있던 세실 로즈의 청동상. 그 아래 돌에는 키플링의 글이 새겨져 있다. 이 동상은 '로즈는 넘어져야 한다' 운동으로 2015년 철거되었다. 저자의 사진.

만약 케이프와 카이로의 머리글자가 달랐다면, 로즈 씨에게는 대륙 횡단 노선이라는 착상 자체가 떠오르지 않았을 것이다. 하지만 같은 대문자로 시작하는 두 개의 장소를 연결한다는 생각이 유행했고, 따라서 이 원대한 사업은 상상의 영역에서 성취된 사실의 영역으로 이미 나아가고 있다. (Plomer, 1984b: 142)

케이프-카이로 철도의 어떤 구간은 "성취된 사실"로 실현되었지만, 어떤 구간은 제국의 "상상"에만 존재했다. 이 철도는 이 시기에 제국주의의 가장 강력한 '상징적 객체' 중 하나였을 것이며, 분명히 하나의 직설적 객체였다. 단절 없이 이어지는 하나의 선형적 인프라 노선을 따라 아프리카 대륙을 둘로 나누는 지도들은 "그것이 묘사하는 세계가 지니는 분쟁적이고 정치적이며 재현적인 본성을 지우고 감춘다"(Mitchell, 2002: 117). 와인탈이 편집한 책에 실린 서사와 사진은 인프라의 간헐적 성공이나 프로젝트의 완성을 보여 줌으로써 진보와 '문명'의 이데올로기를 그 경관에 물리적으로 심어 놓았다. 따라서 머리글자를 이용한 구호는 |식민 시대| 이전부터 존재하던 사회구조와 토착 인구를 배제하는 제국주의의 극도로 불균등하고 착취적인 인프라 개발의 모순을 간결한 표현으로 무마했으며, 제국 간의 치열한 경쟁이 벌어지던 당대에 아프리카 대륙 전체를 영국 소유라는 괄호 안에 넣었다.

해거드 소설에 등장하는 오래된 '하얀 길'에 대한 인프라 읽기를 로즈의 케이프-카이로 프로젝트에 연결해 보면 이 프로젝트의 이데올로기적 윤곽이 뚜렷해진다. 이런 이데올로기적 윤곽은 키플링의 시에서 언어로 표현된 회로를 통해 더 강렬해진다. 견고한 지형적 경계와 단순화된 이분법적 구분에 기반하는 해거드의 인종분리 지리학은 흑인 노동력에

대한 광산업의 폭력적 욕망과 '내륙'의 수익성 있는 자원에 대한 전망이 유발한 모순을 무마하고자 했다. 로즈 자신도 이러한 공간적 모순과 이를 억제하는 분리주의적 기술을 잘 알고 있었다. 그는 자신의 골수 제국적인 인프라 프로젝트에 착수하기에 앞서 여러 영국 보호령과 보어 국가 | 보어인이 세운 오렌지 자유국과 트란스발 지역의 남아프리카공화국(일명 트란스발 공화국) | 를 통합해야 한다고 말했다. 그는 영국-보어전쟁이 발발하기 직전인 1899년에 "만약 여러분이 풍선을 타고 올라가서 이 모든 분열된 국가, 분열된 관세, 분열된 국민을 내려다본다면 얼마나 우스꽝스럽겠습니까. … 여러분이 상상의 선을 그을 수야 있겠지만 그래도 우리는 모두 하나입니다"(Rhodes, 2000: 143-144)라고 말했다. 그러나 이 지역의 인프라 개발은 통합된 남아프리카 국가라는 이러한 과장된 염원을 약화한다. 그의 인프라 프로젝트의 물리적 배치만 봐도, 그것이 영국의 제국적 통치하에서 이 지역의 평화적 통합보다는 소수 초국적 자본가의 경제적 이익에만 복무했음을 알 수 있다. 홉슨이 1900년에 논평했듯이, 로즈는 "그 자신과 동료 자본가들에게 그의 경제적·정치적 야망에 필수적인 트란스발의 정치적 통제권을 확보해 주고자 납세자의 세금"을 이용했으며, "광산에 값싸고 적합한 노동력 공급을 확보하기 위해" 영국-보어전쟁(남아프리카 전쟁)을 일으켰다(Hobson, 1900: 206-207, 231).

로즈는 정치적 '경계'를 허물자고 강력히 촉구하면서도 '장벽'을 무너뜨리는 데는 관심이 없었다. 바이츠만이 고찰하듯이, "장벽barrier은 실로 경계border와 다르다. 장벽은 | 경계처럼 | 주권적·정치적·법률적 체계의 '내부'와 낯선 '외부'를 나누는 것이 아니라, 영토를 가로지르는 이동을 막는 임시적 구조로 기능한다"(Weizman, 2012: 172). 레닌에 따르면, 독점체제는 "19세기 말에 이르러" 초국적 자본주의하 "모든 경제활동의 기반 중

하나가 되었는데"(Lenin, 1987: 183), 이러한 독점체제이던 로즈의 다이아몬드 카르텔 '드비어스'는 공간을 통제하는 체제를 발전시켰다. 드비어스는 아프리카인 노동자의 다이아몬드 절도를 막는다는 명분으로, "죄수 감시"에 쓰던 인프라 기법을 일반 노동자에게 적용하여, 노동자들을 수용할 일련의 "단지"를 건설했다(Lester et al., 2000: 105). 이 단지는 경제적으로 수익성이 높아 드비어스는 이주노동자들을 더 저렴하게 수용할 수 있었고, "단지의 폐쇄된 공간"을 통해 흑인 이주노동자를 "시내에 영구 거주하는" 백인 노동자와 분리함으로써 파업을 비롯한 여러 저항을 더 쉽게 진압할 수 있었다(105-106). 흑인 노동력 창출을 위해서는 인종주의적 "유입 통제" 정책의 일환으로 이렇게 복잡한 공간적·인프라적 틀이 필요했다(Nightingale, 2012: 252-254). (이주노동력 유입을 위해서는) 정치적 경계가 유동적이어야 했으나, (인종적·계층적 분리를 유지하기 위해) 지역 차원에서 장벽을 공고히 해야 했다.

인프라로 읽으면 케이프에서 카이로까지라는 상상은 불균등 발전을 '진보의 선형적 전진'의 상징적·물리적 현시로 환원하는 묘사의 전형이다. 이것은 "결정론적 관점에서 경제, 사회, 문화, 지리를 점차 도시적 방식으로 재편"함을 상정하는 동시에, 이러한 "체계들"에 내재한 "사회적 편견"은 은폐한다(Graham, 2010: 4, 13). 이 지점에서 해거드의 단순하게 선형적인 '문화적 조정'은 제쳐 두고 제국의 인프라에 대한 슈라이너의 허구적 심문으로 주의를 돌리면, 식민문학이 어떻게 로즈의 제국적·자본주의적 이데올로기를 풀어내고 때때로 거기에 공간적으로 저항하는지를 더 일관되게 분석할 수 있다.

메타서사의 지반:
올리브 슈라이너의 저항의 지리

올리브 슈라이너 Olive Schreiner 는 1855년에 태어나 1920년에 사망할 때까지 (1880년대에 런던과 유럽에서 몇 해를 보낸 것을 제외하고) 쭉 남아프리카에 살면서 이 지역이 급격히 산업화하는 격동의 과정을 직접 목격했다.[9] 정치적 참여와 형식적 실험이 특징인 그녀의 글은 선형적 인프라 상상이 은폐하려던 모순을 자주 누설한다. 그 글은 이런 상상에 영향을 끼치는 인종적 이데올로기를 폭로하고, 그녀 생전에 도입되던, 강화된 분리주의적 정책의 위험과 차별을 폭로한다. 1901년 그녀가 "남아프리카의 인종 지도"를 그리면서 이 지역의 인구구조를 고찰한 것은 의미심장하다.

그것 | 남아프리카 | 을 가로질러 어떤 선을 긋더라도, 그 색들을 서로 나눌 수는 없으며, 하물며 그 | 각각의 | 색들의 좀 더 짙은 색조들을 | '백인'이나 '흑인' 등으로 | 하나로 합칠 수는 없다. … 남아프리카 문제의 복합성을 참되게 재현하는 지도를 만들려면, 이 색들의 뒤섞인 덩어리를 가로질러 더 나아가야 하고, | 남아프리카의 | 표면을 여러 간격과 모든 각도와 모든 방향에서 서로 크기가 다른 칸들과 공간들로 나누는 잉크 선들을 그

---

[9] 지금까지 주로 '남부 아프리카Southern Africa'를 언급했는데, 그 이유는 부분적으로는 남아프리카 연방이 1910년에야 공식적인 정치적 실체로 등장했기 때문이지만(3장에서 자세히 논의한다), 해거드와 로즈 모두 남아프리카South Africa를 넘어 북쪽으로 로디지아까지 뻗은 지리적 지역을 다루기 때문이기도 하다. 이와 대조적으로 슈라이너는 통합된 남아프리카에 특별히 집중했으며, 그녀의 소설은 상당수가 1910년 연방 출범 이전에 쓰였음에도 불구하고 남아프리카의 여러 지역을 분명하게 배경으로 삼고 있다.

려야 한다. 이런 선들을 실제로 긋는다면, 이것들이 그 아래 색들 사이의 비율과 무관함을 알게 될 것이다. 이 선들은 색 덩어리들을 곧바로 가로 질러 뻗어 나가며 이것들을 여러 부분으로 쪼갤 것이다. 그리고 짙은 색 이 우세한 아주 작은 구획을 제외하면 선과 색 사이의 어떤 연관도 추적 할 수 없을 것이다. (Schreiner, 1923: 52)[10]

슈라이너는 여기서 1880년대의 임의적 분할 | 유럽 열강이 아프리카 대륙의 경 계선을 임의로 획정한 1884년 베를린 회의 | 을 논평하면서 아프리카 대륙 전체에 관해 말하는 것일 수도 있다. 서론에서 논의했듯이, 이 분할은 식민문학 의 공간 생산에서 새로운 긴급한 요구와 복합적 분석을 유발했다. 그러 나 슈라이너는 특히 남아프리카에 초점을 맞춘다. 그녀는 이 인구학적· 물리적 환경에서 자신이 경험한 바에 의지하여, 제국 이데올로기가 식 민 공간을 형성하는 방식과 그 인프라 개발이 억제하려는 정치적 현실 간의 괴리를 강조했다. 슈라이너는 다양한 공간 생산 방식(글로 쓴 문장, 그려진 지도, 정치적 경계와 인프라 경로의 공간적 표시) 간의 상호관계 를 강조함으로써 그것들에 내재하는 이데올로기적 윤곽을 분리하고 해 체했다. 내가 앞으로 주장하는 바와 같이, 그녀는 해거드와 달리 남아프 리카 주변부의 경제구역들에서 살았기 때문에 문학작품에서 공간적인 메타서사 스타일을 자의식적으로 형성할 수 있었고, 이를 통해 이런 경 제구역들을 형성한 저발전의 발전 과정을 드러낼 수 있었다. 그녀는 제 국주의의 인프라 개발이라는 "그물의 구멍들"(Lefebvre, 1998: 118)에 지반을

---

[10] 원서의 참고문헌 목록에 빠져 있는 이 저서의 서지 사항은 다음과 같다. Schreiner, Olive. 1923. *Thoughts on South Africa*, London: T. F. Unwin.—옮긴이

두었기에, 이런 개발의 한계를 드러내고 이런 개발에 영향을 준 '진보적' 제국 이데올로기에 맞서 공간적 저항을 동원한다.

1926년 처음으로 사후 출판된 《사람에서 사람으로From Man to Man》는 |이 소설의 편집자| 폴 풋Paul Foot의 지적처럼, "그야말로 문자 그대로 필생의 작업"이었다(Schreiner, 1982: xii). 슈라이너는 18세에 킴벌리의 다이아몬드 산지를 처음 방문한 때부터 그로부터 47년 후 세상을 떠날 때까지 간헐적으로 이 책의 원고를 썼다. 1881년 '성인과 죄인Saints and Sinners'이라는 제목으로 초기 판본을 출간하려 했으나 거절당한 후로 다시는 출판을 시도하지 않았다(van de Vlies, 2007: 23). 따라서 슈라이너가 "그 이후에 살아가며 생각하고 경험한 것이 접목된" 이 텍스트는 "수정과 개작"으로 이루어진 여러 층을 지닌다(Schreiner, 1982: xiii). 이 텍스트의 상당 부분은 "소설을 희생한" 정치적 "선전"(xiv)으로 읽히는데, 이것은 슈라이너 문학적 경력의 더 넓은 궤적에서 볼 때 전형적이다. 1880년대와 1890년대에 문학작품을 쓰기 시작한 그녀는 1900년대 초부터 세상을 떠날 때까지는 주로 논쟁적인 소책자를 썼다. 맥클린톡McClintock이 지적하듯이, 이런 소책자에 나타난 "그녀의 반인종주의"와 흑인 아프리카인의 권리를 위한 행동주의는 "이례적"이었다(McClintock, 1995: 268). 슈라이너의 공간적·사회정치적 의식, 그리고 출판된 일부 문학작품에 나타난 실험적 형식주의를 고려하면, 이 소설에서 가장 빼어난 부분 중 하나에서 특히 인프라, 분리, 저항에 관심을 표명한 것은 어쩌면 당연하리라. 이것이 이제 내가 다루려는 것이다.

슈라이너의 주인공 레베카Rebekah는 자식들과 이야기를 나누며, 남아프리카 민족이라는 상상의 공동체에 다인종의 인구구조를 주입한다. 이러한 다인종 인구구조의 공간성은 분리주의 이데올로기의 (불가능성까지는 아니더라도) 한계를 부각한다. 레베카는 성인으로서 "어린 소녀" 시절의 믿음을 돌아보며, "검은색이나 갈색인 사람들은 참을 수 없었어. 그 사람들이 못생기고 더럽고 멍청하다고 생각했지. … 나는 아주 똑똑한데 그 사람들은 아주 멍청하다고 느꼈어. 나는 그 사람들을 참을 수 없었단다"라고 회고한다(Schreiner, 1982: 435). 서사의 소박한 말투는 이러한 인종주의를 어린아이의 순진함과 뒤섞는데, 이런 전술은 레베카가 단순화된 선형적 인프라 구획에 관한 어린 시절의 상상을 회상하고 지리적 분리에서 드러나는 자신의 인종적 이데올로기를 회상하면서 더 강화된다.

나는 항상 빅토리아 여왕이라고 연기하고, 아프리카가 전부 내 거여서 내 맘대로 할 수 있다고 생각하며 놀았단다. 흑인들을 어떻게 할지 생각하며 왔다 갔다 할 때마다 항상 머리가 아팠어. 죽이고 싶지는 않았지. 나는 아무것도 해칠 수 없었거든. 하지만 그 사람들을 가까이 둘 수도 없었단다. 마침내 어떤 계획을 세웠어. 아프리카를 가로지르는 높은 벽을 쌓아 흑인은 모조리 반대편에 몰아넣는다고 상상하고, "게 그대로 있거라. 한 발짝이라도 내딛는 날이면 목을 벨 것이다"라고 말했지.

이 계획을 세웠을 때 정말 기뻤어. 남아프리카에는 흑인이 한 명도 없다고 꾸며 내며 왔다 갔다 하곤 했어. 남아프리카를 몽땅 독차지하게 된 거야. (Schreiner, 1982: 435)

선형적인 인프라 장벽이라는 레베카의 어린이다운 상상은 해거드의 인종분리의 지리를 연상시키는 동시에 그것의 순진한 단순성을 풍자한다. 레베카가 '빅토리아 여왕'을 '연기'하는 것은 영국이 아프리카에서 펼친 제국적인 분리정책을 겨냥한 경멸적 비판이다. 이 정책이 (겉으로는 권위주의적이지는 않은) '사목권력'이라는 위선적 수사로 정당화되었기 때문이다. 신시아 크로스Cynthia Kros가 보기에, 이런 이데올로기는 "로즈 기념관Rhodes Memorial"ㅣ남아프리카 케이프타운의 데빌스피크에 있는, 고대 그리스 사원 양식의 거대한 세실 로즈 기념관ㅣ으로 상징되며(Kros, 2015: 156), 앞에서 살펴본 바와 같이 스틸이 제국의 인프라 개발을 인도주의로 정당화하는 데도 영향을 주었다. 그러나 레베카에게 이러한 분리주의적 노력은 "꾸며 낸 것"에 불과하다. 이 텍스트는 인종분리 이데올로기를 유치한 환상으로 묘사함으로써, 남아프리카의 공간적 지도화와 물리적 현실 사이의 틈, 즉 제국적 상상에서 민족이 출현하게 만드는, "땅과 지도를 분리하는 공간"을 드러낸다(Mitchell, 2002: 90). 이 문제에 대해서는 3장과 4장에서 더 자세히 다룰 것이다. 레베카가 하는 이야기는 몇 페이지 뒤에서 이렇게 이어진다.

나이를 점점 먹을수록, 중요한 것은 색깔이나 턱 모양이나 영리함이 아니라고 깨달았단다. 남자와 여자가 너무나 사랑해서 가슴이 찢어지듯이 괴로울 수 있다면, 자신이 부당한 일을 당할 때 기꺼이 죽을 수 있다면, 다른 사람들을 위해 두려움 없이 죽음을 맞을 수 있다면 … 그 사람들이 곧 내 사람이고 내가 그들의 사람이라는 걸 깨달았어. 그래서 내가 아프리카에 세운 벽은 서서히 무너질 수밖에 없었지. (Schreiner, 1982: 437-438)

버뎃Burdett에 따르면, "여기서는 어머니 노릇mothering이 식민적 상상의 폭력과 뚜렷한 대척점에 놓이는데, 이 점은 레베카가 고뇌를 겪으며 인간 간의 친족관계를 깨닫자 벽이 무너질 수밖에 없다는 데서 또렷이 드러난다"(Burdett, 2001: 107). 그러나 레베카의 나이("나이를 점점 먹을수록")

가 표시하는 어떤 역사적 시간성도 존재하는데, 이 시간성은 인종분리 체제의 시행을 (예언은 아니더라도 예감하듯이) 내다보는 동시에, 이를 넘어 그것의 해체까지 내다본다.[11]

그러나 이 단락들의 강렬한 비판을 고려하더라도, 제국의 이데올로기에 대한 가장 지속적이고 공간적으로 구축된 저항을 동원하는 것은 《아프리카 농장 이야기》이다. 버뎃이 지적하듯이, 이 소설은 "철저하게" "식민지 현실"에 국한한다(Burdett, 2001: 30). 이 소설이 전개되는 '펠트veld'라는 주변부 지역은 슈라이너가 1870년대에 글을 쓰던 당시에 케이프타운이라는 당시로는 "유일하던 주요한 지역 '중심부'"를 둘러싼 두 번째 개발 "벨트belt"에 있었다. 물론 이 소설이 1883년에 출판될 무렵에는 새로운 "자원 프런티어"이자 곧 지역 중심지가 될 두 곳이 킴벌리와 란트Rand ㅣ금광 지대인 위트와테르스란트ㅣ에서 출현하고 있었다(Lester, 1998: 47). 특이하게 킴벌리가 텍스트에 등장하지 않는 것은 슈라이너의 다른 소설 《운디네》와 대비하여 두드러진다. 슈라이너가 《아프리카 농장 이야기》와 동시에 집필했으나 아마 《아프리카 농장 이야기》의 최종 원고 출간 전에 이미 완성한 듯한 《운디네》는 그녀 사후인 1928년에야 남편 S.C. 크론라이트 슈라이너에 의해 출판된다. 이 소설의 서문을 쓴 크론라이트 슈라이너가 추정하는 대로, 《운디네》는 "그녀가 1881년 영국으로 떠나기 전에 남아프리카에서 완성"했을 가능성이 크다(Schreiner, 1928: ix). 반면 《아프리카

---

[11] 버뎃이 "아파르트헤이트라는 말이 생기기 전의 아파르트헤이트의 환상"(Burdett, 2001: 105)이라고 서술하는 레베카의 '벽'은 21세기 분리의 지리학과 공명한다. 바이츠만이 2003년 이래 동예루살렘을 가로지르며 서안 지구와 이스라엘을 갈라놓는 '분리 장벽'을 고찰하며 지적하듯이, 분리하는 벽이라는 개념은 "특히 '아파르트헤이트'라는 말과 연계되어 왔으나, 남아프리카 정권은 그 야만성이 극에 달했을 때조차 그런 벽을 세운 적이 없었다"(Weizman, 2012: 171).

농장 이야기》는 슈라이너가 런던에 도착하고 2년 만인 1883년에 처음 출간되었다.

의미심장하게도 "《운디네》에 대한 언급은 (슈라이너의) 뉴러시 일기에 처음 등장하는데", '뉴러시'는 슈라이너가 1872년 방문한 다이아몬드 산지 이름으로 그로부터 1년 후인 1873년 그곳의 정착지는 '킴벌리'로 개칭되었다(ix-x, 246). 슈라이너가 킴벌리에서 몸소 경험한 경제적 활동, 인프라 건설, 그리고 노동착취는《운디네》의 후반부에서 중앙 무대를 차지한다. 여기에서 서사는 지리적으로 주변부의 아프리카 농장에서 식민본국의 중심인 런던으로 이동한 후에 다시 남아프리카로 돌아오는데, 다만 이번에는 뉴러시 광산으로 돌아오는 것이다.《아프리카 농장 이야기》도 이와 비슷하게 2부로 구성되어 있지만, 이 구성은《운디네》처럼 지역적 중심부 및 지구적 중심부를 향하는 지리적 여정으로 이루어지지는 않는다.《아프리카 농장 이야기》의 구성은 펠트의 주변부 지대에 단단하게 자리 잡은 채, 그곳을 벗어나 철도 같은 네트워크화된 인프라 노선이나 준주변부 소도시나 도시의 소수민족 거주지로도 향하지 않는다.《아프리카 농장 이야기》의 이중적 구성은 오히려 형식 실험에서 비롯된다. 이 분석에서 보여 주겠지만, 이 소설의 전반부는 선형적 서사에 국한되는 데 비해, 후반부는 형식적 실험을 감행하는 여러 장#을 관통하여 주변부 경관에 굳건히 자리 잡는다. 이런 실험은 해거드의《솔로몬 왕의 광산》같은 텍스트에서 선전하는 제국의 이데올로기를 해체한다.

그러므로《아프리카 농장 이야기》의 지리를 이와 대비되는《운디네》의 다이아몬드 산지에 대한 몰두에 비교하는 것은 유익하다.《운디네》의 전반부와《아프리카 농장 이야기》의 전반부는 놀라울 정도로 비슷하다. 두 작품의 서사는 여성 주인공을 중심으로 구성되는데, 운디네와 린달

Lyndall은 둘 다 "오래된 네덜란드풍 농가"에 산다. 두 소설의 앞부분에서 서사의 선형적 시간성은 주인공들의 시간 경과에 대한 집착으로 측정되는데, 이는 "멈출 수 없는 낡은 시계"의 "똑딱, 똑딱, 똑딱" 소리로 나타난다(Schreiner, 1928: 5)("똑딱-똑딱-똑딱-똑딱! 하나, 둘, 셋, 넷!"(Schreiner, 2003: 49)). 두 주인공이 살가운 개 한 마리와 함께 사는 것도 같은데, 이 개는 두 소설에서 비슷하게 묘사된다(Schreiner, 1928: 23; 2003: 110). 하지만 두 소설의 지리와 내용은 처음에는 서로 나란히 나아가다가 나중에는 점차 멀어지는데, 이것들을 대조하면 《아프리카 농장 이야기》의 반제국적 메타서사 전개에서 주변부 경관의 중요성이 선명해진다. 이런 비교를 통해, 인프라 발전과 경제발전의 망들 및 구역들 너머의 지리적 공간이 이 소설의 반제국 기획에서 근본적임을 알 수 있다.

《운디네》의 대략 중반쯤에 영국에서 남아프리카로 돌아온 운디네는 "그 영향을 느낄 만큼 가까이 있던 모든 사람과 마찬가지로, 거대한 자석에 이끌린다. 아무짝에도 쓸모없는 부랑자, 방랑자, 노숙자를 몽땅 끌어당기는 그것은 다이아몬드 산지이다"(Schreiner, 1928: 244). 중요한 점은 운디네를 포트엘리자베스에서 킴벌리까지 날라 줄 철도가 아직 없다는 사실을 강조함으로써 이 작품의 배경인 역사적 순간을 드러낸다는 것이다. 작품 속 각주에 따르면, 그 거리는 "485마일"이다(244). 그녀는 철도 대신에 "붉은 소들이 늘어서 묶여 있고, 전선이나 양동이 따위를 잔뜩 실은 커다란 짐수레로 … 모래로 뒤덮인 길을" 이동해야 한다(249). 이런 교통수단은 |《솔로몬 왕의 광산》에서| 쿼터메인이 "화물 마차"(Haggard, 2008: 14)를 타고 남아프리카를 가로질러 멀리 여행한 것을 떠올리게 한다. 《운디네》와 《솔로몬 왕의 광산》의 상호텍스트 공명은 이것만이 아니다. 특히 흥미로운 점은, 두 텍스트가 해당 광산 인프라(전자에서는 킴벌리, 후자

그림 2.5 1886년에서 1887년 사이 킴벌리 다이아몬드 광산 내부를 그린 스케치. 《파퓰러사이언스먼슬리Popular Science Monthly》 30호에 처음 게재.

에서는 솔로몬 왕의 광산)를 묘사하는 방식이 비슷하다는 것이다. 이러한 상호텍스트 읽기에서 드러나는 것은《운디네》가 해거드의 로맨스 서사의 '은닉 대본'을 입 밖으로 발설한다는 사실이다.《운디네》에서는 남아프리카 산업 중심지의 산물인 다양한 인종 집단이 가까운 거리에서 공존하는 것을 상술하기 때문이다.

솔로몬 왕 광산의 "거대한 구멍" "가장자리"에 선 쿼터메인은 "오래된 돈Don의 지도[12]에 표시된, 큰길이 그곳을 우회하기 위해 두 갈래로 갈라지는 | 광산 입구 앞의 | 구덩이"를 바라본다(Haggard, 2008: 160). 해거드 소설에서는 중심 인프라 | 큰길 | 를 표시하는 선이 갈라져서 광산의 입구를 둘러싸는데, 이 경관의 물리적 지리는 "원형광장"에 대한 슈라이너의 묘사와 공명한다. 원형광장은 킴벌리의 "수용시설에서 가장 가난하고 가장 끔찍한 곳"이며 "| 막사의 | 캔버스 천들이 뒤죽박죽인 곳"으로 묘사된다. 여기에는 "둥근 천막, 네모난 천막, 찢어진 천막, 온전한 천막, … 캔버스 천으로 지은 집, 나무로 지은 집, 쇠로 지은 집, 그리고 형언하기 힘든 집"이 그득하다(Schreiner, 1928: 282-283). 이 "원형의 길"은 중앙에 있는 다이아몬드 광산인 "콥Kop" | 언덕을 뜻하는 남아프리카 영어 단어 | 을 둘러싸고 있다. 운디네는 "**하얀** 길에 비치는 환한 햇살에 거의 눈을 뜰 수 없었는데"(291, 필자의 강조), 이 길은 솔로몬 길의 흰색을 떠올리게 한다. 운디네는 이 산업지대 정착지를 가로질러 걸으며 "콥으로 일하러 가는 검둥이 무리와 보석에 금 간 데를 찾아내려는 약삭빠르고 조그만 다이아몬드 구매자들"(287)을 목격한다. 인종주의적 용어 | 검둥이nigger | 는 차치하고, 이런 서술

---

[12] 이 소설에서 돔 호세 다 실베스트라Dom Jose da Silvestra가 그렸다는 지도, 즉 본서에 그림 2.2로 실린 지도. 소설에서도 이 지도는 돔Dom이 아니라 돈Don의 지도로 불린다.—옮긴이

은 이 중심의 인프라 경로를 따라 다양한 인종 집단이 뒤섞여 살고 있음을 부각하는데, 이것이야말로 해거드의 텍스트가 그토록 애써 부인하는 것이다.

운디네가 다이아몬드 광산의 '구덩이'에 보이는 반응이야말로 시사하는 바가 가장 많을 것이다. 크론라이트 슈라이너가 1928년 판본의 각주에서 지적하듯이, 이 "거대한 둥근 구멍이 이제까지 인간이 땅속으로 파 들어간 구멍 중 가장 크다고 한다"[298]. 운디네는 "구덩이 아래로" 내려다보면서, 이 인프라의 위업을 낭만화는 아니더라도 신화화하기 시작한다.

그곳을 가로지르며 달빛에 번들거리는 수천 개의 전선은 윤기 나는 안개 같은 기이한 막이 되어 그 아래의 검은 심연을 덮었다. 가장자리는 다 아주 어둡고 깊었지만, 다듬어지지 않은 중심부는 밝은 달빛을 향해 높이 솟아 있었다. 그녀는 비계 발치에 웅크리고 앉아 그것을 바라보았다. 달빛의 마법 속에서 그것은 거대한 성, 옛 기사 시절의 성이었다. 그것을 바라보면, 여러분은 틀림없이 흙벽이 있는 성곽의 그림자와 그 위를 왕관 모양으로 덮은 끝없는 망루들을 보았다고 맹세할 수도 있다. 그것은 어떤 마법사의 주문으로 천년이나 잠에 빠져 침묵에 갇힌 거대한 성이었다. [Schreiner, 1928: 298]

《운디네》의 서사에서 이 경관의 광물을 착취하는 일을 거드는 킴벌리의 근대적 인프라는 수천 년 된 낭만화된 인프라적 건축으로 변모한다. 일종의 솔로몬 왕의 광산이 되는 것이다. 이처럼 광산 산업의 물리적 장치에 대한 슈라이너의 묘사를 해거드의 제국 로맨스와 함께 읽으면, 특정한 이데올로기적 의제가 식민문학의 공간 생산을 어떻게 굴절시키는지 메타서사로 드러난다. 또, 해거드의 낭만화된 경관을 《운디네》의 공간 생산이라는 렌즈를 통해 읽으면, 해거드의 문학적 지도화의 등고선에 새겨진 이데올로기를 발굴하고, 그것의 한계와 은폐를 확인하며, 그것의 암묵적 정치를 드러낼 수 있다. 솔로몬 왕의 광산 내부의 동굴이 이 소설의 어느 장의 제목에서 "죽음의 장소"(Haggard, 2008: 169)라고 불리지만, 해거드의 주인공들이 광산에서 무사히 탈출하고 그 광물로 부를 되찾았다는 점은 상기할 가치가 있다. 이에 비해 운디네에게 킴벌리 다이아몬드 광산은 문자 그대로 그녀의 "죽음의 장소"가 된다. 운디네는 혼자 힘으로 버티면서 먹을 것과 잘 곳을 구할 수 있을 일자리를 얻지 못한 채[13] 풍찬노숙하다가 소설의 몽환적인 마지막 단락에 이르러 광산 가장자리에서 쓰러져 죽음을 맞이한다.

이윽고 달이 떠올라 천막의 능선 너머에 있는 자갈 더미들 사이의 좁은 마당을 비추었다. 크고 둥근 돌들 사이에서 ㅣ양초의ㅣ 남은 부분이 다 타버려 재로 변했다.

그들 앞에 조그만 보라색 옷을 입은 운디네가 누워 있었다. 다리를 꼬고 한쪽 팔에 머리를 얹은 채로. …

그 좁은 마당에는 그 밖에는 볼 것이 하나도 없었다. (Schreiner, 1928: 374)

---

[13] 캐럴린 버뎃은 슈라이너의 전 작품에 걸쳐 "음식과 배고픔"의 "상징적 공명"을 탐구하는데, 이는 "탐욕스러운 제국의 토지에 대한 배고픔"과 "아프리카인의 배고픔"을 결합한다(Burdett, 2001: 126-128). 이와 비슷한 크리스먼의 주장에 따르면, 슈라이너의 음식에 대한 집착은 식민주의가 "ㅣ식민본국ㅣ 국내의 사목주의를 ㅣ식민지에서ㅣ 복제할 수 없음"을 강조한다. "식민지의 환경에서는 역학 관계가 역전될 수밖에 없는데, 다시 말해 타인을 위해 식량을 생산하는 일이 식량을 위해 타인을 생산하는 일로 전환되는 것이다"(Chrisman, 2000: 136).

고요한 달빛은《아프리카 농장 이야기》서두에서 묘사하는 주변부 농가의 정적을 예고하는데, 여기에 대해서는 나중에 다시 이야기할 것이다. 운디네는 죽기 직전에 "카루Karoo | 남아프리카의 건조성 고원 | 에 있는 오래된 농가의 초가지붕과 돌담"(370)을 애틋하게 회상한다. 그래서 운디네는 농가라는 주변부 공간에서 이 지역의 떠오르는 경제 중심부로의 지리적 이동을 후회하는 듯하다. |《운디네》를 |《아프리카 농장 이야기》와 더불어 상호텍스트적이고 상호지리적으로 읽으면, 슈라이너가 두 번째로 쓴 (그리고 의미심장하게도 |《운디네》와 달리 작가 생전에 | 출판된) 이 소설은 슈라이너를 위하여 두 번째의 허구적 기회가 된다.《운디네》는 광산 산업의 투기적 매력에 굴복하여 그리로 향하고 그것에 대해 글을 쓰지만,《아프리카 농장 이야기》는 이런 중심부 공간으로의 지리적 이동을 완강히 거부한다. 그리고 소설 말미에 끝내 농장을 떠나는 린달은 운디네와 마찬가지로 급속히 허약해지고 죽음을 맞이한다. 슈라이너의 두 여성 주인공의 지리적 궤적을 비교하면, 주변부에서 중심부로의 이동을 삶과 죽음의 관계적 이분법 위에 지도화하면서 광산 산업을 둘러싼 투기 문화를 규탄하게 된다. 이런 점은《아프리카 농장 이야기》에서는 여전히 암묵적이지만,《운디네》에서는 이 "거칠고 무모한" 투기가 "도박이 수많은 사람을 끌어당기는 것과 똑같이 거부할 수 없는 매력"을 지녔다고 명시적으로 강조한다(Schreiner, 1928: 110). 그러나 해거드의 로맨스와 달리《아프리카 농장 이야기》는 산업화한 남아프리카에 거리를 유지하고 지리적으로 주변부에만 집중함으로써, 실은 착취적 제국주의에 대해 더 지속적이고 형식적으로 더 섬세한 비판을 동원할 수 있다.

　제드 에스티Jed Esty가 보기에《아프리카 농장 이야기》는 "그 줄거리 구조, 인물 묘사, 비유적 언어 안으로 불균등하고 극히 식민적인 시간성을 체계적으로 흡수"하는데, 이는 "괴테풍의 교양소설(그리고 이 장르의 관습인 목적론적이고 남성적인 운명 감각)의 형식적 규칙에 도전하는 것이다"(Esty, 2007: 408). 모레티가 주장하듯이 교양소설이야말로 "근대적 사회화를 가장 현저하게 묘사하고 증진해 온 상징적 형식"(Moretti, 2000: 10)이라면, 운디네와 린달이 각기 다른 방식으로 세계체제와 짧게 만난 결과로 죽음을 맞이한다는 사실은 이들이 세계체제에 흡수되는 데 (그것을 거부한 것은 아니더라도) 실패했음을 시사한다. 에스티는《아프리카 농장 이야기》의 "저발전 지역"을 콘래드의《로드 짐Lord Jim》(1900), 버지니아 울프Virginia Woolf의《출항The Voyage Out》(1915), 제임스 조이스James Joyce의《젊은 예술가의 초상A Portrait of the Artist as a Young Man》(1916)의 배경과 비교하면서, 이런 텍스트들의 "지리적 틀"이 "줄거리의 독재"에 저항하는 실험적 서사 형식을 만들어 낸다고 주장한다(Esty, 2007: 411). 이는 제임슨이 설정한 '모더니즘과 제국주의'의 연관성을 닮았는데, 이에 따르면 팽창하는 세계체제의 경제는 "모더니즘 양식"의 "새로운 공간적 언어"를 형성한다(Jameson, 1990: 51-58). 슈라이너의 모더니즘 경향은 여러 비평가가 논의한 바 있는데(McClintock, 1995: 280-281; Burdett, 2001: 9), 에스티의 연구는 '모더니즘과 제국주의'에 "'불균등 결합 발전'의 관점"을 적용하자는 패트릭 윌리엄스의 주장(Williams, 2000: 32)에 응답한다. 에스티가 주장하듯이, 슈라이너 텍스트의 공간성은 전 세계적 근대화를 밀고 나가는 진보적인 제국의 정신과 식민지 주변부의 불균등 발전 혹은 저-발전이라는 고질적 사실 사이의 "구조적 모순"을 형상화한다(Esty, 2007: 423).

나는 에스티의 통찰에 기대는 한편, 사이드 저작을 다시 고찰하는 윌리엄스의 연구를 활용하여, 텍스트의 공간성이 "제국 이데올로기"에 "교란 효과"를 가져올 수 있음을 강조하고자 한다(Williams, 2000: 21-23; Said,

1993: 226). 이렇게 읽기 위해서는 《아프리카 농장 이야기》를 《솔로몬 왕의 광산》과 연계하는 것이 가장 효과적이다. 슈라이너 소설의 불균등한 공간성은 해거드와 같은 텍스트의 경직된 이데올로기적 윤곽을 무효화하고, 나아가 케이프-카이로 철도와 같은 인프라 프로젝트에 내장된 선형적 진보 이데올로기를 무효화한다. 그것의 텍스트적 침묵, 즉 남아프리카 경관이라는 지리적 배경에 생기는 "공백과 부재"는 슈라이너의 꼼꼼한 메타서사 구성을 통해 명시적으로 드러나면서, "이데올로기의 존재가 … 가장 분명하게 느껴지게" 한다(Macherey, 1986: 84; Eagleton, 2002: 32). 쿳시는 더 일반적으로 20세기 "남아프리카 농장소설"의 "침묵"을 강조하면서, 이 장르의 "진실"은 "그것이 자신에 대해 모르고 있는 것, 즉 침묵에서 발견된다"(Coetzee, 1980: 81)라고 주장한다. 이 장르를 확립한 소설인 《아프리카 농장 이야기》는 일련의 메타서사 기법을 활용하여 독자의 주의를 이러한 침묵으로 이끌고 암묵적인 것을 명시적인 것으로 변형한다. 남아프리카의 광물 기반 산업혁명은 소설의 지리에서 보이지 않는 곳에서 일어나지만 계속하여 이 소설의 지리에 영향을 미치고, 따라서 이러한 메타서사는 그것의 경관 생산에 내재하면서 이런 경관 생산으로 가능해지는 것이다.[14]

마지막으로, 이 소설은 상호텍스트적으로 제국 로맨스를 불러옴으로써 이 장르 | 제국 로맨스 | 의 지도학적 한계를 부각한다. 그것은 이 지역을

---

[14] 버뎃은 "머리칼에 다이아몬드를 달고 싶은 린달의 꿈은 1870년대 다이아몬드 발견으로 식민지 경제가 변모했음을 인지하는 슈라이너 자신의 역사적 이점을 환기한다"라고 지적한다(Burdett, 2001: 42). 아울러 슈라이너가 이 소설을 처음 출판할 때 사용한 필명인 '랠프 아이언Ralph Iron' 자체가 '코피에kopje | 남아프리카의 작은 언덕 | 의 철광석'에 들어 있는 철iron을 암시한다(Monsman, 1991: 79).

"땅을 훑어보는 유럽인의 눈"(Pratt, 2003: 60)에 개방하지 않고 남아프리카 공간을 생산하며, 이를 통해 실로 이 경관이 "낯설고 불가해"하도록 만들고 "그것을 획득하거나 서술하거나 재현할 … 언어"가 없도록 만든다(Coetzee, 1980: 7).

슈라이너는 이 소설의 〈2판 서문〉에서 "어느 친절한 비평가"에게 사의를 표하는데, 이 비평가는 "(《아프리카 농장 이야기》가) 거친 모험의 이야기였다면, … 게걸스러운 사자와 마주치고 가까스로 탈출하는 이야기였다면, 금상첨화였을 것"이라고 평한다(Schreiner, 2003: 41). 《새터데이리뷰 Saturday Review》에 기고한 이 익명의 비평가가 염두에 두는 것은 명백히 제국 로맨스이다. 이 서평에 대한 슈라이너의 반응은 의미심장하다. 왜냐하면 이 반응은 그녀가 묘사하는 아프리카 농장의 지역적이고 주변부적인 지리가 세계체제의 초국적 네트워크에 어떻게 연결되는지에 대한 그녀의 생각에 기반하기 때문이다. 그녀는 "그런 작품이라면 ㅣ런던의ㅣ 피커딜리나 스트랜드에서 쓰는 것이 가장 좋겠다"라면서 "거기라면 어떤 사실과 접촉하여 그로부터 제한받지 않고, 창조적 상상력이라는 재능이 마음껏 나래를 펼칠 수 있을 것이다"라고 쓴다(41). 슈라이너는 자신은 남아프리카 지리와 그 주변성이라는 공간적 현실을 몸소 체험했으며, 따라서 제국 로맨스의 선형적 형식은 자신이 "성장한" "그 현장을 그려내기에" 적합하지 않음을 깨달았다고 강조한다(42). 이 텍스트의 공간성은 제국적 '상상'과 '어떤 사실' 사이의 틈을 드러내어, 로맨스의 지리가 지닌 이데올로기적 등고선을 선명하게 부각한다.

로맨스의 선형성에 대한 이러한 거부는 형식과 내용 모든 차원에 해당한다. 소설의 절정 장면에서 린달은 임종을 앞두고 선형적인 서사로 된 책을 거부한다.

"창문을 열고 이 책을 밖으로 던져 줄래요?" 그녀는 거의 투덜거리듯 말했다. "정말 바보 같은 책이에요. 저는 이 책이 소중하다고 생각했어요. 하지만 그저 단어들을 한 줄로 꿰어 놓았을 뿐이지 아무런 의미가 없어요." (Schreiner, 2003: 262)

린달이 드러내는 메타서사 의식은 선형적 서사가 구성되는 방식을 성찰하며 책을 문자 그대로 창밖으로 던져 버린다. 이러한 메타텍스트 이미지는 소설의 도입부에서 이미 형성된다. 여기에서 린달은 "구슬을 실에 꿰며 바닥에" 앉아 있다. 사촌인 엠Em이 어떻게 구슬들이 바늘에서 절대 떨어지지 않느냐고 묻자, 린달은 "내가 애를 쓰니까. ⋯ 그게 이유야"라고 답한다(50). 린달의 은유는 소설 서사의 '실thread'을 암시하는데, 그것의 '연속되는 순서'에 주의를 소홀히 하면 실을 놓칠 수 있다는 것이다. 서사학자 미케 발Mieke Bal이 설명하듯이, 텍스트를 하나로 '꿰기thread'에 필요한 노력을 강조하는 것은 "문학적 서사가 밀도를 성취하는 방식"이 된다. 그것은 "문학과 구별되는 시각적 이미지의 특징이라고 종종 주장되는 동시성을 닮은 밀도"이다(Bal, 1997: 82). 슈라이너 텍스트의 자기지시 그물은 소설의 다층적 이미지들을 가로질러 그 〈서문〉까지 이어짐으로써 | 텍스트에서 책을 던지는 장면이 그 앞에 나오는 구슬을 꿰는 장면을 지시하고, 이들 장면이 〈2판 서문〉에서 선형적 형식을 거부하는 것과 연결된다는 의미 | 서사 자체의 선형성을 해체한다. 그렇게 함으로써, 공간의 선형적인(그리고 흔히 인프라적인) 생산에 내장된 "진보적인 제국의 정신"이라는 이데올로기를 폭로한다(Esty, 2007: 423).

더 포괄적인 줄거리 전개에는 또 다른 메타텍스트의 실들이 들어 있다. 《아프리카 농장 이야기》의 첫 부분에서 주인공들의 어린 시절을 묘

사할 때는 관습적인 선형적 서사 형식을 고수한다. 여기서 "보나파르트 블렌킨스Bonaparte Blenkins"| 보나파르트 나폴레옹과, 케이프 식민지 정부의 고위 관료 윌리엄 블렌킨스William Blenkins를 암시한다 | 라고 불리는 희극적 악당이 농장에 쳐들어온다. 그 이름은 더 넓은 제국적이고 역사적인 맥락을 가리키며, 그의 영국적 기질은 제국적 패권에 대한 알레고리로서의 함의를 뚜렷하게 드러낸다. 그에 앞서 린달이 나폴레옹 보나파르트에 관해 토론하며 존경을 나타낸 것은 이러한 제국적 함의를 전면에 부각한다(Schreiner, 2003: 58). 소설의 두 번째 부분에서 이러한 서사 스타일은 파편화된다. 소설은 경관에 초점을 맞추는 철학적인 두 개의 장을 거친 후 줄거리로 돌아오는데, 이 줄거리는 단절적이고 반反연대기적으로 바뀐다. 교양소설의 서사 양식, 즉 '모순의 내면화'를 통한 '세계에의 사회화' 과정을 상술하는 양식을 연상시키기는 하지만, 슈라이너 소설의 후반부에서 일어나는 형식의 전환은 오히려 이런 모순을 강조함으로써 이러한 이데올로기적 과정에 저항한다. 젊은 주인공들은 "그것과 더불어 사는 법을 배우기"를 거부하는 것이다(Moretti, 2000: 10).

사회화에 대한 이러한 저항은 이 텍스트에서 자본주의 세계체제가 일으키는 폭력적 결과와 토착 아프리카인에 대한 그 체제의 억압 및 강탈을 지리적이고 역사적으로 암시하는 데로 확장될 뿐 아니라, 바로 이런 암시에 뿌리를 내리고 있다. 슈라이너는 소설의 바로 첫 문단에서부터 주변부 경관을 저항의 공간으로 동원한다. "푸른 하늘에서는 아프리카의 보름달이 광활하고 외로운 평원으로 그 빛을 쏟아부었다"(Schreiner, 2003: 47). 독자의 시선은 달빛에 이끌려 드넓은 경관으로 향한다. 납작하고 이차원적인 "평원의 엄숙한 단조로움"은 삼차원적인 "'카루'의 키 작은 덤불, 낮은 언덕들, … 밀크부시 덤불, 작고 고독한 '코피에'"에서 "깨진다"[47]. 달빛은 마치 이 서사가 그러는 것처럼 이 장면을 적나라하게 드러내는데, 이러한 객체들을 "숨 막힐 듯한oppressive 아름다움"이라는 틀에 넣는 것은 그 재현 과정의 억압적인oppressive 성격을 메타텍스트로 강조하는 것이다. 저발전된 펠트의 탁 트인 공간을 기록하려는 이 서사가 생산하는 텍스트는 세계체제에 흡수되는 것에 저항하는 사회경제적 공간을 가리키며, 나아가 세계체제에 직접 도전한다.

슈라이너는 식민자가 서사를 이용하여 지리적 공간을 "지배하고 조감하고 분할하고 통제한다"고 본다. 이는 "그것의 조밀한 거주의 성격을 … 무시하는" 과정인데, 이 경우에는 식민지 점령 전에 그 땅에 '거주'하던 토착 아프리카인들을 무시하는 것이다(Bal, 1997: 147; Mitchell, 1988: 32-33). 발이 주장하듯이, "역사가 경관에 부여"되면 기억은 공간화되는데, 이것은 "거주하던 공간의 절멸을 무효화"하는 과정이다(Bal, 1997: 147-148). 슈라이너는 소설 초반에 이런 역사를 "부시맨이 그린 그림들"의 형태로 경관에 부여하는데, 이 그림을 그린 "붉은색과 검은색 안료"는 "오랜 세월 보존되어 온 것이다"(Schreiner, 2003: 55). 데버러 샤플Deborah Shapple은 이 그림들이 "식민지 이전의 억압된 역사"를 암시하지만, 이와 동시에 "그 창작자나 선조 중의 해석자들이 … 현재의 서사적 계기에 진입하는 일"도 저지된다고 지적한다(Shapple, 2004: 113). 그러나 토착 부시맨들 본인은 침묵하더라도, 슈라이너의 남성 주인공 왈도Waldo는 그들에게 목소리를 부여한다. 이런 일은 의미심장하게도 나폴레옹 보나파르트의 제국적 야심에 대한 린달의 설명을 끊는 화행話行speech-act | 언어의 발화 자체로 특정 행위를 수행하는 것 | 으로 이루어진다. 여기서 린달은 영국 제국주의의 환유인 나폴레옹을 "역사상 가장 위대한 인물"로 여기는 반면, 왈도는 그들이 앉아 있는 코피에의 "물리적 지리"에 더 관심이 있어서 린달의 설명을 끊는다. 그

는 주변의 바위를 더듬으며, "만약 그 사람들이 말할 수 있다면, 그 사람들이 지금 우리에게 말해 줄 수 있다면!"이라고 말한다(Schreiner, 2003: 58, 60). 슈라이너의 서사는 나폴레옹식 제국주의에 대한 린달의 설명을 밀어내고, 그 자리에 빼앗긴 자들의 목소리 없는 역사가 각인된 지리적 공간을 한 조각 들여온다. 바트 무어 길버트Bart Moore-Gilbert가 주장하듯이, 주변부의 지리적 영역에 대한 왈도의 독법은 서발턴 역사에 비견할 만하다. 그는 그 윤곽 안에 각인된 "점점 더 은폐되는 '부시맨' 역사의 징후들"을 찾으려 하기 때문이다(Moore-Gilbert, 2003: 96).

소설 전반에 걸쳐 이런 공간성은 특히 영국의 제국적 기획이 지니는 이데올로기 틀에 저항하는 데 동원된다. 이 텍스트의 핵심적인 두 장, 즉 〈시간과 계절Times and Seasons〉 및 〈왈도의 낯선 사람Waldo's Stranger〉은 공간적 파열 속에서 줄거리의 목적론적 전개를 파편화하는데, 이러한 공간적 파열은 주변부인 남아프리카 경관의 물리적 지리에 뿌리내린 채 나타난다(Schreiner, 2003: 137-170). 캐럴린 버뎃이 지적하듯이, 왈도는 "누워 있거나 쪼그리고 앉아, 땅에 가까운 모습으로 자주 재현되는데"(Burdett, 2001: 41), 〈시간과 계절〉은 그가 "모래 위에 엎드려 있는" 모습으로 시작한다(Schreiner, 2003: 137). 선형적 서사는 연대순으로 번호 매겨진 짤막한 부분들로 쪼개지는데, 이 부분들은 "그리고 이제 새로운 시간이 시작된다"(139), "이제 새로운 시간이 온다"(140), "이제 새로운 시간"(145), "이제 마침내 새로운 시간"(148) 같은 어색한 시간적 진술로 시작된다. 이런 끊임없는 '다시 시작함'은 소설의 선형성을 방해한다. 서사의 새로운 부분이 등장할 때마다 이전에 지나간 것은 지워지기 때문이다. 이 장은 다음과 같은 문장으로 끝맺는다.

그리고 그것은 그렇게 마침내 지나가게 되어, 하늘이 처음에는 우리 위에 펼쳐진 작고 푸른 천으로 손이 닿을 정도로 낮게 우리를 짓눌렀지만, 이제 머리 위로 측량할 수 없는 푸른 궁형穹形으로 솟아올랐고, 우리는 다시 살기 시작했다.[Schreiner, 2003: 154]

이 서사는 그 형식의 공간적 탈구를 통해 남아프리카 경관을 더욱 정확하게 전달할 역량이 있음을 강조하며, 이러한 공간적 탈구에 반제국 저항의 표현을 암묵적으로 주입한다. 제국 이데올로기의 틀은 로맨스 같은 서사를 그 장르의 선형성에 가두는데("우리를 짓눌렀지만"), 여기에서는 우선 이런 틀을 불러온 후에 거기에 저항한다. 이제 경관은 로맨스의 규제적 서사구조를 넘어서는 "측량할 수 없는" 것으로 보이기 때문이다. 이 텍스트는 자신이 생산하는 식민 경관을 통하여 새로운 이데올로기 영역을 제시하는데, 이로써 식민 경관에서 반제국적이고 뚜렷이 공간적인 저항이 출현한다.

쿳시에 따르면, "19세기 후반 농장 생활의 한가로움"에 대한 슈라이너의 묘사는 실은 "남아프리카 전원문학에서 노동 문제가 중심적임을 강조한다"[Coetzee, 1980: 4]. 니콜 드바렌Nicole Devarenne이 밝히는 바에 따르면, 이 장르는 "1930년대에 이르러서는 식민 지배를 정당화하고 백인우월주의자가 주장하는 아프리카너의 토지 소유권을 정당화하는, 이데올로기적으로 중요한 장르가 될 터였다"[Devarenne, 2009: 627]. 소설에서 재현하는 몇몇 아프리카 원주민이 "주로 하는 노동"은 "경계境界의 작업이다. 그들은 문지방, 창문, 벽 옆에 서서 문을 여닫는다"[McClintock, 1995: 268].[15]

---

[15] 슈라이너가 이후에 출판한 중편소설 《마쇼날랜드의 기병 피터 할켓Trooper Peter Halket of

이 텍스트의 지리적 좌표를 다시 강조하는 '코피에'라는 제목의 8장에서 린달은 그리로 밀고 들어온 또 다른 영국인인 "새로 온 남자, 그레고리 로즈Gregory Rose"에게 "어느 검둥이"를 가리킨다(Schreiner, 2003: 219). 린달은 그 남자와 대화하기 위해 돌아서면서 "자기 책"을 덮고 "그 위에 손을" 겹치는데(219), 이것은 다시 한 번 제국주의와 선형적 서사를 뭉뚱그려 거부하는 것이다. 린달은 그레고리에게 그 "검둥이"를 가리키며, 이 영국 남자가 거기 있음에도 불구하고 "지금 내 눈앞에서 제일 흥미롭고 지적인 것"이라고 말함으로써 피지배 토착 아프리카인과의 친연성을 드러낸다(219). 당대의 인종주의 이데올로기가 재연되는 것(그녀는 자기 개 '도스'가 '검둥이'와 그레고리보다 똑똑하다고 생각한다)은 이 소설에서의 비판을 훼손하지만, 이러한 이데올로기는 린달의 반제국주의로 더 복잡해지고, 나아가 이런 반제국주의는 토착 아프리카인의 남성 지배 사회구조에 대한 비판과 결합한다. "저 사람은 제 몫의 식량을 가져갈 테고, 집에 가면 저 멋진 다리로 아내를 걷어찰 것 같아요. 그럴 권리가 있겠죠. 소 두 마리를 주고 아내를 샀잖아요"(219). 이런 빈정댐은 린달이 영국의 제국주의 서사를 이데올로기적으로 거부하는 동시에, 그저 반사적이기는 해도, 거기 없는 흑인 아프리카 여성의 편에 섰다는 것을 보여 준다. 린달은 대화 상대를 당혹스럽게 하는데, 이 백인 남성은 "이런 말을 어떻게 받아들여야 할지 몰라 … 조심스럽게 반쯤은 웃고 반쯤은 웃지 않았다"(220; Barends, 2015: 102도 참고). 의미심장하게도, 그레고리의 "좁

Mashonaland)(1897)에서 "그 땅"에는 해거드가 묘사한 트란스발과 마찬가지로 "흑인이 한 명도 없지만" 이러한 부재가 제국의 폭력에 기인함을 더욱 명료하게 보여 준다. "식민지의 영국인들"은 "반경 30마일 내의 토착민 거주지를 모조리 파괴했다." 또 "마을에서 40마일 떨어진 곳까지 황폐해지고 흑인 시신 200구가 햇빛 아래 널려 있었다"(Schreiner, 2009: 36).

은 방 한 칸"은 《일러스트레이티드 런던 뉴스Illustrated London News》잡지에서 오려낸 인쇄물로 가득한데"(Schreiner, 2003: 171), 이는 남아프리카 지리라는 현실을 그것에 관해 쓰인 제국의 글들로 문자 그대로 '벽'을 쳐서 가리는 것이다. 린달은 "피커딜리나 스트랜드에서" 쓰는 로맨스가 남아프리카 경관을 정확히 재현할 수 있다는 그레고리의 믿음을 전복하고, 자신의 저항을 세계체제의 인프라적·경제적 순환 너머에 있는(그러나 점점 더 이런 순환으로 형성되는) 주변부의 사회경제적·지리적·문화적 영역에 뿌리내리게 한다.

제국 로맨스 다시 쓰기:
〈울라 마손도〉(1927)의 혁명적 궤적

슈라이너는 제국 이데올로기를 해체하는 서사 형식 안으로 주변부 경관의 문학적 묘사를 집결한다. 이제 점점 남아프리카의 물리적·상상적 지리를 형성하기 시작한 도시 공간, 특히 요하네스버그에 대한 문학적 생산을 살펴보는 것으로 이번 장을 끝맺으려 한다. 요하네스버그에 대한 문학의 반응은 20세기 동안 급증했는데, 이런 문학은 대개 그곳의 지리적 분리를 규탄하고 거기에 저항했다. 피터 에이브러햄스Peter Abrahams의 《광산 소년Mine Boy》(1946년 출판된 이 소설에 대해 《아프리카 작가 시리즈African Writers Series》에서는 의미심장하게 "흑인 남아프리카 최초의 현대 소설"(Abrahams, 1963: 앞표지)이라고 평가한다) 같은 텍스트는 금광에서 일하는 흑인 노동자의 착취를 비판하고, 앨런 패튼Alan Paton의 《울어라, 사랑하는 조국이여Cry, the Beloved Country》(1948)는 식민본국의 부패한 권력을 추궁한다. 하지만 1927년에 이미 **윌리엄 플로머**William Plomer는 〈울라 마손도Ula Masondo〉에서 요하네스버그 도시 공간의 "문학적 인프라"를 구성하기 시작했다(Nuttall, 2008: 195-218).

플로머의 이야기는 두 방향으로 나아간다. 제국 로맨스를 상호텍스트적이고 전복적으로 다시 쓰는 동시에, 크레이그 매켄지Craig Mackenzie의 지적처럼 "'요하네스버그로 상경한 짐' 유형의 주제적·장르적 좌표를 설정"한다(Mackenzie, 2012: 371). 제국 이데올로기에 대한 슈라이너의 문학적 저항을 이어받은 〈울라 마손도〉는 에이브러햄스와 패튼 같은 작가들의 작품을 예고하며, 내용과 형식의 차원 모두에서 도시의 분리에 대한 미래의 재현 및 저항을 위한 문학적 원형을 구축한다. "우리가 도시를 쓰는 방식이 도시를 발명하고 생성하며 바로 그 특정 방식으로 존재하게 한다면"(Bremner, 2010: 4), 〈울라 마손도〉는 로렌 크루거Loren Kruger가 말하는 "수행적 고고학"을 실행한다고 할 수 있다. 즉, 그것은 "묻혀 있는 구조들을 그저 발굴하는 것이 아니라, 그 구조들에 거주했고 그것들의 형태를 만들었고 그것들에 이의를 제기했던 수행들을 재구성"함으로써 "미래의 대안"을 상상하는 것이다(Kruger, 2013: 11-12).

플로머도 슈라이너처럼 거침없는 반식민 관점을 전개하는데, 물론 경제적 특권과 인종적 특권을 모두 가진 입장이었다. 그가 요하네스버그의 소외된 사람들과 자신을 동일시한 것은 아마도 성적 지향 때문일 것이다. 1924년에 "남아프리카에는 다른 인종 간의 결혼을 금하는 법은 없었지만" "동성애를 범죄로" 규정하는 "(영국의 법률을 모델로 하는) 법"이 있었고, 따라서 동성애자이던 플로머는 이런 법률 체계에 의해 배제되었다(Alexander, 1989: 81). 플로머의 부친 찰스Charles는 1911년 요하네스버그로 이주하여 원주민 사무부의 통행증 관리 부서에서 일하기 시작했다. 그는 사무원, 통역사, 경찰로 구성된 복잡한 조직의 책임자로서 금광에서 일하는 흑인 아프리카인들에게 점점 더 엄격한 정책을 시행했다(Alexander, 1989: 16). 플로머는 자서전에서 이 시기를 회고하며 "다양한 부족의 미숙련 흑인 이주민"이 "무지하고 황망한 이방인으로서 백인들의 산업 세계인 새로운 도시로 들어왔다"라면서, 복잡한 "통행증 시스템"이나 기타 분리주의적 정책을 직접 목격했다고 말한다(Plomer, 1975: 94). 1927년 〈올라 마손도〉가 출간되기 전 몇 해 동안 여러 법적 조치에 따라 "백인의 요구를 충족하는" 아프리카인만 도시에 들어오는 것을 허가했다(Meredith, 2008: 523). 이러한 분리주의적 '법률 체계'는 요하네스버그의 '건조' 환경에도 나타났는데, 이것은 서로를 뒷받침하는 "법/벽" 방식에 대한 바이츠만의 분석(Weizman, 2012: 210)을 구체화하고, "노동력의 위계화와 극히 불평등한 보상 분배"를 유지했다(Wallerstein, 2011: 78).

흑인 노동력을 "이른 새벽부터 해가 진 후까지 '현장'"에 투입할 필요가 있었으나 인종 집단 간의 분명한 공간적 구별도 유지해야 했기에 모순이 발생했다. 따라서 "백인의 공간"에서 꽤 떨어진 곳에 "분리되고 면적이 제한된 |원주민| 지정구역"이 개발되었다. 따라서 그 도시의 경계 안에서 저발전한 "도시 내부 빈민가"와 백인 거주지역이 나뉘었다(Beavon, 2004: 80). 20세기 초 영국은 도시 인프라(위생, 하수처리시설, 도로, 빗물배수시설, 수도, 전차) 개발에 무려 350만 파운드를 지출했지만, "거의 백인 거주지역에만" 투입했다(Beavon, 2004: 71-72). 1901년 도시의 경계가 처음으로 공식 설정된 이후에는 도시를 둘러싼 "|흑인| 거주구"는 교외가 되었는데, 아파르트헤이트 시대의 구어체에서 이 용어 |거주구township| 는 "'흑인들이 거주하는 지역', 특히 원래 '|원주민| 지정구역Location'이라고 불리던 지역만 가리키게" 되었다(75). 도시의 인종적 인구구조는 도시 내부

의 불균등 발전을 그야말로 문자 그대로 형성했고, 또 이런 불균등 발전으로 형성되었다(Beall et al., 2002: 198 참고). 이 도시는 제국 로맨스의 분리주의적 지리에서 이데올로기적으로 결정화된 바 있는, 급증하는 분계선과 경계들을 중심에 두고 건설되었기 때문이다. 그렇지만 도시는 여전히 주변부 지역들, 즉 시市정부 행정에서 인프라적 경계 바깥에 존재하는, 경제적으로 빈곤한 공간들로 구멍이 숭숭 뚫려 있었다. 미첼이 더 일반적으로 식민도시에 관해 서술하듯이, 식민도시의 "근대성은 그에 반대되는 것을 배제하는 일"과 "타자를 들이지 않는 장벽을 유지하는 일"에 의지하지만, 더 가까이 살펴보면 "도시의 정체성은 배제된 그 외부까지 포섭하는 것으로 이해할 수 있다"(Mitchell, 1988: 165, 174). 이러한 경계와 장벽은 요하네스버그의 물리적·개념적 공간에서 체계적으로 강화되었으나, 여전히 "유동적이고 다공적多孔的이며 잘 정의되지 않은 상태"였다(Bremner, 2010: 160). 플로머는 〈울라 마손도〉를 쓰면서 소외된 사람들이 그 시작부터 도시의 인프라적 질서를 자꾸 위반하고 그에 저항하던 방식을 보여 주고자 했다.

〈울라 마손도〉는 플로머의 첫 번째 소설집 《아프리카를 말한다》(1927)에 수록된 비교적 긴 단편소설인데, 소설집의 "대담한" 제목은 그 "내용(아프리카)과 의도(아주 솔직하고 꾸미지 않은 이야기)를 노골적으로 선언"한다(Gray, 1986: 53). 슈라이너와 마찬가지로, 그리고 해거드와는 달리, 플로머는 이 단편집에 실린 이야기들을 "접촉지대"(Pratt, 2003: 8) 가까이에서 썼다. 그는 제국 로맨스의 인프라적 선형성을 명시적으로 반전시킴으로써 그 취약성을 강조하고, 이를 통해 이러한 다시 쓰기가 하비가 "혁명적 궤적"(Harvey, 2012: xvii)이라고 부르는 것에 어떻게 착수할 수 있을지를 실험적 문학 형식으로 탐구한다. 이 이야기의 얼개는 "백인 상점 주인"의 관점으로 짜여 있는데, 이 사람의 야심은 "렘볼란드에 제2의 해러즈 백화점"을 세워서 시골의 토착민들에게 장사를 시작하는 것이다 (Plomer, 1984a: 51-52). 플로머의 첫 번째 소설인 《터봇 울프_Turbot Wolfe》(1925)의 배경이기도 한 가상의 장소 렘볼란드는 요하네스버그에서 북쪽으로 기차를 타고 약 "이틀 밤낮"이 걸리는 곳이다. 아프리카 내륙으로 들어가는 이러한 지리적 위치는 해거드 텍스트의 배경이기도 하다(1995년까지 트란스발주에 속했고, 그 이후로는 음푸말랑가주에 속한다). 따라서 플로머는 식민 자본주의의 사회경제적 현실("ㅣ런던의ㅣ 해러즈 백화점")을 솔로몬 왕의 영역에 풍자적으로 도입함으로써 로맨스의 지리를 탈신화화한다. 서두에서 이러한 백인의 이윤추구적 관점을 기록한 다음에는 일차원적 서사가 무너지고 그 진행이 흔들린다. 〈울라 마손도〉는 30쪽 분량에 불과하지만 19개의 짧은 장 혹은 절로 파편화되어 있으며, 그 각각의 장 혹은 절에서 관점과 지리는 급변하면서 제국 로맨스가 지도화하는 선형적 이동을 그 형식에서 해체한다. 2절이 시작되면서 서사의 관점은 백인 상인에서 이 소설의 제목인 흑인 아프리카인 울라 마손도로 이동하지만, 3절에서 다시 울라 아버지의 관점으로 변화하며, 한 페이지 뒤인 4절에서는 독자를 곧바로 "혼잡한" 기차에 던져 넣는다. 이 기차를 타고 울라는 북부 시골 지역에서 광산 중심지 요하네스버그로 내려간다 (Plomer, 1984a: 52-55).

〈울라 마손도〉는 제국 로맨스의 여러 장르적 특징을 의도적으로 환기한다. 이 서사는 위험한 경관에 묻힌 부를 찾아 그리로 향하는 울라의 여정을 이야기하며, 이 환경을 상세히 서술하면서 울라의 관점으로 어떤 내포 독자_implied reader ㅣ 작가의 마음이나 텍스트 안에 암시적으로 내포된 독자ㅣ에게 새롭고 낯선 곳으로 제시한다. "공기는 낯선 새로움으로 가득했다"(Plomer,

1984a: 56). 울라는 사회경제적 곤경에 처하여 단결한 어느 소집단의 일원이 된다("이들은 금전적 어려움 때문에 하나가 되었다"[64]). 금광에 들어간 울라는 "낙석"으로 "동굴"에 갇힌 채 "세상과 단절된다"[69]. 마침내 광산을 "파묻은 바위"[70]에서 빠져나온 울라는 행운을 얻어 떠날 때보다 부자가 되어 새롭게 빠져든 물질주의의 상징을 잔뜩 몸에 단 채로 고향에 돌아온다.

그러나 플로머의 이 작품에서 모험을 떠나는 주인공은 백인 제국주의자가 아니라 흑인 아프리카인이어서, 남쪽에서 내륙을 향해 북쪽으로 가는 대신에 그 반대 방향, 즉 시골인 북부에서 그 지역의 산업 중심지로 내려간다. 이 경관은 단 하나의 선형적 인프라 노선이 관통하는 텅 빈 곳이 아니다. "펠트의 가느다란 갈색 풀"이 사라지고 "지평선 너머 눈 덮인 산봉우리처럼 솟아오른 광산의 폐기물 더미"가 나타나는데, 이 장면은 쿼터메인이 묘사하는 "눈 덮인 시바의 가슴"(Haggard, 2008: 67)을 떠올리게 한다. 그리고 기차와 "나란히" 달리는 "커다란 리프로드Reef Road"는 "터무니없는 산업의 비통한 성채들"을 지나 요하네스버그 심장부로 이어진다(Plomer, 1984a: 55). 이 도로는 "끊임없이 오가는 자동차, 자전거, 보행자"로 북적이고, 도시경관은 점점 더 "큰길", "함석 집", "전차, 건물, 상점, 여러 목소리"로 가득 차게 된다(55-56). 기차는 "동굴 같고, 악몽 같고, 공포 같은" 거대한 종착역에 멈추는데(Plomer, 1984a: 56), 이것은 해거드의 인프라 노선의 종착지인 "죽음의 장소"(Haggard, 2008: 158)를 반전시키는 것이다. 이런 경관은 슈워츠가 말하듯 "백인 남성이라는 인물의 규제적 이상"이 가장 "절대적"으로 군림하는, 낭만화된 구원의 장소가 아니다 (Schwarz, 2011: 118). 오히려 이 경관에는 병영, 단지, 광산이 가득하며, 울라에게 "옷 차려입기", "프랑스 브랜디 가격의 변성알코올" | 알코올음료로 사용되

는 것을 막기 위해 메틸알코올로 변성시킨 에틸알코올ㅣ, "담배" 등, 대도시의 물질주의 취향을 불어넣는다(Plomer, 1984a: 57, 60, 62).

금광에서 노동자로 일하던 울라는 "낙석"으로 출구가 막히면서 갇히게 된다. "파묻은 바위"는 낭만화된 아프리카 경관에 있는 신화화된 솔로몬 왕의 광산이 아니라, 이 지역의 경제 중심지에서 활발하게 운영 중인 금광이다. 광산에 갇힌 울라는 폐소공포증으로 의식을 잃으며 꿈처럼 기묘한 환각을 경험한다. "자신이 빛도 공기도 없으며, 귀 안에서 탁하게 들리는 자기 피 소리 외에는 아무 소리도 들리지 않는 좁은 공간에 갇힌 것을 보았고" "폐에는 흙이 가득한 듯했다"(69). 울라의 환각이 시작되는 이 지점에서 플로머 서사의 산문 형식은 길이가 불균등한 일련의 운문 구절로 변한다.

동굴은 지킬 수 있지.
그 비밀을 정적 속에서,
어둠 속에서,
야생 무화과나무에 싸여,
나무의 힘줄은
돌의 곡선을 따라 빚어지고
그 뿌리는 먼지 쌓인 틈새에
박히고,
석영의 신경에
단단히 매달려 …
저 아래, 저 아래,
어디에 미래의 야만의

도시들이 있는가? …

무얼 하는가,

울라 마손도?

그대는 부시맨을 따르는가?

계곡으로 여행하는가,

도시의 이 편에서? (Plomer, 1984a: 71-74)

이렇게 끼어든 운문은 이 경관의 지형학적 또는 다차원적 지질과 씨름하면서 "돌의 곡선"과 "석영의 신경"을 따라가고 그 표면에 그려진 "부시맨의 동굴벽화"를 따라가는데, 이것은《아프리카 농장 이야기》의 "부시맨이 그린 그림들"(Schreiner, 2003: 55)을 연상시킨다. 로맨스의 선형적 인프라를 흩어 버리는 플로머의 형식은 남아프리카의 경관 및 자원을 개방되고 접근할 수 있는 것으로 지도화하려는 로맨스의 이데올로기 프로젝트에 도전한다. 해거드가 "경관"을 "우리 앞에 지도처럼" 납작하게 만든다면(Haggard, 2008: 68), 플로머의 서사는 슈라이너의 서사와 마찬가지로 "문학과 구별되는 시각적 이미지의 특징이라고 종종 주장되는 동시성을 닮은 밀도"를 성취한다(Bal, 1997: 82). 이런 밀도에는 제국주의의 역사적 영향을 부각하는 어떤 정치가 스며들어 있다. 막간의 운문 형식이 끝나고 보통의 산문이 돌아오면서, 울라는 "계곡들"에 대한 어떤 예언적 전조를 느끼는데, 이 "계곡들"은《솔로몬 왕의 광산》에 나오는 "낙원과 같은" "약속의 땅"과 닮지 않았다(Haggard, 2008: 70). 거기에는 오히려 "가끔 지나가는 기차의 연기, 전신선", "부자의 저택", "반짝이면서 강력하게 부릉거리는 자동차"가 늘어서 있다(Plomer, 1984a: 75-76). 울라는 지구적 자본의 불균등한 인프라 발전이 나타나는 경관을 상상하는 것이다.

낙석 사고에서 살아남은 울라는 광산을 떠나기로 결심한다. "임금을 받아" "빚을 갚고" (쿼터메인과 그 동료들이 쿠쿠아날란드를 떠나겠다고 결심한 것처럼) 렘불란드로 돌아가겠다고 결심한다(78). 울라가 새로 얻은 물질적 부도 로맨스의 제국주의자들이 갈취할 수 있는 거대한 재정적 부를 패러디한다. 그는 "휘황찬란한 값싼 반지들을 낀 손에 … 가죽처럼 보이도록 양각된 자주색 판지 가방을 들었고" "귀걸이들"을 주렁주렁 차고 두 손목에는 "분홍색 모직 띠들"을 착용했다(78-80). 울라가 도시에서 돌아오는 장면은 최종적으로 로맨스의 인종주의 이데올로기를 패러디한다. 그가 "빌어먹을 이교도"라고 무시하자, 어머니는 자살한다(80-81). 시골 공간과 도시 공간을 오가는 이주노동자의 이동이 어떻게 "새로운 도시적 행동 방식을 보호구역으로 돌려보내" "아프리카의 전통적 구조"에 도전했는지 묘사하는 이 장면(Lester, 1998: 87)은 산업화 이전의 전前자본주의 아프리카 사회에 대한 향수나 그 사회의 낭만화된 분위기를 암시하는 것일 수도 있다. 그러나 이야기 말미의 액자식 서사에서 아내와 대화하는 백인 상인의 관점으로 돌아가면서, 서사는 다시 이러한 낭만화 경향에 풍자적으로 초점을 맞추고, "피식민자이지만 '전통적' 성향을 지닌 아프리카인들, 혹은 백인들이 그렇게 부르듯이 '날것의raw' | '원자재'라는 의미까지 중의적 표현 | 아프리카인들에게서 노동력을 확보하려는 자본의 노력"에 의문을 품는다(Lester et al., 2000: 108).

"맙소사, 정말 본보기가 될 일이네. 여기를 떠나서 잘 지내던 녀석이 돌아와서 기독교식으로 겉멋 든 이런 온갖 짓거리를 벌인단 말이야. 이런 일은 절대 참을 수가 없어요. 내가 늘 가졌던 저 날것의 흑인이 필요해요."

"아, 프레드, 말도 안 돼요. 우리 꼬마 프레디를 위해서는 저들의 욕구를 키워 장사해야 한다고 늘 이야기하던 사람은 바로 당신인데요…."

"그래요, 그런 거야 아주 괜찮은 일이지요. 하지만 저 울라 마순도가 언제 다시 여기 오더라도 내 마음을 내비치지는 않겠어요!"(Plomer, 1984a: 81)

소설의 이 마지막 대화에는 제국 이데올로기의 모순이 눈에 띄는데, 식민지의 백인 상인은 자신이 도시의 흑인 프롤레타리아트들이 생기도록 조장하면서 이런 일을 개탄하는 것이다. 크리스먼이 주장하듯이, 제국 로맨스에서는 흔히 "고귀한 야만인" 이미지를 사용했는데, 이것은 백인의 지배에 대한 흑인의 저항이 유발하는 "불안을 표현하고 그다음에는 해소하기 위한" 수사이다(Chrisman, 2012: 237). 이런 이미지나 시골 경관의 낭만화는 흑인 노동력이 자본주의 세계체제에 편입되는 일과 조화를 이루지 못한다. 플로머는 자본축적을 뒷받침하는 이러한 근본적 모순을 조명하는데, 이런 반복적 패턴에 대해서는 다음 장에서 존 버컨의 '프런티어 의식'을 논하면서 다시 언급할 것이다. 프레드의 아내가 식민지의 경제적 기능이 자본주의적 생산을 위한 새로운 시장임을 일깨우면서 이러한 긴장을 지적하지만, 남편은 그 말을 끊고는 이 근본적 모순을 마슈레가 말하는 '침묵'이나 '부재'로 축소한다. 이러한 주저함이야말로 텍스트의 이데올로기적 윤곽을 이루는 것이다(Macherey, 1986: 79). 하지만 이런 논리는 "텍스트의 문자 자체에"(Macherey, 1986: 151) 여전히 남아 있으며, 백인 상인이 이처럼 격하게 끼어드는 것은 이런 논리를 더 두드러지게 할 뿐이다.

플로머의 서사는 제국 로맨스의 핵심적 특징들을 이런 식으로 패러디함으로써 그 '은닉 대본'을 '공적 담론'으로 끌어들인다(Scott, 1990: 5). 플로머의 서사는 그 자신의 서사와 로맨스 장르의 관습 사이의 '불일치'에 주목하게 하는데, 이 장르의 이데올로기적 경계를 폭로하고 심문하고 마침내 돌파하는 것이다. 제국 로맨스는 산업화한 도시경관과 흑인 노동력이 모두 두드러지게 비워진 남아프리카 공간을 생산함으로써, 제임슨의 주장처럼 "해결 불가능한 사회적 모순에 대한 상상적이거나 형식적인 '해결책'"을 만들고자 했다(Jameson, 2002: 64). 플로머는 제국 로맨스 장르를 다시 쓰면서 이 장르의 인프라 내에 숨겨진 긴장을 부각하며, 광대한 인프라망과 점차 도시화하는 환경적 특징이 있는 남아프리카 지리를 생산하는 것이다. 하지만 나는 이번 장을 마무리하면서 〈울라 마손도〉를 그것 자체의 관점에서 읽음으로써, 이러한 공간적 배치와 그것의 분리주의적 토대가 실제로 유발하고 가능하게 한 다양한 형태의 저항을 이 작품이 어떻게 탐구하는지 보여 주고자 한다.

마이클 웨이드Michael Wade는 "남아프리카의 산업화와 도시화의 역사적 과정"과 "이 과정들의 문학적 기록" 사이의 관계에 대한 "예비적 연구"에서 철도를 강력하고 "다가적多價的인 상징" 중 하나로 규정한다(Wade, 1994: 76). 웨이드는 철도의 힘이 "침투의 상징"으로 설정되지만, 실제로는 "필연적으로 이중적"이라고 주장한다(78). 기차는 "하나로 모으지만" 이는 오직 "분리하기" 위해서이다. 기차는 "상징으로나 실제로나, 백인과 흑인 집단을 하나로 모으는""매개적 환경"이 된다(78-84). 실제로 이 단편소설의 서사가 전개되는 동안, 울라는 실은 웨이드의 표현을 빌리자면 "남아프리카 국가의 산업적·정치적 권력의 전형적 상징"을 차용한다(90). 울라가 요하네스버그에 접근할 때, 기차의 "창문"이 그에게 드러내는 것은 "터무니없는 산업의 비통한 성채들"이고 울라와 "열차에 찬 동포들" 사이에는 "불안한 침묵"이 감돈다(Plomer, 1984a: 55). 그러나 울라가 대도시에 입성한 다음에 이 서사가 막바지로 나아가면서 객차는 더는 불편한 드러냄의 장소가 아니다. 이야기의 끝에서 두 번째 절에서 "달리는 열차"가 울라를 렘불란드로 데려다줄 때, 이 인프라 노선은 솔로몬 왕의 "하얀" 길이 아니라, 의미심장하게 "검은" 길로 묘사된다[80]. 울라는 붐비는 역에서 "새롭게 출현하는 시끄러운 인간들의 수많은 움직이는 군상" 중에서 편안함을 느끼며, 그가 어머니를 인정하지 않는 것은 부족적 환경에서 도시적 환경으로 그의 사회적·공간적 소속의 변화를 강화한다[80].

이러한 간선교통 인프라의 활용은 울라가 도시의 분리된 공간들에 익숙하고 이들 사이를 이동할 능력이 있다는 사실과 일치한다. 요하네스버그에 도착한 울라는 처음에는 공간적이고 시간적인 통제 구조에 얽매여 있다. "그는 시므온&스텍 합병회사에서 판에 박힌 노동과 휴식이라는 판에 박힌 일과에 시달리면서도 그것을 절대 잊지 않았고 "엔진실을 지나 단지만 오갈" 뿐이었다[56]. 그러나 역사적으로 보면, 단지 관리자들은 노동자들에게 그래도 " '특별 출입증'을 재량껏 발급"하여 "특히 주말에 위트워터스란드를 돌아다닐 수 있게 했다"[Moroney, 1982: 260]. 울라가 곧 알게 되듯이, 확실히 "일요일 오후에는 사는 게 나아졌다"[Plomer, 1984a: 57]. 이러한 자유의 순간에 울라는 음주와 도박을 시작하고 소수의 흑인 노동자와 친구가 된다. 이 집단은 도박벽 때문에 "몇 파운드의 빚"을 지자, 물질적 부를 늘릴 방법을 찾기 시작한다.

슈테판은 좋은 돈벌이 방법을 아는 자기 친구들을 만나러 가자고 제안했다. 그 친구들의 관습은 시므온&스텍 근처의 코피에 뒤편 외딴길에 자리를 잡고 자전거를 타거나 걸어서 지나가는 사람들을 기다렸다가 몽둥이와 돌멩이로 일제히 공격하는 것이었다. 이렇게 폭행한 다음에 강도질을 벌이고 강도질을 한 다음에는 도망쳤다. 이런 짓을 벌이는 장소를 얼마 전에 바꾸었기 때문에 체포될 위험은 거의 없었다. (Plomer, 1984a: 61)

울라와 슈테판, 그리고 친구들이 자리 잡은 지리적 공간은 도시경관의 인프라망 안에 있으면서도 이와 동시에 그것의 통제 장치를 벗어나 있다. 경찰과 단지 관리자들은 근처에 있지만, 이들에게서 빠져나갈 수 있다. 울라와 친구들은 하비가 르페브르에 대한 논의에서 "사회적 경계 공간"이라고 부르는 곳에 자리 잡고 있는데, 이런 공간에서는 "무언가 다른 일"이 가능할 뿐만 아니라 이 공간은 혁명적 궤적을 정의하는 토대가 된다(Harvey, 2012: xvii). 실제로 20세기 초 요하네스버그에서 "도시 범죄의 점진적 증가"는 "광산업의 통제에 아프리카인이 저항하는 증거"로 해석되어 왔다(Richardson and Van-Helten, 1982: 92). 울라의 갱단에게는 "광산 근처 코피에의 인적 드문 곳에 있는 덤불의 … 어수선한 숲에서 모이는 일"이 "관습"이 되었는데, 이곳에서 그들은 지구적 자본의 네트워크에 깊이 자리 잡고 있음에도 불구하고, 의미심장하게도 "세상의 다른 사람들에게는 보이지 않는다"(Plomer, 1984a: 62). 하비가 주장하듯이, 그들이 행하는 "무언가 다른 일"은 꼭 "의식적 계획"의 일부로 생기기보다는 "그저 사람들이 일상생활에서 의미를 찾으면서 행하고 느끼고 감지하고 표현하게 되는 것에서" 생기기 시작한다(Harvey, 2012: xvii). 플로머의 서사는 고된 노동에 짓눌린 울라와 동료 노동자들이 삶을 견디기 위해 쾌락적 도락을 추구하고 결국 이런 생활 방식을 유지하기 위해 범죄에 빠지는 과정을 이야기한다. 플로머의 텍스트에서 백인 인구가 위치한 공간적으로 분리된 지역은 울라의 물질적 조건을 개선하는 부의 원천으로 변하는데, 이는 도시환경이 로맨스의 시골 지리에서는 실현할 수 없던 저항 방식을 가능하게 하기 때문이다. 울라의 갱단원은 "렘불란드에는 돈이 없어. … 그곳의 백인은 모두 경찰이나 선교사뿐이야. 그런 곳에서 어떻게 돈을 벌 수 있겠어?"라고 말한다[68].

그들이 금전적 보상을 더 많이 얻고자 '주인'에게서도 도둑질을 하게 되면서, 이 갱단의 즉흥적 행동이 일으키는 혁명적 궤적은 점점 더 조율된다[65]. 강도질할 때 이들은 각자 미리 정한 다른 역할을 맡는데, 이 강도질은 백인 주인의 저택을 둘러싼 경계의 벽을 넘어 건물 입구와 출구로 침투할 수 있는 갱단의 능력에 의존한다. 울라는 담 너머를 아주 쉽게 '엿볼' 수 있다. 그는 "엠마가 장신구를 짤랑거리며 뒷문에서 뛰쳐나오는 것을 보며 때맞춰" 그렇게 하는데, 이런 행동은 (흑인 아프리카 여성인) 엠마에게 백인 남성의 집에서 물질적 부의 화신을 벗겨 내는 능력을 준다[65]. 이러한 소동이 일어날 때 스테판은 집으로 "곧장 돌진"하여 돈이 든 "상자"를 훔친 후 "담을 뛰어넘을" 수 있다[66]. 이처럼 물리적 경계선(인종 구별과 계급 구별을 유지하기 위해 삽입된 분리의 인프라)을 넘는 것은 성공적인 저항 행위로 이어진다. 바이츠만은 "벽은 도시의 자연적 엔트로피를 구속하여 이용하려 들기에, 이것을 부수는 일은 새로운 사회적·정치적 형태를 풀어놓을 것"이라고 주장한다(Weizman, 2012: 210). 플로머의 주인공들은 분리된 도시의 장벽을 상징하는 '벽'이 "더 이상 물리적으로나 개념적으로나 견고하지 않으며", '법/벽' 패러다임에 따르면 "법적으로도 불가침하지 않게" 만든다. "(벽이 만들어 내는) 기능적이고 공간적인 구문론은 붕괴된다"(Weizman, 2012: 210). 여기서 플로머 텍스트의 구문론은 요하네스버그의 경직된 인프라적 분리가 구현하는 질서를 해체한다. 〈울라 마손도〉가 참여하는 "수행적 고고학"은 도시의 구조에 이의를 제기할 뿐 아니라, 크루거가 주장하듯이 "미래의 대안을 상상"하는 "사회적·물리적 도시 공간을 발굴"한다(Kruger, 2013: 11-12).

흑인 아프리카 노동력을 규제하려는 이 도시환경은 여기에서 이 환경의 안정을 위협하는 (혁명적이지는 않더라도) 파괴적인 흑인 프롤레타리아트의 장소가 된다. 이러한 변형은 다시 하비를 인용한다면, 도시가 "정치적 행동과 반항의 중요한 장소"로 기능하게 만든다. 산업화 과정의 핵심이던 이러한 "물리적·사회적 재설계와 영토적 조직"은 이제 "정치적 투쟁의 무기"가 된다(Harvey, 2012: 117-118). 그레이Gray가 주장하듯이, 이 시기에 플로머는 "그 이전에는 유럽중심적이 아닌 세계의 광대하고 낭만적인 텅 빔이던 것을 탈신비화하고 탈이국화하는" 프로젝트에 참여한다(Gray, 1986: 60). 이 과정의 근간은 제국 로맨스의 남아프리카 지리에서는 사회정치적 쟁투의 장소로서 자꾸 배제되던 도시환경을 재현하는 것이었다. 플로머의 〈울라 마손도〉는 스콧의 용어를 끌어온다면, 그 관점을 재조정하고 남아프리카 공간에서 그때까지 지도화되지 않던 지역을 생산함으로써, '은닉 대본'의 '공개 선언'을 이룩한다(Scott, 1990: 5). 플로머의 문학적 개입의 효과는 로맨스 장르의 지도 제작 프로젝트가 지닌 이데올로기적·지리적 경계를 드러냄으로써 이 장르의 공간 생산의 한계를 폭로하는 것이다. 그러나 〈울라 마손도〉는 요하네스버그를 단순히 분리와 지배의 도시로 개념화하는 것이 아니라, 그것의 공간 구조에 대한 저항과 위반을 개시하는 서사적 가능성의 무대로 개념화하고자 한다. 너텔과 음벰베가 더 일반적으로 지적하듯이, "흑인 이주노동자가 대도시를 근본적인 불확실성, 예측 불가능성, 불안정성의 장소로 경험하도록 강요받는다면", 바로 이러한 조건에서 "문화와 미학은 흔히 오용되는 기존 인프라 위에 구축되는, 열린 결말의 구성체가 된다"(Nuttall and Mbembe, 2008: 23).

《솔로몬 왕의 광산》출간 이후 반세기는 남아프리카의 산업화와 급속도로 확산하는 불균등한 인프라 발전으로 점철되었지만, 제국 로맨스는 여전히 널리 출판되고 유통되었다. 이 장르의 문학지리는 이 지역의 인프라 변화 및 도시 변화에 대응하여 수정되고 각색되었다. 로맨스 장르의 여러 측면은 1920년대와 30년대 인도의 극히 불균등한 인프라 발전에 대응하는 문학 텍스트를 형성하기까지 했다. 이에 대해서는 4장에서 다룰 것이다. 그래서 다음 장에서는 제국 로맨스가 다소 이후에 나타나는 방식으로 돌아가는데, 이것은 존 버컨의 저작에서 잘 나타난다. 슈라이너와 플로머의 문학작품은 모두 해거드 로맨스의 '하부정치'를 선명하게 드러내지만, 버컨의 텍스트는 내가 지금까지 분석한 상호텍스트적 연결로는 그렇게 쉽게 거부할 수 없는 더 미묘한 문학지리를 생산한다.

다음 장에서는 내가 버컨의 '프런티어 의식'이라고 명명하는 것을 평가함으로써, 버컨의 문학 텍스트가 계속하여 자본주의적 축적 및 불균등한 인프라 발전 과정들과 결탁하여 이것들이 유발하는 다양한 공간적·이데올로기적 모순에 문화적 조정을 제공한다는 것을 보여 줄 것이다. 그러나 나는 또한 이 식민문학이 남아프리카 경관을 지형학적으로 해거드의 로맨스보다 복잡하게 생산하지만, 그것이 시도하는 형식적 은폐가 이런 모순들로 계속 굴절된다는 것도 보여 줄 것이다. 나는 계속하여 버컨의 작품 속 인프라와 그 작품의 인프라에 초점을 맞추면 이러한 모순이 가장 선명하게 드러난다는 것을 보여 줄 것이다.

3장

분리의 지도 그리기

: 존 버컨과 제국 이데올로기의 지형학

서론:
프런티어와 접경지

남아프리카 중심부 지역들이 산업화하고 도시화하고 이에 상응하여 이 지역들에 대한 문학적 관심도 커졌지만, 제국 로맨스는 계속 번성했다. 물론 그 형식적 특성과 주제적 관심은 새롭고 다양해지고 그 지리적 관심사는 점점 더 복잡해졌지만 말이다. 특히 눈길을 끄는 것은 스코틀랜드 출신으로 정치 경력의 상당 부분을 영국 제국의 기득권층 중심에서 보낸 **존 버컨** John Buchan의 작품이다. 버컨은 옥스퍼드 유니언 | 옥스퍼드대학의 토론 단체 | 회원이었고, 나중에는 캐나다 총독이 될 것이었다. 그러나 가장 중요한 것은 제2차 영국-보어전쟁, 즉 남아프리카 전쟁(1899~1902) 후에 남아프리카 '하이펠트highveld' | '높은 초원'. 여기서는 남아프리카 중부 내륙의 고원지대를 가리킨다. 한편 로우펠트lowveld는 남아프리카의 저지대를 의미한다 | 에서 식민지 행정관으로 일했다는 사실이다. 버컨에게 하이펠트의 독특한 지형은 남아프리카뿐 아니라 영국의 산업화 및 도시화 공간에서 나타나는 모순에 대한 공간적 조정으로 작용하며, 따라서 이러한 조정은 그의 문학작품이라는 문화적 지형으로 들어온다. 그는 1903년에 다음과 같이 회고했다.

〔하이펠트의〕 광활한 공간은 … 우리의 공간과는 다른 규모로 이루어졌다. 인간의 노동은 궁극적으로 그 공간을 바꿀 힘이 없다. … 여기 | 정원 | 는 영국이고 더 풍요롭고 부드럽고 다정하지만, 그 바깥에 펼쳐진 광활한 대지는 어떤 정원사도 가꾸지 못할 것이다. 그것은 이런 환경에 어울릴 인간의 삶을 기다리고 있다. (Buchan, 1903: 126)

'하이펠트'는 지형적 "깊이", "눈이 머물 지점의 부재", "도로나 마을처럼 지리적 기준으로 삼을 전략적 틀의 결여 및 정확한 거리 측정의 결여"로 인하여, "구내構內, 방향, 분절이 없는 경관"이 된다(Foster, 1998: 333-334). 버컨에게 그것은 '프런티어', 즉 "문명화된 정착지와 길들지 않은 자연 사이의 접경, 그리고 식민 정착민과 주로 토착민이지만 모두 토착민은 아닌 다양한 비백인 사이의 접경"이었다(Schwarz, 2011: 111-112). 프랫은 '프런티어'라는 용어가 유럽중심주의를 내포한다("프런티어는 유럽에 대해서만 프런티어이다")고 경고하면서, 그 대신에 이런 지리적 '시점'을 재조정하는 '접촉지대'라는 표현을 사용한다(Pratt, 2003: 6-7). 나는 이러한 수정이 필요하다는 프랫의 의제를 따르지만, 여기서는 제국 이데올로기의 특정 흐름을 드러내는 '프런티어'라는 용어를 전면에 내세울 필요가 있다. 버컨에게 펠트는 '자연' 그 자체로서, 어떤 '외부' 실체이고, "사회를 건설하는 원자재이자 산업자본주의가 끊임없이 밀어붙이는 프런티어"이다(Smith, 2008: 11). 자연의 이른바 외부성은 자본축적의 위기에 대한 공간적 조정이며, 버컨이 프런티어 생산에 몰두하는 것은 여기에 상응하는 문화적 조정으로 해석해야 한다. 그의 글은 경관을 추상화하여 '사회적 자연ㅣ본성ㅣ'으로 만드는데, 이는 "국가와 자본가가 인간적·비인간적 자연ㅣ본성ㅣ을 자본축적에 복무하도록 지도화하고 식별하고 양화하고 측정하고 부호화하는" 과정이다(Moore, 2015: 194). 버컨의 소설에 산재하는 인프라에 초점을 맞추면, 프런티어가 제국의 이데올로기를 해결 혹은 조정하는 것을 (다시) 교란하고, 이런 교란을 통해 제국의 이데올로기에 맞서는 공간적 저항을 개방할 수 있다.

1899년부터 1905년까지 인도 총독을 지낸 조지 커즌 경Lord George Curzon은 1907년 옥스퍼드대학의 연례 '로마니즈 강연'에서 '프런티어라는 주제'로 연설했다(Curzon, 1907: 3). 그는 "대영제국의 아시아에서의 경계"를 근래 "아프리카 전역"에서 이루어진 정치적 국경 협상과 대조하면서, "영국 대학 밖에서 인격 교육 기관으로는 프런티어만 한 데가 없다"라고 역설했다(56). 프런티어는 플로머의 〈울라 마손도〉가 뚜렷이 보여 주는, 도시환경에서 전면화된 다양한 계급 및 인종 갈등을 배출하는 이데올로기적 압력 밸브였으며, 자본의 모순에 대한 공간적·문화적 조정으로 기능했다. 무어에 따르면 "자본은 프런티어 덕분에 생산 비용을 감당할 수 없을 만큼 늘리지 않으면서도[1] 지질학적 축적 및 무급 노동의 생물학적 배치를 탐욕스럽게 소모할 수 있었는데", 그 이유는 "그 토양의 자연적 비옥함이 '고정자본 증가로 작용'"할 수 있기 때문이다(Moore, 2015: 174-175). 아시스 난디Ashis Nandy는 식민지 프런티어는 "사회적 이동성의 대안적 물길을 식민지에서 터 주고 식민지 확장 전쟁으로 민족주의 정서를 뒷받침하였으며", 이로써 "사회적 구별의 선을 흐리고" "문화적 비판을 간접적으로 표출하는 자들, 즉 사회질서에 불만을 품고 그 내부의 압박에 시달리는 사회적 일탈자들이 식민지로 향하게 했다"라고 지적한다(Nandy, 1983: 33). 제국주의의 급속한 인프라 발전은 자본축적에 어떤 모순적 위기를 초래했고, 이는 새로운 프런티어의 생산을 요구했다. 커즌은 "대지의 비어 있는 공간들이 메워지면서, 남은 공간을 차지하려는 경쟁은 일시적으로 더욱 치열해진다"고 역설했다(Curzon, 1907: 7). 1924년이 되면 조셉 콘래드는 향수 어린 글에서 "탁 트인 공간과 광활한 지평의 지리는 야외에서 인간이 심취하는 작업 위에 세워진다"라면서 "최후의 위대한 탐험

---

[1] 'with ruinous increase'로 되어 있으나, 무어의 원문에는 'without ruinous increase'로 되어 있으므로, 그에 따라 옮긴다.―옮긴이

가의 죽음과 더불어 그러한 지리의 종말이 다가오고 있다"(Conrad, 1926: 14)
고 한탄할 것이다. 버컨의 문학작품은 바로 이러한 공간적 허구를 복구
하고자 했다.

커즌이 연설하고 몇 달 후, 버컨은 첫 소설《프레스터 존Prester John》
(1910)의 초고를 집필하던 중에 이러한 프런티어 이데올로기 혹은 내가
그의 '프런티어 의식'이라고 부르는 것에 관해 이야기한다ㅣ아래 인용문은
버컨의 〈이민에 관한 키플링 씨의 생각Mr. Kipling on Emigration〉이라는 짧은 글에 실려 있다ㅣ. 그는
식민지 이민의 경제적 이익을 해거드가 제국 로맨스 장르의 좌표로 설
정한 프런티어 수사와 뒤섞는다.

> 이 새로운 나라들은 사람들이 고향에서는 찾을 수 없는 지평과 이상
> 을 제공한다. 그에게는 기회가 있으며, 그의 앞에 펼쳐진 전망은 남들을
> 위해 저임금으로 일하며 평생을 보내는 것이 아니다. … 이민자의 삶에
> 는 낭만ㅣ로맨스ㅣ이 있다. 그는 예상치 못한 기회가 있음을 알기 때문이
> 다. 그리고 이 기회는 사람들에게 진취성과 야망을 불어넣는다. … 우리
> 는 이민을 사회적 무질서를 치유하기 위해 남아 있는 방법으로 옹호해
> 야 하는데, 모국과 그 바깥의 제국 모두 사회적이고 경제적으로 건강한
> 상태를 유지하려면 이런 치유책을 차츰 더 많이 활용해야 한다. (Buchan,
> 1940b: 127-128)

버컨에게 프런티어는 자본축적의 시기에 닥친 경제적 위기 그리고 이
데올로기적 위기에 대한 조정으로 작용했다. 이번 장은 그의 소설《프레
스터 존》(1910)과《39계단》(1915)을 읽으면서, 버컨의 소설이 플로머 단편
소설의 마지막 장면, 즉 백인 등장인물들이 스스로 자본의 축적 과정을

조장하면서도 남아프리카의 산업화를 한탄하는 장면에서 나타나는 역설을 더 오롯이 제시한다는 것을 보여 줄 것이다. 버컨의 문학작품이 드러내는 이러한 근본적 모순은 다음과 같다. 새로운 프런티어를 생산하기 위해서는 쉴 새 없이 외부로 나아가야 하지만, 이러한 공간 생산에 수반되는 지도화 및 서사 과정은 프런티어가 현실화하는 순간 역설적으로 프런티어를 말소해 버린다. 따라서 프런티어는 끊임없이 재생산되어야 한다. 슈워츠가 묘사했듯이, "프런티어 자체가 증식한다"(Schwarz, 2011: 259). 버컨의 소설은 자신의 공간 생산과정에 내포된 이런 모순을 깨닫고 곧바로 다시 거기에 개입한다. 앞으로 보여 주겠지만, 버컨 소설의 인프라 좌표에서 이런 왕복운동을 가장 잘 발굴하려면 텍스트 속 인프라의 등장에 초점을 맞추어야 한다. 버컨의 물리적 인프라는 주인공들을 프런티어 공간으로 옮겨 놓는 동시에, 홉킨스와 월러스틴이 '주변화'(Hopkins and Wallerstein, 1982: 99)라고 부르는 과정을 촉진한다. 이러한 주변화 과정은 자본의 축적 과정이 계속되기 위해 '그 너머'에 더 많은 공간을 생산할 필요를 만족시키는 것을 넘어 심화시킨다. 그레고리(Gregory, 2004: 17)의 용어를 빌리자면 버컨의 '상상적 지리'에서 남아프리카 하이펠트의 '광활한 공간'은 이러한 모순을 일시적으로 조정할 수 있지만, 그다음에는 그의 프런티어 프로젝트에 내재하는 역설이 다시 출현하여 제국 이데올로기의 이러한 측면을 다시 한 번 교란한다.

해거드와 마찬가지로 버컨도 남아프리카에서 보낸 시간은 극히 짧다. 1901년에 갔다가 1903년에 떠난 후 1905년 5월에 단 한 차례 케이프타운에 돌아왔다. 그러나 이 경험은 그의 상상을 사로잡았다. 그는 사망한 해에 쓴 자서전에서 "내게는 경이로운 시절이었다. 육체적으로나 정신적으로 활동적인 시절이었고, 아직 실패로 꺾이지 않은 열정과 희망의 시절이었다"고 회상하며 "나의 기억을 붙드는 것은 바로 그 땅 자체다"라고 적었다(Buchan, 1940a: 110-111, 115). 버컨은 오래가지 못했으나 강렬했던 영국의 제국 기획에서 핵심 인물이었다. 프리토리아의 토지정착부에 부임한 그는 "이른바 '유치원'"의 일원이었는데, 그것은 신임 남아프리카 고등판무관 앨프리드 밀너Alfred Milner가 이끄는 "거의 무제한의 권력"을 휘두른 젊은이들의 집단이었다(Kruse, 1989: 43-44). '제국의 광신자' 밀너는 영국-보어 전쟁 후에 트란스발을 "철저히 영국의" 영역으로 바꾸겠다고 결심했다 (Meredith, 2010: 365-367, 482). 이전 장에서 서술한 요하네스버그에서 영국의 인프라 프로젝트는 문화적 제국주의 정책도 수반했는데, 그것은 영국인의 이민과 정착을 독려하고 영국식 교육 체계를 도입하여 네덜란드어 사용자들의 영어화와 '탈민족화'를 밀어붙이는 것이었다. 그러나 1905년 4월 밀너가 영국으로 소환될 무렵, 이러한 전략이 실패로 끝났음이 분명해졌다. 영국인의 이민은 그가 기대한 수준에 한 번도 도달하지 못했고, 그의 반네덜란드 정책은 당시 부상하던 아프리카너 민족주의의 반감을 사고 그것을 부추기는 데 그쳤다(Afgbo et al., 1986b: 165-167; Johnson, 2003: 72 참고).

이 프로젝트의 실패는 제국주의에 대한 버컨의 정치적 신념의 껍데기를 깨뜨렸지만, 남아프리카 경관에 대한 향수 어린 집착은 그 경관의 개인적 경험에 더 깊이 착근하고 있었다. 버컨은 "밀너의 '해결사'"로 활동하면서 "거의 위헌에 가까울 만큼 정치적으로 민감한 까다로운 사안들"을 처리했다(Redley, 2009: 68). 여기에는 "밀너를 대리하여, 과거의 공화국 정부들이 보어인 농민에게 이미 임대했던 땅을 새로 들어오는 영국 정착민이 쓰도록 회수하는 정책"을 강행하는 것도 들어 있었다(69). 따라서 버컨은 남아프리카에서 영국의 제국주의 정책 중 가장 침략적인 부분을 실행하는 책임을 맡았고, 토지를 압류하여 탈취하는 데 능동적으로 간여했다. 그가 이후에 보여 주는 남아프리카 경관에 대한 집착을 이런 경험으로 설명할 수 있다면, 이런 집착이 더 심해진 것은 "정부의 토지정책에 대한 현지 토지회사의 심각한 불만이 밀너에게 전달된 후" 버컨이 희생양이 되면서이다. "정부에 1백만 파운드 이상의 비용"을 초래했다는 혐의를 뒤집어쓰고 원한에 찬 "대중의 비판"을 받은 버컨은 원래 계약한 2년을 채우지 못하고 남아프리카를 떠나기로 결심했다(70-71).

　버컨에게 글쓰기와 경관은 깊이 얽혀 있었다. 그에게 프런티어 지리의 생산, 특히 남아프리카 하이펠트의 생산은 프런티어 의식의 핵심적 역설을 풀어낼 공간이 되었기 때문이다. 그는 "요하네스버그 백 개라도 이 고장의 성격을 바꿀 수는 없을 것이다. 그것은 인간이 각인할 수 없는 듯하다"라고 썼다(Buchan, 1940a: 116-117). 버컨은 역사적으로나 지리적으로 남아프리카와 멀리 떨어진 채, 이 고장을 "접경지"(116), 즉 [영국의] 고향에 밀집한 대중에게 막다른 골목이 아니라 탁 트인 고장을 제공할 수 있는"(125) 공간으로 묘사할 수 있었다. 도시 인프라 은유 | "막다른 골목" | 를 잠시 사용함으로써 버컨은 프런티어 경관이 자신에게 어떤 이데올로기적 작업을 수행하는지 보여 준다. 이 지역이 "요하네스버그 백 개"를 흡수해도 "탁 트인 고장"이 고갈되지 않는다는 확신에 따라, 프런티어의 문학적 생산 자체가 당대의 자본축적 위기의 해결 시도로 자리매김한다. 남아프리카를 룩셈부르크가 주장하듯 '유한'하기보다 무한하게 바라보는 버컨의 상상은 "새로운 시장의 새로운 획득"이 "끝나면서" 자본이 직면하는 모순을 조정하고(Luxemburg, 2013: 223), 불균등 발전이 점점 더 가까워지면서 일어나는 사회적 불안을 완화했다. 바로 이러한 역설이야말로 버컨의 줄거리에 나타나는 지리적 궤적을 형성하는데, 그의 프런티어 경관을 가로지르는 인프라 경로에 초점을 맞출 때 이런 일련의 공

간적 역학이 가장 명료하게 밝혀진다.

　버컨이 선택한 '접경지'라는 용어에는 회고적 정치가 스며들어 있다. 글로리아 안살두아Gloria Anzaldúa가 주장하듯이, 경계border가 "우리를 저들과 구별하는" 기능을 한다면, '접경지borderland'는 "끊임없는 이행 상태"에 있는 "모호하고 불확정적인 장소"이다. 접경지는 쉴 새 없이 계속 움직이는 지역으로서 "접경지 거주자는 마치 바이러스 같은 긴장에 사로잡히게 마련이다"(Anzaldúa, 1987: 3). 아리프 딜릭Arif Dirlik에게 접경지는 "문화적 은유로서가 아니라 실제적 생산 및 교환 관계의 현장으로서 핵심적인" 공간(Dirlik, 1995: 230-231)인데, 이러한 설정은 문학적인 공간 생산 속 인프라뿐 아니라 문학적 공간의 인프라도 강조한다. 버컨의 문학 텍스트에서 격동하는 이데올로기적 불안, 균열, 한계는 세계체제의 접경지에 존재하는 고난의 사회경제적 관계를 엿볼 수 있게 한다. 그의 로맨스 서사들은 남아프리카의 산업화와 도시화에 반응하므로, 쉴 새 없이 계속되는 '이행'의 과정으로 형상화된다. 그의 소설들 전반에 걸쳐 버컨의 등장인물들은 가만히 앉아 있을 수 없다. 그들은 "아무것도 하지 않아 뻣뻣해지는" "끔찍한 정체停滯"를 두려워하는데, 이는 남아프리카 공간의 생산으로 해소된다(Buchan, 2010: 264). 버컨의 '공간의 수행'과 '상상적 지리'는 여전히 해거드의 작품처럼 "낯설고 부자연스럽고 괴상한 것을 불러내는 동시에 막아섬으로써, 차이를 거리距離 안에 접어 넣으려" 애쓴다(Gregory, 2004: 249). 그러나 버컨의 문학작품은 세계체제의 접경지로 자꾸 돌아감으로써 일종의 "경계적 사고"를 내포한다고 할 수 있는데, 이는 "세계체제의 상상"에 "균열들"을 끌어들이는 것이다(Mignolo, 2012: 22). 이제 살펴보겠지만, 바로 이러한 균열들 안으로부터 반제국적 저항, 특히 공간적 저항이 출현하는 것을 알 수 있다.

프런티어의
인프라

《프레스터 존》서두의 배경은 스코틀랜드의 고원지대인 하일랜드인데, 여기에는 열한 살 소년 데이비의 첫 모험을 지리적으로나 이데올로기적으로 프런티어에 연결하는 언급이 수두룩하다. 이 소설은 스코틀랜드에서 시작하나 데이비는 곧 '재산'을 모으기 위해 이 소설 나머지 부분의 배경이 되는 남아프리카로 보내진다. 그러나 이 첫 장면에서도 데이비의 '추적' 기술과 '자취'를 찾는 능력(Buchan, 2008: 4)은 이 소년이 스카우트 |정찰| 활동에 익숙함을 드러내는데, 당대의 인기 있는 다른 텍스트에서 스카우트 활동을 제국의 프런티어와 연계하여 전파한 바 있다. 로버트 베이든 파월Robert Baden-Powell의 《소년을 위한 스카우트 활동Scouting for Boys》(1908)은 지구적 강대국으로서 영국의 부상을 프런티어 이데올로기와 명시적으로 연결했다. 그는 "수백 년 전부터 현재에 이르기까지 제국의 역사는 영국의 모험가와 탐험가, 즉 민족의 스카우트들에 의해 쓰였다"라고 말한다(Baden-Powell, 2004: 13). 이러한 탐험 관행을 구현하기 위해 데이비의 친구 탐Tam은 "해안을 내다볼 수 있는 절벽 가장자리를 돌아보고 해안에 이상이 없는지 보고하라는 임무를 받았다"(Buchan, 2008: 5). 소년들이 영국제도諸島의 지리적 가장자리에 조심스레 다가갈 때, '해안 이상무'라는 문구는 문자 그대로 반전한다. 알고 보니 해안은 이상무가 아닌 것이다. 영국이라는 거대한 땅덩어리의 가장 먼 가장자리의 저 아래 다이브번 모래사장에 '흑인 목사' 라퓨타Laputa가 있다(6).

소설의 지리는 프런티어 이데올로기에 의해 굴절되는데, 데이비는 이때를 돌이켜 보면서 "이 침입자는 대체 무슨 일로 우리 영토에 들어왔던 것일까?"라는 수사적 질문을 던진다[6]. 이러한 이데올로기에 의한 굴절이 또 다른 지형적 차원을 띠는 것은 이 소설의 정치가 영국의 정치적·지리적 경계의 3차원 경관으로 옮겨지면서이다. 라퓨타가 서 있는 해변은 '절벽' 아래에 있고, 위에 있는 소년들은 "유리한 시점"을 차지한다[7]. 이처럼 대치하는 접경지를 규정하는 암묵적 위계는 인종화된 용어인 '문명'과 '야만'(버컨의 서사에서 라퓨타는 줄곧 "흑인 목사"로 지칭되며 "눈의 흰자위와 붉은 잇몸"이 누누이 강조된다(Buchan, 2008: 7-10))으로 나타나며, 양쪽의 대표자가 위치한 지형의 높낮이로 반영되고 반복된다.

데이비와 친구들은 라퓨타와 프런티어 지형에서 후방으로 벗어나 안전과 피난처를 뜻하는 '문명'의 환유인 "사람 사는 곳"[11]으로 돌아가는데, 바로 이 순간부터 인프라는 이러한 지리를 형성하기 시작한다. 소설은 이제까지는 아무런 문제도 없이 지리적·이데올로기적 패러다임을 생산해 왔다. 그런데 이러한 이행의 순간에 경관을 가로지르는 인프라 네트워크가 특이한 양가성을 낳는다. 데이비는 "우리는 감히 ㅣ큰길로ㅣ 이어지는 길을 택하지 않고 가장 가까운 사람 사는 곳으로 향했다"라고 전한다. 그러나 겨우 한두 문장 후에 프런티어의 위협이 사라지자, 그들은 "큰길"로 접어들어 "최대한 빠르게 잰걸음으로 커크케이플로 돌아갔다"[11]. 버컨의 묘사에서 이러한 주목할 만한 변화는 인프라 경로를 우발적으로 활용하는 모습을 보여 주는데, 이것은 주인공들이 지리적으로 프런티어와 얼마나 가까운지에 따라 달라진다. 세계체제의 중심부 회로 깊숙한 곳에 자리 잡은 이런 인프라는 안전하게 구축되어 있으므로 활용할 수 있다. 바로 직전에 라퓨타에서 벗어나기 위해 다시 절벽 위로 "기어오르고 뛰어오르던" 소년들은 프런티어 각본에서 일단 벗어나면 큰길을 따라 그저 "잰걸음으로" 집으로 돌아오면 그만이다[10-11]. 버컨의 주인공들이 프런티어의 긴장을 헤쳐 가는 내내, 인프라 경로는 계속 그들의 시야 안에 남아서 공간적 기준점으로 작용해야 한다. 중요한 점은, 직접 그 경로를 따라 이동하거나 그 경로 위에서 이동하는 것은 불안을 유발한다는 것이다. 그것은 버컨의 등장인물들을 취약하고 노출된 상태로 만들기 때문에 반드시 피해야 한다.

이러한 인프라의 우발적 활용은《프레스터 존》전체에 걸쳐 일관되게 반복된다. 해거드의 제국적 주인공들처럼 데이비도 인프라를 시야에 두고, 이것을 이용해 경관을 가로지르고 건너가는 진로를 지도화하고 기록한다. 그러나 해거드의 주인공들과 달리, 데이비는 이러한 경로 자체를 따라 이동하는 것은 너무 위험하다고 자꾸 판단한다. 이러한 위험은 감시에 노출되거나 흔적을 남기거나 추적당할 가능성 같은 여러 요인 때문인데, 이번 장에서 살펴보겠지만 이러한 수사는《39계단》에서도 줄곧 되풀이된다.[2]《프레스터 존》전반에 걸쳐 데이비는 지리적으로 대개 남아프리카에서 영국의 세계제국을 구성하는 인프라망이 보이는 곳에 있으면서도 결코 실제로 그 안으로 깊이 들어가지는 않는데, 이로써 프런티어는 이데올로기로 기능한다. 데이비는 제국의 인프라라는 '상징적 객체'에 언제라도 접근할 수 있어야 하지만, 언제라도 그것 너머로 이동할 수도 있어야 한다. 베이든 파월의 용어를 빌리자면 "민족의 스카우

---

[2] 예를 들어, 데이비는 여러 곳에서 "길 위를 걷다가 갑자기 누군가 지켜보고 있음을 의식했다"(Buchan, 2008: 34). "길에서 멀어져야 한다. … 내가 택할 것이라고 짐작될 수 있는 진로를 떠나는 것만이 현명한 일이었다"(127-128). 네이선 와델Nathan Waddell은 버컨의 주인공들이 드러내는 편집증을 정신분석학적으로 독해하는데, 이런 독해가 구성하는 '구도'는 이 책에서 발굴하는 프런티어의 역학을 닮았다. "|자신이| 하찮다거나 무용하다는 느낌에 시달리는 편집증 환자는 이런 감정을 환경에 '투사'하여 자신만이 감지해 내고 물리칠 수 있는 외부의 핍박하는 기관을 만들어 낸다"(Waddell, 2009: 126-129).

트" 중 한 사람이 되어 자본의 축적 과정을 촉진하기 위해 이러한 네트워크를 확장할 수 있어야 하는 것이다(Baden-Powell, 2005: 13). 외부로 나아가려는 끊임없는 욕망은 이와 상충하는 욕구, 즉 그것 너머로 확장했던 것으로 돌아가거나 그것을 되돌아보려는 욕구와 줄다리기하는데, 이러한 공간적 이분법이 유발하는 긴장이 데이비의 프런티어 의식의 모순을 뒷받침하고 버컨의 문학작품의 형식과 줄거리를 형성한다.

중요한 것은 이러한 긴장이 정적이지 않고 서사가 진행됨에 따라 오락가락하며, 지리적 위치에 따른 데이비의 태도 변화에 따라 그를 앞으로 던졌다가 뒤로 던진다는 점이다. 영국을 떠나 남아프리카로 향하는 처음의 여정 동안 데이비는 "망명의 외로움"(Buchan, 2008: 15)으로 극심하게 괴로워한다. "마침내 아프리카에 도착했을 때는" "향수를 씻은 듯이 지워 버렸다"(23). 그러나 프런티어의 무역사무소에 머물면서 그 지역에서 어떤 반제국 활동이 일어나고 있다고 의심하게 되자 "마을과 도시에 백인이 북적이는 곳을 울적하게" 그리워하는데(60), 이는 그의 정서적 반응을 인종적·문화적으로 친숙한 것뿐 아니라 인프라적으로 친숙한 것에도 연결한다. 나중에 소설의 두 장에 걸쳐 라퓨타에게 갇혀 있던 곳에서 "마침내 자유다"라고 외치며 탈출한 후, 그는 안전한 영국 제국 병사들의 진영으로 후퇴하는 대신에 "가장 정신 나간 짓을 저지른다. … 나는 우리가 왔던 길을 따라 거꾸로 달리기 시작했다"(125-126). 줄거리는 지리적으로 왕복운동을 하는데, 이 움직임은 데이비의 프런티어 의식을 좌우하는 동시에 이 의식으로 좌우된다. 그는 프런티어에 대한 이데올로기적 심취와 안전한 제국의 인프라망으로 다시 돌아가려는 압도적 욕망 사이를 끊임없이 오간다. 데이비 자신도 이러한 불일치를 인정하는데, 서사의 절정 장면 직전에 "안전한 곳으로 가려고 간절히 바랐던 것만큼

이제 위험한 곳으로 돌아가기를 간절히 바랐다"라고 말한다(167). 소설은 프런티어 접경지에서 극명하게 대비되는 중심부와 주변부를 오가며, 이러한 두 개의 사회경제적·문화적 무대가 서로의 관계를 통해 탄생했음을 누설한다. 데이비는 자신의 프런티어 목적지인 블라우빌데베스테폰테인Blaauwildebeestefontein | 이 소설에서 찾아가기 어려운 가상의 외딴 마을 이름으로, 아프리카너 언어로 '푸른 영양羚羊의 샘' | 을 결국 "지도" 위에 있는, 그로부터 "90마일 안에" 있는 "철도"라는 공간적 준거를 통해 확인한다. 이는 프런티어의 위치를 인프라 구획과의 관계로 설정하는 동시에, 데이비의 동행인 워드로 씨Mr Wardlaw가 설명하듯이 "모험의 장소처럼 들리는" 어딘가인 "원주민 보호구역의 심장부"에 두기도 한다(16-17).

《프레스터 존》에서 중심부와 주변부는 경제적 활동과 문화적 활동 모두를 통해 구성된다. 소설이 짜는 이데올로기적 직물은 제국주의적 팽창의 이러한 두 가지 대조적 동력을 "서로 규정하지만 서로 불균등한 힘들로 이루어진 하나의 장"으로 엮어 내는 것이다(Williams, 2005: 20). 《솔로몬왕의 광산》과 달리, 《프레스터 존》은 인프라 개발을 정당화하는 사회경제적 결정요인들을 숨기려 애쓰지 않는다. 블라우빌데베스테폰테인에 대한 워드로 씨의 발언은 의미심장하다. "그곳은 모험의 장소처럼 들리는군요, 크로퍼드 씨. 당신은 흑인들의 주머니를 털 테고, 저는 그들의 마음으로 무얼 할 수 있을지 살펴볼 테지요"(Buchan, 2008: 17) | 소설에서 워드로는 교사가 되기 위해 남아프리카로 가는 중이다 | . 워드로는 제국 팽창의 이데올로기적 차원과 경제적 차원, 즉 "문명을 선사하는" 제국 문화의 전수와 새로운 시장 및 노동력의 착취를 구별한다. 그러나 《프레스터 존》의 텍스트는 이 두 가지를 전체로 포괄하여, 공동의 내용을 갖는 사업인 하나의 제국적 기획으로 통합한다. 소설의 (〈가자! 부자가 되러!Furth! Fortune!〉라는 제

목의) 2장 앞부분에서 삼촌은 데이비가 ㅣ남아프리카에 가서ㅣ 할 일이 "세계 최대 규모의 무역 및 해운회사"에서 "지점 부॥관리자"가 되는 것이라고 말한다. "토착민들과 새로운 무역을 개척하는 것이 네가 할 일이야"(13- 15). 데이비는 자본주의 세계체제의 역동이 형성한 지구적 인프라망의 대리인이자 그것의 최외곽 연결 고리가 되어 프런티어에 도착한다. 도착하자마자 그 지역 사람들과 사회경제체제를 중심부 생산양식과 주변부 생산양식으로 이루어진 지구적 네트워크로 통합하기 시작한다. 거기에는 그가 진출하고자 애쓰는 새로운 시장이 있었고("시골은 원주민이 득실거린다"), 데이비는 "내가 예견한 대로" 수많은 제품은 "가공하면 수익성 있는 수출품이 될 수 있었다"고 말한다(30).

데이비가 곧 지구적 자본의 환유라는 것은 라퓨타도 강조한다. 프런티어를 만들어 냈으며, 앞서 언급했듯이 종종 그 경계에 위치하는 이 반항적인 흑인 목사는 데이비를 계속하여 그가 수행하는 경제적 역할로 규정한다. 데이비가 사실 라퓨타의 반란 계획을 탐지하려는 침입자임이 분명해졌을 때에도 라퓨타는 "이자는 지점 관리자"라고 말한다(110). 흥미롭게도, 소설의 절정 장면은 이들 간의 경제적 거래가 성사되면서 벌어지는데, 주변부와 중심부의 관계 축은 이러한 인물 묘사 차원에서도 드러난다. 이 거래 장면은 특히 시사하는 바가 크다.

"자, 이거 보세요, 라퓨타 씨." 내가 말했다. "사업 이야기를 하겠습니다. 당신은 이 봉기를 일으키기 전에는 교육을 잘 받은 문명인이었죠. … 공정하고 정직한 사업을 제안하겠습니다. … 당신에게 거래를 제안합니다. 제 목숨을 살려 주시면 당신을 그리로 데려가 당신 손에 보석을 쥐어 드리지요. 아니면, 저를 죽일 수도 있겠지만 그러면 존의 목걸이는 다시는 볼 수 없을 겁니다."

　나는 아직도 나와 같은 곤경에 처한 사람치고는 꽤 뻔뻔한 발언이었
다고 생각한다. 하지만 그 말은 나름대로 효과가 있었다. 라퓨타는 이제
야만인 왕이 아니라 문명인처럼 말하게 된 것이다. (Buchan, 2008: 152)

　여기서 서사는 제국의 경제적 동력과 이데올로기적 동력을 하나로 엮
으면서 이들 간의 공생적 관계를 드러내는데, 뵈머는 이들이 서로를 촉
진하므로 "서로 정당화하는 힘들"(Boehmer, 2005: 37)이라고 일컫는다. 라퓨
타는 데이비와 사업상 거래에 돌입하면서 '야만인'의 속성을 누그러뜨
리고 '문명인'이 되는데, 이는 데이비 자신이 문자 그대로 지구적 자본의
환유가 되는 것과 마찬가지다. 데이비 자신의 생명은 상품이 되어 가치를
평가받고, 이 가치는 이제 거래할 수 있게 된다. 이러한 알레고리를 강조
하는 것은, 라퓨타가 거래가 완료되어 "보석들"을 얻자마자 "다시" "자
신의 물신物神 앞에 황홀해진 야만인"이 되는 일이다(162). 계약이 서사에
서 유효한 시간 동안, 소설에서 중심부와 주변부의 긴장은 일시적으로
해소되고 그 둘을 오가는 격렬한 왕복운동은 정지한다. 그러나 일단 계
약이 깨지면 이 관계적 경제는 실패로 돌아가고 그 왕복운동이 재개된
다. 프런티어는 늘 다시 재생산되고 정복되어야 한다. 그리하여 라퓨타
는 자신의 운명을 봉인한다. 버컨의 서사가 그 이데올로기적 해결을 현
실화하려면, 즉 반항적인 흑인 인구를 지구적 자본주의경제의 노동력으
로 전환하려면(MacDonald, 1994: 212 참고), 세계체제의 위계적 질서에 끈질기게
저항하는 유일한 흑인 아프리카인 라퓨타를 그 인프라 네트워크 너머에
봉인해야 한다. "그는 인간의 모험에서 멀리 떨어진 곳에서 최후의 잠을
잔다"(Buchan, 2008: 190).

《프레스터 존》의
상징적 지도학

《프레스터 존》의 경관은 이러한 사건이 일어나는 단순한 배경 이상의 어떤 것이다. 경관이 수행하는 이데올로기 작업을 발굴하는 최적의 방법은 텍스트에 공간 구조를 부여하는 인프라에 초점을 맞추는 것이다.

T.J. 쿠젠스T.J. Couzens는 소설에서 실제 장소와 가상 장소의 혼합을 공간적 단서들로 읽어 내면서,《프레스터 존》의 지리를 남아프리카의 역사적 지도 위에, 그리고 그 지도를 배경으로 그려 냈다. 소설의 사건은 대략 산맥이 그리는 반원 안에서 전개되는데, 쿠젠스에 따르면 "서쪽의 하이펠트와 동쪽의 부시펠트(또는 로우펠트)를 나누는" "전체적으로 뒤집힌 U자에 가까운 모양"이다(Couzens, 1981: 2-3).[3] 버컨도 여러 해가 지나 자서전에서 이 남아프리카 지형을 다음과 같이 묘사한 바 있다.

> 이 고장은 마치 뒤집힌 파이 접시 같은데, 탁상지卓狀地가 남쪽과 동쪽으로는 바다를 향해 가파른 경사를 이루고 북쪽으로는 잠베지강을 향해 덜 가파른 경사를 이룬다. … 이 파이 접시는 온갖 다채로운 경관을 담고 있다. … 가장 다채로운 땅인 이곳에는 모든 여행자마다 자기 고향을 떠

---

[3] 여기에서 언급할 점은, 이 소설에서는 그 위치를 대략적이나마 식별하기 위해 알아볼 수 있는 지리적 기준을 언급하나 역사적 특수성은 모두 배제한다는 사실이다. 이것은 식민주의의 "언어 경제"(Mbembe, 2001: 177)의 특징인 "시간에 대한 모든 언급의 말소"를 되풀이하는 것이다. 크레이그 스미스Craig Smith가 보여 주듯이, 이 소설은 "발명한 시간과 실제 시간을 합성하여 어떤 무無 시간, 어떤 상상의 순간을" 구성하는데, 이 순간은 남아프리카 역사의 특정 연도와 연결되지 않는다. "이야기의 '배경'은 1870년, 1878년, 1899년, 1906년, 그리고 1909년에서 1910년까지"인데, 각각의 연도마다 나름대로 중대하고 독특한 역사적 사건이 일어났지만, 이 소설의 시간 틀 안에 공존한다(Smith, 1995: 181).

올리게 하는 숨겨진 구석이 수천 개이다. 하지만 이 경관에는 어떤 미묘한 통일성이 있는데, 그것은 우리가 남아프리카라고 알고 있는, 규정할 수 없는 무언가이다. (Buchan, 1940a: 117)

버컨이 "뒤집힌 파이 접시"를 자세히 묘사하는 내용에서 발췌한 이 부분은 그가 트란스발의 지형을 속속들이 알고 있음을 입증하는데, 이 소설의 초기 판본들의 권두에 실린 지도도 이 U자 모양의 경관을 강조한다.

《프레스터 존》의 지도는 해거드의 지도와 같은 전통적인 이차원 묘사가 아니라, 옆에서 비스듬히 보는 시점에서 경관의 물리적 깊이를 시각화하고 적어도 표면적으로는 높은 핍진성을 드러낸다.[4] 특이하게도, 1910년과 1912년에 출판된 《프레스터 존》의 초기 두 판본의 권두에 실린 지도그림 3.1는 전문적 솜씨로 그려졌고, 소설 속의 지리적 위치와 장면을 일러 주는 선명한 인쇄체 표지가 붙어 있다("블라우빌데베스테폰테인", "듀프리 여울", "D. 크로퍼드의 여정"). 이 두 가지 초기 판본에는 다음과 같은 '주석'도 들어 있다. "데이비드|데이비| 크로포드의 여러 여정에 대한 상세한 내용에 대해서는 속표지 맞은편의 지도를 참고하길 바

---

4 버컨은 저작 전반에 걸쳐, 지형적으로 정확한 3차원 지도 생산에 골몰했다. 지형 지도의 구성에 대해 메타텍스트적으로 서술할 정도였다. 예를 들어, 얼마 후에 출간된 소설 《푸른 망토 Greenmantle》(1916)에 등장하는 남아프리카 출신 등장인물 피터 피에나르Peter Pienaar는 자신이 횡단하려는 접경지의 3차원 모형을 제작한다. "피터의 작업 방식은 전적으로 그만의 것이었다. 어느 구석에서 흙과 회반죽을 긁어내 탁자 위에 놓고 그 앞에 앉은 채 지도의 등고선을 따라가며 그 경관의 작은 모형을 만들었다. … 그는 지도를 앞에 두고 한참 고민하면서 모조리 숙지할 때까지 샅샅이 뜯어보았다"(Buchan, 2010: 264).

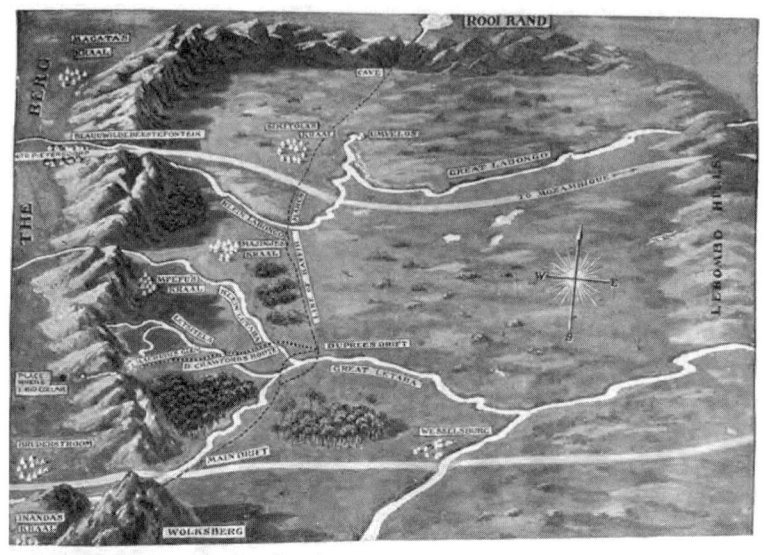

그림 3.1 1910년과 1912년에 출판된 《프레스터 존》 초기 판본 권두에 실린 지도.

란다"(Buchan, 1910: iv; 1912: iv). 이와 대조적으로, 1918년 판과 1920년 판에 실린 지도(그림 3.2)는 똑같은 경관과 그에 상응하는 표지를 묘사하지만, 거칠게 그려져 있고 수록된 텍스트도 삐뚤삐뚤한 손글씨로 작성되어 있다. 의미심장하게도, 독자에게 이 지도를 보라고 이끄는 주석도 삭제되었다. 겉으로 내세우던 정확성이 이처럼 저하된 현상은 직관적으로 이해하기 힘들다. 이를 이 지역에서 영국의 문화적·경제적 패권 약화에 따른 재현적 패권 약화가 미학적으로 표현된 것으로 해석하기도 하는데, 솔깃하지 않을 수 없다. 그러나 이보다 더 개연성이 높은 해석에 따르면, 단지 유럽에서 일어난 제1차 세계대전이나 버컨의 작품을 출간하던 출판사인 토머스넬슨앤선즈Thomas Nelson and Sons의 이런저런 재정난 탓에,

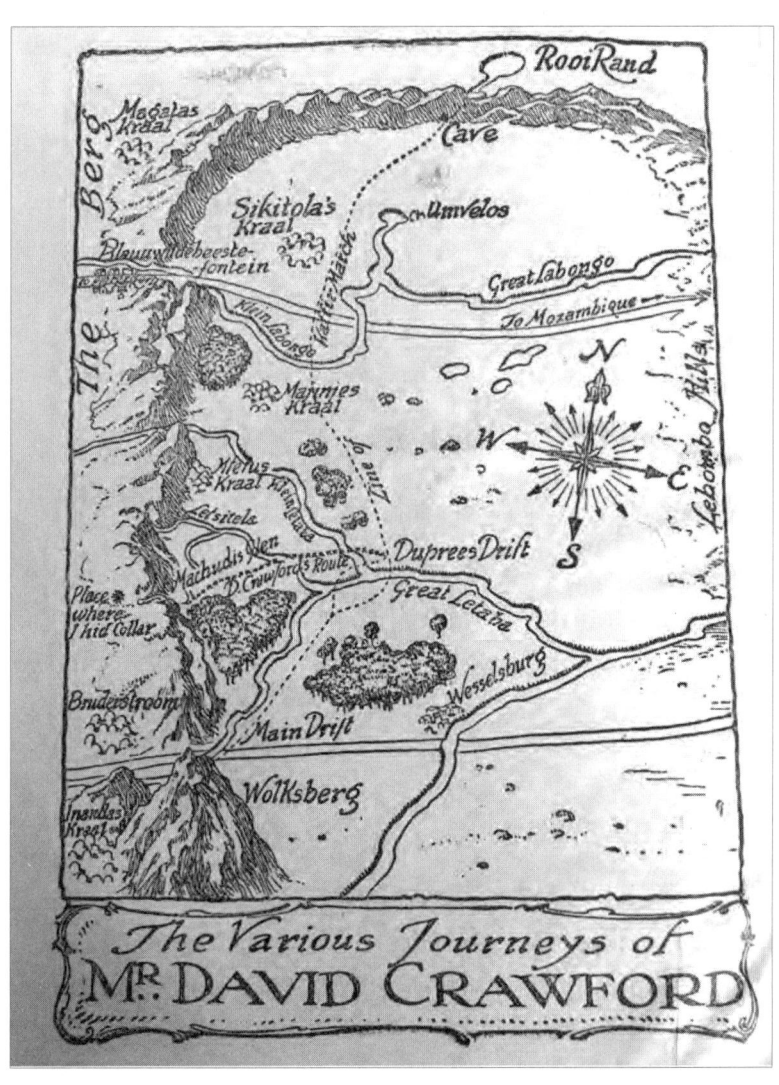

The Various Journeys of
MR. DAVID CRAWFORD

그림 3.2 1918년과 1920년에 출판된 《프레스터 존》의 두 후속판 권두에 실린 지도.

나중에 나온 판본들의 지도는 경제적으로 더 적절한 선택, 즉 제작 비용이나 재인쇄 비용이 더 저렴한 선택이었을 것이다. 심지어 두 가지 가설을 연결하여, 출판사들이 체감하고 지도의 미적 특징 변화에서 감지되는 재정적 부담이 영국의 경제력 약화의 직접적 결과였다고 읽을 수도 있다. 어떤 경우이든 간에, 20세기 후반과 21세기에 들어서는 거의 읽히지 않고 수익성도 없는 이 소설의 모든 최근 판본에서는 이 지도가 말끔히 사라졌음은 주목할 만하다.

《프레스터 존》의 초기 판본들의 권두에 실린 이 도판들은 그 제작 품질은 차치하고, 지도보다는 그림이나 '이미지'처럼 읽힌다. 허건은 지도를 '경관'과 구별하는데, "문화적 이미지"에 더 가까운 경관은 문학 텍스트에서 대개 "상징적 동일시" 과정의 부분으로 기능한다(Huggan, 1994: 40). 이는 《프레스터 존》의 권두 삽화(전통적 지도라기보다 '문화적 이미지' 또는 '경관'으로 기능한다)에서도 되풀이되고, 경관이 이데올로기적 기능을 수행하는 텍스트 전반에 걸쳐 되풀이된다. 이미 언급했듯이, 소설 서두에 묘사된 스코틀랜드 해안선 지형은 이데올로기 작업을 수행하는데, 이와 유사한 의제가 소설의 남아프리카 공간 생산에도 내재해 있다. 서사 자체에서 이러한 읽기를 유도한다.

아주 형편없는 지도였다. 베르그산맥 동쪽은 측량조차 안 했고, 이름들도 대부분 한날 추측에 불과했다. 하지만 나는 '로이란트'라는 단어가 북쪽 성벽이 동쪽으로 이어지는 것을 표시하고 있음을 발견했는데, 아마도 어떤 사냥꾼의 기록에서 따온 것 같았다. 이 고장의 주요 특징들을 여기서 설명하는 것이 좋겠다. 내 이야기에서는 이런 특징들이 중요하기 때문이다. (Buchan, 2008: 40)

데이비는 이어서 소설의 권두 삽화에 그려진 지리를 대략 개괄한다. 여기에서 그의 서사에는 독특한 자기반영성이 나타난다. "한낱 추측"이 허구적 장소들로 바뀌고, 그 안에서 경관의 "주요 특징들"도 지형적 깊이를 갖추게 되기 때문이다. 물론, 이러한 특징들은 그 물리적 존재라는 관점에서나 소설의 핍진한 경관 묘사의 일부로서나 "중요하다". 그뿐 아니라, 이런 특징들은 줄거리에서도 중요한 요소로서, 소설 속 사건에 중요한 배경을 제공한다. 데이비가 여기에서 처음 언급하는 로이란트는 소설의 절정 장면에서 데이비가 탈출하는 동굴로, 이 장면에서 데이비는 동굴의 물리적 윤곽들과 문자 그대로 씨름한다(191-200). 그러나 텍스트는 소설의 경관에 대한 또 다른 읽기를 유도한다. 서사가 더욱 노골적으로 추진하는 광범위한 이데올로기적 해결 및 의제를 이 지형이 이러한 인프라 수준에서 실제로 수행한다고 해석할 수도 있다.

소설 서두에서 "저 위의 광활한 땅", 즉 해안선에서 멀리 떨어진 서쪽 내륙에 있는 하이펠트는 "그것을 잡을 수 있는 사람〔백인〕에게 거대한 기회"로만 서술된다. 그러나 데이비의 고용주 콜스 씨Mr Colles는 "이 근방에는 백인이 거의 없다"고 경고한다(21). 그런데 불과 두 장章 후에 이러한 지리가 변화하여, 측량조차 안 한 "미지의" 땅이 이제 해안선을 따라 동쪽에 있다. 데이비 자신이 관찰하는 것처럼, 서사의 이 단계에 이르러 프런티어는 이제 "베르그산맥의 동쪽"에 있다(40). 그러나 그다음 장에서는 이처럼 인종적 위계가 지형적 차원으로 서서히 치환되는 과정이 완료되고 이런 변화의 결과가 소설의 줄거리를 결정하기 시작한다. 워드로 씨가 "토착민의 역량에 대한 과소평가"를 염려하는 것은 소설의 흑인 인구의 지리적 위치에 기반한다.

저들은 높은 하이펠트 고원의 가장자리에 살았고, 만약 그들이 힘을 합친다면 백인들을 바다로부터 차단할 수 있을 것이다. 나[데이비]는 그에게 우리가 길을 다시 여는 것은 시간문제라고 지적했다. 그러자 그[워드로 씨]는 말했다. "아, 그렇지만, 그전에 무슨 일이 벌어질지 생각해 봐요. 지도에 보이지 않는 외딴 농장이나 조그만 마을들을 생각해 봐요. 제2의 인도 폭동은 더 피비린내 나겠지요." [Buchan, 2008: 52]

본서의 첫 장에서 이미 논의한 '인도 폭동'이라는 역사적 사건으로부터 거의 반세기가 지난 지금, 그 사건이 불어넣은 끈질긴 불안이 다시금 고개를 든다. 폭력적인 저항에 대한 이러한 두려움은 부분적으로는 교통 및 통신 인프라망에서 너무 멀리 떨어져 있거나 그 너머에 있다는 사실에 기인한다. 인도아대륙은 1857년 이후 이러한 인프라망으로 영국의 제국적·경제적 네트워크에 더욱 철저하게 통합된 바 있다. 이런 해석은 데이비가 '길'이라는 말을 은유적으로 사용하는 데서 암시된다. 그는 인프라 객체들로 가능해진 상징적 지도학을 근거로 자신을 지리적으로나 개념적으로 프런티어에 위치시킨다.

흥미로운 점은, 이런 지도학을 뒷받침하는 인구 분포가 이제 전통적인 식민지화 서사를 뒤집은 것이라는 점이다. "백인 문명"은 이제 내륙에 있는 하이펠트의 고지대 평원에 자리 잡은 채, 동쪽의 "감시받지 않는 긴 해안"에 자리 잡은 다루기 힘든 토착민에게 식민화될 것을 두려워한다[52]. 소설의 이 지점부터 이러한 나침반을 통한 방위 설정과 지형 귀속이 강화된다. 데이비는 "서쪽에 있는 우리 혈족", "서쪽에서 오는 하얀 길"(《운디네》에서 킴벌리의 다이아몬드 길 및 해거드의 솔로몬 왕의 길에 대한 묘사를 모두 암시한다)을 자꾸 언급하며, 14장에서는 경관을 가로질러 가며 말한다. "내 목표는 베르그산맥이어야 한다. 일단 고원에 도착하면 백인 진영에 있을 것이었다. 이 아래 평원에 있는 동안은 적들의 땅에 있는 것이었다"(128). 로우펠트는 흑인 저항의 현장으로 설정되고, 하이펠트는 소설의 중간쯤에서 "백인의 땅"이 된다. 이러한 지정학적 배치는 워드로 씨의 두려움이 실로 타당함을 뜻한다. 흑인들의 저항은 이 지리적 영역에서 "백인의 땅"을 구석으로 몰아넣었고, "그들이 힘을 합친다면 백인들을 바다로부터 차단할 수 있을 것"이었다(52). 그래서 프런티어가 세 방향으로 만들어지는데, 이것들은 모두 버컨이 애지중지하는 하이펠트를 방어한다. 뒤집힌 U자 모양의 능선은 분리주의적 장벽 기능을 하는데, 흑인의 저항은 산맥과 해안 사이의 로우펠트에서 나오고 거기 깃들어 있다.

이러한 지리적 특수성이 확인되면, 이제 백인들이 아프리카의 내륙을 외곽 혹은 외부의 침략으로부터 방어하고 있다는 것이 드러난다. 식민자가 아프리카 해안에 도착하여 내륙으로 이동한다는 식민화 프로젝트는 지리적으로 물구나무서는데, 이는 역사적 현실을 이데올로기로 뒤집는 중대한 부분이다. 소설 초반에 데이비가 남아프리카에 도착하는 장면은 이런 과정을 재연한다. 그는 케이프 식민지의 해안선 전체를 돌면서 케이프타운, 포트엘리자베스, 이스트런던, 그리고 그 너머의 더반까지 모든 주요 항구를 마치 순찰하듯이 방문한다. 그리고 다시 대륙의 남단을 돌아오면서 포르투갈이 지배하던 아프리카 남동부의 로렌초 마르케스 | 모잠비크의 수도 마푸트의 과거 이름 | 에 이르러서야 비로소 하선한다. 백인의 식민화 과정이 내륙으로 향하는 것은 역사적으로 보아 근래의 일로, 1884년 "아프리카 분할"과 베를린회의 이래로 약 사반세기 동안 인프라가 유의미한 정도로 구축된 덕분이었다(Grifths, 1995: 34).

그렇지만 여기에는 바로 직전 남아프리카 경제지리 역사가 반영되어 있다. 다이아몬드와 금이 발견되기 전에는 이 지역의 경제활동이 주로 "케이프와 나탈의 해안 지역"에서 벌어졌지만, 이후 광산업의 번성과 그에 따른 "무역·금융·통신·교통 네트워크 확대"로 "이 지역의 경제적 중심부는 빠르게 … 내륙으로 기울었다"(Lester et al., 2000: 97). 이전 장에서 자세히 논의했듯이, 실제로 "경제지리의 이러한 변화는 광물 매장지를 중심으로 한 철도망 연장에서 가장 분명하게 드러났다"(97). 버컨의 허구적 지리는 흑인 저항을 침략적이고 식민화하는 위협으로 설정하는 한편, '백인 문명'이 점령한 땅에서 이 문명을 토착화한다. 이처럼 이 지형의 이데올로기 변화는 이 지역에서 세계체제의 불균등 발전을 촉진한 경제적·인프라적 성장을 가속하여 남아프리카의 물리적 지형을 급변시켰다.

이런 과정의 정치성은 '지형(학)$_{topography}$'의 어원에 대한 J. 힐리스 밀러J. Hillis Miller의 논의에서 드러난다. 그리스어 '토포스$_{topos}$'와 '그라페인$_{graphein}$'은 각각 '장소'와 '쓰다'라는 의미인데, 이 두 단어의 합성어인 지형(학)은 원래 "장소에 관한 글쓰기" 혹은 "경관의 은유적 등가물을 언어로 창조하기"를 뜻했다(Miller, 1995: 3). 이 단어는 점차 "어떤 지도화 체계의 관습적 기호들에 따른" 경관의 재현을 뜻하게 되었고, 최종 변형에서는 "지도의 이름이 지도에 표시된 것의 이름을 나타내는 것으로 넘어갔다"(4) | topography가 본래 지형에 관한 글쓰기, 즉 '지형학'을 뜻했지만 이제 '지형' 자체도 뜻하도록 의미가 확장된 과정 | . 따라서 지형(학)이라는 단어의 어원은 경관이 이데올로기에 의해 (실제로 생성되지는 않더라도) 굴절될 수 있는 메커니즘을 추적한다. 경관에 투여되는 특징들은 겉보기에는 그 경관에 내재하지만, 실은 이런 특징들에 그 경관에 대한 이데올로기로 굴절된 언어적 서술이 겹쳐진다. 밀러는 "지도화하고 장소에 장소의 이름을 투사하

는 관습의 힘은 워낙 막강해서, 우리는 경관을 볼 때 그것이 마치 장소의 이름이나 지리적 특성의 이름을 완비한 지도인 양 본다"고 주장한다(4). 《프레스터 존》은 이 과정에 참여하기도 하고, 이 과정을 서술하기도 한다. 그것은 남아프리카 하이펠트가 "본성상 백인의 땅"이라는 버컨의 믿음을 되풀이하며(Buchan, 1940b: 121), 이 경관에 인종적 권리가 스며들게 한다. 그래서 이후의 일부 비평가가 이 소설을 "완벽한 아파르트헤이트 식민지를 위한 청사진"으로 읽은 것은 일리가 있다(Smith, 1995: 175).

《프레스터 존》은 마이크 창Mike Chang의 주장처럼 지리와 문학이 "지식의 서로 다른 두 질서(상상적 지식과 사실적 지식)"라기보다, 오히려 발굴되고 해석되기를 기다리는 "텍스트 장르" 혹은 면들로 이루어진 "하나의 장"으로 작동함을 보여 준다(Chang, 1998: 57-58). 소설이 남아프리카 공간을 생산할 때 줄거리와 경관은 서로를 강화하는 관계인데, 특히 식민 서사에는 이런 관계가 수반된다. 줄거리의 전반적 전개를 생각해 보자. 데이비는 소설 초반에는 남아프리카에 한 번도 가 본 적이 없지만, 다소 변덕스럽게 초국적 무역회사의 경제적 필요에 부응하고자 그곳에 간다. 서사가 끝날 무렵에는 그 경관에 편안하게 거주하게 되고, 토착민들의 정치적·군사적 저항을 진압하며 다양한 광물자원을 추출하고, 심지어 자기 이익을 제국 정부 및 민간 회사들에게 분배하기까지 한다(지구적 시장에서 "다이아몬드 가치의 미묘한 균형"을 흐트러뜨리지 않으려고 약탈품의 상당량을 드비어스에 팔아 버린다(Buchan, 2008: 211)).

데이비는 짧은 서사 공간에서 거대한 두 가지 과정을 알레고리적으로 실행한다. 첫째, 이 줄거리는 정착민 식민주의 과정을 형상화하는데, 버컨은 "모국과 그 바깥의 제국 모두 사회적이고 경제적으로 건강한 상태를 유지하려면" 이 과정을 "차츰 더 많이 활용해야 한다"고 믿었다

(Buchan, 1940b: 127-128). 그러나 데이비를 핵심 인물로 하는 이 줄거리의 궤적은 홉슨, 레닌, 룩셈부르크가 비판하고 이 책의 서론에서 논의한 축적 과정도 지도화한다. 전반적으로 데이비는 제국의 인프라 네트워크 변두리에 머무르는데(실은 그 네트워크에서 멀어지고 가까워지는 왕복운동을 하는데), 이 텍스트는 이런 인프라 네트워크가 세계체제의 착취적 중심부와 연결되어 있음을 분명히 한다. 그러나 소설의 결말에 이르러 데이비는 프런티어의 두려움을 극복하고, 거기 거주하면서도 자신의 인종적·문화적 네트워크에서 "차단"되었다고 느끼지 않는다.[5] 저항하던 흑인 인구는 진압되고 세계경제에 수출할 다양한 제품을 생산하는 노동력으로 전환된다.[6] 소설의 마지막 부분에서 "블라우빌데베스테폰테인"은 평정을 되찾은 주변부로 변모한다. 소설 자체가 프런티어의 팽창적 이데올로기와 지구 전역에서 자본주의를 불균등하게 추동하는, 자본주의의 타고난 축적 욕구 간의 상관관계를 그려 낸다.

그러나 여기에는 정치적 불안이 있어서, 소설이 이데올로기적으로 형성한 남아프리카 지리에 어떤 틈을, 미뇰로(Mignolo, 2012: 22)의 용어를 쓰자면 어떤 '균열'을 만든다. 제국 전역에서 식민본국으로부터 정착민 식

---

[5] 20장 소설의 절정 장면에 이르러 데이비는 마지막으로 프런티어 접경지로 귀환하는데, 이때 서사는 그가 이제 자신감을 되찾고 향수병을 치유했으며 거기에서 "고향처럼 느끼고 있다"라고 되풀이 강조한다. 서사에서 이 지점에 이르기까지 그를 오락가락하게 하고 프런티어로 가다가 다시 거기에서 멀어지는 왕복운동을 하도록 강요한 이데올로기적 불안은 이제 해소된다. 그래서 데이비는 이렇게 말한다. "내 신경은 갑자기 무감하고 냉철한 강철 같아졌다"(182), "이제 모든 공포를 이겨 내고 두려움의 뒷면을 보게 되었다"(184), "정말로 아무것도 겁나지 않았다"(185), "나는 두려움이 없었다"(186), "죽음의 두려움이 무슨 뜻인지 까맣게 잊었다"(188).

[6] "거기에는 온갖 종류의 기술적 작업장과 흑인들이 현대 농업을 배우는 최고의 실험적 농장들이 있다. … 그들은 담배와 과일을 수출하는 거대한 무역을 창출했다. 면화의 전망은 좋으며, 기적을 일으킬 새로운 섬유에 관해서도 이야기한다. 또, 강변 저지대를 따라 인도 고무사업이 번창하고 있다"(Buchan, 2008: 213).

민지로의 이민이 중요하다는 버컨의 열렬한 믿음은 그의 이데올로기와 영국과 남아프리카의 역사적 관계 간의 어떤 균열 때문에 위태로워진 다. 제국적 연방주의자를 자처하며 정치적으로 활발하게 활동한 인물[7] 이 쓴《프레스터 존》의 텍스트에는 중앙집권적 대영제국의 해체에 대한 두려움도 함축되어 있다. 이 소설은 이민과 정착민 식민주의를 독려하 지만, 이미 애도 과정을 겪고 있다. 소설은 초국적 네트워크를 만들려 하 면서 동시에 그것의 상실을 예견한다. 영국이 통치하는 연방화된 남아 프리카를 상상하고자 하면서 동시에 정착민 식민지들이 민족적 독립을 교섭하고 이후에 영국 패권에서 벗어날 것을 예측한다. 1909년을 거쳐 1910년 출간되는《프레스터 존》집필의 역사적 맥락[Blanchard, 1981: 21-22 참 고]은 이러한 불안을 잘 보여 준다. 영국이 영국-보어전쟁에서 승리하고 밀너의 "유치원"이 온갖 노력을 기울였음에도 불구하고, 이 지역에 문화 적으로 통합된 새로운 영국 식민지를 건설하려는 계획은 물거품이 되었 고, 버컨도 그 실패를 몸소 체험했다. 1910년의 남아프리카 연방은 그저 "수용할 만한" 조건들에 따라 수립된 것이 아니라, 불과 몇 해 전 전쟁에 서 패배한 "보어 장군들의 제안을 대체로 따르는" 조건들에 따라 수립 되었다[Grifths, 1995: 59]. 영국은 남아프리카에서 정치적으로 철수하는 단계 에 접어들었고, 이제《39계단》을 읽으면서 알게 되겠지만, 이 시기 버컨 의 소설들은 쇠퇴하는 제국 패권의 좌표를 탐색한다.

---

[7] 주아니타 크루제Juanita Kruse는 다음과 같이 쓴다. "그는 영국으로 돌아온 후, 글을 통해 남아프 리카에 관해 대중을 교육하고 자신의 제국적 이상을 퍼뜨렸다. … 다양한 국가의 독특한 성격을 보존하는 남아프리카 연방이라는 버컨의 주장은 … 훗날 그가 제국적 연방은 아니더라도 긴밀 한 제국적 협력을 정당화하는 것을 예고했다. … 민족적 온전성을 그보다 큰 단위 내에서 보존한 다는 기본 아이디어는 평생 버컨 제국주의의 핵심적 특징이었다"[Kruse, 1989: 46-47].

서사의 해독:
《39계단》의 경관과 이데올로기

'리처드 해니Richard Hanny'를 주인공으로 하는 존 버컨의 첫 소설 《39계단The Tirty-Nine Steps》은 1915년 여름 동안 《디올스토리위클리The All Story Weekly》와 《블랙우즈매거진Blackwood's Magazine》에 연재되었다.[8] 이 제목은 글쓰기, 경관, 이데올로기 간의 다차원적 상호관계를 압축하는데, 우리가 이미 살펴본 것처럼 버컨의 소설은 바로 여기에 골몰하였다. 제목에 나타나는 '39계단'은 소설 속의 텍스트적 암호이자 소설을 위한 텍스트적 암호이기도 하다. 이것은 어떤 깊은 의미에 대한 '단서'로 기능하는데, 이 의미는 소설이 진행되는 동안 거의 대부분 감춰져 있음으로써 줄거리가 앞으로 나아가게 한다. 그러나 모레티가 이 작품과 관련된 탐정 장르에서 관찰한 것처럼, "단서들이 제공하는 구조"는 어떤 "세계"를 창조하는데, 적어도 결말에 이르면 "완벽하게 이해되는" 이 세계에서는 "합리성과 모험심이 조화를 이룰 수 있다"(Moretti, 2008: 141). 제목에 드러나는 '단서'와 그 의미의 점진적 누설은 프런티어의 모순을 '화해'시키려는 소설의 이데올로기적 분투를 문자 그대로 풀어낸다.

처음에는 이 단서가 해니에게는 계속 판독할 수 없는 것이었다. "하나의 기이한 구절이 … 괄호에 든 채 여섯 번이나 나왔다. '(39계단)'이라는 구절이었다." "나는 전혀 이해할 수 없었다"(Buchan, 2010: 37). 이 구절 혹은 암호는 꼼짝도 하지 않는 역설을 품고 있는데, 그것은 이 암호가 그보

---

[8] 이 작품은 1915년 6월 5일과 12일자 《디올스토리위클리》에 연재되고, 같은 해 7월부터 9월까지는 《블랙우즈매거진》에 연재되다가, 그해 10월에 단행본으로 출간되었다.—옮긴이

다 깊은 의미가 존재함을 암시하면서도 이와 동시에 그것이 감추는 것의 세부 내용을 한사코 내어주지 않는다는 것이다. 따라서 그 자체가 암호인 이 제목은 프런티어 의식의 모순(알려진 것과 알려지지 않은 것, 지도화된 것과 지도화되지 않은 것)을 소설 안에 암호화하는데, 이것이 해니의 이동과 줄거리를 공간과 시간을 가로질러 앞으로 나아가게 한다. 따라서 중요한 것은, 이 구절이 소설이 끝나는 지점에 이르기까지 해독되지 않는다는 것이다. 그리고 물론 이 지점에 이르면 그 서사적 추진력은 갑작스레 사라진다. 마침내 판독됐는데 알고 보니 지리적 위치를 가리키는 것이었다. 해니가 깨달은 것처럼, 그것은 "계단이 여러 개 있는 장소인데, 그중에서도 계단이 39개 있는 장소가 중요하다"(Buchan, 2010: 84) | 소설에서 이 장소는 해안가의 높은 절벽으로, 바다로 내려가는 계단이 서른아홉 개 있다 | . 이 위치는 또한 영국의 지리적 프런티어에 있다. 《프레스터 존》의 서두에 등장하는 스코틀랜드 해안선이 아니라, 제1차 세계대전 발발로 역사적으로나 지정학적으로 한결 중요해진 국경, 즉 "동해안의 크로머와 도버 사이 어딘가"(84)이다. 버컨의 소설은 물리적 공간의 지형을 서술하는 서사의 능력을 다시 자의식적으로 심문하는데, 이 '계단'은 단순히 2차원 지도의 납작한 재현을 암시하는 것이 아니라 들쭉날쭉하고 튀어나온 모서리가 여럿 있는 곳을 암시하는 것이다 | 암호를 풀기 전에 원문의 steps는 지도상의 2차원 '단계들'로 해석할 수도 있고 3차원의 '계단들'로 해석할 수도 있으므로, 물리적 지형을 서술하는 서사의 능력에 한계가 있다는 의미 | .

텍스트 서사에 암호화된 프런티어 의식과 지리 간의 관계는 "스커더 Scudder | 소설에서 피살된 사람의 이름 | 의 조그만 검은 수첩"(27)에서 전형적으로 나타난다. 이 텍스트 안의 텍스트는 그것이 가로질러 이동하는 줄거리를 담는 동시에 줄거리 안에 담겨 있다. 해니는 수첩에 적힌 겉보기에 무

작위적이고 무의미한 글("대개는 숫자를 갈겨쓴 메모들")을 곰곰이 궁리하다가, 곧 "이 모든 것에 암호가 있었다"[27]고 깨닫는다. 중요한 것은, 런던이라는 대도시에서 벗어나 이동할 때에야 이런 결론에 도달한다는 사실이다. 그는 영국을 관통하여 북상하는 간선 인프라 경로(철도)를 따라, 또다시 프런티어라는 구원의 이데올로기가 투영된 새로운 접경지ㅣ소설에서 주인공이 향하는 스코틀랜드 하일랜드ㅣ로 향한다. "나는 왜 아직 자유로운 몸이었을 때 런던에만 머물면서 이런 천국 같은 고장의 좋은 것들을 누리지 못했을까 자문했다"[27]. 소설의 서사는 지리적 이동과 텍스트 해독의 이러한 공생 관계를 문자 그대로 공통의 대지/근거인 남아프리카에 착근시킨다ㅣground는 지리 차원의 '대지' 혹은 텍스트 차원의 '근거'인데, 영국을 무대로 하는 이 소설에서 남아프리카가 이런 이중적 역할을 한다ㅣ. 여기에서 이것은 지리적 지형일 뿐만 아니라 역사적 지형이기도 하다. 수첩에 암호가 담겨 있다는 해니의 확신은 남아프리카 프런티어에서 겪은 이전의 경험에 기반한다. 그는 이렇게 회상한다.

보어전쟁 당시 델라고아만에서 정보장교로 일할 때 조금 해 본 적이 있다. 나는 체스나 퍼즐 같은 것에 재능이 있어서 암호를 푸는 일을 꽤 잘한다고 생각했다. 이건 수로 이루어진 암호여서, 숫자들이 알파벳 글자들에 대응하는 것 같다. … 제법 영리한 사람이라면 한두 시간 노력하면 이런 암호의 단서를 찾을 것이다. [Buchan, 2010: 27-28]

그러나 이러한 해독 기술(프런티어 소설의 이러한 주제적 수사는 《프레스터 존》에도 계속 등장한다[9])이 있어도 해니는 아직 프런티어라는 지리적 영역 안에 있지는 않다. 그는 "몇 시간 동안" 암호를 판독하려고 애썼지만, 인프라 경로를 벗어나 스코틀랜드 하일랜드의 접경지를 가로질러 걷기 시작한 후에야 비로소 수첩의 의미를 파악하기 시작한다. 이 경관은 거듭 남아프리카와 비교되는데, 서사는 하나의 프런티어를 또 다른 프런티어에 겹쳐 놓는다. 이 "소박한 내음이 나는 언덕들의 고장"에서 각 "언덕"은 "세공한 자수정처럼 맑아 보였다"[28]. 슈라이너의 《아프리카 농장 이야기》에서처럼, 이렇게 지형을 산뜻하게 조형하는 것은 번영하던 남아프리카 다이아몬드 산업을 암묵적으로나마 시사하는 듯하다. 이 풍광은 해니에게 그 식민지 경관의 특별한 모습을 떠올리게 하는데, 내가 여러 번 주장했듯이 그곳은 버컨에게 중요한 접경지였다. "서리 내린 어느 날 아침 **하이펠트에서** 장거리 도보 여행을 시작할 때 느낀 바로 그 느낌이었다"[28, 필자의 강조].

서사의 이 지점부터 해니의 이동은 시간적 측면과 지리적 측면 모두에서 데이비의 모순적인 프런티어 횡단을 닮았다. 데이비처럼 해니도 인프라 네트워크에서 아주 멀리 벗어나지 않는데, 스코틀랜드 경관을 관통하는 이 인프라 네트워크는 해니를 대도시라는 중심에서 멀어지도록 했으나 다시 그리로 돌려보낼 것이다. 그는 거듭 인프라 네트워크와의 관계 속에 자신을 위치시키며, 그것의 지도학적 흔적을 그것 외에는 텅 비어 있는 경관을 이해하는 기준점으로 삼는다. 그는 "그 경관에는

---

[9] 예를 들어, 아콜Arcoll은 데이비에게 "블레스복 | 남아프리카 영양 | 이 대지를 바꾸고 있다"라는 암호화된 지원 메시지를 보내는데, 이 메시지는 암호화되었기에 영국군 전선과 데이비를 갈라 놓는 "벽을 뚫을" 수 있었다(Buchan, 2008: 62-65). 워드로 씨도 "라틴어" 메시지를 쓰는데, "꽤 쓸 만한 암호였다"[117].

아무것도 없었다"면서 이어서 "〔철도의〕 금속 선로에 비치는 햇살"을 언급한다(32). 그러나 데이비처럼 해니도 종종 이러한 인프라 네트워크 자체가 그것 **위로** 혹은 그것을 **따라** 이동하기에 너무 위험하다고 여긴다. 감시와 추적에 취약하기 때문이다. 따라서 해니는 중심부 인프라 지역과 주변부 인프라 지역 사이를 오간다. 한번은 지리적 근접성의 균형 지점(인프라 경로에서 너무 멀지도 않고 너무 가깝지도 않은 위치)에 도달하자, 이것이야말로 "세상에서 제일 평화로운 풍경"이라고 의미심장하게 평한다. 일시적으로 안전해진 그는 "철도 노선에 이르기까지 황무지 전체를 즉각 훑어볼 수 있는" "유리한 처지"를 즐긴다(32). 그러나 이런 평화, 그리고 이런 통행을 일시적으로 뒷받침하는 정태적 역동은 쉴 새 없이 불안하게 움직이는 프런티어 의식 탓에 유지될 수 없다. 잠시 후, 해니는 자신이 "공중 정찰"에 노출된 "하얀 띠 같은 길" 위에 서 있음을 깨닫고("나를 찾는 비행기"가 머리 위로 날아갔다) 재빨리 "다른 유의 은신처를 찾아야 한다"라는 결론에 이른다(32).

　프런티어에서의 역동적 움직임이 활발해지면서, 여기에 상응하여 소설 제목에 나오는 암호를 판독할 해니의 능력도 향상된다. 서사는 텍스트에서 해석을 수행하는 일을 소설의 지리 및 그것을 가로지르는 해니의 변화무쌍한 이동에 겹쳐 놓는다. 서사가 자세히 설명되지는 않는 어떤 "정교한 실험 체계"를 통해 해니는 "열쇠 말"을 찾아내고, "반 시간" 동안 "얼굴은 희끄무레해지고 손가락으로 탁자를 두드리며 읽어 나간다"(35). 《솔로몬 왕의 광산》의 서두에 실린 지도와 같이, 스커더의 수첩에는 분명히 《39계단》의 전체 줄거리가 암호화되어 있다.

　　이야기 전체가 수첩에 들어 있었다. ─ 당연히 공백들이 있었지만, 여러분은 그의 기억으로 메웠으리라 이해할 수 있다. … 이 수첩에는 이야기의 뼈대만 들어 있었다. — 이 뼈대, 그리고 괄호에 든 채 여섯 번이나 나오는 기이한 구절 하나뿐이다. '(39계단)'이라는 구절이었다. 그리고 그 구절이 제일 마지막으로 사용될 때는 이렇게 이어졌다. — '(세어 보니, 39계단 – 만조 오후 10시 17분)'. (Buchan, 2010: 37)

해니는 해석 혹은 해독 과정을 실행하면서, 이전의 남아프리카 경험에서 얻은 서사의 뼈대 인프라에 살을 붙인다. 그러나 메타텍스트로 보면, 해니는 텍스트적 서사에 의해 혹은 그 서사를 가로질러 프런티어 경관에 이데올로기를 새기는 과정을 스스로 실행하고 있는지도 모른다. 해니의 해석 노력을 서술하는 위의 인용 구절 자체에도 "공백들"이 산재해 있다. 마슈레가 주장하듯이, 줄표, 구두점, 말 더듬기는 모두 "이데올로기의 무질서"에, 즉 "경제적 차원에서의 운동과 분리될 수 없는" 일련의 갈등에 주의를 환기한다(Macherey, 1986: 93, 155). 해니는 제라르 주네트 Gérard Genette가 "서사의 프런티어"라고 부르는 것을 환기하는 듯하다. 텍스트는 비록 실패로 돌아가기는 하지만, "바로 서사의 존재 자체에서 특히 하나의 문제이자 난점을, 이를테면 그 작동의 프런티어이자 그 존재의 조건을 말소함으로써" 감추려 시도하기 때문이다(Genette, 1982: 127). 버컨은 개인적으로 더 이상 남아프리카 프런티어에 접근할 수 없게 되었는데, 이러한 좌절은 이 지역에서 영국의 문화적·정치적 패권의 점진적 쇠퇴로 더욱 깊어진다. 이러한 이유로 버컨의 프런티어 의식과 (내가 주장컨대) 자본축적의 불균등한 운동을 모두 달랠 수 있는 새로운 주변부 공간이 생산되어야 했다. 해니는 중심부 인프라 경로를 주요 기준점으로 삼고 이를 남아프리카의 지리적-역사적 특성들과 거듭 결합하여 스코틀랜드 하일랜드를 새로운 프런티어로 생산한다. 하일랜드가 점차 프런티어로 재구성될수록, 해니가 수첩의 서사를 해독하고 이해하는 능력도 점차 나아진다. 해니에게 서사 이해와 경관 이해는 서로 얽혀 있는 공생적 과정이며, 그의 프런티어 의식의 왕복하는 이데올로기적 움직임과 더불어 불균등하게 발전한다. 이 소설은 텍스트의 암호인 '39계단'을 제목으로 삼음으로써 이 과정을 자의식적으로 강조하면서, 버컨의 1910년 이후 소설들 전체를 형성하는 더 광범위한 이데올로기 기획에 관여한다. 그 기획은 남아프리카 경관을 생산하여 영국제도 안으로, 그리고 그 위로 전치傳置하는 것(실은 영국제도 내부에서 남아프리카 경관을 만들어내는 것)이다.

'이중의 도주':
프런티어의 왕복운동

수전 존스Susan Jones는 이 소설이 지리적으로 보아 "제국 로맨스가 끝나는 지점에서 시작한다"고 지적한다(Jones, 2004: 418). 이 소설은 《프레스터 존》처럼 주인공이 식민본국이라는 중심을 떠나 제국의 변방으로 이동하는 데서 시작하는 것이 아니라, 해니가 근래에 남아프리카에서 돌아온 데서 시작한다. 당시 로디지아에 속하던 불라와요Bulawayo | 지금의 짐바브웨 제2의 도시 | 에서 광산 엔지니어로 일하다 돌아온 해니는 "내게는 재산이 있다. 그렇게 많지는 않아도 내게는 충분하다"라고 말한다(Buchan, 2010: 13). 《프레스터 존》에서 데이비의 약탈과 달리, 해니의 그리 대단하지 않은 '재산'이 "그렇게 많지는 않다"는 사실은 《39계단》이 해결하기 위해 끊

임없이 고군분투하는 모순을 암시한다. 해거드의《솔로몬 왕의 광산》과 대조적으로, 이 소설의 관심은 직관에 어긋나게도 남아프리카 경관을 탈낭만화하는 데 있다. 그렇게 함으로써, 소설은 식민본국/대도시의 재낭만화를 통해 프런티어의 이데올로기적 지형을 영국 내부로 옮겨 놓는다. 남아프리카에서 서른일곱 해를 보낸 해니에게 런던은 "일종의《아라비안 나이트Arabian Nights》"가 되는데[13], 이 반전된 환상에는 인종적 고정관념이 스며든다("저 모든 경박한 여자들과 원숭이처럼 생긴 남자들"[14]). 이런 일은 남아프리카 프런티어의 맥락을 서술의 기준점으로 거듭 환기함으로써 이루어지고, 그다음에는 프런티어의 주요 특징들이 더욱 강화된다. 해니는 살해된 스커더를 발견한 후에 이렇게 말한다. "나는 이전에 폭력으로 죽는 사람들을 보았다. 사실, 마타벨레 전쟁 | 영국 남아프리카 회사가 오늘날의 짐바브웨에 있던 은데벨레 왕국과 벌인 전쟁 | 에서 내 손으로 몇 명을 죽이기도 했다. 하지만 국내에서 벌어진 이 냉혹한 일은 달랐다"[22]. 제국의 도시 심장부에서 벌어진 폭력은 남아프리카 프런티어의 폭력과의 관계 속에 놓이고, 그다음에는 그것보다 더 지독하다고 서술된다. 이처럼 서술이 하나의 지리적 맥락(런던이나 영국)에서 다른 지리적 맥락(남아프리카 프런티어)으로, 그리고 다시 영국(이번에는 프런티어로 설정된 영국)으로 되튀는 것은 세계체제의 불균등 발전하는 인프라에 대응한다. 버컨은 자신의 사회경제적·정치적 의제에 따라, 젊음을 되찾아야 할 바로 그 나라 내부에 새로운 접경지를 만들려고 시도하는 것이다.

슈워츠도 주장했듯이, 버컨에게 "식민문학의 목적은 … 남아프리카의 새로운 국가를 식민본국 안에서 상상할 수 있도록 하는 것"이었다 (Schwarz, 2011: 262; Buchan, 1903도 참고). 버컨 자신도 말하듯, "결코 해가 뜨지 않는 빈민가 사람들에게 해가 지지 않는 위대한 제국의 시민이라고 말해

줘 봤자" 그다지 소용없었다(Kruse, 1989: 84). 버컨에게 남아프리카(그리고 이후 | 자신이 총독을 지낸 | 캐나다) 같은 식민지의 프런티어 공간은 영국인들이 "이민만 간다면 저 빈민가에서 벗어나 더 넓은 지평을 발견할 수 있는" 사회적·경제적 기회를 제공했다(84). 윌리엄 부스William Booth는 이미《가장 어두운 영국과 탈출구In Darkest England and the Way Out》(1890)라는 연구서에서 식민주의의 인종적·문명적·선교적 언어를 끌어와 지리적으로 식민본국에 옮겨 놓으면서, "가장 어두운 아프리카가 있다면 가장 어두운 영국도 있지 않을까?"라고 묻는다(Booth, 1890: 11). 부스의 이 논저에 권두 삽화로 실린 이미지그림 3.3는 프런티어 이데올로기의 공간적 배치를 함축적으로 보여 준다. 그것은 '도시 식민지'를 '노예제', '매춘', '파업', '술집', '독주'로 소란스러운 바다라는 은유로 상상하고 그다음 이러한 도시의 악습을 그 주변부에서 환하게 빛나는 영국의 시골과 그 너머의 "바다 건너 식민지"를 통해 누그러뜨린다(Booth, 1890: ii).

프런티어 지역은 이데올로기적·사회적·경제적으로 사회공간적 압력 배출밸브로 기능했는데, 그 필요성은 특히 영국 제국의 식민본국 심장부인 런던에서 절실히 느껴졌다. 런던은 서로 인접하면서도 불균등하게 발전한 중심부와 주변부로 분리되어 있었다. 1909년에 이르러 C.F.G. 매스터슨C.F.G. Masterson은《잉글랜드의 조건The Condition of England》에서 "근대의 산업적 삶"이 영국의 도시들에 유발한 사회적 긴장과 대립적 계급 분리에 대해, "한편에는 환락의 도시에서 열렬하고 때로는 병적인 오만가지 오락 부문에서 즐기는 사람들의 삶이 있고, | 다른 한편에는 | 혼잡한 도시의 심장부에서 고된 노동을 하는 이 완강한 땅속 요정들로부터 앞으로 진화할 새로운 인종의 삶이 있다"라고 논평한다(Masterson, 1960: 84).《39계단》의 서사는 이러한 공간적 모순을 해결하거나 '조정'하기 위해, 자

그림 3.3 윌리엄 부스의 《가장 어두운 영국과 탈출구》(1890)에 실린 권두 삽화.

신의 도시 공간 생산에서 이러한 문제적 역학을 말소하고자 한다. 그래서 남아프리카 경관을 영국 지형의 부분들 안에 넣어 서술함으로써 프런티어의 이데올로기적 작업을 수행한다. 부스의《가장 어두운 영국》의 권두 삽화처럼, 이 소설의 지리적·서사적 궤적은 프런티어를 제국 수도의 사회경제적 문제에 대한 해독제로 설정한다.

그럼에도 이 소설의 지리적 이동에서 핵심은 단순히 런던이라는 도시로부터 이 텍스트에서 새로운 (그러나 여전히 남아프리카적인) 프런티어로 설정된, 스코틀랜드 하일랜드 시골 지역으로 옮겨 가는 것이 아니다. 대략 소설의 중반부에서 해니는 영국 법률, 더 나아가 민족국가에 대한 충성심을 드러내기 시작하고, 서사의 진행과 지리적 지향은 방향을 바꾸기 시작한다. 해니는 이 소설의 모험 서사를 위하여, 그리고 그 모험 서사로 인해 런던을 떠날 수밖에 없었는데, 이와 마찬가지로 텍스트 후반부의 지리와 줄거리를 규정하는 것은 프런티어를 떠나 영국 제국의 식민본국 중심지로 다시 돌아올 필요성이다. 그가 돌아올 때는 애초에 해니를 도시경관에서 몰아낸 그 긴장이 일시적으로나마 해소되었다. 그래서《39계단》의 처음 여섯 장은 네이선 와델이 "이중의 도주" 서사(Waddell, 2009: 42)라고 부르는 것으로 추동된다. 해니는 스커더를 살해한 스파이들뿐 아니라 영국의 '법률'에서도 벗어나려 하는데, 이 법률이 자신을 그 살인 사건의 범인으로 오인하여 기소할 것으로 추정하기 때문이다. 해니는 바로 이러한 이중적인 핍박 탓에 북쪽으로 모험을 떠난다. 해니는 분쟁지역 너머의 반영反英 테러리스트들과 영국의 제국적 국가 사이의 이데올로기적 긴장 탓에 그 분쟁지역을 넘어 이동하도록 내몰린다. 그는 지도를 통해 이동의 줄거리를 짜면서 다시 한 번 남아프리카의 경험을 끌어온다.

지도책을 꺼내 영국제도가 그려진 커다란 지도를 들여다보았다. 내 생각은 나의 펠트크래프트Veldcraft | '초원의 기술', 즉 남아프리카 지역의 자연에서 생존하고 탐험하는 데 유용한 지식과 기술 | 가 좀 쓸모가 있을 어딘가 야생 지역으로 떠나는 것이었다. 도시에서는 덫에 끼인 쥐처럼 될 테니까. (Buchan, 2010: 24)

해니를 짓누르는 이데올로기적 갈등의 강도는 서사의 이 시점에 이르러 은유적으로 도시경관의 인프라적 밀도로 전치된다. 그의 유일한 "생각"은 "어딘가 야생 지역으로 떠나는 것"이었는데, 그곳은 근접한 인프라적 불평등과 그것이 유발하는 사회적 긴장이 소거된 지역이다. 이때 그의 '펠트크래프트'는 이러한 지리적 배치에서 남아프리카가 중심적 위치를 차지함을 다시 한 번 강조한다.

하지만 해니의 지리적 이동에 대한 서사의 전개는 또 다른 의미에서도 "이중의 도주"를 보여 준다.《프레스터 존》에서 데이비 크로퍼드가 프런티어의 모험 끝에 결국 영국으로 돌아오는 것처럼,《39계단》의 7장쯤부터 해니도 지리적으로 제국의 중심부, 즉 서사가 그곳에서, 그리고 그곳으로부터 시작된 곳으로 귀환하기 시작한다. 게다가 서사의 이 지점까지 줄거리의 설정은 테러리스트들이 하필 해니가 도망쳐 들어온 이 접경지의 가장자리에 우연히(그리고 딱 알맞게) 있다는 것이다. 이 소설의 서사에 따르면, 처음의 이데올로기적 긴장은 그 갈등하는 경계들을 전술적이고 특히 지리적으로 다른 곳으로 옮김으로써 해소되는데, 이는 소설의 인프라적 구획을 상징적으로 방향 설정함으로써 이루어진다. 소설 초반에 이러한 이데올로기적 힘들 사이에 끼여 있는 해니는 "덫에 끼인 쥐"처럼 느끼는데, 이런 주관적 반응은 도시환경 안의 물리적 공간 결핍으로도 나타난다. 그러나 스코틀랜드 프런티어를 향하고 건너고 가로지르는 여정은 테러리스트들의 위협을 그 식민본국의 심장부 외부로 옮겨 놓는데, 따라서 소설 전반에 작용하는 두 이데올로기적 힘은 다시 손쉽게 관리할 수 있는 지리적 패러다임, 즉 내부-외부 혹은 중심부-주변부라는 패러다임으로 돌아간다. 소설의 프런티어는 점차 "고정된 선들로 구획"된다. 이는 "중앙 당국에 대한 충성이 차등적이거나 가변적이던 장소에서 주변부의 형태를 취하던 정치적 삶이 점점 더 획일적이고 엄격한 통제 방식으로 변해 가기" 때문이다. 따라서 미첼의 표현을 빌리자면, 소설은 "새로운 영토적 권력"을 생산하며, 이 권력은 "국가 형성까지 가능하게 한다"(Mitchell, 2002: 12).

　이 서사적 기어 전환은 해니가 이동하는 지리적 궤적을 중대하게 변화시킨다. 소설의 서두에서 해니는 일반적으로 말하는 특정한 행선지가 없었다. 도리어 끊임없는 지리적 유동 과정에 있었으며, 결코 정착하거나 안정적 위치를 차지하지 않고 항상 인프라 경로들을 따라, 그들 사이에서, 그리고 그들을 가로질러 이동했다. 그러나 7장에서 해니는 "영국 경찰을 꽤 우호적으로 느끼기" 시작하며, 런던으로 돌아가기 시작하면서 국가의 이데올로기 관점에 동조하기 시작한다(65). 해니에게는 처음으로 이동 방향을 제시하는 특정 위치가 생기는데, 그것은 월터 경Sir Walter의 저택이다. 해니는 곧바로 남쪽으로 향하여 전국의 여러 지역을 지나는 영국의 인프라 노선들을 따라 이리저리 교차하며 이동한다. 이러한 경로들을 따라 쉽게 이동한다는 것을 이전에 북쪽으로 이동할 때의 묵직한 불안과 직접 비교하면, 소설의 지리가 이 서사의 더 광범위한 이데올로기적 해결책과 공모 관계임이 또 한 번 드러난다. 와델이 주장하듯이, 해니의 폭넓은 이동은 "영국 본토를 통과하는 문자 그대로의 이동이자, 영국의 이데올로기적 제도들에 대한, 이전에 훼손되었던 믿음의 복구로 드러나는데, 이런 복구는 그 자신의 마음을 되살리는 것이자, 상징적 의미에서는 조국의 정치적 지위 자체를 되살리는 것이다"(Waddell, 2009: 43). 따라서 버컨 서사의 "이중의 도주"는 지리적인 도주이기도 하다. 해니는 대도시에서 북쪽으로 도주하지만, 스코틀랜드 프런티어에 존재하는 외부의 위협을 발견하고 다시 대도시로 돌아온다. 그는 프런티어 의식을 정의하는 끊임없는 왕복운동을 실행한다. 이미 남아프리카에 갔다가 거기에서 돌아온 적이 있는 해니가 이제 그것과 비슷한 팽창적 운동과 구심적 운동을 영국 내에서 실행하는 것이다. 소설 서두에서는 런던에서 소외되고 지루하다고 느끼지만, 런던으로 돌아온 후에는 과거의 이런 이데올로기적 갈등이 프런티어가 허용하는 이분법적 정향으로 해소된다. 다시 말해, 그는 이제 국가에 정치적으로 동조하면서 완전하게 영국적인 국가 정체성을 갖게 되었다. 해니는 "여러분은 이로써 내 마음의 부담이 얼마나 덜어졌는지 상상할 수 있을 것이다. 다시 한 번 자유로운 사람이 된 기분이었다. 이제 조국의 법률에 맞서는 것이 아니라 오직 내 조국의 적들에 맞서게 되었기 때문이다"(Buchan, 2010: 72-73)라고 말하는데, 여기에서 의미심장한 소유대명사를 사용하는 것은 그와 영국 간의 관계가 재정립되었음을 보여 준다. 영국 정부와의 이러한 연대는 이제 런던의 도시경관 속에서 편안하게 살게 되는 데서도 나타난다.

그러나 해니가 영국에서 남북을 오가는 여정으로 와델이 말하는 이데올로기적 해결을 이루었음에도, 주인공의 불안한 프런티어 의식은 텍스트에 계속 나타난다. 서사는 이러한 해결에 이르러 별표 기호 세 개 ("***")로 끝나면서 뚝 끊기지만, 그 후에 해니는 갑자기 "끝이 미진하다는 묘한 느낌이 들었다"라고 말한다(76). 새롭게 얻은 자유 덕분에 아무 방해도 받지 않고 런던의 도시 공간을 누빌 수 있게 되었지만, 자신이 앞서 실현한 해결과 점점 심해지는 '불안' 사이를 계속 오간다. 중요한 것은, 부유한 도시 지역에서 도시를 가로질러 런던의 빈곤한 주변부 동네로 걸어 들어갈 때 모험의 서사로 다시 들어가려는 욕망이 더 커진다는 것이다.

자유로운 사람이 되어 아무 두려움 없이 원하는 곳으로 갈 수 있다는 것이 처음에는 꽤 즐거웠다. 법률에 쫓기며 보낸 기간은 고작 한 달이었지만, 내게는 길었다. 사보이 호텔에서 꽤 주의 깊게 주문한 아주 훌륭한 점심을 먹은 후, 그곳에서 제공하는 최고급 시가를 피웠다. … 그 후 택시를 타고 몇 마일 떨어진 북런던으로 향했다. 광장을 지나고, 늘어선 단독주택과 테라스를 지나, 그다음에는 빈민가와 초라한 거리를 지나 걸어 돌아왔는데, 거의 두 시간이 걸렸다. 그러는 내내 불안은 점점 심해졌다. 위대한 일, 엄청난 일이 일어나고 있거나 곧 일어날 것 같은데, 이 모든 사업의 톱니바퀴인 나는 그 바깥에 있는 것이다. (Buchan, 2010, 76)

프런티어로 다시 한 번 돌아가고 싶다는 욕망으로 나타나는 해니의 불편함은 런던의 빈곤한 도시 지역에 대한 반응이다. 그는 (경제적 계급이 형성하는) 중심부와 주변부 관계를 보여 주는 지대를 거닐면서, 풍요로운 사보이 호텔에서 도시의 가난한 "빈민가와 초라한 거리"로 내려간다. 소설은 찰스 부스Charles Booth의 저서 《런던에서 인민의 삶과 노동Life and Labour of the People in London》(1889)의 부록으로 출판된 "위대한 19세기 지도"를 따라 구불구불 나아가는데, 이 지도그림 3.4는 "길모퉁이마다 어떻게 부를 대신하여 빈곤이 나타나는지" 보여 준다(Moretti, 1989: 77-78). 해니는 도시를 거닐면서 이런 불평등의 근접한 지리와 이에 상응하는 사회적

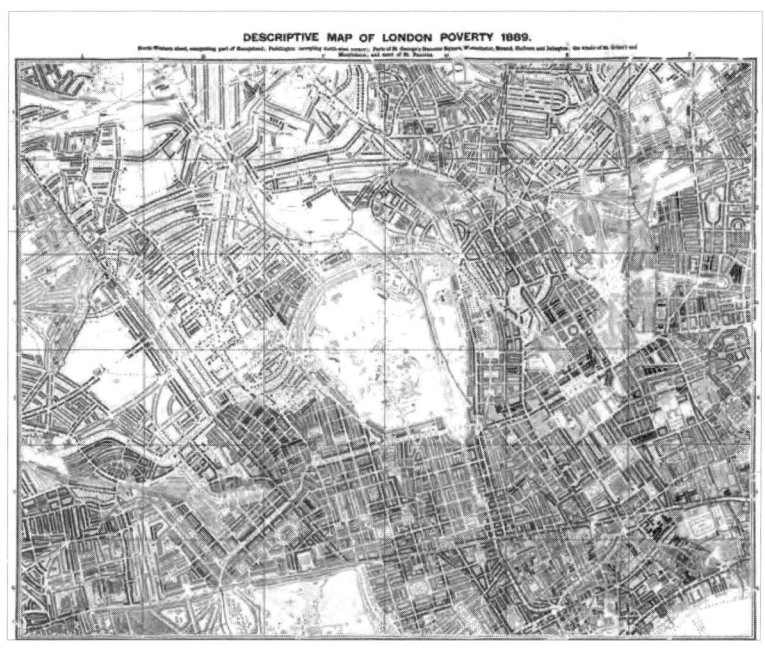

그림 3.4 찰스 부스의 《런던에서 인민의 삶과 노동》에 실린 "런던 빈곤에 관한 해설 지도Descriptive Map of London" 중에서 북서쪽 구역.

긴장을 경험하는데, 이것은 프런티어의 구원적 기능을 탐색하려는 욕구를 더 절실하게 만든다. 이 문단의 마지막 문장에서 해니는 불과 몇 분 전만 해도 거기서 벗어났다고 그토록 안도하던 모험의 서사로 돌아가는데, 여기에서 '톱니바퀴'라는 인프라 은유의 사용은 바로 그 모험으로 다시 뛰어드는 일이 임박했음을 시사한다.[10] 버컨의 프런티어 소설의 역

---

10 인프라를 제국의 안전과 결합하는 이러한 은유적 '톱니바퀴'는 키플링의 소설 《킴》(1901)에서

설적이고 영구적인 움직임이 다시 한 번 등장하면서, 서사가 그럼에도 늘 탐색하는 해결은 이루어지지 않게 된다.

《39계단》은 해니라는 등장인물 자체에 구현된 궁극적인 이데올로기적 모순을 드러내는데, 이러한 모순은 서사적 모호함을 통해 소설의 재현 능력에 의문이 제기되는 순간에 나타난다. 데이비드 트로터David Trotter는 소설의 마지막 장면이 복합적임을 강조한다. 여기서 해니는 "프런티어인ㅅ"("정치체제와 그것이 보호하는 안락한 부르주아 세계에서 영영 배제된" 인물)으로서 부르주아 사회와 갈등을 빚는다(Trotter, 1990: 52). 이 장면에서 스파이들, 즉 테러리스트들이 부르주아계급의 일원으로 위장하는 탓에 해니는 처음에는 자신의 본능을 의심한다. 트로터는 "아마 그는 이 모든 것을 상상하고 있을 것"이라면서 "언제나 부르주아 사회의 본능과 상충하는 프런티어인의 본능은 무자비하게 심문당하지만, 그다음 마지막 순간에는 정당화된다. 미세한 몸짓이 스파이를 폭로한다"(Trotter, 1990: 52)라고 쓴다. 스파이들은 부르주아의 정체성을 취함으로써 해니의 예리한 관찰을 거의 비껴갈 뻔했다. 이러한 부르주아 정체성은 소설에서 또렷하게 드러나듯이, '집'에 머무는 데 만족한다(이들은 "경관에 조용히 녹아들어" 집 안에 거주하는 일과 거듭 연결되는 것이다(Buchan, 2010: 91)). 해니에게는 이들을 이해할 공간적 기준이나 경험적 기준이 없다. 소설 전반에 걸쳐 그를 그토록 여러 차례 구해 준 펠트크래프트로 대표되는 프런티어 의식도 여기서는 무력하다.

제목과 같은 이름의 주인공도 경험하는데, 킴이 인도에서 영국 제국의 프런티어를 순찰하는 법을 익힐 때 이런 일이 일어난다(Kipling, 2002: 234; Said, 1993: 139-143).

온 세상의 험한 곳들을 돌아다니던 나 같은 사람은 상류계급과 하류계급이라고 불리는 두 계급과는 완벽하게 잘 어울릴 수 있다. … 하지만 나 같은 자들이 이해하지 못하는 것은 거대하고 편안하고 만족스러운 중산계급의 세계, 단독주택과 교외에 사는 사람들이다. (Buchan, 2010, 91)

이 마지막 장면의 근저에 깔린 모순은 인프라 차원에 놓일 수 있다. 이 차원에서 이데올로기는 명시적으로 제국적인 사회경제적 결정 요인들에 반응한다. 프런티어인으로서 해니 자신이 어떤 핵심적인 이데올로기 기능을 수행한다. 서사 전반에 걸쳐, 그의 끊임없고 쉼 없는 지리적 이동은 자본 팽창과 (불균등하지만) 끊임없는 자본축적의 필연성을 그것의 이데올로기적 귀결인 프런티어 의식을 거쳐 알레고리적으로 추적한다. 부르주아의 "만족스러운 중산계급의 세계"를 경제적으로나 이데올로기적으로 유지하기 위해서는 이러한 이동이 필요하지만, 이와 동시에 부르주아의 가치는 프런티어 이데올로기에 도전한다. 모레티의 관찰처럼, "위대한 모험의 메커니즘은 부르주아 문명에 침식되고 있다"(Moretti, 2013: 16). 이러한 모순에 끼인 해니가 겁에 질린 채 깨닫는 것은 자신이 경멸하는 이데올로기를 지닌 바로 그 계급을 위하여 그 자신이 이데올로기적 기능을 수행하고 있다는 사실이다. 이러한 위기는 서사적 시각화의 수준에서 드러난다.

이 장면에서는 눈앞에 있는 것을 재현하는 텍스트의 능력을 자의식적으로 심문한다. 해니는 주변의 스파이들을 바라보면서 "외모상으로 보아 이들이 스코틀랜드에서 나를 사냥한 세 사람이 아니라고 단정할 만한 것은 전혀 없지만" "그자들이라고 식별할 만한 것도 전혀 없었다"고 깨닫는다(94). 해니는 "기억력이 좋고 관찰력도 적절한 내가 왜 만족스럽게 해낼 수 없었는지 … 그야말로 설명할 수 없다"라고 말한다(94). 이 순간, 서사의 서술 능력은 약해진다. 그러나 재현 능력의 한계에 주목한 후, 서사는 그 한계를 불가해하게 넘어서 나아간다. 다시 한 번 세 개의 별표("***")로 표시되는 또 다른 서사적 단절 이후에 곧바로 해니는 "내 안에서 무언가 깨어났다"라고 말한다(95). 이제 서사는 아무런 정당화도 없이, 시각적 모호함의 시점에서 명료함의 시점으로 전환한다. "세 얼굴 이 내 눈앞에서 바뀌어 그 비밀을 드러내는 듯했다. … 내가 그들을 바라 보는 동안 통통한 남자의 이목구비는 풀어졌다가 다시 형태를 찾는 듯 했다"(95). 이 텍스트는 해니의 관찰력과 인식력의 전환을 구문론적 차원 에서 설명하지 못함으로써 텍스트 자체가 하나의 재현적 매체로서 제작 된 것임에 주목하게 한다. 앨런 라이어치Alan Riach가 지적하듯이, 바로 이 런 까닭에 《39계단》이 영화화될 때마다 이 마지막 장면은 항상 제외되 었다ㅣ 1935년 히치콕 감독이 처음 영화화한 후에 1959년, 1978년, 2008년에도 영화화되었다ㅣ. 시각 매체는 일인칭 화자인 해니가 여기에서 서술하는 과정을 전달할 수 없기 때문이다(Riach, 2009: 172).

　해니의 프런티어 의식에 내재하는 근본적 모순을 해결하려는 이러한 서사의 불투명성은 소설의 정치적·경제적 인프라를 누설한다. 길들어 진 부르주아 문화를 공공연하게 거부하는 해니는 자신이 바로 그 부르 주아계급을 위한 이데올로기 기능을 수행하고 있다는 깨달음을 받아들 일 수밖에 없다. 이러한 근본적 역설에 걸려든 서사는 해결책을 모색한 다. 이를 위해 텍스트는 해니를 둘러싼 부르주아 등장인물들을 그 길들 고 모험 없는 중산계급의 정체성에서 문자 그대로 억지로 끌어내어 그 와 정반대로 변모시킨다. 애초에 프런티어의 이분법적 축을 형성해 온 외부적 위협으로 변모시키는 것이다. 딕 나버스Deak Nabers가 서술하듯이,

이 장면에서 스파이들은 "재인再認"될 뿐 아니라 "생산"된다(Nabers, 2001: 쪽수 표시 불명). 텍스트의 재현 능력을 약화하는 이러한 이데올로기적 분투 이후에 서사는 자신이 그토록 애써 만들어 낸 해결책을 유지할 수 없다. 이 장면 이후 몇 쪽 후에 끝맺는 《39계단》의 결말은 "놀랄 만큼 갑작스럽다"(Riach, 2009: 174).

버컨의 소설들에서 프런티어 의식의 쉴 새 없는 왕복운동으로 만들어지는 지리적 궤적은 이 역사적 순간의 자본축적의 불균등한 모순에 상응하는 '균열'을 드러낸다. 이를 통해 식민문학의 지도화 프로젝트의 "얽혀 있는" 본성을 드러내고 "지배와 저항이 함께 얽히고설키는 깊은 '공간성'을 부각"한다(Sharp et al., 2005: 1). 이 공간성은 단순히 '은유적'인 것이 아니다. 그것은 영국 세계제국, 세계체제, 그리고 이 둘에 도전하고 이 둘의 형태에 영향을 미치는 지속적 저항을 "실질적으로, 나아가 상상적이자 상징적으로" 지탱하던 "무수한 물질적 공간, 장소, 네트워크", 즉 인프라를 함축한다(1). 그러나 《프레스터 존》에서 라퓨타의 봉기라는 명백한 예외를 제외하면, 이러한 반제국 저항은 버컨의 문학작품 전반에 대부분 암묵적으로 남아 있을 뿐이다.

본서의 마지막 4장에서는 인도와 그 불균등하게 발전한 도시 및 시골 지역으로 돌아가 E.M. 포스터, 에드먼드 캔들러, 에드워드 톰슨의 작품을 다루며, 이후의 식민문학이 어떻게 반제국 저항의 더욱 노골적인 표출과 교섭하고 거기에 대응하는지 살펴본다. 이 문학 텍스트들은 20세기 초 인도에서 지속하면서 점점 더 응집하던 민족주의 운동을 인정하면서, 영국의 제국적 패권에 대한 이런 도전에 더욱 명시적으로 개입하고 대치한다. 버컨의 작품처럼, 이들의 공간 생산은 뚜렷하게 지형학 차원에서 일어나는데, 이들이 직면한 저항을 억압하고 봉쇄하려는 이데올로기적 노력도 여기에 영향을 미쳤다. 그러나 4장은 이러한 노력을 지금까지 내가 전개해 온 노선을 따라 인프라로 읽음으로써, 다양한 서사구조와 불균등하게 발전한 문학지리 안에 여전히 공간적 저항의 형태가 내장되어 있음을 보여 줄 것이다.

4장
민족주의의 지도 그리기
: 불균등 발전의 알레고리

서론:
분단, 통일, 불균등 발전의 지리학

E.M. 포스터E.M. Forster의 《인도로 가는 길A Passage to India》(1924)의 짤막한 첫 장에서 서술하는 가상의 도시 찬드라푸르의 특징은 공간적 분리와 불균등하게 발전된 도시 인프라이다(Forster, 2005: 5-7).[1] 판카즈 미쉬라Pankaj Mishra는 ㅣ《인도로 가는 길》에 실린 소개 글에서ㅣ 이 가상 장소의 모델이 포스터가 1913년 1월 단 3주를 보낸 서벵골의 방키푸르라고 추정한다(Forster, 2005: 344).

1905년 영국은 벵골을 종파 간 경계에 따라 분단하는데, 이는 반제국 저항을 조장하는 ㅣ서뱅골의ㅣ 힌두교 중심지들을 이슬람교도가 다수인 동부로부터 분리하고 이슬람교도의 충성을 확보하려는 것이었다. 리처드 크로닌Richard Cronin에 따르면, 벵골 분단은 "분할통치" 정책의 "고전적 사례"이다(Cronin, 1977: 1). 그러나 이 분단은 도리어 "반정부 선동" 분위기에 불을 지폈다. 이는 영국 상품 불매운동, 즉 스와데시로 절정에 달했고, 점점 더 통합된 반식민 민족주의 운동, 즉 "스와라지 운동"으로 진화해 갔다(Cronin, 1977: 178). 이러한 분단으로 인해 반식민 정치 행동이 촉진되었고, 이러한 지역적 저항은 곧 전국으로 확산했다. 간디는 "분단으로 인해 각성이 일어났고" "불만과 동요가 온 나라를 휩쓸었다"라고 쓴다(Gandhi, 2008: 133). 이러한 저항이 널리 확산하자, 당시 인도 총독이던 하딘

---

[1] 패리는 "(포스터의) 제목이 주는 여러 가지 울림 중 하나는 지도 제작을 암시하고 따라서 미지의 영토로의 여행이라는 식민적 토포스를 암시"한다고 지적한다(Parry, 1998: 183). 또 다른 울림은 월트 휘트먼Walt Whitman의 시 〈인도로 가는 길Passage to India〉을 경유하여 당대 인프라 건설의 위업인 수에즈 운하를 암시한다. 휘트먼의 시는 초국적 인프라 네트워크를 통해 하나로 엮이는 "새로운" 세계를 상상한다. "그것의 힘으로 철도를 놓고, / 말을 전하는 조용한 전선을 바다에 깔고 … 대양을 건너고, 먼 것을 가까이 가져오고, / 땅들을 하나로 붙인다"(Whitman, 2004: 274-275).

지 경Lord Hardinge은 포스터가 벵골을 여행하기 전인 1911년 8월 25일 긴급공문을 보내어 벵골의 재통일을 선언하고 지역 자치권 강화도 약속했다(Cronin, 1977: 221-222).[2] 3장에서 다룬 바 있는 |당시 인도 총독| 커즌 경은 분할을 앞둔 1904년에 이렇게 예언한다. 만약 영국령 인도가 "지금 그들의 떠들썩한 요구에 굴복한다면, 우리는 다시는 벵골을 분단하거나 축소할 수 없을 것이다. 그리고 이미 강력할 뿐 아니라 앞으로 분명히 점점 더 말썽의 소지가 될 세력이 인도 동부에서 더 공고해질 것이다"(Curzon, 1987: 88). 그의 예측은 옳았다.

벵골 분단의 역사는 이후 여러 해 동안 인도 배경의 영어권 식민 문학의 인프라 지리에 개념적 형태를 부여했으며, 특히 E.M. 포스터(1879~1970), 에드먼드 캔들러(1874~1926), 에드워드 톰슨(1886~1946)의 작품에 영향을 주었다. 여기에서는 비평에서 흔히 간과해 온 캔들러와 톰슨의 문학을 주로 다루지만, 이 마지막 장의 초점인 '민족주의' 문제를 비판적으로 제기하는《인도로 가는 길》을 간략하게나마 읽는 것으로 이 장을 시작하려 한다. 포스터 소설은 수많은 논쟁적·역사적·문학적 텍스트로 유통되어 온, 영국 통치의 유지를 정당화하는 어떤 이데올로기를 다루고 있다. 1907년 앨프리드 라이얼Alfred Lyall(캔들러가 첫 소설《혁명가 시리 람》(1912)의 제사題辭에서 인용한 역사가(Candler, 2005: 401))부터 1940년 브루스 티보 맥컬리Bruce Tiebout McCully에 이르기까지, 많은 식민작가와 역

---

[2] 1909년의 몰리-민토 개혁Morley-Minto Reforms은 "벵골 분단으로 촉발된 격렬한 동요에 대응하기 위해 인도 통치에 인도인이 참여하는 범위를 대폭 확대"했지만, "인도 사회가 분리된 집단들로 이루어진다는 생각을 인도인의 삶에" 심어 주어 "새로운 종파적 수사의 번성, 그리고 궁극적으로 파키스탄 운동에" 일조했다(Metcalf, 1995: 223-225).

사가는 제국의 통치를 "통합하는 기관"으로 이해했다(McCully, 1940: 211-213).[3] 파이살 데브지Faisal Devji에 따르면, 영국의 통치는 "인도를 하나의 단위로 파악"하고 "그 광활한 영토를 가로지르는 단층선들"을 "이해"하고 강제하는 "능력에 달려 있었다"(Devji, 2013: 50). 식민작가들은 영국 통치의 인프라 틀이 제거되면 종파주의 폭력이 발발하고 정치적 실체로서 인도는 붕괴할 것이라고 보았다.

반면에, 인도의 본질적 통일성이라는 사상은 수많은 초기 민족주의 저술에 영향을 미쳤으며, 자와할랄 네루Jawaharlal Nehru와 간디 모두 독립을 정당화하는 데 이 사상을 활용했다. 네루는《인도의 발견The Discovery of India》에서 다음과 같이 썼다.

> 인도의 통일성은 나에게는 더 이상 단순한 지적인 관념이 아니었다. 그것은 나를 압도하는 정서적 경험이었다. 그 본질적인 통일성은 너무나 강력해서 어떤 정치적 분열이나 재난이나 재앙도 그것을 이길 수는 없었다. (Nehru, 2010: 52)[4]

페리 앤더슨Perry Anderson은 "다양성-통일성"이라는 "대구對句"가 "인도

---

[3] 이러한 생각을 전파하는 다른 텍스트로는 특히 윌리엄 새뮤얼 릴리William Samuel Lilly의《인도와 그 문제들India and Its Problems》(London: Sands & Co, 1902), 에드윈 베번Edwyn Bevan의《인도 민족주의: 독립적 평가Indian Nationalism, An Independent Estimate》(London: Macmillan and Co., Limited, 1913) 등이 있다.

[4] 간디는 1921년 5월에 발간된《영 인디아Young India》에 쓴 글에서 종파 간의 긴장 문제를 더욱 직접적으로 다루었다. "통일성은 힘이며, 그것은 힌두교도와 이슬람교도의 통일성 문제에서 가장 선명하게 드러난다. 우리는 분열하면 무너질 수밖에 없다. 우리 힌두교도와 이슬람교도가 서로 목을 베려 한다면, 어떤 제3의 힘이라도 인도를 쉽게 노예화할 것이다"(Gandhi, 2008: 191).

에 대한 공적인 상상과 지식인의 상상에서" 중요한 수사임을 확인하는데(Anderson, 2013: 9), 이것을 약간 다르게 조합한 "다양성 속의 통일성"("단일한 정치공동체로" 결속한 인도)은 수닐 킬나니Sunil Khilnani의 유명한 신조어인 "인도라는 관념"(Khilnani, 1997: 5-6)을 뒷받침한다. 마카란드 파란자페Makarand Paranjape가 주장하듯이, "오늘날 우리가 알고 있는" 인도는 식민적 "전통 및 상상"과 민족적 "전통 및 상상" 간의 투쟁을 통해 상상으로 생성해야 했다"(Paranjape, 2013: 6).

이번 장에서는 인도아대륙에서 불균등 발전하는 인프라를 통해, 그리고 인프라 주위에 구축되는 서로 경쟁하는 분열의 지리와 통일의 지리가 이 역사적·정치적 시기에 어떻게 식민문학과 그것의 인도 공간 생산을 뒷받침했는지 탐구한다. 여기서 살펴보는 소설들은 인도 민족주의의 부상과 영국령 인도의 위태로운 정당성에 명시적으로 천착하는데, 그 서사들은 인도의 통일과 분열을 각각 불균등하게 지도화하여, 그레고리의 용어를 빌리자면, 서로 충돌하는 "상상의 지리들"을 생산한다(Gregory, 2004: 12).

《인도로 가는 길》 첫머리 서술의 얼개는 (민족 차원이 아닌 지역 차원이기는 하지만) 불균등 발전으로 주어진다. 그것이 묘사하는 분리의 지리는 지역적인데, 재인도 영국인들의 일상생활을 뒷받침하고 쉽게 만드는 인프라로 구획된다. 포스터의 지도학적 서술은 경관을 위에서 조감하면서, "땅을 훑어보는 유럽인의 눈"의 "식민적 시선"(Pratt, 2003: 60)을 실행하고 구현한다. 그것은 구역화 프로젝트를 재연하는데, 영국령 인도가 시행한 이 프로젝트는 "그저 담벼락, 검문소, 위엄 있는 기념물, 위압적인 대로"(Johnson, 2011: 5)를 통해 인도의 식민지 도시환경을 인종적으로 분리하는 것이다. 이것은 분열된 식민도시에 대한 파농의 서술(Fanon, 2001: 29-30)을 예고한다. 찬드라푸르의 "토착민 마을"은 "누추한" 거리와 "부실한" 사원으로 이루어져 있다. 그나마 "있는" "몇 안 되는 쓸 만한 집들"
은 "정원이나 골목에 숨겨져 있는데, 골목의 오물 때문에 초대받은 손님
외에는 아무도 다가오지 않는다"(Forster, 2005: 5). 이 서사는 인공 구조물과
주변 자연환경의 경계를 모호하게 만들면서 인도의 지역 인프라가 덧없
음을 강조한다. 그러면서 포스터는 "자연/사회 이분법"을 재연하는데,
"근대 세계의 거대한 폭력, 불평등, 억압에 직결된"(Moore, 2015: 2) 이 이분
법은 여기서는 물리적·상징적 객체로서의 인프라로 판단된다. 집들의
재료인 "나무 자체"가 "진흙으로 만든 것처럼 보인다."

> 눈에 보이는 것은 모두 너무 비천하고 단조로워, 갠지스강이 흘러내
> 리면 이 허섭스레기들을 씻어 내어 다시 흙으로 돌려보낼 것을 예상할
> 정도이다. 집들이 무너지고 사람들은 익사해 썩어 가더라도, 마을의 전
> 체 윤곽은 여전히 남는다. 마치 하찮지만 파괴되지 않는 생명체처럼, 여
> 기저기 부풀어 오르고 줄어들면서. (Forster, 2005: 5)

포스터는 어떤 일시적인 지리를 제시하는데, 갠지스강이 도시환경을
무너뜨려도 "전체 윤곽"은 온전하게 남아 그 윤곽을 위협하는 물살에
밀려왔다 밀려간다. 이러한 경계의 흐려짐은 위협적인 강물에서 멀리
떨어진 채 "철도역 옆의 높은 지대에 서 있는" 유라시아 혼혈 공동체의
뚜렷한 인프라 좌표 및 문명의 엄격한 경계선과 극명하게 대조된다(5).
그다음에 이러한 조망은 더 위로 올라가다가(포스터의 지형학은 버컨과
마찬가지로 인종적 이데올로기로 형성된다) "언덕 위에 사는 영국인들"
과 그들의 견고한 인프라 환경으로 끝을 맺는다.

그것은 합리적으로 계획되어 있는데, 꼭대기에는 붉은 벽돌로 지은 클럽이 있고, 그 뒤로는 잡화점과 묘지가 있으며, 방갈로들은 직각으로 교차하는 길들을 따라 배치되어 있다. 흉물스러운 것은 하나도 없고, 경치는 그저 아름답다. 그것을 덮은 하늘 외에는 도시와 공유하는 것이 없다. (Forster, 2005: 6)

"식민도시"의 청사진을 제공하는 것은 이처럼 "그것을 이루는 민족적·사회적·문화적 집단의 물리적 분리"이다(King, 1976: 14). H.E. 멜러H.E. Meller는 1901년경 영국령 인도의 식민도시에 사는 인도인의 수가 그 당시 재인도 영국인 공동체 전체와 대비하여 4분의 3이었다고 기록했다(Meller, 1979: 333-335). 이 비율은 20세기 전반기를 지나며 산업 노동력이 불어나고 이들을 수용하는 도시 공간이 확장됨에 따라 증가했다. 콜카타 같은 도시들은 "실상 두 개의 세계로 나뉘었다"(Bose, 1981: 3). 키플링은 콜카타에서 "하수시설과 포장도로라는 … 사치"를 "가옥이 밀집한 광활한 황무지"와 대비시켰다(Kipling, 2010: 59). 실제로 그의 단편소설 〈교량 건설자들The Bridge Builders〉은 이와 비슷하게 '자연/사회' 이원론을 재연한다. 여기에서는 넘실대는 갠지스강이 "카시교橋의 판 하나하나, 대들보 하나하나, 경간徑間 하나하나"를 위협하는데, 이 제국의 인프라는 "원죄와 같이 날것 그대로이고 추하지만, 푸카pukka(영구적)이므로" "건축자의 기억마저 모두" 넘어서 "지속한다"(Kipling, 1990: 32-34). 그러나 포스터의 문학적 지도화는 단지 키플링의 주제적 수사를 기반으로 이러한 인프라 발전의 불균등한 속도를 기록하는 데 그치지 않는다. 그것은 도시의 다양한 지역이 이 공간들의 형태에 영향을 미치는 이데올로기 의제로 어떻게 굴절되는지를 보여 준다. 포스터의 서사는 갠지스강과의 은유적 비교를 통해 토착 건축물의 유동적 성질을 강조함으로써 그것을 자연화하려 한다. 그러나 이 텍스트는 또한 이 도입부의 재귀적 자기반영성을 통해 이러한 자연화가 실은 이데올로기의 산물임을 보여 준다. 즉, 포스터의 도시경관은 인프라로 읽으면 식민 자본주의가 세계생태의 부분이라는 것을 드러내는데, 이때 세계생태는 "세계의 생태라기보다 권력과 자본과 자연이 변증법적으로 결합하여 패턴화된 역사이다"(Moore, 2015: 8).

더 나아가, 포스터의 소설은 영국 통치 아래에서 인도의 불균등한 발전을 민족주의적 저항의 부상과 연결하는데, 비록 이런 일이 제임슨이 "민족적 알레고리"(Jameson, 1986: 65-88)라고 부르는 차원에서 이루어지더라도 그렇다. 제임슨의 개념을 세계체제에 불균등하게 흡수되는 이 역사적 시점의 인도아대륙에 다시 적용하면, 식민문학은 공적이거나 정치적인 영역이 여러 등장인물의 내면적 삶이라는 사적 영역으로 침투하는 것을 부각한다. 즉, "그들의 사적 이야기는 항상 공적 상황에 대한 알레고리이다"(Szeman, 2001: 807). 따라서 세만Szeman이 제임슨의 이 논쟁적 가설을 재해석한 데 따르면, 이런 텍스트는 "필연적으로 그리고 직접적으로" "제국주의라는 맥락에서 민족적 독립 및 문화적 자율을 위한 투쟁이라는 중층결정된 상황에, 그리고 그 상황에 대해" 말한다(Szeman, 2001: 808).[5] 포스터의 중심인물인 아지즈 박사Dr Azis는 영국령 인도 법률 체계의 부정의가 만든 희생자의 알레고리로 기능하는데, 이러한 핍박 탓에

---

[5] 이전 장에서 제임슨의 "본질적으로 기술적記述的인" 이론에 대한 아이자즈 아흐마드Aijaz Ahmad의 비판을 인정하면서도(Ahmad, 1987: 6), 이 개념을 식민문학에 적용하면 그것의 "거대한 기술기述적 기계장치"가 그것 l 식민문학 l 자체를 향하도록 돌릴 수 있다. 이러한 재적용은 '제3세계 문학'이라는 일반화를 주장하는 것이 아니라, 이런 식민 텍스트에 내재하는 정치적·이데올로기적 긴장을 발굴하는 데 이바지한다.

민족주의 입장에 서게 된다. 알렉스 티켈이 주장하듯이, 아지즈와 필딩 Fielding은 "소설의 마지막 장면에서 기록하는 바와 같이, 식민자와 피식민자의 지속적 우정의 가능성이 사라졌음"을 보여 주는 환유이다(Tickell, 2012: 194). "'왜 우리는 지금 친구가 될 수 없을까요?' … '안 되지요, 아직은 안 돼요.'"(Forster, 2005: 306). 필딩과 아지즈는 둘 다 자신의 개인적 삶을 더 넓은 정치적 이데올로기와 사회문화적 위치로부터 떼어 내지 못하며, 텍스트가 전개되면서 오히려 점점 더 이런 것들을 가리키는 알레고리가 되어 간다. 식민자와 피식민자의 분리는 그들의 개인적 관계를 문자 그대로 파열시키고 파괴하는데, 이들의 사적 정체성이 그보다 큰 지정학적 문제를 대표하게 되기 때문이다.

그러나 이 알레고리적 작품에는 앤더슨의 용어를 빌리자면 "상상의 공동체"(Anderson, 2006: 5-7)를 생산하는 더 깊은 분리, 즉 종파의 경계에 따르는 분리가 스며들어 있다. 포스터의 인도 경험을 규정하는 것은 벵골 분단이지만, 필딩과 아지즈(그가 힌두교도가 아니라 이슬람교도라는 사실이 중요하다)의 이 마지막 대화를 뒷받침하는 상상의 지도학은 (포스터가 이 글을 쓸 당시에는 예측할 수 없었지만) 또 다른 분단으로 이어질 종파 간 긴장을 인지하고 있다. 그것은 1947년 독립 후 인도와 파키스탄의 분립이다(Pandey and Samad, 2007: 18; Devji, 2013: 100).[6] 실로 이 소설은 영국령 인도

6　"영국 통치자들은 식민지 인도를 힌두교 국가로 여겼고" "이슬람교도, 시크교도, 기독교도" 등 다양한 다른 종교 공동체는 "아주 많은 소수파"로 여겼다(Pandey and Samad, 2007: 31). 이러한 식민적 '분류' 시스템의 파괴적 침투와 다수 집단(힌두교도)이나 소수 집단 구성원의 "유리함이나 불리함"은 "독립과 분립 직전"에 제기된 정치적 주장들에 영향을 미쳤다(31). 포스터가 인도를 대표하는 알레고리로 이슬람교도 등장인물을 택한 것은 식민주의의 분리적 범주화 방식을 전복하고 이런 다양한 종파적·이데올로기적 '단층선'을 표면화한 것으로 해석할 수 있다. 이것은 소설의 세부, 즉 '이슬람 사원', '동굴', '힌두 사원'에 반영되어 있다. 이번 장 후반에 보여 주겠지만, 이것은 힌두교 예배소와 이슬람교 예배소 사이에 중요한 상징적 지형ㅣ동굴ㅣ을 끼워 넣음으로써

의 '분할통치' 이데올로기가 인도 공간의 식민적 생산을 어떻게 형성하는지에 자기반영적으로 주목한다.

> 필딩은 고삐를 당기며 "영국인이 아니면 누구를 원합니까? 일본인요?"라고 야유했다.
> "아니요, 아프가니스탄 사람들요. 제 조상이지요."
> "아, 당신의 힌두교도 친구들이 좋아하겠네요. 그렇지 않나요?"
> "조정할 겁니다. 동양의 정치가들이 모이는 회의 말이에요."
> "설마 조정이 이루어질까요."
> "제 짐작에는 당신들은 '우리는 페샤와르에서 캘커타까지 남자는 모조리 강탈하고 여자는 모조리 강간한다'라는 케케묵은 이야기를 보잘 것없는 사람들이 반복하게 하지요. 그러면 《파이어니어Pioneer》지에서 매주 인용할 테고요. 그렇게 우리를 겁주어 당신들 하인 노릇을 하게 만들려는 거겠죠! 우리는 알고 있습니다!" (Forster, 2005: 305-306)

소설의 대미를 장식하는 이 대화에서 필딩은 종파 간의 긴장이 임박했음을 암시함으로써 영국의 통치를 통합하는 힘으로 기능한다는 이데올로기 관점에서 정당화한다. 하지만 영국인들이 떠나면 폭력 사태가 벌어질 것이라는 예측은 필딩이 아니라 아지즈가 하는데, 그는 신문 표제를 상상하여 풍자적으로 인용한다. 아지즈가 이 "케케묵은 이야기"를 읊는 것은 이것이 20세기 초까지 영국의 통치 유지를 정당화하는 진부한 논리 중 하나였음을 시사한다. 아지즈가《파이어니어》(키플링도 정기

이 두 공동체를 분리하는 것이다.

적으로 기고하던 "인도 전국지")를 들먹이는 것은 영국 언론이 이런 이데올로기를 유포하고 증폭한다는 것을 암시한다(Forster, 2005: 372). 인도를 여러 문화 공동체와 종교 공동체로 분열된 민족으로 재현하는 일은 영국 통치의 유지를 정당화하려고 고안한 이데올로기 전략으로 드러난다.

포스터의 소설은 이러한 알레고리 차원에서 소설 자체의 지정학적·사회경제적 인프라를 암시하며, 제국적 전략의 현실정치를 들어서 영국령 인도의 이데올로기적 논리를 약화한다. 포스터는 제1차 세계대전 직후에 《인도로 가는 길》을 완성했는데, 이때는 지구적·제국적 전쟁의 기술이 변화하고 그 경제도 변화하던 시기였다. 라시드 칼리디Rashid Khalidi가 지적하듯이, 20세기 첫 번째 10년 중에 윈스턴 처칠Winston Churchill은 "영국과 독일의 치명적인 해군 군비 경쟁 와중에 새로운 세대의 드레드노트 전함"을 건조하기로 결정했다(Khalidi, 2004: 84). "새로 개발한 육중한 15인치 대형 함포"를 장착한 이 전함은 "석유를 동력으로 이용"했기에, 여타의 기술 및 인프라 발전과 마찬가지로 "영국이 석탄과 달리 외국에서 수입하는 상품인 석유에 심각하게 의존하도록 만들었다"(84-85). 영국이 인도를 전략적 거점으로 삼으면 상당한 유전을 보유한 메소포타미아와 페르시아 두 지역에 더 쉽게 접근할 수 있었기에, 인도아대륙은 지정학적으로 결정적인 연결 지점이 되었다. 네렌드라 사릴라Nerendra Sarila는 1945년 제2차 세계대전 종전과 1947년 인도 및 파키스탄의 독립 사이의 복잡한 지정학적 시기에 관한 연구에서, 영국령 인도가 명백하게 "인도의 이슬람교도에게 선택적 관심을 보인 것"은 "그들을 보호하기 위해서라기보다 그들 중 일부를 이용해 영국의 전략적 목표를 실현하기 위해서"였음을 보여 주었다(Sarila, 2007: 206). 그렇다고 해서 포스터의 텍스트가 어떤 식으로든 의식적으로 이러한 한층 거대한 지정학적 움직임을 환기하거나 비판한다는 것은 아니지만, 그래도 그가 분할된 식민 공간을 생산하는 방식은 영국 세계제국의, 지구적 영역에서 작동하고 있는 인프라 좌표를 암시한다.

사릴라에 따르면, 영국은 "인도에서 1857년의 피비린내 나는 반란, 즉 대폭동 이후에 분할통치" 정책을 채택했지만, 이는 "인도인을 통제하기 위한 정책이었지, 인도를 분단하기 위한 정책은 아니었는데", 이 "후자의 문제"는 "영국이 인도 철수를 계획하기 시작한 때"에 비로소 대두되었다(409). 이 마지막 장에서 분석하는 후기 식민문학은 이러한 문제에 다가감으로써 제국 이데올로기의 중대한 전환을 보여 준다. 그것은 이제 더 이상 제국 권력의 유지를 정당화하려 들지 않고, 오히려 포스트제국 인도를 수용하고 상상하기 시작한 것이다. 여기서 분석하는 이데올로기적 틀들은 제국주의가 남긴 인프라 유산을 재정의하고자 애쓰는 동시에, 반제국 저항을 전략적으로 더욱 교묘하게 억제하려고 한다. 포스터, 캔들러, 톰슨의 작품에는 모두 인도 민족주의 부상에 관한 관심, 그리고 공식적 영국 제국 해체에 대한 수용이 스며들어 있다. 이런 상황에 대응하여 이 작품들은 흔히 비공식적 제국의 부상을 상상하는데, 그것의 경로는 영국령 인도가 남기고 떠날 제국의 인프라에 의해 규정된다.

미첼이 지적하듯이, 식민주의의 "지도 생산"(덧붙이자면, 물리적 지도뿐 아니라 문학적 지도의 생산)은 종종 "이후에 민족 경제로 조직될 한정된 지리적 공간을 정의함으로써, 20세기 경제의 작동"을 예시한다(Mitchell, 2002: 9). 본서에 실린, 식민지리학자 존 워커가 제작한 지도그림 4.1가 보여주듯이, 제국의 인프라 발전은 영국령 인도의 제국 국경들을 따라서, 그리고 그 주요 도시들을 중심으로 응집되었는데, 이러한 지리적 선들은 포스트식민 시대 인도 국가의 경계들과 정치 중심지들을 대략 구획하게 될 것이다. 인도의 공간에 대한 문학적 생산을 이와 같은 지도 제작 프로

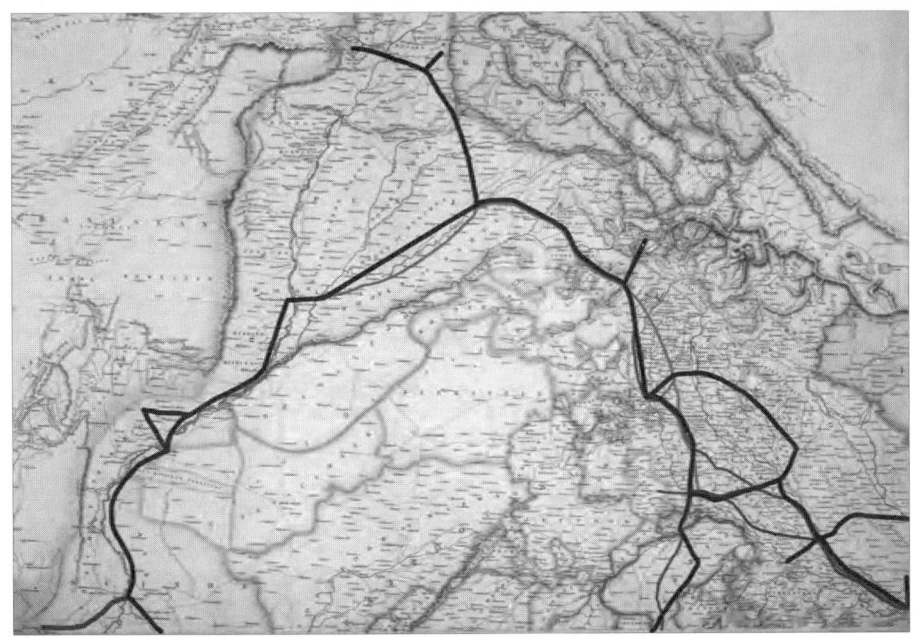

그림 4.1 지리학자 존 워커John Walker가 1863년 제작한 인도 지도 중 북서부 부분. 아프가니스탄과 접하는 인도아대륙 북서쪽 국경을 따라가고 델리에서 모이는 주요 간선노선들을 비롯한 인프라 개발 계획을 보여 준다. 큐 국립문서고 WO 78/5504.

젝트와 함께 읽으면, 때때로 이런 문학적 공간 생산이 파키스탄의 인도 분리에서 영국의 정치적·경제적 이해관계를 이루는 지정학적 결정 요인들을 기록하고 있음은 놀라운 일이 아니다.

　민족주의와 이런 복합적인 지리적 역학을 이처럼 소급적으로 지도화하는 일은 쿠퍼가 "역사를 소급하여 연구하는 것"이라고 부르는 문제를 낳을 수도 있다. 이 책의 1장에서 간략하게 언급했듯이, 이것은 "식민지 사회들의 민족주의 연구"에서 특히 흔한 일이다. 다시 말해, "우리는 1940년대와 1950년대의 정치가 실제로 민족국가 형성으로 귀결되었음

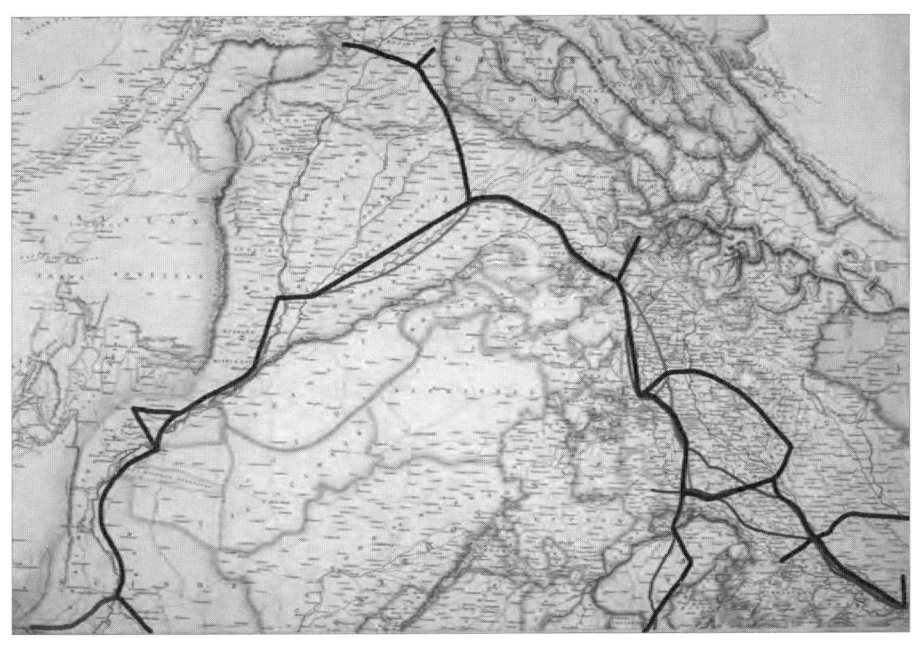

그림 4.2 지리학자 존 워커가 1863년 제작한 인도 지도 중 북동부 부분. 벵골만과 콜카타를 둘러싼 주요 간선노선들을 비롯한 인프라 개발 계획을 보여 주고 있다. 큐 국립문서고 WO 78/5504.

을 이미 알고 있기에, 식민주의가 행하는 것에 대한 모든 형태의 대항을 민족주의 정서 및 민족주의 조직의 성장이라는 하나의 서사로 엮어 넣곤 한다"(Cooper, 2005: 18). 그러나 나는 말하자면 식민문학이 오로지 민족주의적 용어로 표현되는 반제국 저항에 반응한다거나, 파키스탄이 인도에서 지리적으로 분리되는 사건을 수십 년 전에 이미 예언적으로 내다보았다거나, 21세기 영국과 인도 관계를 어떤 중요한 의미에서 예견한다고 주장하려는 것이 결코 아니다. 나의 의도는 오히려 이 지역에 대한 제국주의의 상상적 지리가 특히 점점 더 응집성을 띠는 민족주의 저항운동(그리고 여타 저항운동)에 대한 대응으로 전개되었을 때, 공간적으로 복합적이었음을 보여 주려는 것이다. 쿠퍼의 이어지는 언급처럼, "식민 정권과 그에 대한 대항은 자신들이 그 안에서 작동하는 바로 그 개념적 틀을 다시 형성"했기 때문이다(Cooper, 2005: 25). 더 나아가, 나는 패권과 저항 양쪽의 이러한 역동 중 상당 부분이 "식민적 현재"의 "대위적 지리"에서도 여전히 발견된다고 주장한다(Gregory, 2004: 12).

이 마지막 장에서 고찰하는 식민문학은 종교적·문화적 정체성을 구획하는 제국주의의 분열적 범주, 인도의 도시 공간에서 분리주의적인 공간적 인프라 및 엄격한 인종적 구역화, 불균등 발전하는 인도의 분열된 지리(여기서는 시골 공간이 1장에서 논의했듯이 종종 제국주의의 인도주의적 지원이 필요한, 낭만화된 프런티어로 이상화된다)를 흔히 혼란스럽고 애매하게 뒤섞는다. 이 마지막 장은 이를 주로 '민족주의'라는 용어로 포괄해 고찰함으로써, 앞의 세 장의 주제를 종합하고, 내가 식별한 네 가지의 포괄적인 제국의 이데올로기 | 1장부터 4장까지 인도주의, 분리, 프런티어, 민족주의 | 가 어떻게 서로 교차하는지 부각한다. 이 이데올로기들은 생산적으로나 파괴적으로 서로 연결되고 충돌하지만, 결코 선명하게 식별되지 않고 모두 뒤범벅되어 제국의 인프라 발전에 붙어 있거나 그것과 "얽혀" 있다(Mbembe, 2001: 14).

포스터에서 캔들러와 톰슨까지: 전기적 대칭성

연대순으로 볼 때, 포스터의 소설 | 1924년 출간된 《인도로 가는 길》 | 은 캔들러와

톰슨이 문학작품을 생산하던 시기의 한가운데 대칭을 이루며 자리 잡고 있다. **에드먼드 캔들러**Edmund Candler의 《혁명가 시리 람: 1907~1910년 삶의 기록Siri Ram - Revolutionist: A Transcript from Life, 1907-1910》은 1912년, 속편인 《퇴위》는 1922년 출간되었다. **에드워드 톰슨**Edward Thompson의 첫 번째 소설 《인도의 어느 날An Indian Day》은 1927년, 역시 속편인 《인도여 잘 있거라》는 1931년 출간되었다. 실제로 톰슨의 《인도의 어느 날》은 그의 역사서 《훈장의 뒷면》(1925)과 더불어, 동시대의 많은 평론가와 비평가에게 《인도로 가는 길》에 대한 "반론"으로 여겨졌다(Lago, 2001: 210-211, 223-225). 메리 라고Mary Lago는 두 소설을 비교하는 "불가피한" 경향을 인정하면서, "자신의 인도를 더 잘 안 것은 톰슨이지만" "더 나은 소설을 쓴 것은" 포스터라고 주장한다(Lago, 2001: 225). 흥미롭게도 포스터도 인도에 관한 글을 쓸 수 있었던 것과 자기가 인도와 지리적으로 떨어져 있던 것을 직접 결부시켰다. 그는 《인도로 가는 길》을 "1921년 | 인도를 | 방문하기 전"에 쓰기 시작했지만, 자신의 서술이 "그것이 서술하고자 하던 바로 그 나라와 마주치자 시들고 죽어 가는 듯했고, 그래서 아무것도 할 수 없었다. … 기억되는 인도 | 포스터는 1910년대 초에 인도를 처음 방문했다 | 와 경험되는 인도 사이의 틈은 너무 컸다. 영국으로 돌아왔을 때 그 틈이 좁아졌고, 그래서 다시 쓸 수 있었다"라고 회고한다(Forster, 1963: 153).

포스터와 달리 캔들러와 톰슨은 직업 생활 대부분을 인도에서 보냈고, 영국령 인도 정부에서 행정 및 교육 부문에 참여했다. 따라서 그들은 인도의 정치 환경에 대해 한결 샅샅이 알게 되었다. 그러나 캔들러와 톰슨은 같은 식민지 환경에서도, 가령 슈라이너나 플로머와는 달리 형식이나 정치의 측면에서 급진주의가 아니라 도리어 뚜렷한 보수주의로 기울었다.[7] 캔들러와 톰슨은 영국령 인도의 일상적인 행정, 그 위선과 비효율, 그리고 이에 대한 지역의 저항에 노출되었던 반면, 포스터는 인도 행정부나 재인도 영국인 공동체와 직접 관계 맺은 적이 없다. 바로 이러한 정치적·지리적 거리 덕분에 포스터 소설의 재현은 의심의 여지 없이 더 전복적일 수 있었다. 패리에 따르면, "포스터의 책은 제국에 대한 혐오를 에둘러 표현한다는 점에서 동시대의 '문제' 소설들ㅣ사회적 문제나 갈등을 다루는 소설ㅣ과 구별되는데, 이런 소설들은 인도의 불만을 해명하고자 하면서 이와 동시에 사심 없는 봉사라는 영국의 이상을 다시 일으켜 세우고자 자기변명을 늘어놓는다"(Parry, 1998: 178). 캔들러와 톰슨의 정치적 배경은 대조적이지만, 이들의 문학적 목소리는 명시적 보수주의를 공유한다. 이는 소설 여기저기에 산재하는, 옆길로 새는 논쟁들에서 드러난다. 이들과 동시대를 살았던 포스터의 소설은 이들과 비교할 수 있는 기준점으로서, 캔들러와 톰슨 양자의 작품에 잠복한 정치적·이데올로기적 파열을 풀어내는 데 유익한 상호텍스트로 기능한다.

톰슨의 소설에 스며들어 있는 "지방 차원에서 일상적으로 일어나는 정치적 책략"에 대한 내밀한 경험은 실상 톰슨 소설의 문학적 가치를 떨어뜨린다(Lago, 2001: 225). 두 사람 모두 논설, 역사서, 기행문을 집필했지만, 이들을 문학 작가로서 폭넓게 고찰한 유일한 비평가 베니타 패리는 이런 다양한 장르에 활용하는 스타일에서 "본질적 차이가 없는 경우가 많다"라고 지적한다. 캔들러의 "기행문과 자서전에서 표명되는 의견과 기록되는 감각은 소설에도 등장하고"(Parry, 1972: 132), 톰슨의 소설은 "재인도

---

[7] 캔들러는 자서전에서 이렇게 쓴다. "앞뒤 가리지 않는 젊은 보수주의자로 태어난 나는 '백인의 짐'ㅣ키플링이 1899년 2월 발표한 시의 제목으로, 백인의 식민 통치를 고결한 도덕적 책무로 정당화하는 표현ㅣ을 짊어지기 위해 등을 돌릴 태세를 갖추고 있었다"(Candler, 1924: 64).

영국인들 사이에서, 그리고 영국인과 인도인 사이에서 충돌하는 견해 간의 논쟁"을 자세히 전한다(201). 1910~20년대에 성장하던 민족주의 운동 때문에 두 작가 모두 영국의 인도 철수가 임박했다고 인정할 수밖에 없었는데, 이들의 소설은 이런 현실과 교섭한다. 이들의 서사는 인프라 차원에서 반제국 정치와 투쟁한다기보다, 민족주의와 반제국 저항을 서사의 주요 심문 대상으로 중심 무대에 올려놓는다. 이런 일은 이데올로기적 차이, 논쟁적인 경제 통계, 선전적 주장을 둘러싼 공공연한 논의로 나타난다. 노골적 정치화에 발목 잡혀 있다는 점이 비평가들이 이들을 간과하는 이유 중 하나일 것이다. 그렇지만 소설의 명시적 정치 너머, 그리고 그 아래를 읽는 인프라 방법론은 더 깊고 더 복잡한 이데올로기적 투쟁과 긴장을 드러낸다.

《시리 람》을 제외한 두 작가의 모든 소설은 |인도의| 독립이 불가피하다고 인정한다. 캔들러와 톰슨의 두 번째 소설 |《퇴위》와 《인도여 잘 있거라》| 은 분명 첫 번째 소설 |《시리 람》과 《인도의 어느 날》| 의 '속편'이지만, 어느 쪽에도 직접적 연속성은 드러나지 않는다. 배경, 등장인물, 주제가 복제되지만, |전편과 속편을| 포괄하는 서사의 전개는 없다시피 하다. 두 작가 모두 등장인물과 주제를 재활용하면서도 첫 번째 소설과 두 번째 소설을 긴밀히 잇는 서사적 연결을 창조하지 못한다는 점에서 흥미로운 대칭성을 보여 준다. 이것은 이 작품들이 쓰인 정치적·경제적 기후를 드러내는 징후로, 어떤 형식 및 장르의 경향을 시사한다. 이 두 속편은 영국의 인도 철수로 유발되는 이데올로기적 불안을 받아들이려고 하면서도 첫 번째 소설들에서 헤쳐 나가고 해결하려 한 주장들로 돌아간다. 이는 인도에서 영국의 권력 포기가 내키지 않음을 시사한다. 실제로 간디는 톰슨을 "인도의 포로"라고 말한 바 있다(Lago, 2001: 1). 마하트마 간디가 읽은 톰

슨의 두 번째 소설《인도여 잘 있거라》는 이 제목에 담긴 선언을 실행하는 알레고리로 끝맺는다. 그런데도 톰슨은 1946년 인도 독립 직전 사망할 때까지 줄곧 인도아대륙으로 돌아와 거듭 현지 정치에 휘말렸다. 캔들러의 속편《퇴위》도 제목에서 비슷한 선언을 하는데, 인도에서 제국의 통치를 포기한다는 말이다. 캔들러의 반#자전적 등장인물인 스킨Skene은 소설 말미에 이렇게 말한다. "우리는 퇴위했고 둘 다 가질 수는 없다. 우리의 양심은 아마도 예전만큼 질기지 않을 것이다. 그러니 스와라지의 수레바퀴를 서둘러 굴리자"(Candler, 1993: 270). 그러나 이 텍스트들의 인프라 묘사에 초점을 맞춰 보면, 제국의 철수를 명시적으로 선언하면서도 그 속에 일련의 이데올로기 전략이 있음이 드러난다. 이 전략은 이 지역에서 영국의 정치적·경제적 영향력 유지를 상상하고 그에 맞서는 공간적 저항을 상상하기 위해 작동하는 것이다.

캔들러와 톰슨 사이에는 앞서 개괄한 두드러진 유사점 외에도 중요한 차이점이 몇 가지 있다. 캔들러는 인도에 거주하는 기간을 "프런티어" 너머 "버마와 인도차이나"로 들어가는 일련의 여행을 위한 발판으로 삼았고, 이 여행을 기행문(Candler, 1900: 60)에 상세하게 기록했다. 그의 여행문학은 제국 로맨스의 수사적 요소를 연신 되풀이하며, 프런티어에 대한 집착을 드러낸다. 캔들러는 광활하고 텅 비어 있는 공간을 묘사하는 지도들을 권두에 실었는데, 여기에는 그의 (극히 선형적인) 여로만 표시되어 있다. 또한 버컨의 프런티어 등장인물들처럼 "역마살"이라는 "병"에 시달리는 그는, "문명의 안락과 사치를 단념하도록 몰고 가는" "늘 똑같은 다스릴 수 없는 충동에 이끌려 방랑"하면서(Candler, 1900: 15-16), "아름답고 외져서 매혹적인 장소들"을 낭만화한다(Candler, 1912: xl). 이와 대조적으로, 그의 문학작품은 대부분 지리적으로나 주제적으로 반식민 민족주의 정치 너머로 나아가지 못한다. 티켈이 지적하듯이, 캔들러는 "식민지 모험의 '로맨스'를 열렬히 찬양하는 인물"인 동시에 "인도 민족주의 정치에 접근하는 데 정통한 인물"이다(Tickell, 2012: 158). 이번 장에서 주장하겠지만, 이런 충돌이 유발하는 이데올로기적 긴장은 그의 문학지리에서 가장 선명하게 드러나는데, 이 문학지리는 바로 제국의 인프라에 의해 형성된다. 자본축적의 사회경제적 압력을 완화하기 위해 인도의 프런티어 경관을 생산하는 일은 부상하는 민족주의 정치를 인정하라는 지속적 압력에 대항하는 것이다. 그 결과로 분열된 식민지 경관을 문학적으로 생산하는데, 이 생산물은 특정한 이데올로기적 모순을 억제하기 위하여 이 모순을 다양한 지리적 영역과 연결한다. 내가 주장하는 바는, 이것을 인프라의 불균등 발전의 표현으로, 나아가 인도아대륙 전역에서 공간적으로 집결하는 다양한 수준의 민족주의 의식의 표현으로 읽을 수 있다는 것이다.

캔들러가 평생 제국의 옹호자였던 반면, 톰슨의 사상은 더 급진적인 궤적을 따라갔다. 패리가 말하듯, 그는 "좌파이자" 제국적 정책에 "반대하는 얼마 안 되는 소수파 중 한 명"이었고 "재인도 영국인이 보이는 태도를 공격했으며" "무관심한 영국 대중에게 인도의 불만을 설명하려 애썼다"(Parry, 1972: 165). 1장에서 언급했듯이, 톰슨은 1925년에 이미 '폭동'에 대한 식민적 역사를 정정하는 글 《훈장의 뒷면》 을 쓰고 있었으며, 벵골의 시인이자 소설가인 라빈드라나트 타고르Rabindranath Tagore를 연구하고 그의 글을 번역하고 그와 서신을 주고받으며 그의 옹호자가 되었다(Gupta, 2003 참고). 흥미롭게도, 톰슨은 20세기 역사가이자 마르크스주의 사상가인 E.P. 톰슨E.P. Thompson(1924~1993)의 아버지이도 했는데, 아들의 연구는 서발턴 연구 집단에 중요한 의미가 있다. 아들 톰슨은 '계급투쟁'과 '계

급의식' 개념을 분리하고, '계급의식'이 '계급투쟁'의 필수 조건이 아니라 실은 그 반대라고 이해했다. 따라서 찬다바르카르Chandavarkar가 설명하듯이, "계급의식은 역사적 경험의 예고가 아니라 그 산물이었으므로, 계급투쟁은 계급의식의 출현에 선행하고 실은 계급의식의 발전을 촉진했다"(Chandavarkar, 1997: 181-182). 이처럼 자본주의 발전의 특정한 단계에 역사적으로 매여 있던 계급투쟁을 거기서 풀어냄으로써, 이 분석적 범주 | 계급투쟁 | 를 영국령 인도에서 서발턴의 저항을 서술하는 데 활용할 수 있게 되었다. "계급투쟁과 그것이 아우르는 문화적·역사적 경험은 이제 더 포괄적으로, 자본주의가 허약하고 불균등하게 나타나는 사회에서도 연구될 수 있었다"(181-182). 캔들러의 작품과 마찬가지로 아버지 톰슨의 작품이 생산하는 문학지리도 인프라 발전의 불균등한 수준들에 따라 분할되는데, 이것은 아들 톰슨의 이론적 기여에 의지하여 간접적으로나마 분석될 수 있다.

이러한 급진적인 유산에도 불구하고, 그리고 인도에서의 영국 제국주의에 대한 자신의 적극적 비판에도 불구하고, 톰슨의 문학은 여전히 제국을 이데올로기적으로 변호한다. 그는 비록 "영국 권력의 종말이 불가피하다고 공공연하게 예견했지만" "식민주의의 이데올로기권圈에서 벗어나지 못했고"(Boehmer, 2005: 145), 평생 "인도를 되살리고 개선하려는 영국의 열망"을 옹호했다(Parry, 1972: 180). 1930년 톰슨은 인도아대륙에서 영국의 인프라 개발을 폭넓게 탐구한《인도의 재건The Reconstruction of India》을 집필했는데, 이 책은 인도주의적 개발 혹은 "완화적 제국주의"(Mukherjee, 2013: 17-18)라는 이데올로기를 거쳐 그의 소설들에 스며든다. 플로라 애니 스틸의 단편소설들처럼, 톰슨의 처음 두 소설 |《인도의 어느 날》과《인도여 잘 있거라》| 은 "침해와 보호, 통치와 악행 간의 문제적 변증법"을 해결하고자

한다(Pierce and Rao, 2006: 3). 그러나 톰슨의 텍스트가 임박한 인도의 독립과 영국의 철수를 인정하기 때문에 이 긴장은 더욱 문제적이 된다. 인프라를 상징적·문명적·인도주의적 힘으로 간주하는 이데올로기를 투여하는 일과 바로 그 인프라가 사회경제적 착취, 불균등 발전, 빈곤화를 조장하는 일 간의 충돌은 또 다른 이데올로기적 긴장 탓에 더 복잡해진다. 톰슨은 포스트제국 시대 인도의 인프라 발전과 구호사업에 대한 후원자로서 관심을 표명하는 동시에, 낭만화되고 저발전된 산업화 이전 인도에 대한 짙은 향수도 드러낸다. 캔들러처럼 톰슨도 인도의 불균등 발전한 지리에 대한 전략적인 문학적 생산으로 이러한 이데올로기적 긴장을 해소하고자 한다.

분열의 지리는 이 소설들의 배경인 모든 경관의 형태를 규정한다. 포스터, 캔들러, 톰슨이 초기에 인도에서 겪은 전기적 경험은 정치적으로 격동하던 벵골 지역에서 형성되었는데, 그곳의 사회정치적 환경은 분단 기간의 여파로 민족주의 열풍으로 요동쳤다.[8] 그러나 이 분화된 지리와 불균등한 인프라 발전을 지도화하는 일은 ㅣ벵골 분단 시기인ㅣ 1905년부터 1911년 사이 영국령 인도가 강요했다가 다시 철폐한 정치적 경계를 넘어 확장된다. 캔들러와 톰슨의 서사는 모두 다양한 민족주의 이데올로기에 철저히 개입하면서, 때로는 이것들을 합법적 운동으로 인정하지만, 종종 서사의 다른 수준에서 이들을 고립시키고 억압하여 영국의 패권을 재확립하고자 노심초사한다. 그들 서사의 노골적 정치 저변에는 더 깊은 이데올로기적 긴장이 작동한다. 이 텍스트들은 인도아대륙을

---

[8]   톰슨은 1910년부터 벵골 서쪽 국경 근처의 반쿠라 웨슬리 대학에서 영문학 교사로 일한 교육 선교사였으며(Lago, 2001: 2), 캔들러는 벵골의 어린 왕자의 가정교사로 일한 후 1905년부터 1906년까지 어느 벵골 대학의 학장으로 재임했다(Parry, 1972: 133).

불균등하게 가로지르는 점진적 인프라 발전에 반응하는 한편, 다양한 형태의 반제국적이고 민족주의적인 저항에도 반응한다. 이 마지막 장에서 그들 식민문학에 담긴 인프라 읽기를 통하여, 제국의 이데올로기가 물리적·인프라적 개발 및 지도화를 활용하여 점점 더 예견되는 민족주의 문제와 교섭한 방식을 발굴할 수 있다. 이러한 일련의 교섭은 지금도 진행 중인 제국주의의 사회경제적 파급효과를 예고한다. 이런 파급효과야말로 본서가 택한 방법론적 실천에 일관되게 영향을 미친 것이다.

　더 나아가기 전에, '인도 민족주의'가 어떤 의미인지 밝힐 필요가 있다. 킬나니는 이 용어에 대하여 "지적·문화적 소요와 실험으로 점철된 주목할 만한 시대를 서술하기 위한, 다소 오해의 소지가 있는 약칭"이라고 말한 바 있다(Khilnani, 1997: 153). 피터 히스Peter Heehs가 이러한 활동을 영국으로부터 인도의 독립운동을 성공으로 이끈 네 가지 주요 "요인"으로 나눈 것은 유익하며, 이 책의 서론에 약술한 저항의 규정들ㅣ폭력적 저항, 비폭력적 저항, 신생 민족주의 운동, (준)주변부 지역의 재현ㅣ에 느슨하게 부합한다. 그것은 "공적 단체, 특히 인도국민회의의 압력", "비폭력 저항운동", "폭력적 저항", "지구적이고 정치적·경제적인 변화"이다(Heehs, 2010: 153). 히스는 첫 번째와 두 번째 요인은 잘 기억되고 상찬되고 연구되는 반면, "세 번째 요인에 대해서는 부적절한 설명"이 종종 이루어지고, 네 번째 요인은 "거의" 무시된다고 지적한다(153). 여기에서는 캔들러와 톰슨의 소설에서 산발적으로 나타나는 폭력적 저항을 분석함으로써, 히스의 세 번째 범주에 대한 "부적절한 설명"을 보완할 것이다. 캔들러, 톰슨, 포스터가 벵골에서 살거나 벵골을 여행했다는 사실은 이들이 모두 반제국 저항 수단 중 하나인 폭력적 테러리즘의 출현과 지리적이고 역사적으로 가까웠다는 의미이다(154). 그뿐 아니라 앞서 언급했듯이, 인프라 발전은 거듭하여 세계체제의 불균등 발전에 의해 형성되고 또 그것에 일조했으므로, 인프라 읽기는 지금까지 대부분 무시되어 온 히스의 네 번째 범주를 (전면에 내세우지는 않더라도) 인정할 수밖에 없다.

그 결과로 이 장에서는 이런 식민 텍스트로 유포되는 상상의 민족이 형성되려면 영국이 인도에서 공식적 제국을 포기해야 할 테지만, 그렇다고 이런 지리적 상상이 이에 수반하여 인도아대륙으로부터 |영국의| 경제적 이탈까지 예고하지는 않음을 강조한다. 게다가 이러한 지리적 상상은 |인도의| 통일이라는 네루의 미래상을 인정하는 것이 아니라 오히려 일종의 종파주의적 분열을 예견하고 공간적으로 생산하는데, 이러한 분열은 |인도와 파키스탄의| 폭력적 분할로 이어질 것이었다. 인도는 세계체제의 인프라에 짜여 들어가 있었으며, 이런 문학적 서사들이 예견하듯이 식민 기획의 종말이 반드시 그 기획의 기반인 폭력의 종말까지 의미하는 것은 아니었다. 이런 폭력은 "경제, 가정생활, 언어, 의식"에 스며 있으며 (Mbembe, 2001: 174-175), 근본적으로 물리적 인프라에 스며 있기 때문이다.

민족주의 이데올로기의
불균등한 지형학

이 모든 소설에는 동굴 혹은 동굴들이라는 상징적인 지형이 자꾸 나온다. 캔들러의 《시리 람》(1912)에 처음 나타나고, 포스터의 《인도로 가는 길》(1924)에 다시 등장하며, 톰슨의 《인도의 어느 날》(1927)에서 또 출현한다. 포스터의 소설은 첫 문장에서 "마라바르 동굴들"을 소개하면서 식민지 지역에서 변칙적인 지형으로 분류한다. "가없이 트인 그곳은

그 남쪽에서 대지를 뚫고 솟아오른 수많은 주먹과 손가락으로 막힐 뿐이다. 이 주먹과 손가락이 바로 기이한 동굴들을 품은 마라바르 언덕들이다"(Forster, 2005: 7). 의미심장하게도, 소설의 세 부 중 '2부'의 제목은 〈동굴〉인데, 이로써 동굴은 구조적으로 소설의 중앙에 위치하면서 소설 전반에 걸쳐 상징적 역할을 한다. 음벰베가 '식민지'를 서술하면서 "일련의 |속이 빈| 공동空洞"이라고 한 것은 우선 "물리적 공간"의 속이 비어 있는 것으로 나타난다(Mbembe, 2001: 179). 이것은 포스터와 마찬가지로 캔들러와 톰슨에게도 동굴이 중요한 상징적 은유가 되는 까닭을 설명해 준다. 이 책의 서론에서 공간적 저항을 고찰하며 논했듯이, 식민문학의 재현에서는 흔히 "식민자들을 불안하게 하는 것"이 바로 경관의 "광활함"이다(179). "속이 빈" 지형인 동굴은 인프라의 구획이 그러한 것처럼 이 식민작가들이 지리적 광활함을 차단하고 거기에 형태를 부여하는 데 유용하지만, 단순히 그런 공간적 기준점 이상으로 기능한다. 이런 문학이 인도의 시골 경관을 생산하는 방식에 한층 깊은 영향을 주는 것은 이 식민텍스트들에서 공간적으로 나타나는 민족적 저항에 대한 불안인데, 동굴은 이를 억누르기 위한 상징적 지형으로 기능한다. 이러한 전략에서 캔들러와 톰슨은 식민 이데올로기에 공통적인 관행에 충실하다. 식민적 글쓰기에서 "시골에 대해 논할 때 거듭 등장하는 주제는 반응적 폭력"인데, 그 이유는 이런 "저항"이 식민주의의 "이성과 논리 형태"에 대립하고, 따라서 "보통은 자연에 속하는 듯 보이기" 때문이다(Mitchell, 2002: 14). 따라서 음벰베가 이어서 말하듯이, 캔들러와 톰슨은 속이 빈 동굴을 통해 "침묵을 강제하고 지시하고 책망하고 위협"할 수 있다(Mbembe, 2001: 179). 물론 앞으로 보여 주겠지만, 이러한 기획은 흔히 실패로 돌아간다.

캔들러와 톰슨이 동굴을 재현하는 것은 민족주의 저항으로 인한 위협을 문화적으로 '조정'하려는 노력으로 볼 수 있다. 두 작가 모두 동굴을 특히 주변부 지역에 위치시키는데, 이런 지역은 세계체제의 핵심적 인프라 네트워크 너머에, 그리고 인도 도시 공간의 엄격하게 분리된 인프라 배치 너머에 있다. 그리하여 저항하는 민족주의자들의 활동은 공간적으로 이러한 동굴에 제한된다. 이러한 지리적·정치적 배치는 이처럼 "불균형하게 발전한 지역들(가령 도시와 시골)"의 문학적 생산에 내장된 식민주의 이데올로기를 드러내는데, 이렇게 서로 대조되는 공간들은 그래도 동일한 영토적 체계 및 "민족적·문화적 체계" 안에 있다고 상상된다. 에스티가 주장하듯이, 민족의 기능은 "공통의 문화, 언어, 운명에 호소함으로써, 불균등 발전의 문제를 억누르고 자연화"하는 것이다(Esty, 2012: 26). 그러나 이러한 식민문학 텍스트의 문학지리에서 이런 주변부 지역(동굴)을 생산하는 것은 단지 "불균등 발전의 문제"를 억누르기 위해서만이 아니라(물론 이를 위해서이기도 하지만), 다양한 형태의 민족주의적 저항을 공간적으로 제한하고 고립시키고 약화하기 위해서이다.

포스터의 《인도로 가는 길》보다 약 12년 앞서 출간된 캔들러의 《시리 람》은 동굴을 작품의 상징적 중심으로 삼은 첫 작품이다. 이 작품의 다섯 개 '부' 중에서 세 번째는 〈제3부: 동굴〉이라는 표제를 달고 있다(Candler, 2005: 395). 이들 작품을 서로 비교해서 읽으면, 캔들러와 포스터가 동굴을 상징적으로 강조하는 것은 둘 다 플라톤의 '동굴 우화'와 상호텍스트적이고 철학적으로 연결되어 있어, 캔들러가 그의 소설에서 대치하는 인도 민족주의를 약화하기 위해 동원한 허위의식의 문제를 제기한다. 데브라 라쉬케Debrah Raschke는 포스터가 플라톤의 비유들을 자신의 묘사적 산문 안에 섞어 짜다가, 그의 주장에 따르면 "그다음 그것들을 전복한다"고 설득력 있게 주장한다(Raschke, 1997: 11). 라쉬케는 《인도로 가는 길》이 관념론적 영역을 유물론적으로 거부하고 이를 통해 "순수한 남성적 이성이 지배하는 인식론적·성적 질서"를 중심으로 구축된 "전통적인 로맨스 개념"에 도전한다고 주장한다(11).[9] 포스터는 로맨스를 환기하다가 그다음에 거부함으로써, 슈라이너처럼 자신의 재현적 능력을 의심하는 자기반영적 메타서사를 구축한다. 이를 통해 포스터는 공간의 식민적 생산에 내재하는 그릇된 해석의 가능성을 부각하는데, 동굴은 검증할 수 있는 범주화를 끊임없이 회피하기 때문이다(가령 Forster, 2005: 144-145도 참고). 포스터의 동굴은 유물론 철학과 관념론 철학의 간극을 드러냄으로써, "소설이 이해할 수 없는 어떤 것의 징후"가 된다(Parry, 1998: 185). 포스터 소설 서두에 나오는 지리적 조망의 맥락에서, 동굴은 "식민적 시선"의 "땅을 훑어보는 눈"(Pratt, 2003: 60)을 피한다. 《인도로 가는 길》은 단순히 제국의 이데올로기에 부합하는 인도의 지형을 생산하는 것이 아니다. 이 작품은 오히려 공간의 생산이 언제나 이런 이데올로기로 이루어지고 이 과정에서 이데올로기를 약화한다는 것을 보여 준다. 아지즈 자신도 깨닫듯이, 아델라의 "'인도를 본다'라는 자세는 … 인도를 다스리는 방식일 따름이며, 그 이면에는 어떤 공감도 없었다"(Forster, 2005: 291-292). 《인도로 가는 길》은 "인도를 원료, 저렴한 노동력, 시장, 투자 기회의 공급지로 보고 아울러 영국의 광범위한 제국적 야심의 핵심으로 보는, 저 모든 저

---

9   경관을 "전형적으로 여성적"이라고 규정하는 이런 모티프는 해거드의 《솔로몬 왕의 광산》 서두에 실린 지도에 아로새겨져 있다(Haggard, 2008: 21; Stott, 1989: 77-79도 참고). 마리아 다비디스Maria Davidis에 따르면, "ㅣ《인도로 가는 길》의 주인공ㅣ 아델라Adela의 로맨스에 대한 욕망, 즉 경관을 탐험하려는 열망은 과거의 남성 탐험가들을 연상시키는데, 전통적으로 이들은 비옥한 여성적 경관을 뚫고 들어가 대영제국을 위해 결실을 낳았다. 제국 역사의 이 시점에서 아델라는 위대한 제국적 탐색의 시대가 끝났음을 상기시킨다." 아울러 그녀의 성姓인 "퀘스티드Quested"ㅣ"탐색했다"ㅣ가 "로맨스가 항용 취하는 형식, 즉 탐색이라는 형식을 암시"한다는 점도 넌지시 언급하는데, 물론 여기에서 이 성姓은 의미심장하게 과거 시제이다(Davidis, 1999-2000: 260, 266).

열한 관심"에 대해서는 대체로 침묵하지만, 소설의 상세한 지리는 패리의 주장처럼 "반항적 물질의 존재를 말하는데, 이것은 침략자들의 인식론적 범주에 물의를 일으키고 인도를 소유한다는 자부심에 위협을 가한다"(Parry, 1998: 181).

이러한 포스터의 프리즘을 통해 캔들러의 동굴을 본다면, 《시리 람》의 경관이 수행하는 이데올로기 작업이 두드러진다. 캔들러의 동굴은 우선 반제국 민족주의 이데올로기를 억압하고 제한하고 통제하는 기능을 한다. 《시리 람》에서 동굴의 묘사는 《인도로 가는 길》의 묘사와 마찬가지로 플라톤의 비유들과 얽혀 있지만, 여기에서는 민족주의 자체를 명백히 이데올로기적인 운동으로 분류하여 민족주의 의식의 허위성을 부각하는 데 이용된다. 《시리 람》의 다른 부분들에서는 인도 민족주의에 관한 광범위한 논쟁을 부각하지만, 이 소설의 문학적인 공간 생산은 이러한 지형 ㅣ동굴ㅣ을 통해 제국적 패권에 대한 이 도전을 해결하려 시도한다. 《시리 람》의 〈동굴〉 부분에 등장하는 물리적 공간은 캔들러 소설에서 민족주의 반란자인 나라심하 스와미Narasimha Swami의 은신처가 되는데, 그는 반제국적 민족주의 정서의 대변자 역할을 하는 알레고리적 인물이다. 그는 "인도 청년들에게 엄청난 영향력을 행사하는" "위험한 선동가"이다(Candler, 2005: 404-405). 스티븐 모턴Stephen Morton이 지적하듯이, 이 소설 자체에서 스와미를 오로빈도 고세Aurobindo Ghose 같은 당대의 "혁명적 활동가들"과 "역사적으로 비교"하는데(Morton, 2010: 212), 고세는 "혁명적 정치를 추구하다가 결국 감옥에 갇힌" 인물이다(Nandy, 1983: 92). 스와미의 알레고리 기능은 작품의 이 중간 부분 전반에 걸쳐 다시 강조되며, 동굴에도 뚜렷한 상징성이 부여된다.

그는 몇 시간이고 앉아 발치에 있는 자갈 두 개에 시선을 고정한 채, 물질세계가 자신에게서 빠져나가고 그의 영혼이 에테르로 떠오를 때까지 숨을 참을 것이다. … 이러한 무아경에서 힘과 영향력이 나왔다. 저 스와미의 매력 중 상당 부분, 그리고 동포들의 애정과 상상에 미치는 놀라운 장악력은 이러한 무아경에서 나왔다. … 그는 고국에서 일종의 초인이 되었다. 그의 형상은 나무와 돌에 새겨지고 금속으로 주조되어 카시의 우상 상점에서 팔렸는데, 카시에서 그는 경건하고 초월적 힘을 가졌다고 엄청난 명성을 누렸다. (Candler, 2005: 471)

포스터의 비판은 "아래의 물질세계"를 환기함으로써 식민문학의 재현 능력을 약화하는 데 반해, 여기 인용한 구절은 이런 비판을 뒤집는다 (Raschke, 1997: 11). 《시리 람》에서 플라톤 철학을 상호텍스트적으로 환기하는 것은 스와미의 민족주의를 미래의 인도 민족의 물질적 지리에서 떼어 내고, 따라서 민족주의를 그것의 영토적 토대에서 분리하여 허위의식의 한 형태로 고립시킨다. 데이비드 호크David Hawke가 주장하듯이, "허위의식에 대한 현대의 이론들"은 허위의식이 주체(관념의 영역), 객체 (실질적·물질적 사물의 세계), 그리고 이 두 극 사이에서 교섭하는 재현 매체라는 3자 관계의 불균형으로 생긴다고 주장한다(Hawke, 1996: 14). 이런 관계가 틀어진 《시리 람》의 동굴에서는 "일단의 관념이" "다른 관념들에 허위라는 딱지를 붙이는" 일이 일어나는데, 이런 "전술"은 "바로 서양철학의 태동으로까지 거슬러 올라가고", 더 구체적으로는 "플라톤의 《국가》"까지 거슬러 올라갈 수 있다(15). 플라톤의 '동굴 우화'에 대한 《시리 람》의 상호텍스트적 암시는 주목할 만하다. 스와미도 | 플라톤의 '동굴 우화'의 죄수들처럼 | "동굴의 가장 먼 끝에 있는" "지하의 움푹 들어간 칸" 안

에 있다(Plato, 2008: 240). "돌이나 나무나 온갖 재료로 깎은 인간의 소상小像과 동물 모형" 같은 "인공물들"이 동굴 벽에 그림자를 드리우고 동굴의 죄수들은 이런 그림자를 물질적 현실로 받아들인다(240). 《시리 람》에서 이런 인공물들은 동굴을 벗어나서 우상숭배에 쓰이는, "나무와 돌에 새겨지고 금속으로 주조"(Candler, 2005: 471)된 스와미 자신의 형상으로 유통된다. 마지막으로 스와미의 민족주의는 플라톤의 동굴에서 "타오르는 횃불"을 암시하는, 그의 "불길 같은 에너지"를 통해 "협소화" 혹은 "결정화"된다(Candler, 2005: 472). 캔들러의 서사는 스와미의 민족주의적 지도력을 플라톤의 "죄수들"의 "허위의식"을 연상시키는 우상숭배로 폄하하고 그 정당성을 훼손하려 한다.

그러나 민족주의 저항의 현실은 그렇게 쉽게 억눌리지 않는다. 레이철 코킬Rachael Corkill이 관찰하듯이, 소설의 부제('1907~1910년 삶의 기록A Transcript from Life, 1907-1910')에 나타나는 1907년에서 1910년 사이에 "인도 민족주의의 대변자로서 발 강가가르 틸락Bal Gangadgar Tilak과 오로빈도 고세의 이름은 인도를 약간이라도 안다고 자처하는 모든 사람의 입에 오르내렸다"(Candler, 2005: 398). 닐 스미스의 용어를 빌리자면, 《시리 람》의 텍스트는 민족주의 이데올로기가 "실제 경험에 뿌리를 둔 일단의 사상"임을 부인하지 않는다. 그 역사적 맥락을 고려하면, 인정할 수밖에 없는 것이다. 그보다 이 텍스트는 이처럼 "특정 사회적 계급"(이 경우에는 혁명적 민족주의자 계급)이 "현실을 자기 관점에서 볼 뿐이며, 따라서 부분적으로 볼 뿐"(Smith, 2008: 28)이라는 점을 강조하고자 한다. 캔들러의 소설은 반제국 민족주의를 인정하면서도, 곧바로 이것을 친제국 이데올로기와 조화시키려 한다. 따라서 양자는 나란히 놓인다. 그러므로 이 텍스트는 민족주의 사상의 이데올로기적 편파성을 부각하여 그것을 고립시키고 통제하려는 바로 그 순간에, 자기 관점의 편파성도 인정해야 한다. 이처럼 불균등하게 경쟁하는 이데올로기들은 그다음에는 인프라 구획으로 지도화되는, 소설의 불균등 발전한 경관에 투영된다. 캔들러의 동굴은 포스터의 동굴과 같은 수준의 자기비판적 입장을 드러내지는 않지만, 공간을 재현하고 생산하는 서사의 능력에 의문을 제기한다. (그 자체가 노골적으로 플라톤을 지시하는) 제임슨의 에세이 〈동굴 너머Beyond the Cave〉 속 용어를 빌리자면, 캔들러의 서사를 끈질기게 괴롭히는 것은 "사실주의｜현실주의｜가 사회 현실의 진실을 기록하기 위해 고안된 가장 복합적인 인식론적 도구"이지만, "이와 동시에 그 형식 자체에서 하나의 거짓말임을, 즉 미학적 허위의식의 원형"임을 예민하게 자각해야 한다는 사실이다(Jameson, 1975: 8-9). 이 텍스트는 인도 민족주의의 정당성을 훼손하기 위해 허위의식 문제를 제기하지만, 이로써 의도치 않게 그 장르와 형식에 각인된 자신의 이데올로기 기획의 한계를 부각한다.

에드워드 톰슨의 첫 번째 소설《인도의 어느 날》에서도 서사적 궤적의 중심 지점에 동굴이 자리 잡고 있다. 실제로 패리는 톰슨의 동굴 묘사를 "마라바르 언덕과 동굴에 대한 포스터의 놀라운 묘사에서 상당 부분을 차용한 파생물"이라고 읽으면서도, 둘 사이의 중대한 차이를 지적한다(Parry, 1972: 187). 포스터에게는 "이것이 여러 가지를 상징하지만", 톰슨의 언덕과 동굴은 "그보다 한정적으로 기능하는데, 그것은 영국 및 근대 세계와는 동떨어진 채 이들의 위업을 업신여기는, 엄청나게 유구한 인도의 한결같은 존재를 선언하는 것"이다(187). 패리에 따르면, 톰슨의 인도 지리 생산에 나타나는 시간성은 식민적인 근대성 관념과 이데올로기적 공모 관계인데, 이러한 관념은 앞서 살펴본 바와 같이 인프라 개발에서 가장 명백하게 드러난다.《인도의 어느 날》에서 발췌한 다음 구절은 인도아대륙 시골의 공간을 인프라 경로의 관점에서 조망하는 것으로서 시사하는 바가 크다.

> 이 언덕은 오리사 국경의 가장 울창한 황야에서 노출되어 주변 평야보다 삼백 피트 더 높이 솟아 있었다. … 이것은 충분히 전형적인 언덕으로서, 인도 곳곳에 흩어져 있는, 높이가 이십 피트부터 수천 피트에 이르는 수천 개 언덕 중 하나이다. 여러분은 인도 중부를 지나거나 초타 나그푸르의 정글이나 오리사의 정글을 지나는 기차에서 이런 언덕을 볼 수 있다. … 지질학자는 이런 곳에서 화석을 발견하지 못한다. 아리아 문명 이후의 인도 사원들은 마치 어제로부터 돋아난 성가신 혹처럼 이질적으로 보인다. (Thompson, 1940: 149)

당대의 여행 안내서를 연상시키는 톰슨의 서사는 2인칭 대명사 "여러분"을 사용하여 독자에게 직접 말을 걸면서[10] 인도의 시골 경관을 가르며 달리는 인프라 경로("기차에서")에 지리적으로 자리 잡은 원근법적 시선을 함축한다. 언덕과 동굴 모두 의미심장하게 "오리사 **국경의 가장 울창한 황야**"(필자의 강조)에 있다는 것은 이러한 지형│언덕과 동굴│의 주변부적 위치를 강조하는 것이다. 이 서사는 이러한 지형을 제국의 인프라 네트워크 너머에 위치시키는 동시에, 그 서사의 문학지리에서 중심부-주변부 역학에 엮어 넣는다. 과학적 지식을 갖춘 "지질학자"를 인도 시골의 "어제로부터 돋아난 성가신 혹"과 병치하여, 이러한 공간적 생산

---

10 예를 들어 다음을 참고하라. John Murray, *The Imperial Guide to India, Including Kashmir, Burma and Ceylon*. With Illustrations, Maps and Plans (London: Alabaster, Passmore and Sons, Printers, 1904).

에 서로 대비되는 시간성을 귀속시킨다.[11] 전통과 근대성이 사회적·지리적·역사적 조건에 좌우되는 개념이라는 난디의 관점을 채택하면, 여기에서 톰슨의 소설이 인도 공간의 생산을 굴절시키는 방식인 서로 대비되는 시간성에 깔린 이데올로기적 토대가 드러난다. 난디가 보기에 "근대성이라는 전통"은 "과학적·기술적 세계관이 진보라는 교리의 도움으로 나머지 세계에 속여 팔아 오던 것"이지만, 실은 "전통 기술과 근대 기술 중에서 선택하는 것이 아니라 서로 다른 기술 전통 중에서 선택하는 것이다"(Nandy, 1978: 382). 톰슨의 인도 공간 생산을 통해 이데올로기와 지리가 공생적으로 합쳐진다면, 우리는 다시 한 번 제임슨이 지적하는 단일한 근대성에 대한 워릭 연구집단의 강조로 돌아가게 된다(WReC, 2015: 12-13).

《시리 람》에 이어 《인도의 어느 날》도 민족주의적 저항이 출현하는 상징적이면서 실제적인 현장인 동굴이라는 지형을 생산한다. 소설은 이런 과정을 이 지역 인도인의 소요를 설명하는 식민지 행정관 닉슨Nixon의 행위를 통해 알레고리적으로 서술한다.

한편, 기근이라는 어수선한 물살에서 불평불만이 낚시하고 있다는 증거가 쌓여 있다. 주민들은 흥분으로 들끓었고, 어떤 알 수 없는 공포의 바람이 사람들의 마음을 수풀처럼 흔들었다. … 닉슨은 보고서를 훑어보며 널리 퍼진 이 모든 유언비어를 퍼뜨리는 중심과 타격할 확실한 적이 있을 장소를 탐색하다가 트리수니아에 닿았다. (Thompson, 1940: 149)

---

[11] 데이비드 아놀드David Arnold가 1909년 판 《제국 지명사전Imperial Gazetteer》 해석에서 보여 주듯, 지질학은 식민주의의 "실증주의 논리"와 야합한 학문이었다. 지질학의 "인도의 물리적 지반"에 대한 지도화와 "그곳에 거주하는 인간에 대한 조사"는 이데올로기적으로 "식민지 행정"을 "이 진화의 전설에서 가장 높은 단계"에 두는 작업을 했다(Arnold, 2000: 131).

트리수니아는 실은 톰슨의 지리 조사에서 서술한 바 있는 '언덕'의 이름이다. 그러나 이 지형을 반제국 소요에 결부시키는 닉슨의 결정은 전적으로 자의적으로 보인다. 닉슨은 실상 서사 자체의 시도를 실행하는 것인데, 그것은 서사의 이데올로기적 시계視界에 대한 위협을 그 서사가 묘사하는 경관의 공간적 배열 안에서, 그리고 그 배열을 가로질러 고립시키고 분리하고 억누르려는 시도이다. 그리고 캔들러의 경우와 마찬가지로, 이 프로젝트에 가장 적합한 장소는 "속이 빈" 동굴이다.

위에서 인용한 구절의 첫 문장은 인도에서 영국 제국주의와 이 제국주의의 공식적 통치 기간 내내 인도아대륙을 괴롭힌 기근 간의 관계에 대한 당대의 논쟁을 암시한다.[12] 이 관계는 서로 대립하는 두 가지 관점으로 간결하게 요약할 수 있다. "통치자들에게는" 기근 구호가 "식민주의와 제국주의의 존재 이유"로 설정되었으나, "피통치자들에게 기근은 유럽 열강의 균과 총, 그리고 이윤추구로 땅이 정복당한 일이 낳은 직접적 산물이었다"(Mukherjee, 2013: 30-31). 달리 말해, 그것은 무어의 표현을 빌리자면, "자본주의 그리고 자연의 위기가 아니라, 근대성의 자연ㅣ본성ㅣ에서의 위기이다"(Moore, 2015: 6). 이러한 논쟁은 영국령 인도의 "통치 텍스트들(의회 문서, 행정 보고서, 의학 문건, 역사학 및 인류학 연구)" 내부에서만 유통되는 것이 아니라, 무커지가 보여 주었듯이 그 시대의 "문학적 서사"에서도 유통되는데(Mukherjee, 2013: 31), 톰슨의 소설 역시 이러한 대립에 천착한다.

이 텍스트 서사의 상당 부분에서 스틸의 소설처럼 제국 통치를 정당

---

12 마이크 데이비스는 19세기 후반과 20세기 전반 영국령 인도의 통치 아래 발생한 네 가지 "광범위한 생존 위기"를 개략하고 이 기간의 충격적인 "기근으로 인한 추정 사망자 수"를 담은 표를 실었다(Davis, 2010: 6-7). 나브테지 싱Navtej Singh(Singh, 1996)도 이 사건을 기록했다.

화하려고 기근 구호라는 관념을 선전하지만, 이 부분에서 민족주의 운동이 기근에 시달리는 주민들 내부로부터 저항을 동원하고 기근 피해자들의 현재진행 중인 고통을 이용해 자신의 대의명분을 성취하려 든다고 넌지시 암시한다. 이 텍스트는 제국주의가 자신의 보호 아래 살아가는 기근 피해자들을 구제하는 인도주의적 영향력을 내세우고자 할 뿐 아니라, 민족주의 이데올로기가 그 대의에 결집한 사람들의 고통을 이용하는 어떤 강압적 세뇌임을 폭로하여 그 이데올로기의 정당성을 훼손하고자 한다. 이 텍스트는 민족주의 운동이 기근과 같은 재난을 이데올로기적으로 조작한다고 비판하면서도, 자기도 이와 반대되지만 아주 비슷한 과정에 참여한다는 것은 보지 못한다. 이 텍스트가 직접 인정하지는 않지만, 이처럼 서로 충돌하는 이데올로기적 관점들을 병치하는 것은 캔들러처럼 그 텍스트의 공간 생산에 영향을 미치는 정치적 의제들을 부각하는 효과가 있다. 그래서 이 서사는 민족주의의 성장하는 에너지 형태로 점점 더 응집되는 어떤 대안적인 사회정치적·문화적 인식 체계를 수용할 수밖에 없게 되며, 이것은 결국 이 서사 자체의 인식을 상대화하고 약화한다.

인도의 작은 지역에서 민족주의를 억누르려는 행정관 닉슨의 노력은 민족주의에 대처하는 시도를 뒷받침한 지리적 구획화, 즉 '분할통치' 전술을 징후적으로 드러낸다. 닉슨이 트리수니아를 민족주의적 소요가 일어나는 지리적 현장으로 지목한 후, 이 서사는 그곳 지형의 세부 사항까지 상세하게 서술하고 그곳을 반제국 저항의 폭넓은 관념들과 상징적으로 결부시킨다. 여기에서는 독자에게 동굴을 제시하면서 포스터 소설의 서두에서 마라바르 언덕을 묘사한 것을 상호텍스트적으로 반복한다.

여러분이 트리수니아의 정상을 넘어 북쪽으로 내려가기 시작하면, 동굴들과 균열들로 얽은 자국이 있는 바위투성이 지면에 도달한다. … 동굴 중 하나는 언덕 깊숙이 이어졌다. 그곳을 탐험할 만큼 관심이 있거나 강인한 사람은 아무도 없었다. … 바로 이 동굴의 미지의 심장부에서 이제 파괴의 신 하라가 으르렁거리고 있었다. 봄 축제에 몰린 군중들은 그의 포효를 들으며 공포에 질렸다고 한다. 이런 소문은 잦아들었지만, 기근의 참혹함이 극에 달하면서 다시금 되살아났다. (Thompson, 1940: 153)

소설 속 영국인 등장인물들에게, "미지의" 지리적 장소에서 들리는 "으르렁거린다는 이야기"는 민족주의의 근거지를 암시한다. 또 다른 식민지 행정관인 올든Alden의 추측에 따르면, "으르렁거리는 연기를 시작한 자들은 조사관들을 겁주기 위해 이런 지어낸 이야기를 퍼뜨리기도 했다"(Thompson, 1940: 154-155). 올든은 이렇게 말을 잇는다.

필리핀에서 선동가들이 해 온 짓에 대해 얼마 전에 읽었습니다. 그곳에도 동굴이 있었던 것 같습니다. 거기에 엄청나게 큰 확성기를 설치해 놓았다더군요. 그곳에서 장엄한 메아리가 울려 퍼졌답니다. (Thompson, 1940: 156)

이 구절은 포스터가 묘사한 마라바르 동굴의 "메아리"(Forster, 2005: 137)를 환기하지만, 톰슨 소설의 이 부분에서는 또 다른 상호텍스트도 드러난다. "언덕 깊숙이" 박힌 이 동굴은 미답未踏의 영토로서, "그곳을 탐험할 만큼 강인한" 사람은 아직 없었다(Thompson, 1940: 153). 또 다른 식민지 행정관인 하마르Hamar는 "저 빌어먹을 동굴들을 급습해야겠어"라고 말하는데(155), 영국 제국에 속하는 세 명의 등장인물은 결국 "권총을 장전하고 마침내 동굴 안으로 조심스럽게 들어갔다"(158). 이 서사는 해거드의 《솔로몬 왕의 광산》에 등장하는 제국적 인물 세 사람이 "눈 덮인 거대한 봉우리의 내부"로 침투하는 장면을 연상시키는데, 이들은 여기에서 "세상의 모든 메아리에서 차단된다"(Haggard, 2008: 178). 포스터의 동굴이 "전통적인 로맨스 개념"을 전복한다면(Raschke, 1997: 11), 톰슨의 동굴은 일종의 이데올로기적 매개 역할을 한다. 그것은 해거드 소설의 노골적인 친제국적 알레고리를 전복하지만, 포스터의 반제국적 알레고리의 급진적 성취에 이르지는 못한다. 2장에서 논의한 것처럼 해거드의 등장인물들에게는 헨리 경의 동생을 구하려는 "탐험"도 물질적 부를 늘릴 수 있다는 전망을 숨기지 못하지만, 1920년대 영국령 인도라는 이와 다른 맥락에서 등장인물들의 동기는 민족주의적 저항을 색출하고 억압하는 데 있다. 그렇지만 "역사적 계기"가 "일정한 수의 형식적 가능성"을 제한한다는 제임슨의 주장(Jameson, 2002: 133-135)을 다시 떠올려 보면, 제국 로맨스의 장르적 윤곽이 이처럼 다시 등장하는 것은 톰슨 서사의 인프라 내부에 세계체제의 경제적 착취의 움직임이 여전히 잠복해 있음을 시사한다. 다양한 역사적·지리적 영역에 걸쳐 펼쳐지는 텍스트의 패턴 및 수사는 식민문학이 세계체제의 사회경제적·이데올로기적 움직임을 끊임없이 등록하고 재생산하며, 형식과 장르의 차원에서 그 모순을 조정하려 시도하지만 실패한다는 것을 보여 준다.

홍미롭게도, 동굴에 대한 톰슨의 다시 쓰기는 캔들러의 경우와 마찬가지로 민족주의 저항을 고립시키고 억제하려는 이데올로기적 노력이었으나, 그의 등장인물들이 정말로 동굴에 들어갔을 때 동굴은 텅 비어 있었다. "길이 없는 숲 지대로 쉽게 빠져나갈 수 있는 구멍이 있었다." 톰슨의 주인공들은 "동굴에서 밥을 지어 먹고 잠을 자고 살았던"

흔적을 "의문의 여지 없이" 발견하지만, "그 나머지는 추측할 뿐이었다"(Thompson, 1940: 158).

이 소설은 반제국 민족주의를 제국 정부가 통제하거나 지도화할 수 없는 정치운동으로 묘사한다. 줄거리는 동굴의 고립, 봉쇄, 침투를 세세히 묘사하지만, |식민지 행정관들이| 동굴에 들어가는 순간 톰슨의 민족주의자들은 식민 행정부의 손이 닿지 않는 곳으로 빠져나가, 동굴 뒤편을 통해 "길이 없는 숲 지대로" 탈출한다. 저항은 식민문학의 재현 전략이라는 틀을 공간적으로 벗어난다. 서사는 그저 떠오르는 인도 민족주의의 존재를 인정하는 데 그치는 것이 아니라, 그 상징적 지형을 통해 인도 민족주의를 정치적으로 집결한 공간적 저항으로 변형시킨다. 이 저항은 텍스트의 이데올로기적이고 지리적인 틀 안에서, 그러나 언제나 그 틀 너머에서 나타난다. 실제로 이 서사는 3인칭으로 서술되지만, 그 관점은 동굴을 탐색하면서도 어디서도 개인적 지식과 경험을 넘어가지 않는 식민지 행정관들의 "어깨 너머"로 바라볼 뿐이다. 포스터와 캔들러의 전지적 화자와 달리, 톰슨은 저항하는 사람들의 의식이나 경험 안으로 들어가지 않는다. 재인도 영국인 등장인물 중 하나가 사건을 직접 관찰하는 경우를 제외하면 말이다.

캔들러도 반제국 저항에 대한 불안을 동굴에만 가두어 억제하려 하지만 역시 실패로 돌아간다. 그 불안은 다른 지리적 영역들로 공간적으로 넘쳐 가기 때문이다. 스와미는 동굴로 은신하기 전에 특히 "영국"을 비롯한 유럽과 미국으로 "식민적 순례"를 떠난다. 앤더슨에 따르면, 이러한 순례는 식민지 인구집단 중 부르주아계급이 "어떤 교육이나 훈련을 받기 위해" 제국의 식민본국으로 떠나던 것이다. 이것은 초국적 "통신과 교통" 인프라의 발전과 결부될 뿐 아니라, "식민국가에서 민족국가로의,

미세하고 반쯤은 은밀한 단계적 변형"과도 결부된다(Anderson, 2006: 114-115). 민족주의가 상상하는 공동체의 지리적 좌표는 이 과정에서 핵심을 이룬다. "각 민족주의의 영토적 범위와 이전의 제국 행정 단위의 영토적 범위 간의 동형성"은 뚜렷한데, 이러한 "유사성"은 "결코 우연한 것이 아니라, 모든 식민적 순례의 지리와 명백히 관련된다"(114-115). 캔들러의 소설은 스와미가 국경을 가로지르는 지리적 이동을 감행하고, 그다음에는 이런 이동을 인도 내 제국의 교통 및 통신 인프라와 결합함으로써 국경이 있는 특정 영토에 지도화된 공동체, 즉 민족을 상상할 수 있었음을 보여 준다.

네루는 〈인도의 통일성The Unity of India〉이라는 글에서 이와 비슷한 관찰을 했을 것이다. "영국의 인도 도래와 동시에 교통, 통신, 근대적 산업이 발전했으며, 그 덕분에 영국의 통치는 결국 정치적 통일성을 이루는 데 성공했다"(Nehru, 1941: 13). 네루는 인도의 "통일적인 정치적 지배에 대한 욕망"이 영국 통치 이전부터 시작되었다고 주장하면서도, 이런 민족적 상상을 실현할 수 있는 인프라 토대를 마련한 것은 영국령 인도였음을 인정한다.[13] 그렇다면 여기서 분석하는 문학의 공간 생산이 인도 민족이 별개의 지리적·정치적 실체로 형성되는 일과 교섭하는 동시에, 영국령 인도 내부의 불균등한 인프라 발전을 명기하는 것은 우연이 아니다. 캔들러 소설의 제목인 주인공 시리 람도 인도아대륙의 불균등하게 발전

---

[13] 네루와 간디는 모두 인도 민족의 통일이라는 사상을 가졌지만, 네루의 이 글과는 달리 간디는 철도망 같은 인프라 시스템이 |민족의| 형성에 어떤 역할을 했음을 인정하지 않았다. 대부분 민족주의자에게는 "철도의 철폐가 아니라 개선이나 통제가 목표"였지만, 간디는 철도에 대한 "긍정적 표상을 모조리" 뒤엎고 "철도의 존재 자체에 이의를 제기한 소수의 인물 중 한 명"이었다(Kerr, 2003: 313).

한 영토를 가로지르면서 그 중심부와 주변부를 넘나든다. 소설이 지도화하는 지리적 궤적은 도시 중심에서 시골 지역(네트워크화된 세계체제와의 관계에서 보면 경제적·문화적 주변부 지역)으로 이동하는데, 이러한 "분리"는 제임슨의 주장에 따르면 "자본주의 발전의 핵심 지표가 된다"(Jameson, 2014: 110).

《시리 람》의 첫 부분에서는 민족주의를 인프라 네트워크에서 현현하는 제국주의의 문화적·경제적 회로로부터 분리하고자 한다. 인프라가 조밀한 도시환경은 이러한 분리를 상징적으로 심화한다. 여기서 생산하는 불균등한 문학지리는 민족주의를 그것이 위협하는 제국적 네트워크들에서 멀리 떨어진 주변부에 뿌리내리게 함으로써 민족주의를 고립시키고 봉쇄하고자 한다. 그러나 이러한 이데올로기 작업에도 불구하고, 이 서사는 그다음에는 동굴과 스와미를 모두 물질적이고 초국적인 통신 인프라망 안에 넣는데, 그 덕분에 스와미는 민족주의 신조를 전파할 수 있게 된다. 서사는 "시바의 저택 | 동굴 | 은 스와미의 사무실이 되었다"라면서 이렇게 이어진다. 동굴 "바닥"에는 "찢어 버린 서신들"과 "미국 소인이 찍힌 편지 봉투들"이 "널려 있었다"(Candler, 2005: 487). 동굴은 민족주의 저항의 초국적 네트워크와 연결하는 서신들로 문자 그대로 덮였다. 이 네트워크 덕분에 앤더슨이 "속박 풀린 연속성unbound seriality" | 민족과 같이 그 성원들이 자유로운 상상으로 그려 내는, 외연의 경계가 모호한 범주 | 이라고 부르는 것을 구축할 수 있는데, 차테르지의 설명에 따르면 이것은 "각 개인이 자신을 직접 대면보다 넓은 연대의 일원으로 상상할 기회를 제공한다"(Chatterjee, 1999: 128). 이제 동굴은 "우주의 중추"가 되고 "문명 세계는 〔시리 람의〕 스승〔스와미〕과 결탁하여 그의 나라를 해방하려 했다". "그것은 때로는 파리나 런던에 있는 인도인이나 미국 대학의 아일랜드 교수가 보낸

편지였고, 아니면 영국 하원에 있는 선의의 급진주의자가 보낸 편지였다"(Candler, 2005: 487).

이러한 초국가 저항을 형성하는 네트워크는 캔들러 소설의 더 넓은 궤적이 구현하고자 하는 도시와 시골 사이의 단순화된 공간적 분리를 흐트러뜨리고 약화한다. "자본주의에 내재하는 도시와 시골의 분리"는 "하나는 발전하고 다른 하나는 저발전한, 별개의 두 단위"로 취급될 수 없다. 이들은 "서로 관계를 맺으며 결합한 차등적 발전의 '영역들'"이다(Hopkins and Wallerstein, 1982: 180). 이것은 "위계적 체계의 존재와 더불어 나타나는 억압에 대한 저항"(Arrighi et al., 2011: 29)으로 지도화된다. 여기에서는 이런 일이 어떤 단순화된 이분법의 의미에서가 아니라, 《시리 람》의 불균등하게 발전된 문학지리를 가로질러 공간적으로 나타난다. 캔들러의 서사는 인프라로 읽으면, 이러한 저항이 "반체제운동의 두 가지 주요 유형"으로 표출되는 것을 상세히 보여 주는데, 각 유형의 공간적 배치는 서로 대비된다. 첫 번째 유형은 '사회운동'(이것은 시리 람과 스와미의 이데올로기에서 '국제주의'를 강조하듯이, 저항의 초국적 대항 네트워크 안에 얽혀 있다)으로 설정될 수 있으며, 두 번째 유형은 '민족운동'(스와미가 상상하는 공동체는 그 영토적 국경을 통하여, 공간적으로 "근대적 세계체제의 다양한 영역 간의 불평등한 관계에서 해방되는 것"으로 형상화된다)으로 설정될 수 있다(Arrighi et al., 2011: 30-31, 54). 소설의 중심을 이루는 부분에서 이 두 운동은 "협력하기에 충분한 전술적 합치를 발견"하며(31), 나아가 이러한 저항 활동을 촉진하는 것은 바로 제국주의의 초국적 인프라이다(Boehmer, 1998a: 5-6 참고). 인프라는 스와미를 다양한 국제적 사회운동과 연결함으로써 그가 자신의 민족주의를 수미일관하게 정식화할 수 있게 할 뿐 아니라, "정치적 근대화의 핵심 특징"인 "경계 있는 주권국가의 발전"도 촉진한다(Breuilly, 2012: 170). 캔들러의 텍스트에서 이제 제국의 인프라는 제국 패권의 상징적·물리적 현현이라기보다 반제국적 저항을 촉진하는 것으로 설정된다.

　이러한 공간 생산에 영향을 미치는 이데올로기들은 그 자체로 불균등하다. 다시 말해, 중심부든 주변부든, 시골이든 도시든, 다양한 공간은 소설이 전개되는 내내 다양한 이데올로기 기능을 비일관되게 수행한다. 급속하게, 그러나 불균등하게 산업화하는 인도의 사회경제적 맥락에서 제국의 이데올로기는 중심부와 주변부라는 관계적 영역들 사이에서 이동하거나, 버컨의 경우처럼 왕복운동한다. 식민문학의 상징적 지도학은 영국령 인도의 지리를 단순하게 둘로 나누려 들지만, 이러한 경직된 이분법은 제국의 인프라에 드러나는 세계체제의 네트워크 성격 때문에 복합적이 된다. 소설의 인프라에 초점을 맞추면, 이 인프라의 지리를 형성하는 중심부-주변부 지역들을 더 복합적으로 상세히 분석할 수 있다. 또한, 이를 통해 빈곤한 주변부가 적어도 부분적으로는 제국주의 저발전의 발전이 낳은 산물이라는 것과 재인도 영국인들이 거주하는, 세심하게 분리되고 구획된 도시 공간에 주변부와 반제국 활동이 산재해 있다는 것을 드러낼 수 있다. 다음 절은 이에 대해 살펴볼 것이다.

기상학적 은유와
폭력적 저항

《시리 람》은 도시의 식민적 성격과 시골의 토착적 성격이라는 지도학적 이분법으로 민족주의를 억제하려 애쓰는데, 이런 노력은 소설의 마지막

두 절에서 가장 명백하게 어그러진다. 시리 람은 동굴에서 출발하여 소설이 시작된 델리의 도시환경으로 다시 돌아간다. 그런 그에게 이제 그가 속한 민족주의 지하조직은 대의를 위해 "영웅, 순교자, 애국자"로서 희생해 달라고 설득한다(Candler, 2005: 548). 바로 식민지 관리를 암살하라는 것이다. 그러면 식민 정부에 체포되어 재판받고 교수형을 당할 테니 그것은 자살적 테러 행위이다(Tickell, 2012: 159). 시리 람은 장래의 민족이라는 상상의 공동체와 자신을 동일시함으로써 이런 행위를 정당화한다. |지하조직은| 그에게 "오늘 밤 모든 도시에서 젊은이들이 준비 태세를 갖출 것이다. 다른 관리 수백 명도 순식간에 쓰러질 것"이며, 그의 혁명적 행위가 "큰불을 지르는 성냥이 될 것"이라고 장담한다(Candler, 2005: 537). 체포된 시리 람은 자신이 목숨을 바치는 민족주의 공동체가 그의 순교를 기릴 것이라는 데서 위안을 얻는다. "수백만 명이 그를 떠올렸다. … 그의 사진을 실은 싸구려 인쇄물 수천 장이 벵골에 유포되었다"(548-550). 이러한 생각에 위안을 얻은 시리 람은 감옥에 몰래 숨겨 들여온 "조그만 독극물 조각"을 꺼내 "껍데기를 거의 무심하게" 뜯고는 자살한다(550). 그의 정치적 대의는 개인적(사적) 정체성을 집어삼키고, 그는 오롯이 민족적 알레고리의 지위에 오른다.

한편, 소설의 줄거리는 민족주의 운동을 분열시키고 따라서 그 정당성을 박탈함으로써 시리 람이 상상하는 공동체를 약화하고자 한다. 그 다음 이 전술은 바깥으로 향하여, 인도의 분리되고 불균등하며 불평등한 지리의 문학적 생산으로 전이된다. 알고 보니, 시리 람이 목숨을 바친 광범위한 민족주의 공동체는 대중적 저항운동을 시작할 의도가 전혀 없다. 이 운동의 지도자들은 자신들이 진행 중인 작전의 일환으로 일회성 테러를 저지르도록 시리 람을 속였다. 이런 테러 자체는 정치적으

로 무의미함이 드러날 것이다. 플라톤의 '동굴 우화'에 대한 또 다른 상호텍스트적 참조로 드러나는 이런 반전을 통해, 시리 람이 그 일원임을 신봉하는 저 민족 공동체는 '상상'에 불과하고 영토적 현실과 동떨어진 허위의식의 산물로 규정된다. 불이 희미한 방에서 동료 민족주의자들을 만난 시리 람이 "왜 방이 어둡습니까?"라고 묻자, "애국자들은 늘 어두운 방에서 만납니다"라는 대답이 돌아온다. 조직원이 "잡히면 다른 사람을 모른다고 하기 쉽다"는 것이다. 경찰에게나, 치안판사에게나, 판사에게나, 대답은 항상 한 가지뿐이다. "방이 어두웠습니다. 보지 못했습니다"(536). 식민적 시선을 피해 모의를 꾸미는 이러한 반제국 활동가들이 '지하'에 있다는 것을 인정하더라도, 여기에서 강조하는 볼 수 없음은 정부가 아니라 시리 람의 것이다. 그의 대화 상대는 이렇게 말한다. "그러니까 저들|동료 민족주의자들|은 당신을 볼 수 없습니다. 당신은 저를 볼수 없습니다. 당신은 어느 집에 있는지 모릅니다. 눈가리개를 한 채 이리로 왔으니까요"(536).

이러한 예비 모임이 이루어지는 어두운 방은 스와미(그리고 플라톤)의 동굴을 연상시키며, 민족주의 조직의 다른 구성원들을 서로 구별되지 않는 "모습들", "형체들", "낯설고도 친숙한 목소리들"로 축소한다(535). 이들을 "대면"으로 만날 수 없는 시리 람은 자신이 그것을 위해 죽고자 하는 저 공동체를 문자 그대로 "상상"할 수밖에 없다(Anderson, 2006: 6). 이 장면이 끝나 갈 무렵에 플라톤적 이미지가 다시 등장하고, 서사는 시리 람의 허위의식이 기계적으로 일어나는 것으로 서술하는데, 이때 활용하는 인프라 은유|아래 인용에서 "바퀴"|는 키플링 작품의 킴이나 버컨 작품의 해니를 떠올리게 한다. "그의 머리 위 벽감에 있는 토기 접시에서 깜빡이는 가느다란 심지 두 개에 불을 밝혔다. 그러자 그는 마치 동굴 속

의 불룩한 배가 세 개인 우상처럼 잠깐씩 빛났다. … 시리 람은 최면에 걸렸다. 생각들이 머릿속에서 마치 바퀴처럼 돌았다"(538). 이 텍스트는 시리 람의 자살 행위가 그보다 큰 민족주의적 대의와 어떤 식으로든 연관되거나 그 대의를 이루는 요소일 가능성을 배제하며, 오히려 그의 저항이 이데올로기와 선전이라는 조건에서 일어난다고 강조한다.

민족주의에 맞서는 이러한 전략에도 불구하고, 모턴은 이 소설, 특히 시리 람이 전향하는 순간을 서발턴 연구 운동의 전통 안에서 해석하면서 캔들러의 이데올로기적 틀의 한계를 보여 준다. 디페쉬 차크라바르티가 "서발턴의 과거" 또는 "역사화에 저항하는 역사"(Chakrabarty, 2008: 9-11)라고 부르는 것을 바탕으로, 모턴은 "시리 람과 나라심하 스와미의 반란 행위가 영국령 인도 당국의 식민지 정보 수집을 교묘히 피해 가는 방식에서도 역사화에 대한 비슷한 저항이 분명해진다"(Morton, 2010: 217)고 주장한다. 이 소설의 전지적 화자와 마찬가지로 캔들러의 식민적 등장인물들도 "스와미의 금욕적 영성주의"가 "혁명적 민족주의 운동에 신학적이고 수사적인 구조"를 제공할 수 있음을 이해하지 못한다(217). 따라서 스와미와 시리 람이 모두 동의하는 민족주의 이데올로기는 이 텍스트 안에 존재하면서도, 공간적으로는 여전히 식민적 장치 너머에 있다. 모턴이 쓰듯이, "차크라바르티가 말하는 서발턴의 과거가 역사가의 과거에 대한 대리보충이듯이, 시리 람의 정치신학은 캔들러의 반反테러리즘 사후事後 서사에 대한 '대리보충'이다"(217-218). 그러나 이렇게 읽으면 시리 람이 결국 동료 민족주의자들에게 배신당하는 소설의 결말을 간과하게 된다. 이 텍스트의 |민족주의의| 정당성 훼손 기획에서 이 최후의 움직임을 통해 캔들러의 서사는 시리 람의 혁명적 이데올로기를 '허위'로 규정하는데, 식민적 등장인물들의 관점뿐 아니라 반식민적 등장인물들의 관

점에서도 그렇다. 이들이 젊고 열성적인 투사를 속여서 무의미한 자발적 순교로 밀어 넣기 때문이다.

그러면서도 캔들러의 텍스트는 여전히 이데올로기적으로 그 소재와 충돌한다. 패리가 지적하듯이, 캔들러 소설의 주된 초점은 "정치적 격량의 고취"인데, 이것은 역사적으로 보아 특히 1907년에서 1909년 사이 벵골에서 민족주의의 폭력적 저항 행위로 나타났다(Parry, 1972: 149-150). 서사는 한편으로 저항과 대항의 순간을 상세히 묘사함으로써 필연적으로 그것에 주목하게 만들지만, 다른 한편으로는 바로 이 폭력 행위를 고립시키고 통제하고 불법화한다. 캔들러는 (폭력 행위의 역사적 급증이라는 점에서 당대 독자들에게 극히 위험한 위협이던) 민족주의 저항을 '설명' 하려 하지만, 영국의 제국적 통치에 대한 인도 민족주의의 반대 중 일부라도 정당화될 수 있음을 인정하지 않는다. 민족주의와의 이데올로기적 교섭에서 나타나는 이러한 역설 때문에 서사는 삐걱거리고 말을 더듬는데, 이것은 소설 전반에 걸쳐 거듭되는 순환과 반복의 이미지에 다소 아이러니하게 구현된다. 이는 소설의 기상학적 배경에서 가장 극명하게 드러나는데, 식민주의의 '논리'에 대한 반제국 저항이 이러한 인프라 차원에서 다시 한 번 '자연'과 융합되기 때문이다(Mitchell, 2002: 14).

1년 동안이라는 시간적 배경 속에서, 소설의 다섯 부분은 계절에 따라 서로 대비되는 대기 조건이 조성된다. 기후에 초점을 맞추면 이 소설이 마지막 장에서 이데올로기적으로 서두로 돌아감을 알 수 있다. 독자는 "4월과 5월에 비가 오지 않았고 6월이 되어도 비가 오지 않았다", 그리고 "〈나이팅게일에게 부치는 송가Ode to the Nightingale〉 |영국 시인 존 키츠John Keats 의 시|는 계절이 그렇듯이 필연적으로, 순환하는 한 해와 더불어 돌아왔다"라는 말을 듣는다(Candler, 2005: 550). 여기서 소설은 대학 교과과정에서

매년 가르치는 낭만주의 시를 언급하고, 이를 인도의 계절적인 기후 순환과 연결하면서 그 서두를 돌아보며 그리로 회귀한다.[14] 캔들러의 서사는 그것이 시작한 곳, 즉 민족주의 저항 및 폭력적 테러리즘이 형성되기 이전에서 끝을 맺음으로써, 해결과 대비되는 이데올로기적 순환을 수행한다. 따라서 이 텍스트는 이러한 이데올로기적 긴장을 넘어 시간적 진전이나 누적적 진전을 전혀 이루지 못한다. 이러한 구조상 순환적인 움직임은 "머릿속에서 마치 바퀴처럼"[538] 도는revolve 시리 람의 순환적/혁명적revolutinary 사고, 그리고 소설 속 제국 인프라의 기계적 운동 둘 다에서 반향된다. 이런 움직임은 소설 제목의 두 번째 부분인 "혁명가/순환자Revolutionist"에도 내포되어 있다. 이 소설은 캔들러의 또 다른 인도인 등장인물인 바나르시 다스Banarsi Das가 시리 람의 죽음에 반응하는 것으로 끝나는데, 소설의 마지막 문장은 기후와 그의 슬픔을 모두 부각한다.

> 공기는 뜨겁고 모래가 섞였다. 멀리 힘없는 천둥소리가 우르릉거렸다. 그들이 아무 말 없이 차를 타고 대학으로 돌아가는 동안, 바나르시 다스는 말없이 흐느끼며 몸을 떨었다. (Candler, 2005: 554)

바나르시 다스는 《시리 람》에서 주변 인물이었지만, 캔들러가 내놓은 속편 《퇴위》에서는 중심 무대로 옮겨 가서 본인이 반제국 운동에 휘말

---

14 소설 전반에 걸쳐 낭만주의 시가 언급되는 데에는 또 다른 정치가 작용하는데, 이 점은 톰슨의 문학작품에서도 나타난다. 티켈이 주장하듯이, 이 소설에서는 "영국문학, 특히 그 목가적 전통을 감상하지 못하고, 어디에서 낭만주의 시가 '오독'되는지 평가하지 못하는 인도인의 무능함"을 되풀이 재현하는데, 이것은 "젊은 벵골Young Bengal | 19세기 초 벵골의 자유사상 및 사회개혁 운동 | 이 낭만주의와 고도로 정치적으로 교류해 온 역사"를 기록하는 동시에 "효과적으로 말소한다"(Tickell, 2012: 162).

린다. 여기서 "우르릉거리는" 천둥은 감상적 오류pathetic fallacy | 인간의 감정이나 사고를 인간 아닌 존재에 이입하는 것 | 에 입각하면 바나르시 다스의 "떨리는" 감정의 배경이라 할 수 있는데, 이것은 "멀리" 있으나 어디에나 있다. 이런 기상학적 은유를 통해 저항을 멀리 있으나 "우르릉거리며" 존재한다고 묘사하는 것은 톰슨이 멀리 있고 보이지 않지만 분명 존재하는, 동굴에서 나오는 뭐라고 말할 수 없는 "으르렁거림" 혹은 "특히 밤에 들리는 울림"(Thompson, 1940: 154-155)을 묘사하는 것과 분명하게 닮았다.

《인도의 어느 날》의 마지막 장면도 폭풍의 도래를 묘사하면서, 다시 이것을 인도의 독특한 계절의 순환에 연결한다.

> 벵골의 한 해가 저물고 있었다. 위대하신 신께서 다시 한 번 전쟁의 구름을 운집시키셨고, 거센 폭풍이 지친 공기를 휩쓸었다. 번개가 찌르고, 천둥이 터졌으며, 크고 붉은 목면 꽃봉오리들이 시들어 묵직하게 굴러떨어지고, 나무에서 잎이 떨궈지고, 먹구름이 하늘을 가로질러 위풍당당하게 진군했다. 첫 번째 폭풍은 테니스를 치려고 올든의 단지에 모인 사람들을 덮쳤다. 그들은 베란다에 옹기종기 모여 욕을 퍼부으며 그것을 지켜보았다. (Thompson, 1940: 243-244)

톰슨의 "먹구름"은 "베란다"에 모인 재인도 영국인 공동체를 직접적으로 불편하게 하는데, 베란다는 메트칼프Metcalf의 기록에 따르면 제국 시기에 널리 퍼진 식민지 방갈로의 중요한 특색이다(Metcalf, 2002: 6). 방갈로를 둘러싸는 "베란다"는 식민지 환경과 "조심스레 규제된 교류"를 하게 해 주는 물리적·상징적 장소로, 종종 "넓은 단지"로 추가로 보호받았다(Metcalf, 2002: 6; King, 1976: 123과 Glover, 2004: 61-82도 참고). 포스터 소설 서두의 지도학적 조망에서도 찬드라푸르 재인도 영국인 공동체의 경직된 인프라와 웅장한 건축물은 이 지역을 도시환경의 나머지 지역과 분리하면서 각각 의도된 기능을 수행한다. 도시경관의 나머지 부분과는 대조적으로, 이것들은 "영국령 인도의 신민들에게 인도 사회와 유럽 사회의 본질적 분리를 똑똑히" 보이기 위해 설계된 "의기양양한 보루"처럼 기능한다(Johnson, 2011: 5). 그러나 소설이 진행되면서 포스터의 화자 목소리가 인도를 "일 년 내내 조화롭게" 만들려는 영국의 수고를 논할 때, 제국의 문명 이데올로기를 상징적으로 담고 있는 이러한 인프라 구현은 위태로워진다.

> 문명의 득의만면한 기계가 갑자기 돌로 된 수레에 올려져서 움직이지 않을 수도 있는데, 그런 순간에 영국인의 운명은 그 선조들의 운명과 닮아 보인다. 그들도 이 나라를 개조하려는 뜻을 품고 들어왔지만 결국 이 나라의 주형鑄形에 갇히고 이 나라의 먼지로 뒤덮인 것이다. (Forster, 2005: 199)

톰슨의 소설에서 "올든의 단지"라는 인프라는 공간을 점유한 재인도 영국인들을 견고히 지키지 못하고, 도리어 식민지 행정관들의 권력을 약화한다. 그 "사람들"은 "덮쳐지고", 분리하고 구획하는 방갈로의 장벽 안에 고립되고 억류된다(심지어 구속된다). 나아가 이들이 "옹기종기 모인" 모습은 외부 위협에 대한 공포를 내비친다.《시리 람》과 마찬가지로《인도의 어느 날》도 그 서사를 한 해의 순환에 기상학적으로 연결하며 끝나는데, 이것은 그 서사가 자리 잡은 시간적 자리의 순환성을 강조한다. 이 소설들은 결말 부분의 은유를 통해 미래의 혁명적 활동의 출발을 암시하는데, 각 텍스트는 이처럼 은유를 교환하는 지점들에서 서로를 조명한다. 캔들러와 톰슨이 민족주의적 저항을 다루는 것은 그것이 유발하는 이데올로기적 불안을 해소하려는 의도이지만, 이 소설들의 결론은 외려 앞으로도 이런 쟁투가 불가피하다고 예고한다. 톰슨의 등장인물들은 그저 "욕을 퍼부으며 그것을 지켜보았다"(Thompson, 1940: 244). 두 소설가는 이러한 순환적 운동을 강조하려는 듯, 각자의 속편에서 전편과 같은 등장인물, 주제, 문학지리 메커니즘을 활용하며 이 문제로 되돌아 간다.

이런 이데올로기적 순환성은 소설의 지리에 내재한다.《시리 람》서사의 절정이 소설 중심에 자리 잡은 주변부 동굴에서 일어난다면, 소설 후반부는 인도 제국의 인프라 중심부로의 회귀를 서술한다. 그곳은 도시경관의 인프라 밀도라는 면에서 물리적으로 인프라 중심부일 뿐 아니라, 사회경제적으로도 인프라 중심부이다(그것은 텍스트의 영역 속 인프라이자 그 영역의 인프라이다). 소설은 반제국 저항을 인도의 시골 공간으로 치워 버리고 그 공간에 억류하려 하지만, 시리 람이 최후의 폭력적 저항 행위를 저지르는 곳은 바로 델리라는 도시의 인프라 환경 깊숙한 곳이다. 시리 람이 암살하는 식민지 관리 메리베일Merivale이 서 있는 곳은 이렇게 묘사된다.

역 끝의 희미하게 빛나는 공간이었다. … 끝없이 이어지는 플랫폼은 저 멀리 신호기 부근까지 뻗어 있었다. 그것은 대도시를 위해 지어진 것 같았다. … 방향을 잃은 기관차들이 끝없이 화물차들을 여러 측선으로 이동시키는 듯했다. 메리베일은 이런 역을 왜 이렇게 크게 만드는지 의아했다. 저 멀리 끝부분에는 사람들이 빽빽이 들어차 있었고, 새된 목소리로 왁자지껄 떠드는 소리가 들렸지만, 사막 자체가 플랫폼에서 맨 끝

의 등불 앞까지 가까워지는 듯했다. (Candler, 2005: 544)

　제국의 인프라를 상징하는 "플랫폼"에 서 있는 메리베일은 저발전된 "사막"을 내다보고 있다. 영국령 인도의 인프라 네트워크 너머에 있는 이 주변부 지리는 물리적으로 인프라 경로 가까이 있는데, 이러한 연합된 이미지는 이 장면에서 빛과 어둠의 정도가 대비됨으로써 강조된다. 사막은 "맨 끝의 등불"이 시야에서 사라지게 한다. 이러한 물리적 환경은 시리 람이 물리적 경계를 월경越境하여 폭력적 저항 행위, 즉 메리베일 암살을 감행할 것을 예고한다. 나아가 이처럼 서로 대비되는 지리들은 이 장면 전반에 울리는 "화물차" 소리를 매개로 제국적 수출경제와 연결되는데, 이것은 1장에서 논의한 다다바이 나오로지와 로메쉬 춘데르 두트의 배수 이론을 암시한다. 시리 람이 메리베일을 저격할 때 서사는 텍스트 속 인프라를 중심으로 응집하는데, 이런 인프라는 역사적으로 영국이 인도아대륙을 경제적으로 착취할 수 있게 한 상징적 객체이다(Dantwala, 1973: 14 참고).

　기차가 역에 들어오는 소음에 〔메리베일의〕 꺼질 것 같은 의식은 바퀴를 떠올렸다. 자기 몸을 지탱하던 |바닥을 짚고 있던| 팔이 풀어지고, 뜨거운 바늘이 찌르듯 등에 통증이 느껴졌다. (Candler, 2005: 546)

　자기 행동에 스스로 충격을 받은 시리 람은 실수로 또 총격을 가한다.

　또 한 발의 총알이 그의 발치에 있는 갓돌에 맞고 텅 빈 화물차 안으로 튕겨 들어갔다. … 잠깐 두 사람 외에는 아무도 이 드라마를 알지 못했다. 엔진의 날카로운 굉음과 차량 연결기의 쨍그랑하는 소리 때문에 아무도 권총이 발사되는 소리를 알아채지 못했다. (Candler, 2005: 546)

유탄 때문에 서사는 죽어 가는 메리베일에서 잠시 벗어나는데, 이 빗나간 총알이 때린 "화물차"가 의미심장하게도 "텅 비어" 있음은 세계체제의 "제멋대로 성장하고 침체하는 경기순환"으로 인해 벌어지는 기근의 파괴적 결과를 시사한다(Hall-Matthews, 2005: 68).[15] 역사적으로나 상징적으로나 제국의 자신감, 군사 안보, 경제발전을 촉진해 온 인프라가 이 절정 장면에서는 권총 소리가 들리지 않게 함으로써 폭력 행위를 은폐한다. 이 장 마지막 절들에서 이러한 인프라 구획은 제국 안보라는 이데올로기를 내포한다기보다 도리어 시리 람의 반제국 활동을 은유적으로 재연한다. "양쪽의 순경 두 명에게" 질질 끌려 나오는 시리 람은 소리 높여 자기 행동을 해명하면서 "영국인들은 이 나라에서 오래 버티지 못할 것"이라고 경고한다(Candler, 2005: 547). 그다음에 이런 경고는 이 장면을 상징적이고 물리적으로 형상화하는 인프라에서 알레고리적으로 촉진된다.

그들 | 시리 람과 그를 체포한 순경들 | 이 탄 차가 철로의 아치 아래를 지날 때,

---

[15] 홀 매튜스Hall-Matthews는 이러한 기근 위기가 인도의 불균등 발전, 특히 비일관적이고 선택적인 제국의 인프라 발전으로 악화됐다고 주장한다. "교통 발달이 사회에 미치는 영향은 역동적일 수 있는데, 특히 잠재적으로 이윤이나 식량의 불안정을 초래할 시장에 대한 접근성을 창출하기 때문에 그렇다. 또한, 교통 발달은 지역 시장을 거기서 경쟁력이 없을 어떤 큰 시장(교통 자체의 시장도 포함)에 통합하고 거기서 혜택을 볼 잠재성이 더 큰 다른 시장에는 통합하지 않음으로써 난국을 초래할 수도 있다"(Hall-Matthews, 2005: 73). 마이크 데이비스도 이러한 기근을 인도의 불균등한 인프라 발전 및 인도 행정부의 자유무역 정책과 결부시키면서, 이런 것들이 "애초에 기근이 일어날 수밖에 없도록 만든 바로 그 사회경제적 집중의 온상이자 촉진제"라고 말한다 (Davis, 2010: 15-16).

|영국으로| 귀국하는 승객들을 실은 봄베이메일 열차가 그 위로 덜컹거리며 지나갔다. 열차가 점점 멀어지자, 희미해지는 금속성 고동은 그들에게 마치 만물의 조종弔鐘처럼 들렸다. (Candler, 2005: 546)

이 장 마지막 절들에서 묘사된, 메리베일 본인이 타고 다녔을 열차|봄베이메일 열차|는 실제로 영국인 승객들이 |뭄바이(봄베이) 항구에서 귀국선을 타고| 인도아대륙에서 사라지게 하는 역할을 하며, 기차의 "금속성 고동"은 소설의 마지막 문장에서 "천둥"이 우르릉거리는 소리를 예고한다(Candler, 2005: 515, 554). 민족주의 운동의 위협은 이처럼 누적되는 상징적 음향을 통하여 서사의 인프라에 내장되어 있다. 이런 위협을 해결하려는 서사의 시도는 앞으로 나아가지 못하는 순환적 패턴으로 끝나지만, 민족주의를 표현하는 시간적 전진의 감각은 인도 민족의 포스트식민적 미래성을 예견한다.

하지만 《인도의 어느 날》은 이러한 기상학적 은유에 더욱 상징적인 무게를 얹는다. 위에서 언급한 세 주인공의 동굴 침투가 무익하게 끝난 후에 "불쾌한 날씨"가 이어지는 시기가 찾아온다. "믿을 수 없을 만큼 맹렬한 폭우가 땅을 뒤덮었다."

하마르는 자기 집 베란다에서 새벽이 환하게 밝아오는 것을 바라보다가 고무장화를 신은 닉슨이 강을 건너는 것을 보았다. 강물이 그의 발 주위에서 첨벙첨벙 소리를 냈다. … 이 지긋지긋한 날씨 탓에 집에 구금되어 지내 온 그는 나가야 한다고 느낀 것이다. 그는 하마르더러 같이 가자고 불렀다. (Thompson, 1940: 159)

또다시 자기 방갈로 베란다에 있던(실은 베란다에 구속 혹은 '구금'되어 있던) 하마르는 식민적 방갈로라는 안전한 인프라 경계 안에서 안온하게 머물지 않고 닉슨과 합류하여 악천후에 맞선다. 버컨의 프런티어 의식을 연상시키는 불안에 이끌려 "지긋지긋한 날씨"에 맞서는 두 남자는 폭력으로 나아가려는 민족주의 봉기를 발견하고 진압하게 된다. 이것은 의미심장하게도 해거드의 《솔로몬 왕의 광산》에 대한 상호텍스트적 다시 쓰기로 서술된다. 로맨스의 장르적 좌표는 "공간에서", 그것도 "현실적이고 역사적인 공간"에서 진화하고 변화하는데(Moretti, 1998: 3), 톰슨의 다양한 "이데올로기적 동일시와 배제"가 이런 좌표를 재조정한다(Monsman, 2010: vi). 이 등장인물들은 "정글" 안으로 "앞으로" 밀고 나가다 "첫 번째 무너진 사원"에 이르는데, 거기에는 "라다 신과 크리슈나 신의 조상彫像이 실린 석조 전차"가 세워져 있다(Thompson, 1940: 159).

> ㅣ이 장식벽은ㅣ 옆으로 치워져 있었다. 그 아래로는 땅속으로 계단이 뻗어 있었다. 그리로 물이 쏟아져 내리는 가운데, 벵골인 여섯 명이 상자들을 치우느라 고생하고 있었다. 그들은 경찰 나리를 보자 놀라서 달아났다. 영국인들은 앞으로 돌진했다. … (Thompson, 1940: 159)

이렇게 비워진 동굴에서 톰슨의 "영국인들"은 경관의 이 지형 내부에 또 다른 속이 빈 공간이 박혀 있는 것을 발견하는데, 이곳은 제국적 주인공들을 그때까지 방갈로에 "구금"하던 "물"과도 결부된다. 힌두교의 "라다 신과 크리슈나 신의 조상"은 오로빈도 고세나 비핀 찬드라 팔Bipin Chandra Pal 같은 벵골 민족주의자와의 역사적 관련성을 환기하는데, 이들은 캔들러 소설에 등장하는 스와미의 모델이기도 했다. 이 구절에는 민족주의 이미지, 기상학 이미지, 종교 이미지가 중첩되어 있는데, 텍스트는 초조하게 이런 다양한 이데올로기적 전략을 번갈아 다룬다. 해거드의 제국적 주인공들이 "거대한 종유석 동굴 입구"로부터 "저 옛날 맨손으로 산의 **속을 비워 낸**" "음침한 방"으로 들어가던 것처럼[Haggard, 2008: 165; 필자의 강조], 톰슨의 등장인물들도 일단 빈 동굴에 침투한 후에 지하의 또 다른 방을 발견한다. 민족주의자들이 치우는 "상자들"조차 해거드 주인공들이 발견한 "마티니 헨리 소총의 탄약 상자"와 비슷하다. 그러나 중요한 것은, 해거드의 상자들에는 "금덩어리"가 그득했지만, 톰슨의 등장인물들은 커다란 무기고를 발견한다는 것이다. 닉슨은 무기고를 이렇게 묘사한다.

> 이 권총과 탄약들의 값어치는 틀림없이 수천 파운드에 또 수천 파운드에 달할 거야. 이자들은 소총 보관대도 있군. 소총은 권총만큼 많지는 않지만. 아직 터뜨리지 않은 폭탄과 수류탄도 최소 이백 발은 있어. 다 폭파해야지. 용수철이나 폭탄 부품도 수천 개나 있고. … 오늘 아침에 놈들이 바쁘게 치웠던 게 바로 탄약과 폭탄이었어. [Thompson, 1940: 161]

이 프런티어 공간에 침투하는 주된 동기는 이제 |《솔로몬 왕의 광산》에서처럼| 그 지역의 광물자원을 찾으려는 거의 은폐할 수 없는 목적도 아니고, |《프레스터 존》에서처럼| 식민본국의 사회적 긴장을 구제하기 위한 압력 배출밸브를 제공하려는 것도 아니다. |《솔로몬 왕의 광산》이 출판된| 1885년이나 |《프레스터 존》이 출판된| 1910년이 아니라 |《인도의 어느 날》이 출판된| 1927년이라는 다소 늦은 역사적 시점에 톰슨이 로맨스의 핵심 수사들을 반복하는 동기는 점점 응집되고 폭력이 잠재된 민족주의 저항으로 유발되는

이데올로기적 불안을 해결하려는 것이다.

톰슨의 주인공들은 이러한 반제국 운동을 색출하고 진압하는 데 성공한다. 하지만 이 서사는 본서에서 고찰하는 다른 로맨스들과 마찬가지로, 경관의 불균등 발전을 따라 공간적으로 지도화하는 자신의 재현 능력의 한계를 여전히 자각한다. 닉슨과 하마르는 무기고를 발견한 후, 자신들의 지리적 지식이 부족함을 돌이켜 본다. 닉슨은 이렇게 지적한다.

자네가 젊은 인도인이라고 상상해 보자고! 그러면 이 땅을 구석구석을 꿰뚫고 있을 테고, 이 나리들을 속여서 정글에 가두고 영영 안개 속에 가둘 수 있다고 생각하겠지. 이자들은 아무것도 모르고, 사람들이 어떻게 생각하고 느끼는지도 모르고, 그야말로 아무것도 모르니까! 자네도 이 운동에 동참하고 싶어질걸세! (Thompson, 1940: 162)

여기서 닉슨은 스틸의 단편소설들에 나타나는 것과 비슷한 관점 전환을 시도한다. 그는 영국령 인도 인프라의 불균등 발전을 주변부 위치로부터, 혹은 르페브르의 말을 빌리자면 "그물의 구멍들"(Lefebvre, 1998: 132)로부터 상상하고자 한다. 닉슨은 여기서 반제국 활동의 존재를 인정함을 내비치지만, 이와 동시에 그것이 식민주의의 지도 제작 활동의 경계 너머에 있음을 강조한다. 그다음에 이러한 정식화는 지리적으로 표현되는데, (문화적 측면과 경제적 측면 모두에서) 주변부인 "정글"이 이러한 저항의 근원지가 되는 것이다. 다음 절에서 더 살펴보겠지만, 톰슨의 문학 작품에서 이데올로기 및 지리의 생산이 암시하는 바는 민족주의 운동이 부상하고 부상할 수 있던 것이 실은 영국령 인도의 제국 인프라에서 현현하는, 불균등 발전이라는 조건 때문이라는 것이다.

'완화적 제국주의':
인도의 시골 공간 생산하기

《인도의 어느 날》의 배경을 이루는 사나운 기후는 이런 은유 기능도 있지만, 이 시기에 (톰슨 소설의 배경인) 콜카타와 그 주변 시골 지역을 덮친 실제 홍수(그리고 가뭄)의 증언이기도 하다. 이처럼 극적으로 요동치는 강수량과 기후에 직접 대응하기 위하여 영국령 인도는 1878년 기근 구호보험기금Famine Relief and Insurance Fund을 설치하고, 1880년대부터 "지역 구호조직을 지도하는 지역 기근 규약"을 개발했다(Davis, 2010: 141). 캔들러와 톰슨은 모두 인프라 발전을 통한 기근 구호 촉진에 열중하며, 스틸과 마찬가지로 이를 이용하여 자애로운 제국주의 혹은 "완화적 제국주의"(Mukherjee, 2013: 18)라는 관념을 전파한다. 그러나 이들이 인도주의 이데올로기에 개입하는 방식은 스틸과 다소 다르다. 이들은 이 이데올로기를 이용하여 제국 통치의 유지를 직접적으로 정당화하기보다는 오히려 포스트제국 시대의 인도 정부는 이런 구호를 제공할 수 없을 것이라고 주장한다. 이들의 소설에서 시골의 지리는 민족주의적 저항 억제를 위해 고안된 공간적 메커니즘으로 기능하지만, 이와 동시에 은혜로운 제국 통치를 가리키는 공간으로 작용하기도 한다. 이러한 식민지 공간의 문학적 생산은 역사적으로 불균등 발전으로 형성된 다양한 지리적 공간 자체에 다양한 이데올로기를 불균등하게 투여한다.

앞에서 논의한 《시리 람》의 마지막 장면에서 이러한 불균등 발전을 읽을 수 있는데, 이를 위해 시리 람이 테러 공격을 한 영국인 희생자 메리베일을 더 자세히 살펴볼 필요가 있다. 이 서사는 시리 람이 메리베일을 살해하려 할 때 두 등장인물을 식민주의와 민족주의의 대치라는 더

광범위한 맥락의 알레고리로 변형하는데, 이는 포스터의 서사와 마찬가지이다 | 《인도로 가는길》에서는 아지즈와 필딩이 이러한 알레고리로 등장한다 | . "그 순간 그 | 시리 람 | 는 억압자와 피억압자인 메리베일과 자신만 생각했다. 그의 대의는 그것으로 좁혀졌다"(Candler, 2005: 537). 티켈의 주장에 따르면 "인도 민족주의"는 "자기희생과 순교에 대한 숭배를 반식민 저항으로" 발전시켰지만, 영국은 처음으로 "영웅주의, 그리고 식민지 남녀가 겪는 고통의 구제를 중심으로 극히 배타적이고 감정적인 기독교적 희생 신화를 구축했다"(Tickell, 2012: 19). 따라서 "전염병에 대한 그 지역의 이론과 싸우는 메리베일의 영웅적 개입"은 "시리 람의 테러리스트 경력"과 서사적으로 대척점에 있다(19). 그렇다면 각자의 대의를 위해 목숨을 바치는 두 남자의 알레고리 기능은 나아가 이 텍스트에서 각 인물의 자기희생 혹은 순교의 역할을 통해 문학화된다.

〈마을The Village〉이라는 제목의 《시리 람》 2부에서 옆길로 새는 서사 부분은 영국령 인도의 공간적 규제 체계가 주변부 지역으로 확대되고, 이에 따라 거기에서 메리베일이 구호 활동을 하게 된 과정을 그린다. 버컨의 "접경지"와 마찬가지로, 인프라의 중심부 공간과 주변부 공간이 만나는 이런 프런티어 지역에서야말로 캔들러의 제국적 등장인물이 지니는 알레고리적 의미가 텍스트 내에서 가장 깔끔하게 통합되고 자의식적으로 부각된다. 전염병에 희생된 시골 마을을 마주한 메리베일은 영국령 인도의 인프라망 최외곽에 있는 침략적 제국주의자의 알레고리로 묘사된다.

그는 사람이나 법 따위는 신경 쓰지 않았다. 그가 법이었다.
그는 매일매일 새로운 긴급상황에 대처하는 새로운 규정을 공포하기 위해 호주머니에 훈령들을 감추고 있었는지도 모른다. 중요한 것은 단 하나뿐이었다. 마을을 소개疏開하고 집을 소독하고 격리 수용소와 병원 수용소를 건설해야 했다. 그는 발치에 널린 일들을 발견하고 그리 뛰어 들었다. 책임이야말로 포도주처럼 그를 달구었다. [Candler, 2005: 434]

캔들러의 서사는 이 '재난 사건'이 제국적 통치를 정당화하기 위해 어떤 이데올로기적 기능을 하는지 자기반영적으로 암시한다. 메리베일은 "완화적 제국주의자"라는 역할을 하지만, 서사는 이와 동시에 그가 "사람이나 법" 따위는 무시한다는 사실을 드러낸다. 이러한 외견상의 역설은 인도주의적 구호 활동이 제국주의가 자신을 정당화하는 힘겨운 전략에서 어떤 이데올로기적 역할을 하는지 드러낸다. 메리베일이 떠맡은 책임이 마치 "포도주처럼" 강렬한 마취제가 된다는 것이다. 피식민자만큼이나 식민자에게도 이익이 되는 이러한 어수선한 임기응변의 분위기는 '발치'에 널린 일에 "뛰어들었다"라는 공간적 은유로 더욱 강화된다. 메리베일이 재난의 구체적인 사항에는 무관심하다는 것도 부각된다. 델리로 돌아온 그가 "처음 만난 사람"이 "'몇 달 동안이나 어디 계셨습니까? 기근이었지요?'라고 묻자, 메리베일은 전염병이었다고 설명하면서 '하지만 얼마나 낭만적인가요!'라고 말했다"(464). 메리베일과 이야기를 나누는 영국인 인물들은 재난이 어떤 형편인지에 대해서도 무심한데, 이런 대화는 의미심장하게도 재인도 영국인 클럽이 있는 상징적인 건축 공간 내부에서 이루어진다.[16]

---

16 포스터의 《인도로 가는 길》 전반에 걸쳐 재인도 영국인 클럽은 인종적으로 분리된 공간으로 거듭 묘사된다. "클럽의 변화는 느리게 일어났다. 클럽은 여전히 영국인의 식탁에서 식사할 수 있는 이슬람교도는 소수이고 힌두교도는 없다고 선언했다"(Forster, 2005: 60). "토착민이 있다. …

그래서 문명의 품으로 돌아온 메리베일은 별로 이야기하지는 않았지만, 내심 큰 기쁨을 느꼈다. 스킨은 그의 전염병 모험담을 이네스$_{Innes}$를 통해 조금 들었지만, 그가 입을 열게 하기는 어려울 것을 알고 있었다. 어쩌면 유도 질문을 하면 조금씩 이야기를 풀지도 몰랐다. (Candler, 2005: 464)

재난은 "낭만적"이라거나 "전염병 모험담"이라거나 그저 "이야기"로 치부되고, 제국주의의 팽창적이고 분리적인 공간적 움직임에 복무해온 이데올로기적 기능으로 축소된다. 메리베일은 "문명의 품으로 돌아왔으나"(이 문명은 공간적으로는 도시에 있는 재인도 영국인 공동체로 설정된다), 고통받는 마을 사람들은 "그 부하 직원들"의 지배에 남겨져서 "모든 집이 소독되고 경찰이 마을을 에워쌌다"(440). 이 텍스트는 제국의 개입을 그것이 목숨을 구한 사람들의 숫자라는 관점에서 정당화하지만("소개 전에는 사흘 동안 사망자가 서른두 명이었지만, 소개 후에는 모든 날을 통틀어 단 두 명이었다"), 그 결과로 제국주의 이익에 부합하는 새로운 시골 지리가 이데올로기적으로 생산된다. "완화적 제국주의"라는 표현으로 이데올로기적으로 정당화하기는 하지만, 캔들러의 서사는 기안 프라카쉬$_{Gyan\ Prakash}$가 영국 제국주의의 "권력과 정체성의 일관된 전략"이라고 묘사한 것을 폭로한다. 이 전략은 "[피식민] 인민들의 삶이 얽힌 구조들"을 뚫고 구축된다(Prakash, 1999: 3). 프라카쉬가 주장하듯이, "철도, 제강공장, 광산, 관개시설, 수력발전 프로젝트, 화학 및 석유공장"에

우리는 그를 우리 클럽에 받아들이지 않는다"(88). 또 어느 등장인물은 "제 생각에 클럽 안에서 하는 말은 클럽 밖으로 나가지 않지요?"라고 말한다(176). 므리날리 신하$_{Mrinali\ Sinha}$가 보여 주듯이, 클럽은 "유럽중심주의의 모순된 논리를 전달하는 특권적 장소"로 운영되는 "철두철미 제국적인 제도"이며, "특유한 식민적 공론장"을 창출한다(Sinha, 2001: 493).

서부터 "공중보건 조직 및 규정, 관료제 및 그것의 개발주의 관행"에 이르는 이러한 물리적 기술과 제국적 인프라[3]는 "공간과 국가의 연결 고리"를 벼려 내어 "새롭게 구성된 인도를 그것의 기술적 구성 제도의 주요 부분으로 만들었다"(160).

메리베일이 마을에 침투하여 그것을 분할하고 구획화하는 일은 주민들에게 "잔존하는 저항의 선례"(Candler, 2005: 435)를 폭력적으로 억압함으로써 시작된다. 이 시골 지역에 대한 제국의 점령은 그에 대한 저항을 잔혹하게 물리적으로 억압하는 일로 묘사된다.

> 그들이 문을 통해 달려가자, 한 청년이 팔을 뻗어 가로막았다. 그는 "우리는 당신들이 여기 있는 걸 원치 않소"라고 말하며 역겨운 욕을 퍼부었다. 촌시Chauncey[메리베일의 동료]가 그를 때려눕혔다. 두 사람[촌시와 메리베일]은 군중에 달려들어 몽둥이로 길을 헤치며 나아갔다. 그들은 삽시간에 길을 장악했다. (Candler, 2005: 436)

캔들러가 묘사하는 두 명의 제국적 대리인은 마을을 인도 행정부의 국가 관료제에 통합할 인프라를 위하여, 문자 그대로, 그리고 폭력적으로 길을 헤치며 나아간다. 이 장면은 |병인病因에 관한 | "전염설傳染說의 유서 깊은 관행"을 보여 주는데, 이에 따라 때로는 "모든 시장, 그리고 여타 토착민 마을 주변에 임시 방역선"을 설치하기도 했다(Nightingale, 2012: 133). 이 주변부 공간을 제국주의의 구속적인 인프라망에 물리적으로 얽어매는 메리베일과 촌시는 그 물질적 지리를 변화시킴으로써 그 공간을 생산한다. 이들은 자신들이 기존의 문화적 분리로 이해하는 것을 식별해 내지만, 민족적·종파적·계급적 선에 따라 마을을 인프라적으로 구분하는 분

리의 지리를 생산함으로써 그런 문화적 분리를 고착시키고 강화한다.

> 촌시는 … 위생 및 격리 수용소를 설치하면서, 카스트마다 따로 구역
> 을 배당하고 구역 간에 오염되지 않을 만큼 간격을 두었는데, 이는 그들
> 이 집에서도 하던 대로였다. 자트족 | 주로 인도 서북부에 사는 인도 아리안계 종족
> 으로, 유력한 농민 카스트 | 은 중앙에, 농민인 카민족은 등급에 따라 사방으로
> 분리된 수용소에 있었다. 그리고 불가촉천민, 청소부, 오염이 심한 구두
> 장이들은 웅덩과 우물에서 제일 먼 곳에 있었다. [Candler, 2005: 435]

물론 이 텍스트는 제 이데올로기적 의제를 고수하면서, 인도주의적
개입을 구실로 인도 공간 재구조화를 정당화하고 사회적·민족적 분열
이 제국의 통치 전부터 존재했다고 강변한다. 그렇지만 이 텍스트는 "식
민지 인도의 설계된 공간"이 아대륙에 대한 식민주의의 지리적 상상뿐
아니라 민족주의의 상상에도 영향을 미쳤음을 보여 준다(Prakash, 1999: 160).
캔들러는 종파 집단 간에 분할된 공간이 식민적으로 생산되는 과정을
서술하는데, 이러한 사회지리적 상상은 독립 인도라는 "상상의 공동체"
에 계승되어 파멸적으로 폭력적인 결과를 초래하게 될 것이었다. 이 텍
스트는 시골 공간의 생산을 통하여, 판데이Pandey의 주장처럼 종파주의
가 "식민주의 지식의 한 유형"임을 드러낸다(Pandey, 2008: 6).

톰슨의 두 번째 소설인 《인도여 잘 있거라》(1931)도 이와 비슷한 지도
제작 과정에 참여한다. 이 과정은 도시 지역과 시골 지역이라는 기본적
이분법을 재생산하는 동시에, 제국 로맨스가 그랬던 것처럼 이들에게
서로 다른 이데올로기적 기능을 불균등하게 투여한다. 인도의 시골은
"지질학적 축적 및 무급 노동의 생물학적 배치"를 위해 "자연화된" 공간

이 된다(Moore, 2015: 175). 그리하여 급속도로 산업화하는 콜카타를 비롯하여 인도아대륙의 성장하는 중심 도시들의 인프라가 잠식해 들어와 야기되는 이데올로기적·사회적·경제적 모순을 누그러뜨린다. 톰슨의 영국인 등장인물 올든은 소설의 서두에서 버컨의 프런티어인들과 마찬가지로 텍스트의 배경인 시골의 경관을 조망한다. 그는 "황야와 버려진 사원들이 있는 지역으로 이어지는 샛길"에 접어드는데, 이 길은 "늪지대의 고대 유적인 붉은 저수지로 데려갈 것이다"(Thompson, 1931: 17). 이 지점에서 시골 환경은 어떤 인프라 노선에 의해 잘리는데, 이것 때문에 이웃하는 도시를 응시하는 올든에게 경관이 분열된다. 올든은 "붉은 저수지"로 이어지는 길을 따라가다가 "그것 l 샛길 l 이 우선 단선 철로를 가로지른다"라는 것을 깨닫는다. 이 철로는 "비슈누그람을 그로부터 28마일 떨어진 사모다르강 선착장과 그 건너편의 침침한 산업도시들과 연결한다"(17). 여기서 비슈누그람은 산업 생산과 도시화의 장소인 데 비하여, 시골 환경은 도시 및 그것을 암묵적으로 형성하는 자본주의적 관계들로부터 어느 정도 분리되어 있다. 프런티어라는 구원의 공간을 재구성하기 위해, 톰슨은 시골 공간을 실은 주변부 경관이 아니라 전前자본주의 경관으로 재설정하는데, 이런 유의 "외부 자연"은 여러 세기 동안 "자본가와 제국이 전례 없는 규모로 … 착취의 지구적 그물망을 구축할 수 있도록 해 준 것이다"(Moore, 2015: 190).

버컨에게나 톰슨에게나 프런티어는 "그저 거기 있는 것이 아니라, 상상되고 개념화되고 **보여야** 했다"(190, 필자의 강조). 인도의 시골을 응시하는 올든이 보는 것은 "이것이 인도였다. 토지에는 울타리가 없고, 집들조차 여자들의 규방을 제외하면 그다지 사적이지 않다"라는 것이다(18). 제임슨의 주장처럼 "자본주의 문화의 결정요인 중 하나가 … 사적인 것과 공적인 것의 근본적 분리"라면(Jameson, 1986: 69), 톰슨은 (인도 건축에 대한 포스터의 묘사와 상당히 비슷하게) 인도 시골의 인프라를 전자본주의적이고 '자연적'이며 세계체제 외부에 존재하는 것으로 생산하는데, 이 세계체제는 실은 이 지역의 저발전을 가져온 원인이다.

그러나 더 가까이 읽으면, 이 소설은 자본축적 이야기에 필수적인 허구를 엮는 가운데, 자신이 관여하는 "자연 생산의 과정"을 누설한다(Smith, 2008: 49). 올든이 발전한 도시와 저발전한 시골 경관을 연결하는 인프라 경로인 '단선 철로'를 관찰하는 것은 이 서사가 이 부분에서 이 시골 공간을 전자본주의적 '황야'로 생산하는 것과 일치한다. 이 텍스트는 자신의 내용을 '역사적 맥락'에 위치시키는 가운데, 자신이 인도 시골을 전자본주의적으로 재현하는 일이 스미스와 무어의 말을 바꾸어 표현하자면, 자신의 이데올로기적 생산이 낳은 산물임을 누설한다. 톰슨의 텍스트에서 인도에 대한 묘사는 "허위적이고 이데올로기적인, 사회와 자연의 이원론"을 재생산하는데, 그것이 인프라 발전을 지도화하는 방식에 초점을 맞추면 "불균등 발전의 실제 패턴"이 "자본의 통합성이 낳은 산물"임이 드러난다(Smith, 2008: 50). 여기에서 우리는 인프라 읽기를 통하여 주변부 공간을 중심부 경로에 다시 연결할 수 있고, 이를 통해 톰슨 소설이 부인하려는 주변화 과정을 인식할 수 있다.

이런 공간적 생산은 소설의 서문에서 인도아대륙 전체로 증폭된다. 톰슨은 자신의 허구적 텍스트를 "잘 닦인" "관광객"의 길 너머에 있는 저 인도 지역들의 지도로 설정한다.

독자가 유념할 점은, 비슈누그람이 거대한 도시가 아니라 완전히 전형적인 지방 소도시에 불과하다는 사실이다. 면적이 천 제곱마일쯤 되는 지역의 중심 도시일 뿐이다. [독자가] 자신이 있는 [소설 속의] 상황과 조건이 관광객은 전혀 모를 수밖에 없는, 수천 개의 인도 지방 도시와 본질적으로 같다고 상상한다면, 과히 틀리지 않을 것이다. [Thompson, 1931: 5-6]

도시 지역과 시골 지역을 조각보처럼 엮는 이 소설의 문학지리는 아대륙 전역으로 외삽되어, 영국령 인도의 불균등하고 불평등하면서도 가속적인 경제발전의 파괴적 영향이 낳은 이데올로기적 모순을 해결한다. 이와 같은 모순이 생기는 이유는 정부의 보호로 인도주의적 역할을 한다는 영국령 인도의 자기 정당화 수사가 특히 이런 파괴적 영향으로 약화되기 때문이다. 톰슨의 또 다른 영국인 등장인물 핀들레이Findlay는 "정부가 공식적으로 기근이라고 선언할 필요는 없었다. 이 땅에는 항상 어딘가 기근이 있었다. 항상 질병과 고통이 있었다"[Thompson, 1931: 61]고 생각한다. 이처럼 인도의 주변부 공간을 괴롭히는 기근을 영속하는 것으로 최종적으로 규정하는 일 자체가 완화 이데올로기의 징후이다. 지속적인 인도주의적 개입을 정당화하려면, 인도의 시골 지역을 끊임없이 전염병이나 기근 같은 재난에 시달리는 곳으로 생산해야 한다.

무커지는 완화 이데올로기 내부에서는 "제국주의의 동력(산업자본주의와 금융자본주의)과 재난 간의 구조적 관계가 … 상상되지 않거나 상상될 수 없다"라고 쓴다[Mukherjee, 2013: 41]. 그러나《인도여 잘 있거라》는 무커지가 주로 초점을 맞추는 스틸의 소설을 포함한 문학보다 수십 년 뒤에 쓰였다. 그 사이의 기간인 19세기 말부터 1930년대 초까지, 산업 및 도시의 발전은 인도의 구석구석까지 퍼졌다. 톰슨의 소설은 초조감을 감추지 못한 채, 폭발적인 도시·교통·통신 인프라 성장과 이로써 촉진된 사회적·경제적 자본 관계 심화를 기록한다. 톰슨의 이런 반응은 소설에서 시골 공간을 다급하게 생산하는 과정에 들어 있으며, 무커지의 용어를 빌리자면 완화적 제국주의를 감싼 "이데올로기적 허울의 구김살"을 드러낸다[18]. 소설에서 제국 인프라를 간간이 재현하는 데 주목하면 이 소설이 제국주의 인프라 발전 및 자본주의 발전과 '자연'재해 간의 "구조적 관계"를 드러냄을 알 수 있는데, 모순적이게도 이 발전의 상당 부분은 이런 재해로 정당화된다. 인도아대륙이 세계체제의 모순 및 불균등 발전에 점점 더 복속하는 중에도 완화적 제국주의를 정당화하는 이데올로기를 유지하려면, 인도 공간을 재난으로 점철된 시골 경관으로 그리는 식민적 상상은 적극적으로, 그러나 실은 초조하게 생산되고 또 재생산되어야 한다.

제국 수도에서의 저항:
도시 공간의 생산

이러한 '자연적' 혹은 '전前자본주의적'이라는 개념의 생산을 추동하는 것은 콜카타의 급성장하는 도시경관이다. 콜카타에서 도시 인프라의 급증은 해니가 제국적인 런던에서 느낀 불편함을 연상시키는 폐소공포증의 대기를 조성한다. 이것은 기상학적으로는 "물리적일 뿐 아니라 심리적인 더위"(Thompson, 1931: 40)에 나타난다. "비슈누그람으로 돌아가기 위해" "야간열차"를 기다리는 올든은 그저 "웃통을 벗고 침대에 누운 채 캘커타의 다채로운 소음을 들으며" 오후를 보낼 수밖에 없다. 그는 사적 공간인 호텔 방에 틀어박혀 "현대 세계의 스쳐 지나가는 목소리들"에 귀를 기울인다.

올든은 아직은 그의 비슈누그람을 거의 어지럽히지 않는 다른 소리들도 대도시와 동일시하게 되었다. 덜컹거리고 쩽그랑거리는 전차 소리, 다가오고 멀어지는 자동차 소리. … 그는 캘커타 거리에 자동차가 거의 없던 시절을 떠올렸다. 이제 이따금, 특히 |이런 소리로| 유린당하는 밤에는, 온 세상이 다 함께 신음하면서 무언가 현현하기를 기다린다고 생각할 수도 있었다. 무언가? 인류를 육체적 피로와 온갖 질병에서 구해 낼, 그리고 빛, 색깔, 촉각, 소리의 성마른 감각에서 틀림없이 구해 낼 어떤 더 높은 차원의 기계화를? (Thompson, 1931: 41)

올든이 가로지르고 소설이 가로지르는 인도의 다양한 지리적 영역(주변부인 시골, 준주변부인 비슈누그람, 변화한 중심부인 콜카타)은 인도 경관의 불균등 발전을 부각한다. 표면적으로는 선형적 발전 궤도 위에 있는 주변부에서 '현대 세계'에 의한 축적은 느리지만, 올든은 이러한 다양한 수준의 발전을 하나의 통일적 과정으로 동기화된 것으로("온 세상이 다 함께 신음하면서"), 실로 공간적으로 상상한다. 이러한 "불균등 발전의 패턴들"은 "자본의 통합성이 낳은 산물"이 되는 것이다(Smith, 2008: 50).

자본주의 세계체제와 그것이 생산하는 불균등하고 불평등한 발전을 "하나의 단일한 현상"(WReC, 2015: 12)으로 인식하는 올든은 일반적으로 식민문학에서 가장 깊은 이데올로기적 위기인 것에 직면한다. (룩셈부르크가 주장하듯이 자본축적을 촉진하는) 제국의 인프라 발전은 그것이 밀고 들어갈 시골의 재난 지역이 없다면 어떻게 유지되겠는가? "인류를 육체적 피로와 온갖 질병에서 구해 낼 더 높은 차원의 기계화"라는 올든의 열망은 근본적으로 결함이 있다. 이것이 실현된다면(제국의 인프라 발전이 종국적으로 식민지 신민 모두를 빈곤에서 구제하고 기근과 전염병을 영원히 근절한다면), 이데올로기로서 완화적 제국주의는 해체될 것이다. 바넷이 20세기의 인도주의적 개입에 관해 쓰듯이, "인도주의적 거버넌스는 그 사업을 접게 되기를 희망"하며, 따라서 "자신의 파괴에 헌신한다"(Barnett, 2014: 222-223). 여기에서 식민 자본주의의 경제적 결정요인들 그리고 인도주의 이데올로기는 각자의 유한한 시간성을 현실화하는 이 위기 지점에서 교차한다. 톰슨의 인도 시골 공간 생산을 추동하는 경제적 동력과 이데올로기적 동력은 서로 중첩된다. 이것을 처리할 수 있는 것은 다시 마슈레를 빌리자면 그저 "웅변적 침묵"(Macherey, 1986: 79)의 순간뿐이다. "무언가 현현하기를 기다린다. 무언가?"

식민문학은 반란의 진압을 위해 이데올로기적 노력을 기울이지만, 그래도 하비의 표현으로 돌아가자면 "혁명적 궤적"(Harvey, 2012: xvii)을 내포한다. 하비가 이 표현을 창안한 것은 21세기 도시를 수많은 사회정치적 갈등을 생산하는 장소로 논의할 때였다. 도시는 "온갖 유형과 온갖 계급의 사람이 내키지 않고 부자연스럽더라도 한데 어우러져, 계속 변하고 일시적이나마 공통적인 삶을 생산하는 장소"이다(Harvey, 2012: 67). 이런 각본은 불균등 발전의 심화에 따른 근접성과 불평등 증대로 생산된다. 이번 장에서 다루는 역사적·지리적 공간이 꽤 다양하기는 하지만, 당대의 인도는 경탄할 정도로 급속하게 산업화하고 도시화하는 과정을 겪었다. 그리고 캔들러의 두 번째 소설《퇴위》는 뉴델리의 "논리적으로 계획"된 인프라 묘사로 시작한다(Candler, 1993: 1). 이 도시는 "1911년 캘커타에서 델리로의 영국령 인도의 수도 이전을 촉진하는 임무를 부여받았고" 겨우 "이십 년 만에 완공"되었다(Legg, 2007: 1). 영국령 인도의 수도를 "좀 더 중앙에 자리 잡은" 델리로 이전하면서, 행정 중심은 "점점 혁명적으로 되던 … 벵골"을 떠나게 되었다[28]. 스티븐 레그Stephen Legg는 이 도시의 건설이 "점점 공격적이 되던 민족이라는 관객에게 제국의 주권을 전시"했을 뿐 아니라, 도시 공간의 광대한 구역을 인프라적으로 변형했음을 보여 준다[29]. 하지만 이 경이로운 프로젝트에도 불구하고 델리는 여전히 두 부분으로 쪼개져 있었다. 이들을 각각 지칭하는 시간적 접두어 '뉴'와 '올드'는 오늘날에도 이 도시를 설명하는 데 쓰이고 있다. 이러한 분리는 무엇보다 각각의 인프라 발전에서 확연하다. 레그의 서술처럼, "제국 수도의 신고전주의적 기념비주의, 그리고 뉴델리의 삭막하고 기하학적인 공간"은 '구舊' 도시와 극명한 대조를 이룬다. 올드델리는 흔히 "근대적인 위생시설과 인프라"가 결여된 "전통과 공동체의 유기적 공간으로 묘사"되고, 적어도 식민적 상상에서는 "서양 관광객과 총독을 모두 당혹하게 하고 현혹하는 냄새, 광경, 접촉이 가득한 촉각적이고 감각적인 장소"가 되었다[1].

이러한 이데올로기적 연상은 《인도로 가는 길》의 서두의 지도학적 조망에 나타난 분리된 지리를 환기하는데, 이는 문학이 식민적 상상을 위하여 공간을 어떻게 생산하는지 보여 준다. 서로 다른 공간적 구역과 그곳 주민마다 시간적 현재성이 부여된다. 이것들은 선형적 발전의 척도 위에서 차례로 등장하는 역사적 시점들이면서도 동시에 존재한다. 하지만 포스터의 가상 도시 찬드라푸르가 여전히 극명하게 분리된 것과 달리, 캔들러의 델리 묘사는 이러한 공간적 분리를 가로지르면서 심문한다. 더 나아가, 이 서사는 도시경관을 재현하는 자기 능력에 대한 전복적 자기반영의 요소를 도입한다. 델리에 공존하는 사람들을 계층의 선을 따라 분리하도록 설계되었으나, "두 도시는 실상 하나의 도시로 통치되었고 허다한 방식으로 영향을 주고받았으며" "밀접하게 얽히게" 되었다

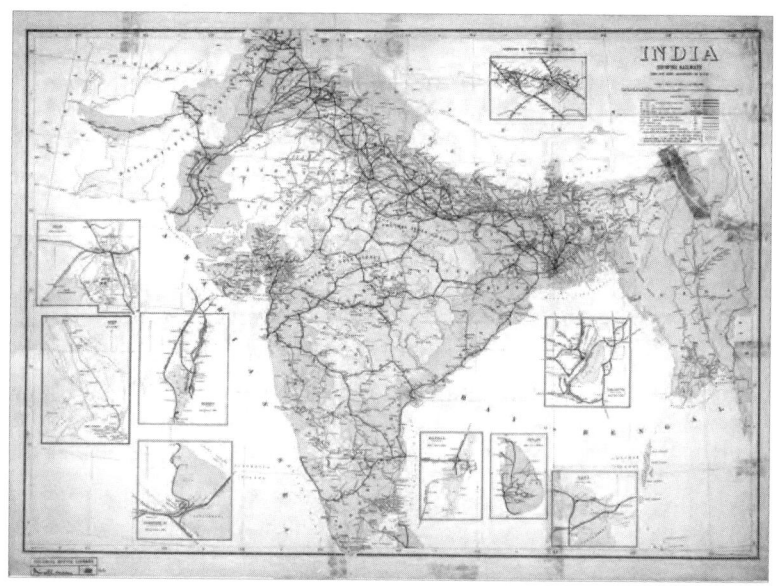

그림 4.3 1922년 시행된 인도 측량 지도. 아대륙 전역의 제국의 인프라 발전을 상세히 담고 있다. 여기 포함된 삽도들은 영국령 인도의 핵심적 도시 지역들의 인프라 배치를 상세히 보여 준다. 큐 국립문서고의 식민성 문서고 1047/1094.

(Legg, 2007: 1-2). 실제로 《퇴위》의 첫 문장은 공간적 월경의 가능성을 암시한다. 캔들러의 영국인 주인공 "라일리Riley"는 말을 타고 "모리게이트 성문을 통과하여 재인도 영국인 구역을 떠난다"(Candler, 1993: 1). 그는 "효율적이고, 논리적으로 계획"된 재인도 영국인 마을 "톰슨푸르"와 "극도로 불결한 시내"를 가르는 인프라 경계ㅣ모리게이트 성문ㅣ를 통과하는데, 이들 공간은 각각 지구적인 무역과 자본 네트워크("둥근 지붕의 전신우체국")와 결부되거나 경제적 빈곤("오염된 시내")과 결부된다(1-2).

그러나 이처럼 차별화된 도시 공간에 대한 라일리의 주관적 반응은 모순적이다. "극도로 불결한 시내는 코는 아니더라도 눈을 즐겁게 했지만",

이에 반해 뉴델리의 경직된 인프라와 건축물은 "침울하게 했다"[1-2]. 라일리는 "시내"를 재인도 영국인이 거주하는 "민간 지역Civil Station" | 영국령 인도에서 영국인을 위해 건설된 지역으로 '민간'이라는 표현은 '군대'와 대비하여 쓰였다 | 과 군대 주둔지의 경직된 공간적 분리보다 어떤 식으로든 더 "자연스러운" 공간으로 낭만화한다[3]. 이 공간들에 각각 부여되는 시간성은 서로 대비된다. 재인도 영국인 구역은 새로움이 강조되는 반면, 라일리는 "성문 안"의 올드델리 구역이 "시간의 동이 틀 때부터" 존재해 왔다고 관찰한다 [3]. 캔들러는 델리의 서로 대비되는 도시 공간들을 선형적 발전이라는 하나의 척도 위에서 문학적으로 생산한다. 이것은 차크라바르티가 말하듯 "유럽이 형용사 '근대적'을 전유"하는 동시에 "'근대성'이 창조한 '전통'이라는 악몽"을 생산하는 데 물리적 경관이 이데올로기적으로 공모함을 누설한다(Chakrabarty, 2008: 43-46). 이 텍스트는 제국주의가 이 도시 구역을 완전히 전근대적인 공간은 아니더라도 전자본주의적인 공간으로 구축함으로써 이 구역의 저발전에 공모한다는 것을 은폐하고자 한다.

라일리가 영국 제국주의를 알레고리로 대표하는 지위에 있음은 거듭 강조된다. 특히 그는 "《가제트Gazette》편집인"으로 재인도 영국인의 출판계를 이끄는 인물이고, 서사에서 영국령 인도를 덮친 "몽마夢魔"의 "상징"으로 묘사된다(Candler, 1993: 6). 버컨의 프런티어 등장인물들처럼, 라일리도 '자연적인' 혹은 '저발전된' 구시가지를 재인도 영국인이 거주하는 도시의 폐소공포증적 인프라에 대한 해독제로 설정한다. 앞선 장에서 논의했듯이, 이러한 일련의 공간적 움직임은 자본의 불균등한 축적 과정 위에 지도화할 수 있다.

그 구역의 매력은 그가 거의 잊고 있던 느낌, 즉 여섯 해 전 처음 인도에 왔을 때 느꼈던 호기심, 낯선 것에 대한 사랑, 모험의 갈망을 되살려 주었다. 극단 운영자나 소설가는 여전히 이런 "동양의 로맨스"를 활용하고 있다. 물론 여기에 대한 우리의 감수성이 전쟁으로 무뎌지기는 했지만 말이다. 전쟁은 만사를 밋밋하게 만들거나 만사를 너무 가까이 가져오는 것이다. … (Candler, 1993: 5)

이 주변부 공간에 대한 라일리의 애정 어린 관찰은 구시가지를 구원의 프런티어 또는 접경지로 생산하지만, 이와 동시에 올든의 경우처럼 이런 공간을 상실하는 데 대한 불안으로 얼룩져 있다. 여기서 다시 프런티어 의식의 근본적 모순이 드러난다. 식민적 글쓰기는 자신이 확장해 들어갈 수 있는 공간을 인프라 발전 너머에 생산하고 재생산해야 하기 때문이다. 그러나 여기에서《퇴위》의 서사가 자의식적 차원에서 보여 주는 것은 그것이 재현하는, '전근대' 혹은 저발전으로 제시되는 저 도시 구역까지 포함하는 경관을 실제로는 제국주의가 생산한다는 것이다. 이로써 도시의 저발전 구역이 사실 제국주의의 불균등한 인프라 발전의 일부임이, 즉 저개발의 산물임이 드러난다.《인도로 가는 길》도입부의 지도화에 나타나는 "식민적 시선"은 여전히 전지적이고 편재遍在하지만 (Pratt, 2003: 60), 캔들러의 서사에는 지각과 가시성에 대한 언급, 분리된 도시의 인프라를 재현하는 능력에 대한 언급이 가득하다. 건축 배치는 발전된 지역과 저발전된 지역, 즉 중심부와 주변부의 불균형을 부각하며, 라일리의 공간적 이동은 이들 지역 위에 겹겹이 쌓인 이데올로기 구조물을 누설한다. 소설의 도입부는 되풀이 나타나는 이런 주제에 시동을 건다.

말을 탄 라일리는 모리게이트 성문을 통과하여 재인도 영국인 구역을 떠나면서 **지각될 만큼** 가슴이 벅차오르는 것을 의식했다. 극도로 불결한 시내는 코는 아니더라도 **눈**을 즐겁게 했다. 톰슨푸르는 삶의 편의를 위하여 효율적이고 논리적으로 계획되었지만, **내면의 눈으로 보든 외면의 눈으로 보든**, 불만스러웠다. (Candler, 1993: 1; 필자의 강조)

나는 시각에 대한 이런 천착을 부상하는 인도 민족주의로 분열된 이데올로기적 불안을 공간적으로 표현하는 것으로 읽을 수 있고 또 읽어야 한다고 제안한다.[17] 도시의 인프라 배치 안에 기입되는 가시성과 가지성可知性이라는 주제는 이런 인프라 배치로 촉진되기도 하고 그만큼 방해받기도 한다. 재인도 영국인 공동체와 구시가지를 연결하는 길은 "곧고 넓어서, 사람들은 마주치기 1마일 전부터 보였다"[1]. 이 길은 가시성을 높이기 위해 닦였는데, 공간을 전략적으로 반란 활동의 억제와 진압에 맞추는 과정의 일환이었다. "톰슨푸르에 얼마든지 있는 공간"은 "성벽이 둘러싼 성문 안의 시내"를 "시각적으로나 물질적으로나" "완전하게 무색하게 했으며", "모리게이트 성문과 오염된 시내에 닿으려면 그곳 ㅣ톰슨푸르ㅣ을 떠나 2마일이나 와야 했다"[2-3]. 텍스트는 인프라 분할, 분리, 강요된 거리가 더 나아가 건축의 상징적 이용과 결합하는 것을 서술한다. 실제로 이러한 건축적 위업이 라일리에게 불어넣는 친제국 이데올로기는 그

---

[17] 롤래트 법Rowlatt Acts ㅣ 1919년에 영국령 인도에서 인도인 독립운동을 탄압하기 위해 식민지 정부에서 제정한 법률ㅣ에 대한 대응으로 시작된 간디의 네 해에 걸친 사티아그라하 운동이 끝난 1922년에 출간된 《퇴위》는 특히 인도 민족주의의 이러한 갈래를 다룬다. 간디식의 저항이 특히 격렬하던 또 다른 시기, 즉 1930년에서 1932년 사이의 시민불복종운동 시기에 출간된 톰슨의 두 번째 소설 《인도여 잘 있거라》도 간디식의 민족주의에 천착한다.

자체로 인프라의 한 형태로 묘사된다. 라일리가 지나치는 곳은,

> 주택, 상점, 호텔이 즐비한 구역들이었다. 이곳도 베란다는 널찍했고,
> 주춧돌은 높았으며, 기둥 위 프리즈┃띠 모양 장식┃에는 윤기 나는 에나멜
> 활자로 쓰인 '지구', '제국', '영국', '빅토리아', '유럽' 같은 단어가 눈길
> 을 사로잡았다. 이런 것은 제국적 사고방식을 가진 사람들의 감상에 운
> 하를 터 주었는데, 이런 수로는 언제라도 넓을수록 좋다. (Candler, 1993: 2)

미셸 푸코는 "사람들의 공간 내 특정 배치"와 "그들 상호관계의 부
호화"의 "확보"에 대해 의미심장하게 "운하화canalisation"라는 말을 썼다
(Foucault, 1991: 252). 델리를 분석하는 레그의 책은 푸코의 글을 "뉴델리에서
올드델리로 가는 길의 교섭에 대한 구조적 분석"으로 적절하게 활용한
다(Legg, 2007: xiv).[18] 여기서 캔들러의 서사는 이데올로기와 인프라의 공생
관계를 드러낸다. 뉴델리는 단순히 제국 이데올로기를 표현하기 위하여
영국령 인도 권력의 상징적·물리적 구현으로만 건설된 것이 아니다. 거
꾸로 이 인프라는 "제국적 사고방식을 가진 사람들"이 생각하는 과정을
형성한다. 이와 관련하여 이 서사는 도시의 건축에 "윤기 나는 에나멜
활자로" 물리적으로 새겨진 일련의 연상적 표어를 나열한다. 이러한 건
축이 유포하는 이데올로기 자체가 하나의 인프라적 건축으로 상상되며,

---

[18] 니콜라스 토머스Nicholas Thomas도 이와 비슷하게 푸코의 '통치성' 개념을 활용하여 식민주의의
인프라를 평가한다. "감옥, 복지제도, 도시계획, 정치경제학은 모두 이러한 통치성 질서의 표현
으로 볼 수 있는데, 이것은 식민지 행정에서 드러나고 식민본국의 정책 및 제도 변화에서도 드
러난다. 사실 근대성 자체를 식민주의 기획으로 이해할 수 있는데, 서구 민족들 내부의 사회나
그들이 다른 곳에서 소유하고 관리하고 개혁하던 사회나 모두 조사, 규제, 위생의 대상으로 이
해되었다는 특별한 의미에서 그렇다"(Thomas, 1996: 4).

그것의 "넓은 수로"는 그것이 반응하는 물리적 공간과의 변증법에 결부되어 있다.

라일리가 올드델리로 이동할 때에도 가시성과 재현 능력에 대한 천착은 계속된다. 올드델리의 인프라 배치는 그 도시의 재인도 영국인 구역과 극명한 대조를 이룬다. "바퀴가 지나가기에는 너무 좁은 골목들이 그물처럼 얽힌 곳"에 들어선 라일리는 "팔을 뻗으면 양쪽 벽에 거의 닿을 듯했다"(4). 뉴델리의 "넓은 수로"와는 달리 구도시의 좁은 길은 제국주의자의 이동을 방해하며, 다시 두 지역의 인프라는 서로 대비되는 시간성으로 이루어진 패러다임에 놓인다. 올드델리는 "유서 깊고 정온한 평화의 분위기"가 가득하며, 그것이 환기하는 전근대적 시간성은 건물의 건축자재에 나타난다. "이런 집 중에 현대인의 손이 닿아 저속해진 집은 거의 없었다. … 창문은 내쌓았고, 격자와 칸막이는 돌림무늬로 장식했으며, 발코니 받침대는 나무와 돌로 만들었다"(4). "저층의 벽은 모두 출입구가 없어서" 라일리가 거기 사는 사람들의 사적인 공간을 들여다보지 못하게 막았다. "일부"의 "문은 열려 있었지만", 그는 그저 "살짝 안뜰을" 보고도 곧바로 "훔쳐본다는 죄스러움"을 느꼈다(4). 톰슨의 등장인물 하마르처럼, 라일리도 식민적 지도 제작의 한계를 인정하는 것인데, 이러한 한계는 여기에서 불균등 발전된 지리적 구역으로 표출된다. 다만, 이런 구역은 하마르에게는 시골이고 라일리에게는 도시이다.

《시리 람》의 마지막 부분에서, 그리고 톰슨의 《인도의 어느 날》 전반에 걸쳐 활용되는 기상학적 은유가 여기에서 다시 등장하는데, 이 텍스트는 변하는 기후와 반제국 운동의 연관성을 더욱 명시적으로 드러낸다. 라일리는 "대기의 변화가 도시에 닥쳤다"라고 관찰하는데, "무언가 임박했다는 느낌이 워낙 강해서 캄캄해지는 하늘까지 상상했다"(5). 다가오는 폭

그림 4.4 2016년에 촬영한 라지패스, 즉 왕도王道의 사진. 이 길은 영국 건축가 에드워드 루티언스 Edward Lutyens가 설계한 뉴델리 중앙 간선 인프라 경로로, 총독의 궁전에서 내다보이는 탁 트인 도시의 전경을 보여 준다.

풍의 위협은 이제 텍스트 줄거리의 기상학적 배경에 머물지 않고, 라일 리가 곧 마주할 임박한 저항에 대한 주관적 반응의 일부가 된다.

　도시의 모든 구역에서 상점들이 이미 문을 닫았다고 누군가 외쳤다. 그리고는 혼란스럽게 웅성거리는 소리 위로 "마하트마 간디 키 자이 I 마 하트마 간디 만세 I "라는 외침이 들려왔다. 그러자 하르탈 I 인도의 영국 상품에 대 한 불매 동맹이나 동맹휴업 I 임을 깨달았다. 간디가 체포된 것이다. … 그의 뒤 편 거리 곳곳에서 울려 퍼지던 마하트마를 위한 애도가가 멈추고, 더욱 불길하고 분노에 찬 합창인 "하이 하이 롤래트 법"이 울려 퍼졌다. 이 합창은 아미르 칸 이슬람 사원 옆의 광장과 비교적 평온한 하리만디 시장을 지나가는 그를 따라왔다. 바라다리게이트 성문을 지나 톰슨푸르의 평온한 안전지대로 돌아갈 때까지 그 리듬감 있는 박자는 귓가에 울려 퍼졌다. (Candler, 1993: 5-7)

이런 식민문학에서 상징적으로 통용되는 '대기'의 변화를 라일리가 체험할 때, 그것은 느슨한 은유에서 간디를 매개로 하는 직접적 정치 행동으로 넘어간다. 간디는 1920년대 초에 "무질서"를 뜻하는 환유가 된 것이다(Cohn, 2009: 162).《시리 람》을 관통하던 "리듬감 있는 박자"는《퇴위》에서 다시 등장하는데, 앞에서는 서브텍스트적 암시이던 그것이 이 텍스트에서는 조직적이고 응집된 민족주의 운동으로 굳어진다. 그리고 이것은 라일리가 "분노에 찬 합창"을 피해 "견고하고 아늑하고 매력적이며 요새 같은 … 클럽"[12]으로 피신할 때, 불균등 발전된 도시의 공간에 다시 각인된다. 한편, "이슬람 사원 옆의 탁 트인 광장"[7]에 운집한 인도인 "군중"은 도시의 이 통제되지 않은 공간을 활용하여 시위를 이어 나간다. 캔들러는《시리 람》에서 거듭된 이데올로기적 기획과 달리,《퇴위》에서는 이런 집단이 표출하는 정치적 참여를 약화하려는 시도도 하지 않는다. 이 작품은 오히려 주인공과 더불어, 재인도 영국인 공동체의 분리된 구역 안으로 후퇴하고, 공간적으로 그 인프라 장벽 너머 존재하는 저항을 무시한다.

캔들러 텍스트의 공간 생산에는 잠재적 저항이 새겨져 있지만, 이번 장에서는 어쩔 수 없이 맨 처음에 언급한 것과 같이, 회의적인 결론을 끌어낼 수밖에 없다. 이 식민문학은 비록 상상적인 영역일 뿐이지만(물론, 파농이 보여 주듯이 지극히 물리적인 영역이기도 하다(Fanon, 2001: 29-31)) 독립한 인도가 계승할 인프라의 얼개를 만든다면, 이 문화적 지리는 지금도 사회적이고 종파적인 분열과 불균등하고 불평등하게 발전된 도시 공간과 시골 공간으로 가득하다. 식민문학에서 상상하는 지리와 인프라 회로는 인도 민족주의 형성에 이바지했을지도 모르지만, 무수한 폭력적인 역사적 과정을 한층 악화시키기도 했음을 인정해야 한다. "인도는 아득한 옛날부터 하나의 민족으로 존재해 왔다"라는 관념은 네루 민족주의의 핵심이었다(Anderson, 2013: 96). 네루가 주장했듯이, "지난 수천 년의 인도 역사는 인도의 본질적 통일성과 그 문화의 활력과 적응력을 보여 준다"(Nehru, 1941: 17). 그러나 네루는 또한 "전 국토에 대한 통일된 정치적 지배"라는 인도의 역사적 갈망이 "수단과 조직이 결여"된 탓에 영국 통치 이전에는 "실현될 수 없었다"라고 인정한다. 인도가 상상되고 종내에는 정치적으로 통일된 지리적 실체로 공고해질 수 있던 것은 영국의 인프라 개발, 즉 "철도와 여타 근대 행정에 딸린 것들" 덕분이었다(18).

인도 민족주의는 새로운 민족을 상상하면서 영국이 남기고 떠난 인프라 좌표들을 따를 수밖에 없었다. 그렇다면 포스터, 톰슨, 캔들러의 식민문학에서 재현되고 재생산된 다양한 불평등과 공간 분리(특히 종파주의적 분리)가 포스트제국 시대 인도에서는 문화적·지리적으로 널리 확산하지 않으리라 넘겨짚을 근거는 없다. 영국령 인도의 인프라, 즉 그 교통망과 통신망, 군사 체계, 국가 관료제는 통일된 인도 민족을 공고화하는 데 유익했겠지만, 포스트제국 시대 인도가 직면한 수많은 문제, 즉 시골과 도시의 분리, 종파주의적 적대, 그리고 어쩌면 1947년 |인도와 파키스탄| 분립의 토대를 놓기도 했다. 베네딕트 앤더슨은 이러한 인프라의 유산을 명쾌한 은유를 들어 서술한다. "대저택의 복잡한 전기 시스템이 그렇듯이" "주인이 도망치더라도" "새 주인이 스위치만 올리면" 그 인프라

회로는 여전히 바로 켜지고 작동할 것이다(Anderson, 2006: 160). 페리 앤더슨은 자기 형 | 베네딕트 앤더슨 | 의 인프라 은유로 1947년 영국의 인도 철수를 서술한다. " | 인도 총독 | 마운트배튼Mountbatten은 도화선에 불을 붙인 채 건물이 폭발하기 직전 새 주인에게 넘겼는데, 이는 제국의 역사 중에도 가장 비열한 행동이었다 할 만하다"(Anderson, 2013: 77).

이번 장에서 논의한 식민문학은 영국의 공식적 제국 해체에 응답하는 새로운 유형의 제국의 인프라를 구축한다. 그것은 비공식적 제국주의를 기대하지만, 그 역시 제국주의이다. 예를 들어, 이 소설들은 민족주의 운동의 정당성을 훼손하기 위해 종파주의를 비롯한 여러 형태의 사회적 분열을 부각함으로써, 1947년 파키스탄과 인도의 분립 당시에 영국이 구사한 지전략地戰略의 전술들을 예고한다. 페리 앤더슨이 주장하듯이, 대영제국은 "하룻밤 사이에 신민들에게 분립을" 떠안김으로써 "체면을 살릴 수 있었다. 이제는 자치령이라고 읽는 제국의 체면을"(Anderson, 2013: 77).

이 장에서 식민문학에서 발굴한 이데올로기적 전술은 이후 수십 년간 탈식민화에 대한 영국의 전략적 접근을 예고하고 결국 이런 접근의 전형이 된다. 벤저민 그롭 피츠기본Benjamin Grob-Fitzgibbon이 주장하듯이, 제국은 "질서 있는 권력 이양 중에 영연방을 위한 식민지를 확보하고, 이와 동시에 이 지역에서 영국의 영향력을 유지하고 냉전 세계에서 서구의 전반적 지배력을 강화하고자 했다"(Grob-Fitzgibbon, 2011: 3). 식민 공간에 대한 이런 문학적 생산들은 제국적 상상의 이러한 변화를 인프라 차원에서 구현한다. 고든 마텔Gordon Martel은 인프라 은유를 활용해, 탈식민화 과정을 "제국적 프로젝트를 '축소'하고 '재구조화'하고 '재설계'하려는 관리자들의 의식적 계획"이라고 표현하는데, 식민문학은 바로 이런 일에 관여한 것이다(Martel, 2000: 403). 식민문학이 일조한 상징적 지도 생산은 영국이 포스트제국 시대의 정치적·경제적 이익을 위해 비공식적인 초국적 인프라를 확보하려 했을 때 문화적으로 더 폭넓게 통용되었다. 독립한 인도가 물려받은 영국령 인도의 인프라 회로들은 (비록 분립이라는 재앙으로 망가지기는 했어도) 네루의 미래상이 실현되도록 했지만, 이와 동시에 인도아대륙이 불균등 발전하는 자본주의 세계체제의 착취적 위계에 단단히 얽매여 있도록 한 것이다.[19]

---

19 1994년 이후 남아프리카에 대해서도 똑같이 말할 수 있다. 패트릭 본드Patrick Bond는 "자본주의의 위기가 어떻게 신자유주의 사상의 등장과 동시에 발생하여 '불균등 발전'을 심화시켰는지" 추적하면서, "새로운 정부가 해방운동의 사명에서 벗어나는 데 대한 우려"를 표명한다. 그는 "남아프리카의 해방 투쟁과 아프리카 국민회의 정치적·이데올로기적 역할"을 "1990년대에 전개된 광범위한 세계적 과정들" 안에 위치시켰기 때문이다(Bond, 2000: 2-4).

결론
현재에 대한
인프라 읽기를 위하여

식민문학은 제국적 이데올로기의 네 가지 핵심 갈래, 즉 인도주의, 분리, 프런티어, 민족주의에서 발생하는 모순을 해결하기 위해 인프라 발전을 상징적 객체로 거듭 활용한다. 다양한 식민 상황에 따라 불균등하게 발전하고, 제국적 국가의 보장하에 투기를 행하는 민간 투자자에게 자금을 조달받는 인프라는 세계체제의 축적 과정에서 일어나는 위기의 순간을 공간적으로 조정했다. 이에 상응하여 식민문학은 문화적 조정을 달성하기 위하여 제국주의의 이러한 물리적 구현을 재현했고, 이를 통해 이 시기의 핵심적인 이데올로기적 긴장과 모순을 완화했다. 그러나 이러한 인프라 재현에 비판적으로 주목하면, 텍스트 형식과 주제적·상징적 수사, 장르의 차원에서 여전히 이런 모순이 감지된다. 식민문학은 제국의 인프라 발전에 기초하고 또 이것을 부추겨서 불평등하고 불균등하게 발전된 경관을 만들어 내는 데 결탁했다고 볼 수 있다. 이것은 이제 공식적으로 탈식민을 성취한 국가들의 물질적·상상적 지리에 오래가는 흉터를 남기고, 21세기의 포스트제국 시대의 세계 형태에 계속 영향을 미치고 있다.

조르주 라비카Georges Labica에게 "현재의 지구화는 레닌이 말하는 '신제국주의'에 다름 아니며, 이것은 이제 한결 높은 발전 단계에 도달하고 있다"(Labica, 2007: 228). 월러스틴 역시 최근 전 세계 정부들의 "보호주의 공세"가 다양한 형태의 "긴축"과 "억압"으로 표출되는 상황을 "점점 더 조여 오는 체제의 교착상태"의 증상으로 해석한다(Wallerstein, 2013: 32). 내가 계속 주장해 왔듯이, 전성기 제국주의라는 역사적 시대와 우리 시대 사이에는 분명한 연속성이 존재하는데 이런 사실의 정치적 의미는 중차대하다. 그러나 이러한 광범위한 방법론적 일반화는 쿠퍼가 말하는 "신기원의 오류the epochal fallacy" | 역사를 신기원epoch들의 연속으로 단순화하는 오류 | 에 가까

워질 위험성이 있다. 이러한 관행은 "복합적 상호작용들이 거의 산출하지 못하는 어떤 응집성"을 전제하는 것이다(Cooper, 2005: 19). 이와 같은 분석은 "유산 건너뛰기_{leapfrogging legacy}" | 과학기술 정책 등에서 후발 주자가 앞선 '유산'을 건너뛰고 그다음 단계로 직행하는 전략 | [1]에 빠질 수 있다. 예를 들어, 어떤 논평가들은 1880년대 '신제국주의'의 외피 아래 자본의 지구적 모빌리티가 강화된 현상에서, 곧바로 1980년대 레이건과 대처의 주도로 신자유주의 정책이 강력히 시행되고 채택된 현상으로 건너뛴다. 실제로 데이비드 하비는 이 시기를 "'신'제국주의"라고 명명하면서, 영국 제국주의에서 미국 제국주의로의 전환을 국가정책, 언론보도, 학술 연구 및 비평의 차원에서 상세히 논의한다(Harvey, 2005: 1-8).

물론, 이러한 비교는 복합적인 역사적 과정들을 단순화한다. 이는 "탈식민 시대의 일련의 과정들"을 간과할 뿐 아니라, "최근 아프리카 역사에서 일어난 비극, 사람들의 가능성 의식 고양과 희망의 좌절"을 간과한다(Cooper, 2005: 18). 실제로 쿠퍼는 20세기 후반과 21세기 초반의 지정학적 상황을 서술하는 데 '제국주의'와 '제국'이라는 용어를 사용하는 것을 특히 강경하게 비판한다. 그가 적절하게 주장하듯이, 이러한 용어는 "미국이 민주주의라는 허세를 부리며 고압적으로 행동하는 것을 비판하는 사람들만 쓰는 것이 아니라, 미국이 자기 힘을 행사하기를 바라는 보수적 학자들도 쓴다"(194). 쿠퍼에 따르면, 이런 해석이 간과하는 사실은 현시대의 토대인 "국제 체제가 더는 경쟁하는 제국들의 세계나 양극적 갈등의 세계가 아니라, 부와 권력의 극단적 불평등의 세계"라는 것이

---

[1] 가령, 아프리카 국가들에서 유선인터넷 인프라를 건너뛰고 곧바로 무선인터넷으로 직행하는 것이다. 여기에서는 역사적 연구에서 어떤 단계에서 중간 단계를 삭제하고 그다음 단계로 도약하는 현상을 비판적으로 가리킨다.—옮긴이

다[197]. 내가 처음부터 주장했듯이, 이러한 확신은 자의식적 저항의 방법론적 실천인 인프라 읽기를 개발하는 동기다. 사스키아 사센Saskia Sassen도 두 역사적 시대 | 1880년대와 1980년대 | 가 "세계의 범위"를 상상하는 데 중요한 변화가 일어났다는 특징을 공유하지만 중대한 차이가 있음을 설득력 있게 입증한 바 있다. 첫 번째 시대가 "주요 국가자본주의 몇 개가 영토 바깥으로 투사됨으로써 도래했고 지구적 체제보다 민족국가 건설을 지향했다"면, 1980년대에 시작된 "오늘날의 지구적 경제"는 "전자적이고 영토적으로 작동하고, 국가 너머, 국가 간, 국가 이하에서 동시에 작동하는 공간이 차츰 제도화되면서 도래했다"[Sassen, 2006: 143].

본서는 분명히 "우리는 제국의 힘에 사로잡히면 안 된다. 그것을 그리워하는 의미이든, 그 반대 의미이든, 제국을 전체화의 힘으로 보는 생각에 사로잡혀서는 안 된다"라는 쿠퍼의 경고에 귀를 기울인다[Cooper, 2005: 200]. 나는 식민문학의 재현 실패를 거듭 강조함으로써 "제국에 관한 이야기는 여전히 한계에 관한 이야기"[Cooper, 2005: 190]라는 사실을 다시 부각하기를 희망한다. 제국 지배의 역사적 특수성이, 그리고 인프라 발전을 정당화하고 인프라 발전으로 변증법적으로 재생산되던 다양한 이데올로기가 오늘날에도 똑같은 형태로 나타나지는 않음을 인정하는 것이 중요하다. 하지만 현시대의 많은 비평가의 글에서 '제국'과 '제국주의'라는 용어가 다시 출현하는 것은 최근 제국주의 수사에 오염된 이데올로기가 부활하는 데 대한 반응이기도 하다. 이 비평가들은 여기에 격렬히 저항하는 것이다. 예를 들어, 디파 쿠마르Deepa Kumar가 자신의 비판 대상을 "미국 제국주의"[Kumar, 2012: 5]라고 부르겠다고 결정한 것이 이 용어의 분석적 정확성을 떨어뜨리지는 않는다. 오히려 영국 제국의 이데올로그들이 구사하던 "자본주의적 근대화의 어휘"가 부분적으로 인프라 프로젝트로 정당화되었다면, "미국이 개시한 새로운 형태의 제국주의"를 옹호하는 자들도 이와 비슷한 논리를 채택한다는 데 주목해야 한다[4]. 이 점을 염두에 둔다면, 이제 현재에 대한 인프라 읽기를 시도하는 것은 통찰력 있는 기획이 될 것이다.

이 책 전반에 걸쳐 주장했듯이, 물리적 인프라는 제국의 이데올로기에 연료를 공급한다. 물론 이런 인프라 재현에 관한 분석은 인프라가 은폐하는 다양한 모순과 긴장을 비판적으로 폭로할 수도 있다. 지금도 여전히 "'진보', '전진', '성취', 그리고 엄청나고 경이로운 '위업'을 무비판적으로 강조하는 일"은 2003년 미국 주도의 이라크 침공을 정당화하는 근거(여러 근거 중 하나)였으며, 21세기에도 계속 물리적 인프라 프로젝트 건설 및 개발로 권위를 부여받곤 한다(Rojas, 2015: xvi-xviii). 인프라는 이런 이데올로기 기능을 수행하는 한편, 계속해서 외국의 공간을 군사적으로 점령하는 데 물질적으로 이용되고 있다. 패트릭 콕번Patrick Cockburn이 2007년 지적했듯이, "미국 측의 검문소, 경찰서, 정부 청사"를 "자살 폭탄테러범"에게서 보호하기 위해 세워진 "거대한 잿빛 묘비 같은 어마어마한 콘크리트 덩어리"는 "새로운 이라크의 물리적 상징"이 되었다(Cockburn, 2007: 116). (불균등하지 않은) 선형적 발전의 이데올로기가 정당화하는 강압적·분열적 형태의 인프라를 다시 활용하는 일은 지속적으로 비판해야 하며, 그런 일의 역사적이고 문화적인 뿌리를 인식하고 폭로해야 한다. 현시대의 대중문화에서 인프라 프로젝트는 여전히 무비판적인 '서구적 근대성'을 일반적으로 가리키는, 가장 느슨한 의미로 사용된다. 영국 코미디언 존 올리버John Oliver가 최근 〈라스트 위크 투나잇 Last Week Tonight〉에 출연하여 "인프라"에 대해 말했듯, "기본적으로 액션 영화에서 파괴되는 모든 것"(Oliver, 2015)이 인프라인데, 대개는 테러리스트나 기후 재앙으로 파괴된다. 인프라 읽기를 현시대의 대중문학을 비롯한 여러 문화적 형식들에 빈틈없이 연관시키는 일은 이 책의 범위를 벗어나지만, 할리우드가 '세계 종말 시나리오'에 집착하면서 그 중심에 종종 인프라의 폭발적 파괴를 배치하는 일을 일종의 문화적 조정으로 읽어 내는 것은 내가 처음은 아닐 것이다. 이러한 창조적 파괴가 약속하는 "어떤 계시는 위기에 빠진 시스템의 재부팅에 너무 흔하게 이용된다"[Hassler-Forest, 2012: 207-212].

쿠퍼가 "우리가 제국에 대해 사유해야 하는 이유는 제국이 지금 부활하려 하기 때문이 아니라, 그토록 오랫동안, 그리고 최근까지도 정치적 삶의 중요한 구성 요소였고 그토록 영향력이 컸기 때문"이라고 결론을 내리는 것은 온당하다[Cooper, 2005: 158]. 그러나 현재 제국과 제국주의를 둘러싼 주류의 논쟁이라는 맥락에서 보면, 마이크 데이비스와 같은 역사가의 획기적 연구를 외면하는 것은 도움이 되지 않을 것 같다. 학문을 시작한 이래 줄곧 제국사를 연구해 온 그이기에 현재 미국의 외교정책에 관한 글들을 묶어 2007년 출간한 책에 《제국에 반대하는 시론Essays Against Empire》[2]이라는 도발적 제목을 붙인 데는 그만 한 이유가 있다. 하비는 최근의 역사적 사건들을 서술하면서 "'신'제국주의"라는 용어를 사용하는 것을 이러한 주류의 논쟁과 연결하여 정당화한다.

보수주의 역사가 니얼 퍼거슨Niall Ferguson(그의 텔레비전 시리즈와 여기 딸린 책은 영국 제국 건설자들의 영웅적 행위뿐 아니라 이 제국이 이른

---

[2] 전체 제목은 '야만인을 예찬하며: 제국에 반대하는 시론In Praise of Barbarians: Essays Against Empire'이다. 한국어 번역판 제목은 '제국에 반대하고 야만인을 예찬하다.'―옮긴이

바 세계에 선사했다는 평화, 번영, 복지까지 진정 애국적인 방식으로 기록한
다)은 미국이 결의를 다지고 돈을 쏟아부어 "비공식 제국에서 공식 제
국으로 전환"해야 한다고 조언한다. (Harvey, 2005: 4)

"최근 여러 해 동안 제국적 삶과 식민적 삶에 관한 수정주의적 해설이
급증"(Gilroy, 2004a: 2-3)한 데 비추어 볼 때, 나의 비평적 실천과 본서의 식민
문학 재평가가 지니는 저항적 태도를 자의식적으로 강조하는 일은 필요
할 뿐 아니라 생산적으로 보인다. 따라서 이러한 주장을 마지막으로 다
시 한 번 되풀이하면서, 독자에게 이 기획의 동기를 이루는 저항적 정치
를 다시금 상기시키고자 한다. 나아가 식민 문서고나 여타 문서고를 "도
전하고 확장하기 위해 '결을 거슬러'"(Luckett, 2016: 425) 읽는 데 인프라 읽
기가 여전히 어떤 역할을 하기를 희망한다. 나는 "전승되는 정전正典들
에 대해 논쟁하고 이의를 제기하고 해체할 분석적이고 방법론적인 도
구"(Luckett, 2016: 425)를 개발함으로써 이 기획을 '로즈는 넘어져야 한다' 캠
페인과 같은 탈식민 운동들과 연계하는데, 이 운동들은 이 기획의 통찰
을 "현실적 행동"(Prinsloo, 2015: 166)으로 이어 가는 중차대한 작업을 수행한
다(Prinsloo, 2015: 166).

  내가 보여 주려고 했듯이, 식민문학은 세계체제에 대한 당대의 문화
적 개념화와 인프라적 표출에 일조해 왔다. 그것은 과거의 식민지들이
물려받은 인프라 회로의 "극단적 불균등"을 조장함으로써 과거 식민지
들의 현재진행형의 "저개발" 촉진에 일조했다(Amin, 1976: 201-203). 수전 리
스타Susan Leigh Star의 주장에 따르면, "인프라는 처음부터 새롭게 성장하
는 것이 아니라" "이미 설치된 기초의 관성과 씨름하고 그 기초로부터
강점과 한계를 물려받는다". 그래서 "광섬유는 오래된 철도 노선을 따라

가며 뻗어 있고" 델리 같은 도시는 여전히 "올드"델리와 "뉴"델리로 나뉘어 있다(Star, 1999: 382). 이 책에서 고찰한 문학 텍스트들은 인프라에 대한 특정한 상상을 촉발하고 영속화했는데, 그 유산은 포스트식민 시대의 전 세계 시민들에게 심각한 영향을 미쳐 왔다. 그렇지만 아울러 이러한 텍스트들은 우리가 이런 영향을 심문할 수 있게 한다. 딜릭의 관찰에 따르면, "어떤 국가나 어떤 지역을 지구적 자본주의의 중심으로 지목하는 일은 점점 더 어려워지고 있는데", 현재 지구적 자본주의가 "선명하게 정의되는 중심이 없는 도시 형성체들의 네트워크"로 이루어져 있기 때문이다(Dirlik, 1994: 349). 우리의 비판이 계속 겨누어야 하는 과녁은 이처럼 네트워크화된 세계체제인데, 그것은 인프라적 구획과 그에 상응하는 문학적·문화적 재현 및 이데올로기적 연상으로 이루어져 있다. 그레이엄Graham과 마빈Marvin이 지적하듯, "교통, 통신, 에너지, 물, 도로 같은 네트워크화된 인프라에 비판적 초점을 맞추면 현시대의 도시와 도시 지역을 바라보는 강력하고 역동적인 수단을 얻는다"(Graham and Marvin, 2001: 8). 인프라의 불균등 발전에 투여되는 이데올로기를 해체하면 "근대성의 얼굴이 상하이 푸둥 지구의 '미래주의' 스카이라인이나 런던의 샤드빌딩과 거킨빌딩으로만 이루어지지 않음"을 알 수 있다. "리우데자네이루의 호시냐나 자카레지뉴의 파벨라ㅣ빈민가ㅣ, 그리고 뭄바이 다라비의 빈민가도 이와 마찬가지로 근대성의 전형이다"(WReC, 2015: 12-13).

이 책에서 제국의 인프라와 다양한 공간적 저항 간의 관계에 대한 평가는 네 가지 전형적 관심사를 통해 굴절되었다. 네 개의 장에서 다룬 인도주의, 분리, 프런티어, 민족주의는 모두 21세기에도 계속하여 인프라 개발에 출몰하고 있다. 1장에서 분석한 인도주의 이데올로기는 "의료, 주거, 식량 구호를 제공할 때 활용되는 경우"가 점점 많아지고 있는데,

"정치적 의제를 따르는 군대나 국가기관이 이런 일을 할 때도 마찬가지다"(Weizman 2011: 51). 바넷의 주장처럼, 인도주의는 "지구적 복지제도가 되고 구호활동가는 사회복지사가 되었다. 이들은 사회통제 메커니즘으로 작동할 때도 해방적으로 보인다." "지구적 자본주의는 인도주의가 필요하다"(Barnett, 2014: 24). 플로라 애니 스틸은 19세기 말의 단편소설들에서 이미 이러한 딜레마와 씨름하고 있었다.

이와 마찬가지로, 2장의 주요 관심사인 "인종분리에 대한 20세기 초의 열광"은 "오늘날 세계의 도시들(그리고 이들이 위치한 더 넓은 인간 공동체들)에 끔찍한 유산을 남겼다"(Nightingale, 2012: 4). 요하네스버그와 같은 "과거 식민도시들"에서 현시대의 "공간 정치"가 이제는 주로 "계급"에 관련된다고 해도, "백인 구역과 흑인 구역을 나누는 식민적 인종분리 체계의 여러 측면은 여전히 깊은 사회적 협곡을 파는 데 일조하고 있으며, 이런 협곡은 거대도시의 넓은 영역에 흉터를 남긴다"(402). 2장에서 보여 주었듯이, 문학은 이러한 분리주의 이데올로기와 그 물리적 현현을 공고히 하는 능력과 전복하는 능력을 모두 지니고 있다. 해거드의 문학지리는 남아프리카의 백인과 흑인 인구 분리를 암묵적으로 옹호한 반면, 슈라이너와 플로머의 소설에서 형식과 관련한 혁신적 전략은 분리 시스템이 실은 침투될 수 있고 월경과 전복에 취약함을 드러낸다.

이 책의 마지막 두 장에서 다루는 주제들에 대해서도 같은 말을 할 수 있다. 프런티어 의식의 여러 측면은 그 어느 때보다 폭력적이고 불길한 방식으로 허다한 지리적 위치에 머물러 있다. 이스라엘의 서안 지구 점령에 대한 바이츠만의 상세한 서술에 따르면, "프런티어의 역동적 형태는 군도群島들이 점점이 찍힌 끝없는 바다를 닮았는데, 이 군도들은 바로 외부적으로는 소외되고 내부적으로는 동질적인 종족적·민족적 집단거주지들"(Weizman, 2012: 7)이며, 거기에서 인프라의 "계획과 건축은 강탈의 전술적 도구이자 수단이 되었다"(5). 버컨의 등장인물 리처드 해니는 "우리의 칼을 두드려 쟁기로 만들었다"(Buchan, 2010: 313-314)라고 하지만, 역사학자 아르노 J. 마이어Arno J. Mayer는 이 구절을 뒤집어서("쟁기를 칼로 만들었다") 현시대 시오니즘의 프런티어 의식이 점점 더 폭력적인 결과를 초래하고 있음을 강조했다(Mayer, 2008: 88). 더욱이, 프런티어 '신화'는 스미스가 "새로운 도시 프런티어"라고 부르는 것의 핵심 요소이다. 전세계의 도시에서 젠트리피케이션을 일으키는 자들은 "개척자" 미학을 악용하여 "도시에서 노동자계급의 지리와 역사를 문질러 씻어 내고 있다"(Smith, 2005: 25-27). 한편, 그레이엄은 "글로벌사우스의 거리에서 갈고닦은, 진압, 군사화, 통제라는 명백히 식민적인 모델이 글로벌노스에 있는 자본주의 심장부 도시들로도 번지고 있다"라는 것을 보여 주었다(Graham, 2011: xvi-xvii). 《39계단》에서는 해니의 프런티어 의식의 지리적 왕복운동을 통해서, 식민지와 식민본국을 오가는 이러한 이동을 심문한 바 있다.

마지막으로, 20세기 민족해방운동이 제시한 해방의 가능성에도 불구하고, 새롭게 출현한 국가들은 여전히 세계체제의 "구속에 갇혀" 있었다(Arrighi et al., 2011: 27). 하트Hardt와 네그리Negri가 포괄적으로 보여 주듯이, 이제는 "단일 정부의 통합성이 해체되어 일련의 별도 기구들(전통적인 별도 기구들 외에도, 은행이나 국제 ㅣ개발ㅣ계획기구 등)에 투여됨에 따라 민족적 주권 개념은 효력을 잃고 있는데, 이런 별도 기구들은 모두 정당성을 주장하기 위해 점점 더 권력의 초국적 차원을 참조한다"(Hardt and Negri, 2001: 307). 이미 1920년대와 1930년대에 에드먼드 캔들러와 에드워드 톰슨이 생산한 문학지리는 인도의 인프라 개발에 내장된 이데올로기를 드러냈는데, 이런 인프라 개발의 초국적 성격은 이후의 민족적 주권 추구 노력을 저해하게 된다. 한편, 공식적 탈식민화에서 민족주의적 해방운동은 "'해방'과 '향상'이라는 방향 아래 형태를 갖추었지만", 길로이는 그 이후로 "인종주의, 민족주의, 파시즘"이 "어떤 단일하고 복합적인 구조의 현대적 연대의 일부"가 되었음을 보여 주었다. "인종이 제공하는 확실성"은 온갖 종류의 사회정치적 불확실성에 대한 "응답으로 받아들여졌는데", 이러한 불확실성은 부분적으로는 세계체제의 인프라 좌표들과 그들로 인한 민족국가의 불안정에 기인하는 것이다(Gilroy, 2004b: x).

이러한 다양한 결과에도 불구하고, 나의 의도는 여기서 발굴한 공간적 저항을 역사적 허망함의 감각으로 꺾으려는 것이 아니다. 방법론으로서 인프라 읽기는 이 책에서 탐구한 네 가지 주제에 따르는 억압적 인프라 배치 및 이데올로기 배치에 맞서 명확히 저항적인 독해 실천을 가능하게 했다. 플로라 애니 스틸은 제국주의를 자애로운 힘으로 보는 믿음을 끝내 단념하지 못했지만, 그녀의 단편소설들은 인도의 인프라 발전의 사회경제적 영향에 대해 심각한 우려를 제기하고 인도주의 이데올로기의 위선을 폭로한다. 라이더 해거드가 20세기 내내 남아프리카에서 폭력적으로 현실화될 분리주의 이데올로기를 선전했다면, 올리브 슈라이너와 윌리엄 플로머는 이런 이데올로기를 약화하고 전복하는 형식적이고 텍스트적인 수단을 발전시켰고 그 과정에서 인종을 정의하는 식민 범주들을 추궁했다. 존 버컨의 프런티어 집착은 유해한 인종주의적 수사와 고정관념을 다양하게 형성하는 데 일조했을지 모르지만, 그의 문학지리를 가까이 살펴보면 실은 중심부와 주변부로 구성된 세계체제의 조각보를 (전복적이지는 않더라도) 대안적으로 상상하는 방식을 품고 있음이 드러난다. 마지막으로, 에드먼드 캔들러와 에드워드 톰슨은 제국적 통치를 위협하고 자본주의 축적 과정을 가로막는 민족주의 운동의 정당성을 훼손하려 했지만, 그들의 문학에 대한 인프라 읽기는 저항을 고립시키고 봉쇄하려는 이런 노력이 언제나 실패할 운명이었음을 드러낸다.

앤디 메리필드Andy Merrifield가 최근 보여 주었듯이, 오늘날의 불균등한 인프라 발전은 전 세계의 도시 공간에서 가장 두드러진다. 도시 공간에서는 "중심부와 주변부, 권력 및 부의 중심과 강탈과 소외를 겪는 공간을 점진적으로 생산하는 일"이 조금도 수그러들지 않고 있다(Merrifield, 2014: 10). 이러한 전개는 "초고층빌딩뿐 아니라 비포장도로에서도, 고속도로뿐 아니라 이면도로, 수로, 그리고 세계시장의 노여움이 느껴지는 변방에서도" 나타난다(5). 더 나아가 켈러 이스터링Keller Easterling은 21세기에 "인프라는 이제 숨겨지기는커녕, 우리 모두의 접촉과 접근이 일어나는 노골적인 지점이고, 일상생활의 공간을 지배하는 규칙"이라고 주장했다(Easterling, 2014: 11). 선전深圳과 두바이부터 런던과 요하네스버그에 이르는 도시들의 스카이라인은 인프라가 더 이상 "도시의 하부구조가 아니라 구조 자체"임을 보여 준다(12). 그러나 인프라 읽기는 이러한 인프라 발전이 점점 복잡해지는 공간성에 대응하면서 이러한 공간성을 활용하는 저항 형태들과 내밀하게 연결된다는 주장을 여전히 고수한다. 메리필드가 이어 말하듯, 21세기 도시성은 저항운동들이 "스스로를 자각하고, 이 세상에 또 다른 친밀성이 존재함을 자각하게 한다. … 어떤 직물 짜기, 거미의 거미줄 짜기, 행성적인 거미줄 짜기로 연결된 사회적 네트워크 안에서"(Merrifield, 2014: 81). 따라서 인프라 읽기의 전략적 분석은 "동시대 권력의 형식"을 분석하는 결정적 도구이다.

〔동시대 권력의 형식은〕 어떤 다중성이라는 형태, 공격적이면서도 온

화한 힘들이 분산된 어떤 장이라는 형태를 띠는 듯 보일 수 있다. 이러한 권력의 형식은 진격하기만 하는 것이 아니다. 그것은 둘러싸고 가라앉고 끼워진다. 정치적 활동가는 이러한 권력 패러다임을 인식하면서도, 그것의 포섭을 회피하고 전복하며 그것의 계산에서 벗어나기 위해 그 그물망을 다시 짜는 새로운 투쟁 형식을 끊임없이 발명해야 한다.

(Weizman, 2011: 23-24)

　　이러한 "분산된 장"을 염두에 두면서, 이 책은 더 많은 인프라 읽기를 촉구하면서 마무리하고자 한다. 이 방법론은 공식적 탈식민 시기부터 "식민적 현재"의 순간에 이르기까지 서로 다른 수많은 지리역사적·문화적 맥락마다 다시 배치되어야 한다. 이 책이 "식민적 과거"를 다시 방문한 것은 "범죄 현장에 분필로 그린 윤곽 같은 그 과거의 형태를 다시 찾아내기 위해서"이다. 이 책은 이러한 데릭 그레고리의 주장을 좇아, "지속하고 있는 식민주의의 강요와 착취"를 계속 의식함으로써 "그것을 전복하고자, 즉 그것을 검토하고 부인하고 추방하고자 한다"(Gregory, 2004: 9). 인프라 읽기를 통해 문학비평가는 식민화, 억압, 강탈, 착취의 과거 및 현재의 방식과 결탁하는 동시에 그 방식을 전복하는 수많은 문화적 생산을 저항적으로 읽을 수 있다. 이것은 현시대의 세계에서 점점 더 시급해지고 있는 과제이다.

Primary Texts

Buchan, John. 1903. *The African Colony, Studies in the Reconstruction*. London: William Blackwood and Sons.

____ 1910. *Prester John*. London: Thomas Nelson & Sons.

____ 1912. *Prester John*. London: Thomas Nelson & Sons.

____ 1918. *Prester John*. London: Thomas Nelson & Sons.

____ 1920. *Prester John*. London: Thomas Nelson & Sons.

____ 1922. *A Book of Escapes and Hurried Journeys*. London: Thomas Nelson & Sons, Ltd.

____ 1940a. *Memory Hold-The-Door*. London: Hodder and Stoughton, Ltd.

____ 1940b. *Comments and Characters*. London: Thomas Nelson & Sons, Ltd.

____ 2008. *Prester John*. Cornwall: House of Stratus.

____ 2010. *The Complete Richard Hannay Stories*. London: Wordsworth Editions, Ltd.

Candler, Edmund. 1900. *A Vagabond in Asia, with a map of the Author's Route, and Several Illustrations from Original Photographs*. London: Greening & Co., Ltd.

____ 1912. *The Mantle of the East*. London, Edinburgh, Dublin and New York: Thomas Nelson & Sons.

____ 1919. *The Long Road to Baghdad, with 19 Maps and Plans and 16 Half-tone Plates, In Two Volumes: Volume 1*. London, New York, Toronto and Melbourne: Cassell and Company, Ltd.

____ 1924. *Youth and the East, An Unconventional Biography*. Edinburgh and London: William Blackwood and Sons.

____ 1993. *Abdication*. New York: Turtle Point Press.

____ 2005. *Siri Ram – Revolutionist, A Transcript from Life 1907–1910*. In Saros Cowasjee, ed., *A Raj Collection*, pp. 393–555. New Delhi: Oxford University Press.

Conrad, Joseph. 1926. *Last Essays*, ed. Richard Curle. London: J. M. Dent & Sons.

____ 2006. *Heart of Darkness*. London: W. W. Norton & Company.

Forster, E. M. 1963. *The Hill of Devi*. London: Penguin Books.

____ 2005. *A Passage to India*. London: Penguin Classics.

Haggard, H. Rider. 1926. *The Days of My Life, An Autobiography, Volume I*. London: Longmans, Green and Co., Ltd.

____ 2002. *King Solomon's Mines*. Lancashire: Broadview Literary Press.

____ 2008. *King Solomon's Mines*. Oxford: Oxford University Press.

____ 2008. *She*. Oxford: Oxford University Press.

Kipling, Rudyard. 1913. *From Sea to Sea: Letters of Travel*. New York: Doubleday, Page & Company.

____ 1990. *The Day's Work*. London: Penguin Books.

____ 2002. *Kim*. London: W. W. Norton & Company.

____ 2006. *The Complete Verse*. London: Kyle Cathie, Ltd.

____ 2010. *Kipling Abroad: Traffics and Discoveries from Burma to Brazil*, ed. Andrew Lycett. London: I. B. Tauris.

Plomer, William. 1965. *Turbott Wolfe*. Toronto: Clarke, Irwin & Co., Ltd.

____ 1975. *The Autobiography of William Plomer*. London: Jonathan Cape, Ltd.

____ 1984a. *Selected Stories*, ed. Stephen Gray. Johannesburg: AfricaSouth Paperbacks.

____ 1984b. *Cecil Rhodes*. Johannesburg: AfricaSouth Paperbacks.

Schreiner, Olive. 1899. *The South African Question*. Chicago: Charles H. Sergel Company.

____ 1928. *Undine*. London: Harper & Brothers.

____ 1978. *Woman and Labour*. London: Virago Press, Ltd.

____ 1982. *From Man to Man*. London: Virago Press, Ltd.

____ 2003. *The Story of an African Farm*. Canada: Broadview Press, Ltd.

____ 2009. *Trooper Peter Halket of Mashonaland*. Middlesex: The Echo Library.

Schreiner, Olive, and Cronwright-Schreiner, C. S. 1896. *The Political Situation*. London: T. Fisher Unwin.

Steel, Flora Annie. 1930. *The Garden of Fidelity, Being the Autobiography of Flora Annie Steel, 1847–1929*. London: Macmillan and Co.

____ 1971. *Indian Scene: Collected Short Stories of Flora Annie Steel*. New York: Books for Libraries Press.

____ 2005. *On the Face of the Waters*. In Saros Cowasjee, ed., A Raj Collection, pp. 1-391. New Delhi: Oxford University Press.

Steel, Flora Annie, and Gardener, Grace. 2010. *The Complete Indian Housekeeper and Cook*. Oxford: Oxford University Press.

Thompson, Edward. 1930a. *The Other Side of the Medal*. London: Leonard & Virginia Woolf at The Hogarth Press.

____ 1930b. *The Reconstruction of India*. London: Faber & Faber, Ltd.

____ 1931. *A Farewell to India*. New York: E. P. Dutton & Co., Inc.

____ 1940. *An India Day*. London: Penguin Books, Ltd.

Woolf, Leonard. 2008. *The Village in the Jungle*. London: Eland Publishing Limited.

Secondary Texts

Abrahams, Peter. 1963. *Mine Boy*. Reading: Heineman Educational Publishers.

Afigbo, A. E., Ayandele, E. A., Gavin, R. J., Omer-Cooper, J. D., and Palmer, R. 1986a.

The Making of Modern Africa, Volume 1, The Nineteenth Century. New York: Longman Group, Ltd.

_____ 1986b. *The Making of Modern Africa, Volume 2, The Twentieth Century*. New York: Longman Group Ltd.

Ahmad, Aijaz. 1987. 'Jameson's Rhetoric of Otherness and the "National Allegory"'. *Social Text* No. 17, 3–25.

_____ 2008. *In Theory: Nations, Classes, Literatures*. London and New York: Verso.

Alexander, Peter F. 1989. *William Plomer: A Biography*. Oxford: Oxford University Press.

Al-Rawi, Ahmed. 2009. 'Buchan the Orientalist: Greenmantle and Western Views of the East'. *Journal of Colonialism and Colonial History* Vol. 10, No. 2, n. pag.

Amin, Samir. 1976. *Unequal Development: An Essay on the Social Formations of Peripheral Capitalism*. Sussex: The Harvester Press, Ltd.

_____ 1977. *Imperialism and Unequal Development*. Sussex: The Harvester Press, Ltd.

Amoore, Louise. 2005. *The Global Resistance Reader*. London and New York: Routledge.

Anderson, Benedict. 1998. *The Spectre of Comparisons: Nationalism, Southeast Asia, and the World*. London: Verso.

_____ 2006. *Imagined Communities: Reflections on the Origin and Spread of Nationalism*. London: Verso.

Anderson, Kevin B. 2010. *Marx at the Margins: On Nationalism, Ethnicity, and Non-Western Societies*. Chicago and London: University of Chicago Press.

Anderson, Perry. 2013. *The Indian Ideology*. London and New York: Verso.

Anzaldúa, Gloria. 1987. *Borderlands: La Frontera*. San Francisco: Aunt Lute Books.

Appadurai, Arjun. 2015. 'Foreword'. In Colin McFarlane and Stephen Graham, eds, *Infrastructural Lives: Urban Infrastructure in Context*, pp. xii-xiii. London and New York: Routledge.

Archard, David. 1990. 'Paternalism Defined'. *Analysis* Vol. 50, No.1, 36-42.

Arendt, Hannah. 2004. *The Origins of Totalitarianism*. New York: Schoken Books.

Arnold, David. 1984. 'Gramsci and Peasant Subalternity in India'. *The Journal of Peasant Studies* Vol. 11, No. 4, 155–177.

_____ 2000. *Science, Technology and Medicine in Colonial India*. Cambridge: Cambridge University Press.

Arrighi, Giovanni, Hopkins, Terence K., and Wallerstein, Immanuel. 2011. *Antisystemic Movements*. London and New York: Verso.

Attwell, David, and Attridge, Derek, eds. 2012. *The Cambridge History of South African Literature*. Cambridge: Cambridge University Press.

'baas, n.' *OED Online*. Oxford University Press. December 2014.

Baden-Powell, Robert. 2005. *Scouting for Boys: A Handbook for Instruction in Good Citizenship*, ed. Elleke Boehmer. Oxford: Oxford University Press.

Bal, Mieke. 1997. *Narratology: Introduction to the Theory of Narrative*. London:

University of Toronto Press, Inc.

Barends, Heidi. 2015. 'Olive Schreiner's *The Story of an African Farm*: Lyndall as Transnational and Transracial Feminist'. *English Academy Review* Vol. 32, No. 2, 101-114.

Barnett, Michael. 2013. *Empire of Humanity: A History of Humanitarianism*. New York: Cornell University Press.

Barnett, Michael, and Weiss, Thomas G., eds. 2008. *Humanitarianism in Question: Politics, Power, Ethics*. Ithaca, NY and London: Cornell University Press.

Bartholomew, John George. 1909. *Imperial Gazetter of India*. Oxford: Oxford University Press.

Bartolovich, Crystal, and Lazarus, Neil, eds. 2004. *Marxism, Modernity, and Postcolonial Studies*. Cambridge: Cambridge University Press.

Beall, Jo, Crankshaw, Owen, and Parnell, Susan. 2002. *Uniting a Divided City: Governance and Social Exclusion in Johannesburg*. London: Earthscan Publications.

Beavon, Keith. 2004. *Johannesburg, The Making and Shaping of the City*. Pretoria: University of South Africa Press.

Bennett, Tony. 1982. 'Introduction'. In *Popular Culture: Past and Present*, pp. 15-19. London: The Open University Press.

___ 2003. *Formalism and Marxism*. London: Routledge.

Bennett, Tony, Martin, Graham, and Waites, Bernard, eds. 1982. *Popular Culture: Past and Present*. London: The Open University Press.

Bevan, Edwyn. 1913. *Indian Nationalism, An Independent Estimate*. London: Macmillan and Co.

Bhatia, Nandi. 1999. 'Staging the 1857 Mutiny as "The Great Rebellion": Colonial History and Post-Colonial Interventions in Utpal Dutt's *Mahavidroh'. Theatre Journal* Vol. 51, 167–184.

Bivona, Daniel. 1998. *British Imperial Literature, 1870–1940: Writing and the Administration of Empire*. Cambridge: Cambridge University Press.

Blanchard, Robert G. 1991. *The First Editions of John Buchan: A Collector's Bibliography*. Connecticut: Archon Books.

Bloom, Harold, ed. 1987. *Modern Critical Views: E. M. Forster*. New York: Chelsea House Publishers.

Blunt, Alison, and McEwan, Cheryl, eds. 2002. *Postcolonial Geographies*. London and New York: Continuum.

Boehmer, Elleke. 1998a. *Empire, the National and the Postcolonial, 1890–1920: Resistance in Interaction*. Oxford: Oxford University Press.

___ , ed. 1998b. *Empire Writing: An Anthology of Colonial Literature, 1870–1918*. Oxford: Oxford University Press.

___ 2005. *Colonial & Postcolonial Literature*. Oxford: Oxford University Press, 2nd edn.

_____ 2011. 'The Worlding of the Jingo Poem'. *The Yearbook of English Studies* Vol. 41, No. 2, 41-57.

Boehmer, Elleke, Chrisman, Laura, and Parker, Kenneth, eds. 1994. *Altered State? Writing and South Africa*. Sydney: Dangaroo Press.

Boehmer, Elleke, and Morton, Stephen, eds. 2010. *Terror and the Postcolonial*. West Sussex: Blackwell Publishing, Ltd.

Bond, Patrick. 2000. *Elite Transition: From Apartheid to Neoliberalism in South Africa*. London: Pluto Press.

Booth, Charles. 1902. *Life and Labour of the People in London*. London: Macmillan and Co., Ltd.

Booth, Howard J., and Rigby, Nigel, eds. 2000. *Modernism and Empire*. Manchester: Manchester University Press.

_____ 2000. 'Introduction'. In *Modernism and Empire*, pp. 1-12. Manchester: Manchester University Press.

Booth, William. 1890. *In Darkest England and the Way Out*. London: The Carlyle Press.

Bosch, Tanja. 2016. 'Twitter Activism and Youth in South Africa: the Case of #RhodesMustFall'. *Information, Communication & Society*, 1-12.

Bose, Nemai Sadhan. 1981. *Racism, Struggle for Equality and Indian Nationalism*. Calcutta: Prabartak Printing and Halftone, Ltd.

Brantlinger, Patrick. 1988. *Rule of Darkness: British Literature and Imperialism, 1830– 1914*. New York: Cornell University Press.

Bremner, Lindsey. 2010. *Writing the City into Being: Essays On Johannesburg, 1998-2008*. Johannesburg: Fourthwall Books.

Brenner, Neil. 2011. 'The Space of the World: Beyond State-Centrism?' In David Palumbo-Liu, Bruce Robbins and Nirvana Tanoukhi, eds. *Immanuel Wallerstein and the Problem of the World: System, Scale, Culture*, pp. 101-137. Durham and London: Duke University Press.

Breuilly, John. 2012. 'Approaches to Nationalism'. In Gopal Balakrishnan, ed., *Mapping the Nation*, pp. 146–174. London: Verso.

Brewer, Anthony. 2001. *Marxist Theories of Imperialism: A Critical Survey*. London and New York: Routledge.

Bubb, Alexander. 2013. 'The Provincial Cosmopolitan: Kipling, India and Globalisation'. *Journal of Postcolonial Writing* Vol. 49, No. 4, 391-404.

Budgen, Sebastien, Kouvelakis, Stathis, and Žižek, Slavoj. 2007. *Lenin Reloaded: Toward a Politics of Truth*. Durham and London: Duke University Press.

Burdett, Carolyn. 2001. *Olive Schreiner and the Progress of Feminism: Evolution, Gender, Empire*. New York: Palgrave.

Butlin, Robin A. 2009. *Geographies of Empire: European Empires and Colonies c.1880–1960*. Cambridge: Cambridge University Press.

Calhoun, Craig, Collins, Randall, Derluguian, Georgi, Mann, Michael, and Wallerstein, Immanuel. 2013. *Does Capitalism Have a Future?* New York: Oxford University Press.

_____ 2013. 'Getting Real'. In Craig Calhoun, Randall Collins, Georgi Derluguian, Michael Mann and Immanuel Wallerstein, *Does Capitalism Have a Future?*, pp. 163–192. New York: Oxford University Press.

Callinicos, Alex. 2007. 'Leninism in the Twenty-First Century? Lenin, Weber, and the Politics of Responsibility'. In Sebastien Budgen, Stathis Kouvelakis and Slavoj Žižek, eds, *Lenin Reloaded: Toward a Politics of Truth*, pp. 18–41. Durham and London: Duke University Press.

Carruthers, Jane. 2003. 'Friedrich Jeppe: Mapping the Transvaal c.1855–1899'. *Journal of Southern African Studies* Vol. 29, No. 4, 955-976.

Carter, Paul. 1987. *The Road to Botany Bay: An Essay in Spatial History.* London: Faber and Faber, Ltd.

_____ 2002. *Repressed Spaces: The Poetics of Agoraphobia.* London: Reaktion Books, Ltd.

_____ 2009. *Dark Writing: Geography, Performance, Design.* Honolulu: University of Hawai'i Press.

Caygill, Howard. 2013. *On Resistance: A Philosophy of Defiance.* London: Bloomsbury.

Chakrabarty, Dipesh. 2000. *Rethinking Working-Class History: Bengal 1890-1940.* Princeton, NJ: Princeton University Press.

_____ 2001. 'Clothing the political man: a reading of the use of khadi/white in Indian public life'. *Postcolonial Studies* Vol. 4, No. 1, 27-38.

_____ 2008. *Provincializing Europe.* Princeton, NJ: Princeton University Press.

Chandavarkar, Rajnarayan. 1997. '"The Making of the Working Class": E. P. Thompson and Indian History'. *History Workshop Journal* No. 42, 177-196.

Chandra, Bipan. 2006. 'Economic Nationalism and the Railway Debate, circa 1880–1905'. In Roopa Srinivasan, Tiwari Manish and Silas Sandeep, eds, *Our Indian Railway: Themes in India's Railway History*, pp. 77-119. New Delhi: Foundation Books Pvt., Ltd.

Chang, Mike. 1998. *Cultural Geography.* London: Routledge.

Chatterjee, Partha. 1986. 'The Colonial State and Peasant Resistance in Bengal, 1920–1947'. *Past and Present* No. 110, 169-204.

_____ 1999. 'Anderson's Utopia'. Diacritics, Vol. 29, No. 4, *Grounds of Comparison: Around the Work of Benedict Anderson*, 128-134.

_____ 2011. *The Partha Chatterjee Omnibus.* New Delhi: Oxford University Press, 2011.

Chaudhuri, K. N., and Dewey, Clive, eds. 1979. *Economy and Society: Essays in Indian Economic and Social History.* Delhi: Oxford University Press.

Childs, Peter. 2007. *Modernism and the Post-Colonial: Literature and Empire, 1885–1930.* London: Continuum International Publishing Group.

Chrisman, Laura. 2000. *Rereading the Imperial Romance: British Imperialism and South*

African Resistance in Haggard, Schreiner, and Plaatje. Oxford: Clarendon Press.

____ 2003. *Postcolonial Contraventions: Cultural Readings of Race, Imperialism and Transnationalism.* Manchester: Manchester University Press.

____ 2012. 'The Imperial Romance'. In David Attwell and Derek Attridge, eds, *The Cambridge History of South African Literature*, pp. 226–245. Cambridge: Cambridge University Press.

Clark, Nancy L., and Worger, William H. 2011. *South Africa: The Rise and Fall of Apartheid.* Edinburgh: Pearson Education, Ltd.

Clingman, Stephen. 2009. *The Grammar of Identity: Transnational Fiction and the Nature of the Boundary.* Oxford: Oxford University Press.

Cockburn, Patrick. 2007. *The Occupation: War and Resistance in Iraq.* London and New York: Verso.

Coetzee, J. M. 1980. *White Writing: On the Culture of Letters in South Africa.* London: York University Press.

Cohn, Bernard. 2009. *The Bernard Cohn Omnibus.* New Delhi: Oxford University Press.

Cooper, Frederick. 2005. *Colonialism in Question: Theory, Knowledge, History.* London: University of California Press, Ltd.

Couzens, T. J. 1981. '"The Old Africa of a Boy's Dream" – Towards Interpreting Buchan's Prester John'. *English Studies in Africa* Vol. 12, No. 1, 1-26.

Cronin, Richard Paul. 1977. *British Policy and Administration in Bengal, 1905–1912: Partition and the New Province of Eastern Bengal and Assam.* Calcutta: Firma KLM Private, Ltd.

Curzon, Lord George. 1907. *The Romanes Lectures 1907: Frontiers.* Oxford: Clarendon Press.

____ 1987. Letter from Lord Curzon to Lord Hamilton, Secretary of State for India, 17 February, 1904. In Vinod Kumar Saxena, ed., *The Partition of Bengal (1905–1911): Select Documents*, p. 88. Delhi: Kanishka Publishing House.

Dantwala, M. L. 1973. *Poverty in India: Then and Now, 1870–1970.* Delhi: Macmillan India.

David, Saul. 2002. *The Indian Mutiny, 1857.* London: Penguin Books, Ltd.

Davidis, Maria. 1999–2000. 'Forster's Imperial Romance: Chivalry, Motherhood, and Questing in *A Passage to India'. Journal of Modern Literature* Vol. 23, No. 2, 259-276.

Davies, Dominic. 2015. 'Critiquing Global Capital and Colonial (In)Justice: Structural Violence in Leonard Woolf 's *The Village in the Jungle* (1913) and *Economic Imperialism* (1920)'. *The Journal of Commonwealth Literature* Vol. 50, No. 1, 45-58.

Davis, Clarence B., and Wilburn, Kenneth E., eds. 1991. *Railway Imperialism.* London: Greenwood Press.

Davis, Mike. 2007. *In Praise of Barbarians: Essays Against Empire*. Chicago: Haymarket Books.

___ 2010. *Late Victorian Holocausts: El Niño Famines and the Making of the Third World*. London: Verso.

Deckard, Sherae. 2016. 'Inherit the World: World-Literature, Rising Asia and the World-Ecology'. In Anna Bernard, Ziad Elmarsafy and Stuard Murray, eds, *What Postcolonial Theory Doesn't Say*, pp. 239-255. London and New York: Routledge.

Devarenne, Nicole. 2009. 'Nationalism and the Farm Novel in South Africa, 1883–2004'. *Journal of Southern African Studies* Vol. 35, No. 3, 627-642.

Devji, Faisal. 2013. *Muslim Zion: Pakistan as a Political Idea*. London: Harvard University Press.

Dewey, Clive. 1988. *Arrested Development in India: The Historical Dimension*. Riverdale: The Riverdale Company.

Dewey, Clive, and Chaudhuri, K. N., eds. 1979. *Economy and Society: Essays in Indian Economic and Social History*. Delhi: Oxford University Press.

Dirlik, Arif. 1994. 'The Postcolonial Aura: Third World Criticism in the Age of Global Capitalism'. *Critical Inquiry* Vol. 20, 328-356.

___ 1995. 'Confucius in the Borderlands: Global Capitalism and the Reinvention of Confuscianism'. *Boundary 2* Vol. 22, No. 3, 229-273.

___ 2004. 'Spectres of the Third World: global modernity and the end of the three worlds'. *Third World Quarterly* Vol. 25, No. 1, 131-148.

Duffield, Mark. 2001. 'Governing the Borderlands: Decoding the Power of Aid'. *Disasters* Vol. 24, No. 4, 308-320.

Dutt, Romesh Chunder. 1900. *Open Letters to Lord Curzon on Famines and Land Assessment in India*. London: Kegan Paul, Trench, Trübner & Co., Ltd.

___ 1950. *The Economic History of India in the Victorian Age*. London: Routledge & Kegan Paul, Ltd.

Dutt, Utpal. 1986. *The Great Rebellion*. Calcutta: Seagull Books.

Eagleton, Terry. 2002. *Marxism and Literary Criticism*. London: Routledge.

Easterling, Keller. 2014. *Extrastatecraft: The Power of Infrastructure Space*. London and New York: Verso.

Esty, Jed. 2007. '*The Story of an African Farm* and the Ghost of Goethe'. *Victorian Studies* Vol. 49, No. 3, 407-430.

___ 2012. *Unseasonable Youth: Modernism, Colonialism, and the Fiction of Development*. Oxford: Oxford University Press.

Etherington, Norman A. 1978. 'Rider Haggard, Imperialism, and the Layered Personality'. *Victorian Studies* Vol. 22, No. 1, 71-87.

Fanon, Frantz. 2001. *The Wretched of the Earth*, trans. Constance Farrington. London: Penguin Classics.

Ferro, Marc. 1997. *Colonization: A Global History*. London: Routledge.

Foster, Jeremy. 1998. 'John Buchan's "Hesperides": Landscape Rhetoric and the Aesthetics of Bodily Experience on the South African Highveld, 1901–1903'. *Cultural Geographies* Vol. 5, 323-347.

Foucault, Michel. 1991. *The Foucault Reader: An Introduction to Foucault's Thought*, ed. Paul Rabinow. London: Penguin Books.

____ 2001a. *Dits et Écrits I, 1954–1975*. Paris: Éditions Gallimard.

____ 2001b. *Dits et Écrits II, 1976–1988*. Paris: Éditions Gallimard.

Fox, Richard G. 1997. 'Passage From India'. In Richard G. Fox and Orins Starn, eds, *Between Resistance and Revolution: Cultural Politics and Social Protest*, pp. 65-82. London: Rutgers University Press.

Fox, Richard G., and Starn, Orins, eds. 1997. *Between Resistance and Revolution: Cultural Politics and Social Protest*. London: Rutgers University Press.

Frischman, Brett M. 2012. *Infrastructure: The Social Value of Shared Resources*. Oxford: Oxford University Press.

Gandhi, M. K. 2007. *An Autobiography, The Story of My Experiments With Truth*. London: Penguin Books.

____ 2008. *The Essential Writings*. Oxford: Oxford University Press.

Geddes, Patrick. 1947. *Patrick Geddes in India*, ed. Jacqueline Tyrwhitt. London: Lund Humphries.

Genette, Gérard. 1982. *Figures of Literary Discourse*, trans. Alan Sheridan. Oxford: Basil Blackwell Publisher.

Gilroy, Paul. 2004a. *After Empire: Melancholia or Convivial Culture?* Oxfordshire: Routledge.

____ 2004b. *Between Camps: Nations, Cultures and the Allure of Race*. London and New York: Routledge.

Glover, William J. 2004. '"A Feeling of Absence from Old England": The Colonial Bungalow'. *Home Cultures* Vol. 1, No. 1, 61-82.

Goodwin, Gráinne. 2013. '"An Adamless Eden": Counterpublics and Women Writers' Sociability at the fin de siècle through the Experiences of Flora Annie Steel'. *Women's History Review* Vol. 22, No. 3, 440–459.

Gott, Richard. 2012. *Britain's Empire: Resistance, Repression and Revolt*. London: Verso.

Graham, Stephen, ed. 2010. *Disrupted Cities: When Infrastructure Fails*. London: Routledge.

____ 2011. *Cities Under Siege: The New Military Urbanism*. London and New York: Verso.

Graham, Stephen, and Marvin, Simon. 2001. *Splintering Urbanism: Networked Infrastructures, Technological Mobilities and the Urban Condition*. London: Routledge.

Gramsci, Antonio. 1988. *The Gramsci Reader: Selected Writings, 1916–1935*, ed. David Forgacs. London: Lawrence and Wishart.

Gray, Stephen. 1986. 'William Plomer's Stories: The South African Origins of New Literature Modes'. *The Journal of Commonwealth Literature* Vol. 21, No. 53, 53-61.

Gregory, Derek. 1995. 'Imaginative Geographies'. *Progressive Human Geography* Vol. 19, No. 4, 447–485.

_____ 2004. *The Colonial Present: Afghanistan, Palestine, Iraq*. Oxford: Blackwell Publishing, Ltd.

Griffiths, Ieuan Ll. 1995. *The African Inheritance*. London: Routledge.

Grob-Fitzgibbon, Benjamin. 2011. *Imperial Endgame: Britain's Dirty Wars and the End of Empire*. Hampshire: Palgrave Macmillan.

Guha, Ranajit, ed. 1998. *A Subaltern Studies Reader, 1986–1995*. Delhi: Oxford University Press.

Gupta, Uma Das, ed. 2003. *A Difficult Friendship: Letters of Edward Thompson and Rabindranath Tagore, 1913–1940*. Oxford: Oxford University Press.

Hall, Catherine. 2016. 'The racist ideas of slave owners are still with us today'. *The Guardian* <https://www.theguardian.com/commentisfree/2016/sep/26/racistideas-slavery-slave-owners-hate-crime-brexit-vote> accessed 28 September 2016.

Hall, Stuart. 1992. 'Cultural Studies and its Theoretical Legacies'. In Lawrence Grossberg, Cary Nelson and Paula A. Treichler, eds, *Cultural Studies*, pp. 277-294. New York and London: Routledge.

Hall-Matthews, David. 2005. *Peasants, Famine and the State in Colonial Western India*. Hampshire: Palgrave Macmillan.

Hanes, W. Travis III. 1991. 'Railway Politics and Imperialism in Central Africa, 1889–1953'. In Clarence B. Davis and Kenneth E. Wilburn, eds, *Railway Imperialism*, pp. 41-69. London: Greenwood Press.

Hardiman, David. 1992. *Peasant Resistance in India, 1858–1914*. Delhi: Oxford University Press.

Hardt, Michael, and Negri, Antonio. 2001. *Empire*. London: Harvard University Press.

Harlow, Barbara. 1987. *Resistance Literature*. London: Methuen, Inc.

Harnetty, Peter. 1972. *Imperialism and Free Trade: Lancashire and India in the Mid-nineteenth Century*. Manchester: Manchester University Press.

Harvey, David. 1995. *The Condition of Postmodernity*. Oxford: Blackwell Publishers.

_____ 1999. *The Limits of Capital*. London: Verso.

_____ 2005. *The New Imperialism*. Oxford: Oxford University Press.

_____ 2006. *Spaces of Global Capitalism: Towards a Theory of Uneven Geographical Development*. London and New York: Verso.

_____ 2009. *Cosmopolitanism and the Geographies of Freedom*. New York: Columbia University Press.

____ 2012. *Rebel Cities: From the Right to the City to the Urban Revolution*. London: Verso.

____ 2014. *Seventeen Contradictions and the End of Capitalism*. London: Profile Books, Ltd.

Hassler-Forest, Dan. 2012. *Capitalist Superheroes: Cape Crusaders in the Neoliberal Age*. Winchester and Washington, DC: Zero Books.

Hawkes, David. 1996. *The New Critical Idiom: Ideology*. London: Routledge.

Hawkins, Hunt. 1982. 'The Issue of Racism in *Heart of Darkness*'. *Conradian* Vol. 14, No. 3, 163-171.

Headrick, Daniel R. 1981. *The Tools of Empire: Technology and European Imperialism in the Nineteenth Century*. Oxford: Oxford University Press.

____ 1988. *Tentacles of Progress: Technology Transfer in the Age of Imperialism, 1850–1940*. Oxford: Oxford University Press.

____ 2009. *Technology: A World History*. Oxford: Oxford University Press.

Heehs, Peter. 2010. 'Revolutionary Terrorism in British Bengal'. In Elleke Boehmer and Stephen Morton, eds, *Terror and the Postcolonial*, pp. 153-176. West Sussex: Blackwell Publishing, Ltd.

Henshaw, Peter. 2003. 'John Buchan from the "Borders" to the "Berg": Nature, Empire and White South African Identity, 1901–1910'. *African Studies* Vol. 62, No. 1, 3-32.

Hobsbawm, Eric. 1959. *Primitive Rebellion*. Manchester: Manchester University Press.

____ 2007. *The Age of Empire, 1875–1914*. London: Abacus.

Hobson, J. A. 1900. *The War in South Africa: Its Causes and Effects*. London: James Nisbet and Co., Ltd.

____ 1901. *The Psychology of Jingoism*. London: Grant Richards.

____ 1988. *Imperialism: A Study*. London: Unwin Hyman, Ltd.

Hopkins, Terence K., and Wallerstein, Immanuel. 1982. *World-Systems Analysis: Theory and Methodology*. London: Sage Publications, Ltd.

Huggan, Graham. 1989. 'Decolonizing the Map: Post-Colonialism, Post-Structuralism and the Cartographic Connection'. *Ariel, A Review of International English Literature* Vol. 20 No. 4, 115–131.

____ 1994. *Territorial Disputes: Maps and Mapping Strategies in Contemporary Canadian and Australian Fiction*. Toronto: University of Toronto Press.

Hutchins, Francis G. 1967. *The Illusion of British Permanence: British Imperialism in India*. Princeton, NJ: Princeton University Press.

infrastructure, n. *OED*, 2nd edn, 1989 <http://ezproxy.ouls.ox.ac.uk:2277/view/Entry/95624> accessed 8 June 2012.

infrastructure. 2007. In Chris Park, ed., *A Dictionary of Environment and Conservation*. Oxford: Oxford University Press <http://www.oxfordreference.com/views/ENTRY.html?subview=Main&entry=t244.e4073> accessed 8 June 2012.

infrastructure. 2009a. In Susan Mayhew, ed., *A Dictionary of Geography*. Oxford:

Oxford University Press <http://www.oxfordreference.com/views/ENTRY. html?subview=Main&entry=t15.e1667> accessed 8 June 2012.

infrastructure. 2009b. In John Black, Nigar Hashimzade and Gareth Myles, eds, *A Dictionary of Economics*. Oxford: Oxford University Press <http://www. oxfordreference.com/views/ENTRY.html?subview=Main&entry=t19.e1603> accessed 8 June 2012.

infrastructure, n. *ODO*, 2010. In Angus Stevenson, ed., *Oxford Dictionary of English*. Oxford: Oxford University Press <http://www.oxfordreference.com/views/ENTRY. html?subview=Main&entry=t140.e0410740> accessed 8 June 2012.

Jameson, Fredric. 1975. 'Beyond the Cave: Demystifying the Ideology of Modernism'. *The Bulletin of the Midwest Modern Language Association* Vol. 8, No. 1, 1–20.

_____ 1986. 'Third-World Literature in the Era of Multinational Capitalism'. *Social Text* No. 15, 65–88.

_____ 1990. 'Modernism and Imperialism'. In Terry Eagleton, Fredric Jameson and Edward Said, *Nationalism, Colonialism and Literature*, pp. 43-66. Minneapolis: University of Minnesota Press.

_____ 1991. *Postmodernism, or, the Cultural Logic of Late Capitalism*. Durham: Duke University Press.

_____ 2002. *The Political Unconscious, Narrative as a Socially Symbolic Act*. London: Routledge.

_____ 2014. *Representing Capital: A Commentary on Volume One*. London: Verso.

Jani, Pranav. 2004. 'Karl Marx, Eurocentrism, and the 1857 Revolt in British India'. In Crystal Bartolovich and Neil Lazarus, eds, *Marxism, Modernity, and Postcolonial Studies*, pp. 81–97. Cambridge: Cambridge University Press.

Johnson, Alan. 1998. '"Sanitary Duties" and Registered Women: A Reading of *On the Face of the Waters*'. *Yale Journal of Criticism* Vol. 11, No. 2, 507-513.

_____ 2011. *Out of Bounds: Anglo-Indian Literature and the Geography of Displacement*. Honolulu: University of Hawai'i Press.

Johnson, Robert. 2003. *British Imperialism*. New York: Palgrave Macmillan.

Jones, Susan. 2004. 'Into the Twentieth Century: Imperial Romance from Haggard to Buchan'. In Corinne Saunders, ed., *A Companion to Romance*, pp. 406–423. Oxford: Blackwell Publishing.

Karis, Thomas, and Carter, Gwendolen M., eds. 1972. *From Protest to Challenge: A Documentary History of African Politics in South Africa, 1882–1964, Volume 1: Protest and Hope, 1882–1934*. California: Hoover Institution Press.

Katz, Wendy R. 1987. *Rider Haggard and the Fiction of Empire: A Critical Study of British Imperial Fiction*. Cambridge: Cambridge University Press.

Kerr, Ian J. 1995. *Building the Railways of the Raj, 1850–1900*. Delhi: Oxford University Press.

_____ 2003. 'Representation and Representations of the Railways of Colonial and Post-Colonial South Asia'. *Modern Asian Studies* Vol. 37, No. 2, 287-326.

Khalidi, Rashid. 2004. *Resurrecting Empire: Western Footprints and America's Perilous Path in the Middle East.* London: I. B. Tauris & Co, Ltd.

Khilnani, Sunil. 1997. *The Idea of India.* London: Hamish Hamilton, Ltd.

King, Anthony D. 1976. *Colonial Urban Development: Culture, Social Power and Environment.* London: Routledge & Kegan Paul, Ltd.

_____ 1991. *Urbanism, Colonialism, and the World-Economy: Cultural and Spatial Foundations of the World Urban System.* London: Routledge.

_____ , ed. 2000. *Culture, Globalization and the World-System: Contemporary Conditions for the Representation of Identity.* Minneapolis: University of Minnesota Press.

Klein, Ira. 2000. 'Materialism, Mutiny and Modernization in British India'. *Modern Asian Studies* Vol. 34, No. 3, 545-580.

Krebs, Paula M. 1997. 'Olive Schreiner's Racialization of South Africa'. *Victorian Studies* Vol. 40, No. 3, 427-444.

Kros, Cynthia. 2015. 'Rhodes Must Fall: Archives and Counter-Archives'. *Critical Arts* Vol. 29, 150-165.

Kruger, Loren. 2013. *Imagining the Edgy City: Writing, Performing, and Building Johannesburg.* Oxford: Oxford University Press.

Kruse, Juanita. 1989. *John Buchan (1875–1940) and the Idea of Empire.* Lampeter: The Edwin Mellen Press, Ltd.

Kumar, Deepa. 2012. *Islamophobia and the Politics of Empire.* Chicago: Haymarket Books.

Labica, Georges. 2007. 'From Imperialism to Globalisation'. In Sebastien Budgen, Stathis Kouvelakis and Slavoj Žižek, *Lenin Reloaded: Toward a Politics of Truth*, pp. 222-238. Durham and London: Duke University Press.

Lago, Mary. 2001. *'India's Prisoner': A Biography of Edward John Thompson, 1886–1946.* Columbia and London: University of Missouri Press.

Larkin, Brian. 2013. 'The Politics and Poetics of Infrastructure'. *Annual Review of Anthropology* Vol. 42, 327–343.

Latham, A. J. H. 1978. *The International Economy and the Undeveloped World, 1865–1914.* London: Billing & Sons, Ltd.

Lazarus, Neil. 2011. *The Postcolonial Unconscious.* Cambridge: Cambridge University Press.

Ledger, Sally, and Luckhurst, Roger, eds. 2000. *The Fin de Siècle: A Reader in Cultural History, c.1880–1900.* Oxford: Oxford University Press.

Lefebvre, Henri. 1988. *The Production of Space*, trans. Donald Nicholson-Smith. Oxford: Blackwell Publishers, Ltd.

Legg, Stephen. 2007. *Spaces of Colonialism: Delhi's Urban Governmentalities.* Oxford:

Blackwell Publishing.

Lemert, Charles, Rojas, Carlos Antionio Aguirre, and Wallerstein, Immanuel. 2016. *Uncertain Worlds: World-Systems Analysis in Changing Times*. London and New York: Routledge.

Lenin, V. I. 1934. *Imperialism, The Highest Stage of Capitalism*. London: Martin Lawrence, Ltd.

_____ 1987. *Essential Works of Lenin: 'What Is to Be Done?' and Other Writings*, ed. Henry M. Christman. New York: Dover Publications.

Lester, Alan. 1998. *From Colonisation to Democracy: A New Historical Geography of South Africa*. London: I. B. Tauris.

Lester, Alan, Nel, Etienne, and Binns, Tony. 2000. *South Africa, Past, Present and Future: Gold at the End of the Rainbow?* Essex: Pearson Education Limited.

Lewis, Martin W., and Wigen, Kären. 1997. *The Myth of Continents: A Critique of Metageography*. London: University of California Press.

Lilly, William Samuel. 1902. *India and Its Problems*. London: Sands & Co.

Lloyd, David. 1993. *Anomalous States: Irish Writing and the Post-Colonial Moment*. Durham: Duke University Press.

Low, Gail Ching-Liang. 1996. *White Skins/Black Masks: Representation and Colonialism*. London: Routledge.

Lowry, Donald. 2016. 'The "Rhodes Must Fall" Campaign: Where Would the Destruction End?' *The Round Table* Vol. 105, No. 3, 329-331.

Luckett, Kathey. 2016. 'Curriculum Contestation in a Post-Colonial Context: A View from the South'. *Teaching in Higher Education* Vol. 21, No. 4, 415-428.

Luxemburg, Rosa. 1970. *Rosa Luxemburg Speaks*, ed. Mary-Alice Waters. London and New York: Pathfinder Press.

_____ 2003. *The Accumulation of Capital*, trans. Agnes Schwarzschild. London and New York: Routledge.

Lyall, Sir Alfred. 1907. *The Rise and Expansion of the British Dominion in India*. London: John Murray.

McClintock, Anne. 1995. *Imperial Leather: Race, Gender and Sexuality in the Colonial Contest*. London: Routledge.

McCully, Bruce Tiebout. 1940. *English Education and the Origins of Indian Nationalism*. New York: Columbia University Press.

Macdonald, Kate, ed. 2009. *Reassessing John Buchan: Beyond the Thirty-Nine Steps*. London: Pickering and Chatto.

MacDonald, Robert H. 1994. *The Language of Empire: Myths and Metaphors of Popular Imperialism, 1880–1918*. Manchester: Manchester University Press.

McEwan, Cheryl. 2009. *Postcolonialism and Development*. London and New York: Routledge.

McFarlane, Colin, and Graham, Stephen, eds. 2015. *Infrastructural Lives: Urban Infrastructure in Context*. London and New York: Routledge.

Macey, David. 2012. *Frantz Fanon: A Biography*. London: Verso.

Macherey, Pierre. 1986. *A Theory of Literary Production*, trans. Geoffrey Wall. London: Routledge.

Mackenzie, Craig. 2012. 'The Metropolitan and the Local: Douglas Blackburn, Pauline Smith, William Plomer, Herman Charles Bosman'. In David Attwell and Derek Attridge, eds. *The Cambridge History of South African Literature*, pp. 360–379. Cambridge: Cambridge University Press.

Malleson, Colonel G. B. 1901. *The Indian Mutiny of 1857, with Portraits and Plans*. London: Seeley and Co. Limited.

Marks, Shula, and Rathbone, Richard, eds. 1982. *Industrialisation and Social Change in South Africa: African Class Formation, Culture, and Consciousness, 1870–1930*. London: Longman Group, Ltd.

Martel, Gordon. 2000. 'Decolonisation after Suez: Retreat or Rationalisation'. *Australian Journal of Politics and History* Vol. 46, No. 3, 403–417.

Marx, Karl. 1993. *Grundrisse, Foundations of the Critique of Political Economy*, trans. Martin Nicolaus. London: Penguin Books.

____ 1999. *Capital*, ed. David McLellan. Oxford: Oxford University Press.

____ 2006. *Karl Marx on India (1853–1862)*, ed. Iqbal Husain. New Delhi: Tulika Books.

Masselos, Jim. 2010. *Indian Nationalism: A History*. New Delhi: Sterling Publishers Private Limited.

Massey, Doreen. 1995. *Spatial Divisions of Labour: Social Structures and the Geography of Production*. New York: Routledge.

Masterman, C. F. G. 1906. *The Condition of England*, ed. J. T. Boulton. London: Methuen & Co. Ltd.

Mayer, Arno J. 2008. *Plowshares into Swords: From Zionism to Israel*. London and New York: Verso.

Mbembe, Achille. 2001. *On the Postcolony*. Berkeley: University of California Press.

____ 2008. 'Aesthetics of Superfluity'. In Sarah Nuttall and Achille Mbembe, eds, *Johannesburg: The Elusive Metropolis*, pp. 37-67. Durham and London: Duke University Press.

Meller, H. E. 1979. 'Urbanisation and the Introduction of Modern Town Planning Ideas in India, 1900–1925'. In Clive Dewey and K. N. Chaudhuri, eds, *Economy and Society: Essays in Indian Economic and Social History*, pp. 330-350. Delhi: Oxford University Press.

Meredith, Martin. 2006. *The State of Africa: A History of Fifty Years of Independence*. London: Simon and Schuster UK, Ltd.

____ 2008. *Diamonds, Gold and War: The Making of South Africa*. London: Pocket Books.

Merrifield, Andy. 2014. *The New Urban Question*. London: PlutoPress.

Metcalf, Barbara D., and Metcalf, Thomas R. 2002. *A Concise History of India*. Cambridge: Cambridge University Press.

Metcalf, Thomas R. 1995. *Ideologies of the Raj*. Cambridge: Cambridge University Press.

____ 2002. *An Imperial Vision: Indian Architecture and Britain's Raj*. New Delhi: Oxford University Press.

Mignolo, Walter D. 2011. *The Darker Side of Western Modernity: Global Futures, Decolonial Options*. Durham and London: Duke University Press.

____ 2012. *Local Histories/Global Designs: Coloniality, Subaltern Knowledges, and Border Thinking*. Princeton, NJ: Princeton University Press.

Miller, J. Hillis. 1995. *Topographies*. California: Stanford University Press.

Misra, B. B. 1990. *The Unification and Division of India*. Delhi: Oxford University Press.

Mitchell, Timothy. 1988. *Colonising Egypt*. London: Cambridge University Press.

____ 2002. *Rule of Experts: Egypt, Techno-Politics, Modernity*. Berkeley: University of California Press.

Mittelman, James H. 2000. *The Globalisation Syndrome: Transformation and Resistance*. Princeton, NJ: Princeton University Press.

Monsman, Gerald. 1991. *Olive Schreiner's Fiction: Landscape and Power*. New Jersey: Rutgers University Press.

____ 2006. *H. Rider Haggard on the Imperial Frontier: The Political and Literary Contexts of His African Romances*. Greensboro: University of North Carolina, ELT Press.

____ 2010. *Colonial Voices: The Anglo-African High Romance of Empire*. New Orleans, LA: University Press of the South.

Moore, Donald S. 1997. 'Remapping Resistance: "Ground for Struggle" and the Politics of Place'. In Steve Pile and Michael Keith, eds, *Geographies of Resistance*, pp. 87–106. London and New York: Routledge.

Moore, Jason W. 2015. *Capitalism in the Web of Life: Ecology and the Accumulation of Capital*. New York and London: Verso.

Moore-Gilbert, Bart. 2003. 'Olive Schreiner's *Story of an African Farm*: Reconciling Feminism and Anti-Imperialism?' *Women: A Cultural Review* Vol. 14, No. 1, 85-103.

Moretti, Franco. 1998. *Atlas of the European Novel, 1800–1900*. London and New York: Verso.

____ 2000. 'Conjectures on World Literature'. *New Left Review* Vol. 1, 54-68.

____ 2000. *The Way of the World: The Bildungsroman in European Culture*, trans. Albert Sbragia. London: Verso.

____ 2008. *Distant Reading*. London and New York: Verso.

____ 2013. *The Bourgeois: Between History and Literature*. London and New York: Verso.

Moroney, Sean. 1982. 'Mine Married Quarters: The Differential Stabilisation of the

Witwatersrand Workforce 1900–1920'. In Shula Marks and Richard Rathbone, eds, *Industrialisation and Social Change in South Africa: African Class Formation, Culture, and Consciousness, 1870–1930*, pp. 259-269. London: Longman Group, Ltd.

Morton, Stephen. 2010. 'Terrorism, Literature, and Sedition in Colonial India'. In Elleke Boehmer and Stephen Morton, eds, *Terror and the Postcolonial*, pp. 202-225. West Sussex: Blackwell Publishing, Ltd.

Mukherjee, Upamanyu Pablo. 2013. *Natural Disasters and Victorian Empire: Famines, Fevers and the Literary Cultures of South Asia*. New York: Palgrave Macmillan.

Murphy, Patricia. 1998. 'Timely interruptions: Unsettling gender through temporality in *The Story of an African Farm'. Style* Vol. 32, No. 1, 80–102.

Murray, Cara. 2008. *Victorian Narrative Technologies in the Middle East*. London: Routledge.

Murray, John. 1904. *The Imperial Guide to India, Including Kashmir, Burma and Ceylon. With Illustrations, Maps and Plans*. London: Alabaster, Passmore and Sons.

Nabers, Deak. 2001. 'Spies Like Us: John Buchan and the Great War Spy Craze', *Journal of Colonialism and Colonial History* Vol. 2, No. 1, n. pag.

Nagai, Kaori, and Rooney, Caroline, eds. 2010. *Kipling and Beyond: Patriotism, Globalisation and Postcolonialism*. Basingstoke: Palgrave Macmillan.

Nandy, Ashis. 1978. 'The Traditions of Technology'. *Alternatives* Vol. 4, No. 3, 371-385.

____ 1983. *The Intimate Enemy: Loss and Recovery of Self under Colonialism*. New Delhi: Oxford University Press.

Naoroji, Dadabhai. 1901. *Poverty and Un-British Rule in India*. London: Swan Sonnenschein & Co.

Nehru, Jawaharlal. 1941. *The Unity of India, Collected Writings, 1937–1940*. Buckingham Street: Lindsay Drummond.

____ 2010. *The Discovery of India*. New Delhi: Penguin Books.

Newsinger, John. 2010. *The Blood Never Dried: A People's History of the British Empire*. London: Bookmarks Publications, Ltd.

Nightingale, Carl H. 2012. *Segregation: A Global History of Decided Cities*. London and Chicago: The University of Chicago Press.

Nuttall, Sarah. 2008. 'Literary City'. In Sarah Nuttall and Achille Mbembe, eds, *Johannesburg: The Elusive Metropolis*, pp. 195-218. Durham and London: Duke University Press.

Nuttall, Sarah, and Mbembe, Achille, eds. 2008. *Johannesburg: The Elusive Metropolis*. Durham and London: Duke University Press.

Nyman, Jopi, and Stotedbury, John A., eds. 1999. *Postcolonialism and Cultural Resistance*. Joensuu, Finland: Faculty of Humanities, University of Joensuu.

Oliver, John. 2015. 'Infrastructure: Last Week Tonight with John Oliver' <https://www.youtube.com/watch?v=Wpzvaqypav8>.

Orwell, George. 2000. *Essays*. London: Penguin Books.

Osterhammel, Jürgen, and Petersson, Niels P. 2003. *Globalization, A Short History*. Princeton, NJ: Princeton University Press.

Packenham, Thomas. 2009. *The Scramble for Africa, 1876–1912*. London: Abacus Books.

Palumbo-Liu, David, Robbins, Bruce, and Tanoukhi, Nirvana, eds. 2011. *Immanuel Wallerstein and the Problem of the World: System, Scale, Culture*. Durham and London: Duke University Press.

Pandey, Gyanendra. 2008. *The Gyanendra Pandey Omnibus*. New Delhi: Oxford University Press.

Pandey, Gyanendra, and Samad, Yunas. 2007. *Fault Lines of Nationhood*. New Delhi: Roli Books Pvt., Ltd.

Paranjape, Makarand R. 2013. *Making India: Colonialism, National Culture, and the Afterlife of Indian English Authority*. New Delhi: Springer and Amaryllis.

Parry, Benita. 1972. *Delusions and Discoveries: Studies on Indian in the British Imagination, 1880–1930*. London: The Penguin Press.

____ 1998. 'Materiality and Mystification in A Passage to India'. *NOVEL: A Forum on Fiction* Vol. 31, No. 2, Thirtieth Anniversary Issue: II, 174-194.

____ 2004. *Postcolonial Studies: A Materialist Critique*. New York: Routledge.

Patwardhan, Daya. 1963. *A Star of India: Flora Annie Steel, Her Works and Times*. Poona: Lokasangraha Press.

Paxton, Nancy L. 1992. 'Complicity and Resistance in the Writings of Flora Annie Steel and Annie Besant'. In Margaret Strobel and Nupur Chaudhuri, eds, *Western Women and Imperialism: Complicity and Resistance*, pp. 158-176. Bloomington and Indianapolis: Indiana University Press.

Pierce, Steven, and Rao, Anupama, eds. 2006. *Discipline and the Other Body: Correction, Corporeality, Colonialism*. London: Duke University Press.

Pile, Steve, and Keith, Michael, eds. 1997. *Geographies of Resistance*. London and New York: Routledge.

Pillay, Suntosh R. 2016. 'Silence is Violence: (Critical) Psychology in an Era of Rhodes Must Fall and Fees Must Fall'. *South African Journal of Psychology* Vol. 46, No. 2, 155-159.

Plaatje, Solomon. 1930. *Mhudi*. Oxford: Heineman Educational Publishers.

____ 2001. *Sol Plaatje: Selected Writings*, ed. Brian Willan. Johannesburg: Witwatersrand University Press.

Plato. 2008. *The Republic*, trans. Robin Waterfield. Oxford: Oxford University Press.

Pocock, Tom. 1993. *Rider Haggard and the Lost Empire*. London: Weidenfeld and Nicolson.

Prakash, Gyan. 1999. *Another Reason: Science and the Imagination of Modern India*. Princeton, NJ: Princeton University Press.

Pratt, Mary Louise. 2003. *Imperial Eyes: Travel Writing and Transculturation*. New York: Routledge.

Randall, Don. 2000. *Kipling's Imperial Boy: Adolescence and Cultural Hybridity*. Basingstoke: Macmillan.

___ 2003. 'Autumn 1857: The Making of the Indian "Mutiny"'. *Victorian Literature and Culture* Vol. 31, No. 1, 3-17.

Raschke, Debrah. 1997. 'Forster's Passage to India: Re-Envisioning Plato's Cave'. *The Comparatist* Vol. 21, 10-24.

Redley, Michael. 2009. 'John Buchan and the South African War'. In Kate Macdonald, ed., *Reassessing John Buchan: Beyond the Thirty-Nine Steps*, pp. 65-76. London: Pickering and Chatto.

Reid, Julia. 2011. '"Gladstone Bags, Shooting Boots, and Bryant & May's Matches": Empire, Commerce, and the Imperial Romance in the Graphic's Serialization of H. Rider Haggard's *She*'. *Studies in the Novel* Vol. 43, No. 2, 152-178.

Rhodes, Cecil. 1900. *Cecil Rhodes: His Political Life and Speeches, 1881–1900*. London: Chapman and Hall, Ltd.

Rhodes, Cecil. 2000. 'Speech at Drill Hall, Cape Town (18 July 1899)'. In Sally Ledger and Roger Luckhurst, eds, *The Fin de Siècle: A Reader in Cultural History, c.1880–1900*, pp. 143-144. Oxford: Oxford University Press.

Riach, Alan. 2009. 'John Buchan: Politics, Language and Suspense'. In Kate Macdonald, ed., *Reassessing John Buchan: Beyond the Thirty-Nine Steps*, pp. 171-182. London: Pickering and Chatto.

Richardson, Peter, and Van-Helten, Jean Jacques. 1982. 'Labour in the South African Gold Mining Industry, 1886–1914'. In Shula Marks and Richard Rathbone, eds, *Industrialisation and Social Change in South Africa: African Class Formation, Culture, and Consciousness, 1870–1930*, pp. 77–98. London: Longman Group, Ltd.

Roberts, Adam. 2000. *Fredric Jameson*. London: Routledge.

Robinson, William I. 2011. 'Globalisation and the Sociology of Immanuel Wallerstein: A Critical Appraisal'. *International Sociology* Vol. 26, No. 6, 723-745.

Rodney, Walter. 2012. *How Europe Underdeveloped Africa*. Oxford: Pambazuka Press.

Rojas, Carlos Antonio Aguirre. 2016. 'Introduction: Immanuel Wallerstein and the Critical "World-Systems Analysis" Perspective'. In Charles Lemert, Carlos Antonio Aguirre Rojas and Immanuel Wallerstein, *Uncertain Worlds: World-Systems Analysis in Changing Times*, pp. vii–xl. London and New York: Routledge.

Rosaldo, Renato. 1989. 'Imperialist Nostalgia'. *Representations* No. 26, *Special Issue: Memory and Counter-Memory*, 107-122.

Rothermund, Dietmar. 1970. *The Phases of Indian Nationalism and other essays*. Bombay: Nachiketa Publications Limited.

Roy, Shampa. 2010. '"A Miserable Sham": Flora Annie Steel's Short Fictions and the

Question of Indian Women's Reform'. *Feminist Review* No. 94, 55-74.

Rubenstein, Michael. 2010. *Public Works: Infrastructure, Irish Modernism, and the Postcolonial*. Indiana: University of Notre Dame Press.

Rühe, Peter. 2001. *Gandhi: A Photo Biography*. London: Phaidon.

Said, Edward. 1993. *Culture and Imperialism*. London: Chatto and Windus.

___ 2003. *Orientalism*. London: Penguin Classics.

Sarila, Nerendra Singh. 2007. *The Shadow of the Great Game: The Untold Story of India's Partition*. London: Constable and Robinson, Ltd.

Sarkar, Sumit. 1985. *A Critique of Colonial India*. Calcutta: A. G. Printing Works.

Sassen, Saskia. 2006. *Territory, Authority, Rights: From Medieval to Global Assemblages*. Princeton, NJ: Princeton University Press.

Saunders, Corinne, ed. 2004. *A Companion to Romance*. Oxford: Blackwell Publishing.

Saxena, Vinod Kumar. 1987. *The Partition of Bengal (1905–1911): Select Documents*. Delhi: Kanishka Publishing House.

Schwarz, Bill. 2011. *The White Man's World: Memories of Empire, Volume 1*. Oxford: Oxford University Press.

Scott, James C. 1990. *Domination and the Arts of Resistance: Hidden Transcripts*. New Haven, CT: Yale University Press.

Seeley, John R. 1914. *Expansion of England: Two Courses of Lectures*. London: Macmillan and Co.

Sethi, Rumina. 2011. *The Politics of Postcolonialism: Empire, Nation and Resistance*. London: Pluto Press.

Shanmugasundaram, V. 1975. *The Drain Theory*. Madras: University of Madras, reprinted from the Indian Economic Association Conference.

Shapiro, Stephen. 2014. 'From Capitalist to Communist Abstraction: *The Pale King*'s Cultural Fix'. *Textual Practice* Vol. 28, No. 7, 1249-1271.

Shapple, Deborah L. 2004. 'Artful Tales of Origination in Olive Schreiner's *The Story of an African Farm*'. *Nineteenth-Century Literature* Vol. 59, No. 1, 78–114.

Sharp, Joanne P., Routledge, Paul, Philo, Chris, and Paddison, Ronan, eds. 2005. *Entanglements of Power: Geographies of Domination/Resistance*. London and New York: Routledge.

Sharpe, Jenny. 1989. *Allegories of Empire: The Figure of Woman in the Colonial Text*. London: University of Minnesota Press.

Singh, Navtej. 1996. *Starvation and Colonialism: A Study of Famines in the Nineteenth Century British Punjab 1858–1901*. New Delhi: National Book Organisation.

Sinha, Mrinalini. 2001. 'Britishness, Clubbability, and the Colonial Public Sphere: The Genealogy of an Imperial Institution in Colonial India'. *Journal of British Studies* Vol. 40, No. 4, 489-521.

Smith, Craig. 1995. 'Every Man Must Kill the Thing He Loves: Empire, Homoerotics, and Nationalism in John Buchan's Prester John'. *NOVEL: A Forum on Fiction* Vol. 28, No. 2, 173–200.

Smith, Janet Adam. 1965. *John Buchan, A Biography*. Bristol: Western Printing Services, Ltd.

Smith, Neil. 2005. *The New Urban Frontier: Gentrification and the Revanchist City*. London: Routledge.

____ 2008. *Uneven Development: Nature, Capital, and the Production of Space*. Athens and London: The University of Georgia Press, 3rd edn, 2008.

Soja, Edward. 1989. *Postmodern Geographies: The Reassertion of Space in Critical Social Theory*. London and New York: Verso.

____ 2010. *Seeking Spatial Justice*. London and Minneapolis: University of Minnesota Press.

Srinivasan, Roopa, Tiwari, Manish, and Silas, Sandeep, eds. 2006. *Our Indian Railway: Themes in India's Railway History*. New Delhi: Foundation Books Pvt., Ltd.

Star, Susan Leigh. 1999. 'The Ethnography of Infrastructure'. *American Behavioural Scientist* Vol. 43, No. 3, 377-391.

Stoler, Ann Laura. 2002. *Carnal Knowledge and Imperial Power: Race and the Intimate in Colonial Rule*. London: University of California Press, Ltd.

____ 2009. *Along the Archival Grain: Thinking Through Colonial Ontologies*. Princeton, NJ: Princeton University Press.

Stott, Rebecca. 1989. 'The Dark Continent: Africa as Female Body in Haggard's Adventure Fiction'. *Feminist Review* No. 32, 69–89.

Strobel, Margaret, and Chaudhuri, Nupur, eds. 1992. *Western Women and Imperialism: Complicity and Resistance*. Bloomington and Indianapolis: Indiana University Press.

Suleri, Sara. 1992. *The Rhetoric of English India*. Chicago and London: University of Chicago Press.

Sutcliffe, Rebecca J. 1998. 'Feminizing the professional: The government reports of Flora Annie Steel'. *Technical Communication Quarterly* Vol. 7, No. 2, 153-173.

Szeman, Imre. 2001. 'Who's Afraid of National Allegory? Jameson, Literary Criticism, Globalisation'. *South Atlantic Quarterly* Vol. 100, No. 3, 803-827.

Tagg, John. 2000. 'Globalisation, Totalisation and the Discursive Field'. In Anthony King, ed., *Culture, Globalization and the World-System: Contemporary Conditions for the Representation of Identity*, pp. 155-160. Minneapolis: University of Minnesota Press.

Tally Jr, Robert T. 2013. *The New Critical Idiom: Spatiality*. New York: Routledge.

Tanoukhi, Nirvana. 2011. 'The Scale of World Literature'. In David Palumbo-Liu, Bruce Robbins and Nirvana Tanoukhi, eds, *Immanuel Wallerstein and the Problem of the World: System, Scale, Culture*, pp. 78-98. Durham and London: Duke University Press.

Tennyson, Alfred. 1998. 'The Siege of Lucknow'. In Elleke Boehmer, ed., *Empire Writing: An Anthology of Colonial Literature, 1870–1918*, pp. 59–63. Oxford:

Oxford University Press.

Thomas, David Wayne. 2009. 'Liberal Legitimation and Communicative Action in British India: Reading Flora Annie Steel's *On the Face of the Waters*'. ELH Vol. 76, 153-187.

Thomas, Nicholas. 1996. *Colonialism's Culture: Anthropology, Travel and Government*. Oxford: Blackwell Publishers, Ltd.

Tickell, Alex. 2004. 'Negotiating the Landscape: Travel, Transaction, and the Mapping of Colonial India'. *The Yearbook of English Studies*, Vol. 34, 18-30.

_____ 2012. *Terrorism, Insurgency and Indian-English Literature, 1830–1947*. London: Routledge.

Tidrick, Kathryn. 2013. *Gandhi, A Political and Spiritual Life*. London: Verso.

Turrell, Rob. 1982. 'Kimberley: Labour and Compounds, 1871–1888'. In Shula Marks and Richard Rathbone, eds, *Industrialisation and Social Change in South Africa: African Class Formation, Culture, and Consciousness, 1870–1930*, pp. 45-76. London: Longman Group, Ltd.

Vlies, Andrew van der. 2007. *South African Textual Cultures: White, Black, Read All Over*. Manchester: Manchester University Press.

Waddell, Nathan. 2009. *Modern John Buchan: A Critical Introduction*. Newcastle-upon-Tyne: Cambridge Scholars Publishing.

Wade, Michael. 1994. 'Trains as Tropes: The Role of the Railway in some South African Literary Texts'. In Elleke Boehmer, Laura Chrisman and Kenneth Parker, eds, *Altered State? Writing and South Africa*, pp. 75-90. Sydney: Dangaroo Press.

Wallerstein, Immanuel. 1991. *The Capitalist World-Economy*. Cambridge: Cambridge University Press.

_____ 1992. *Geopolitics and Geoculture: Essays on the Changing World-system*. Cambridge: Cambridge University Press.

_____ 2004. *World-Systems Analysis: An Introduction*. Durham: Duke University Press.

_____ 2011. *Historical Capitalism*. London: Verso.

_____ 2013. 'Structural Crisis, or Why Capitalists May No Longer Find Capitalism Rewarding'. In Craig Calhoun, Randall Collins, Georgi Derluguian, Michael Mann and Immanuel Wallerstein, *Does Capitalism Have a Future?*, pp. 9-35. New York: Oxford University Press.

Weinthal, Leo, ed. 1922. *The Story of the Cape to Cairo Railway and River Route, from 1887 to 1922. Volume One. The Record of an Imperial Project; How it Materialised to Date; and the Story of its Creators, and Volume Two. The Main Line as it exists to-day from the Cape to the Nile Delta*. Luton: Gibbs, Bamforth & Co.

Weizman, Eyal. 2011. *The Least of All Possible Evils: Humanitarian Violence from Arendt to Gaza*. London and New York: Verso.

_____ 2012. *Hollow Land: Israel's Architecture of Occupation*. London: Verso.

Whitman, Walt. 2004. *The Portable Walt Whitman*, ed. Michael Warner. New York and London: Penguin Books, Ltd.

Wilburn, Kenneth E. 1991. 'Engines of Empire and Independence: Railways in Southern Africa, 1863–1916'. In Clarence B. Davis and Kenneth E. Wilburn, eds, *Railway Imperialism*, pp. 25–40. London: Greenwood Press.

Williams, Patrick. 2000. '"Simultaneous Uncontemporaneities": Theorising Modernism and Empire'. In Howard J. Booth and Nigel Rigby, eds, *Modernism and Empire*, pp. 13–38. Manchester: Manchester University Press.

____ 2016. 'Gaps, Silences and Absences: Palestine and Postcolonial Studies'. In Anna Bernard, Ziad Elmarsafy and Stuard Murray, eds, *What Postcolonial Theory Doesn't Say*, pp. 239–255. London and New York: Routledge.

Williams, Raymond. 1973. *The Country and the City*. London: Chatto & Windus.

____ 2005. *Culture and Materialism: Selected Essays*. London: Verso.

Winchester, Clarence, ed. 1937. *The Wonders of World Engineering: Epics of Conquest in Story and Picture*. London: Fleetway House.

Wisnicki, Adrian. 2007. 'Reformulating the Empire's Hero: Rhodesian Gold, Boer Veld-Craft, and the Displaced Scotsman in John Buchan's The Thirty-Nine Steps'. *Journal of Colonialism and Colonial History* Vol. 8, No. 1, n. pag.

Wittenberg, Herman. 1997. 'Imperial Space and the Discourse of the Novel'. *Journal of Literary Studies* Vol. 13, Nos. 1–2, 127–150.

Worden, Nigel. 2007. *The Making of Modern South Africa: Conquest, Apartheid, Democracy*. Oxford: Blackwell Publishing, Ltd.

WReC (Warwick Research Collective). 2015. *Combined and Uneven Development: Towards a New Theory of World Literature*. Liverpool: Liverpool University Press.

Young, Robert J. C. 2008. *Postcolonialism: An Historical Introduction*. Oxford: Blackwell Publishing, Ltd.

Žižek, Slavoj. 2008. *Violence: Six Sideways Reflections*. London: Profile Books, Ltd.

제국의 인프라

1880년부터 1930년까지 식민문학에 나타난 제국의 인프라와 공간적 저항

2025년 12월 31일   초판 1쇄 발행

지은이 | 도미닉 데이비스
옮긴이 | 김태한 · 김태희
펴낸이 | 노경인 · 김주영

펴낸곳 | 도서출판 앨피   출판등록 | 2004년 11월 23일
주소 | (01545) 경기도 고양시 덕양구 향동로 218(향동동, 현대테라타워DMC) B동 942호
전화 | 02-710-5526   팩스 | 0505-115-0525   블로그 | blog.naver.com/lpbook12
전자우편 | lpbook12@naver.com

ISBN 979-11-92647-76-0